BODO SCHÄFER / CAROLA FERSTL

GELD TUT FRAUEN RICHTIG GUT

BODO SCHÄFER / CAROLA FERSTL

GELD TUT FRAUEN RICHTIG GUT

So managen Sie Ihre Finanzen selbst und sind dabei viel erfolgreicher als die meisten Männer

mvg

Die Deutsche Bibliothek – CIP-Einheitsaufnahme

Schäfer, Bodo.:
Geld tut Frauen richtig gut : So managen Sie als Frau Ihre Finanzen selbst – und sind dabei viel erfolgreicher als die meisten Männer/Bodo Schäfer/Carola Ferstl/Landsberg am Lech : mvg-verl., 4. Aufl. 2000
(mvg ; 72640)
Einheitssacht.: Geld tut Frauen richtig gut <dt.>
ISBN 3-478-72640-9

4. Auflage 2000

Umschlaggestaltung: Felix Weinold, Schwabmünchen
Satz: Fotosatz H. Buck, Kumhausen
Druck- und Bindearbeiten: Ebner Ulm
Printed in Germany 072640/1003002
ISBN 3-478-72640-9

Gliederung

Teil IV
Geldanlagen

Teil V
Schluß und Beginn

Aktionsliste

✍

Vorwort von Bodo Schäfer

Kennen Sie das Gefühl, nicht genau das Leben zu leben, das Sie sich vorstellen? Gibt es einen Unterschied zwischen Ihren Träumen und Ihrem Alltag? Glauben Sie, daß dies „vollkommen normal" ist? Neigen Sie dazu, ein Leben als Schicksal zu akzeptieren, das nicht Ihren höchsten Ansprüchen gerecht wird?

Dann ist dieses Buch für Sie! Es kann Ihnen helfen, ein erfülltes, glücklicheres Leben zu genießen: Indem Sie Geld zu einer unterstützenden Kraft machen. Wäre es nicht einfach großartig, wenn Sie genug Geld hätten, so daß Sie sich keine Sorgen zu machen brauchen?

Nachdem mein erstes Buch, „Der Weg zur finanziellen Freiheit" innerhalb kurzer Zeit die Nummer eins der Bestseller der Wirtschaftsliteratur wurde, bekam ich Tausende Zuschriften von Lesern. Bei allen möchte ich mich an dieser Stelle für das begeisterte und manchmal auch kritische Feedback mit Verbesserungsvorschlägen herzlich bedanken. Insbesondere freue ich mich über die vielen tatsächlich durchgeführten Veränderungen und Ergebnisberichte. Das schöne am Thema „Geld" ist, wir können die Verbesserungen klar messen. So gesehen, ist Geld eine Meßlatte für unseren Erfolg in vielen Bereichen unseres Lebens. Es ist ein Gefühl des Glücks, zu wissen, daß Menschen, angeregt durch das Buch, wirklich etwas in ihrem Leben verändert haben.

Viele, viele weibliche Leser teilten mir mit, daß sie sich darüber hinaus ein Buch speziell für Frauen wünschen. Ein Buch, das auf die besondere Situation und auf die besonderen Bedürfnisse der Frauen eingeht.

Natürlich wußte ich aus zahlreichen Gesprächen mit meinen weiblichen Seminarteilnehmern, daß Frauen sich im Umgang mit Geld vielfach von Männern unterscheiden. Aber ist der Unterschied wirklich so groß? Rechtfertigt das ein ganzes Buch? Ich muß gestehen, daß ich ganz schön naiv war.

Jedenfalls beschloß ich, der Sache auf den Grund zu gehen. Ich las die gesamte zu dem Thema „Frauen und Geld" verfügbare Literatur sowie die gesamten Veröffentlichungen in der Presse in Deutsch und Englisch. Ich durchforschte Statistiken und Studien, die belegten, wie Frauen mit Geld umgehen: Ob sie sich selbst kümmern oder ob sie sich lieber auf andere verlassen. Wie sie Geld anlegen. Wie ihr Wissensstand in bezug auf die privaten Finanzen ist. Wie hoch die durchschnittliche Altersrente ist, die sie erwarten können. Das Ergebnis meiner Nachforschung war niederschmetternd. *Ich war schockiert.*

Ein Beispiel: Überlegen Sie einmal, wie schwierig es sein muß, mit nur 800 DM monatlich auszukommen. Sicherlich könnten Sie das Geld auf den Monat verteilen und müßten nicht verhungern. Aber ein menschenwürdiges Dasein wäre das sicher nicht. Wir würden von Armut sprechen. Sie wären zum Beispiel nicht in der Lage, sich frisches Obst zu kaufen. Das Geld würde Ihnen nämlich dann an anderer Stelle fehlen.

Und jetzt die entscheidende Frage: Was glauben Sie, wieviel Frauen eine Rente von nur 800 DM bekommen – oder weniger? Wenn ein solches Schicksal 10 % der weiblichen Bevölkerung treffen würde, dann wäre das schlimm. Aber die Wahrheit sieht weit katastrophaler aus – es sind ca. 80 %. Lassen Sie es mich noch einmal sagen: 80 % aller Frauen bekommen eine Altersrente von maximal 800 DM. Und das in unserem ach so reichen Land. Wohlstand überall? Wohl kaum. *Der Wohlstand geht an den meisten Frauen vorbei.* Und das darf nicht sein.

Finden Sie es nicht befremdend, daß Sie eine Familie aufbauen können, Kinder großziehen, einen Job haben, unzählige Dinge erledigen und mit allerlei fertig werden, das in Ihrem Leben auftaucht – außer mit Ihrem Geld?

Ständig höre ich: „Ich bin zu beschäftigt, um mich um mein Geld zu kümmern." Oder: „Ich kann nicht mit Geld umgehen."

Wir arbeiten hart für unser Geld – aber wir versäumen es, unser Geld auch hart für uns arbeiten zu lassen. Warum? Weil wir uns nicht genug darum kümmern. Und sich damit nicht zu beschäftigen ist auch eine Form, sich damit zu beschäftigen – eine sehr schlechte Form!

Dabei bin ich der festen Überzeugung, daß Wohlstand unser Geburtsrecht ist. Für alle Menschen. Für Frauen und Männer. Und ich bin auch davon überzeugt, daß es relativ leicht ist, Vermögen aufzubauen. Warum sollten Frauen da eine Ausnahme bilden?

Dieser Frage wollte ich nachgehen. Darum habe ich einen Fragebogen entworfen und ihn an 1100 Frauen versandt. Darüber hinaus haben wir uns mit einer abgespeckten Version des Fragebogens im Rahmen eines Frauenmagazins an über eine Million Leserinnen gewandt. Wohl noch nie zuvor sind die einzelnen Aspekte des Verhältnisses, das Frauen zu Geld haben so gründlich untersucht worden. Die zahllosen Rückmeldungen belegen das „neue Bewußtsein" für dieses Thema. Die Ergebnisse waren erstaunlich und bilden die Grundlage zu diesem Buch.

Ich glaube an die Lehren meines Buches „Der Weg zur finanziellen Freiheit". Und ich glaube an den Weg, den dieses Buch aufzeigt. Aber ich fühle die Notwendigkeit für eine neue Botschaft: ein Buch für Frauen, ein Buch, das wir mit ins nächste Jahrtausend nehmen können.

Ich glaube nicht, daß ich als Mann ein Frauenbuch alleine schreiben sollte. (Von einer Frau alleine geschrieben, könnte es unter Umständen feministisch anmuten.) So ging es vielen Frauen, die ich befragt habe. Sie alle haben es für eine gute Idee gehalten, wenn ein solches Buch von einer Frau und einem Mann zusammen geschrieben wird. Darum habe ich nach einer Co-Autorin gesucht.

Frau Carola Ferstl, Moderatorin der n-tv Telebörse, fand die Idee spontan faszinierend. Sie vereinigt wichtige Eigenschaften für dieses Buch in sich. Erstens: Sie ist Frau. Zweitens: Sie ist kompetent. Sie wird immer wieder als „das Gesicht der Börse" bezeichnet. Immerhin moderiert sie seit sechs Jahren Deutschlands populärste Aktiensendung. Drittens: Sie ist Vorbild für viele Frauen – sowohl in bezug auf ihre Einstellung zu Geld als auch in ihrem Umgang mit Geld. (Es hätte wenig Sinn, wenn jemand theoretisch von Dingen berichten würde, die er selbst nicht beherrscht.)

So, nachdem Sie nun die „Entstehungsgeschichte" dieses Buches kennen, können wir beginnen. Noch eins: *Dieses Buch ist uns zu einem echten Anliegen geworden.* Wir würden Sie gerne an die Hand nehmen und auf Ihrem Weg zu Wohlstand und finanzieller Unabhängigkeit begleiten.

Wenn Sie dieses Buch in den Händen halten, dann müssen Sie eine besondere Frau sein. Sie wollen Ihre Finanzen optimieren. Sie ahnen auch, daß dies gar nicht so schwer sein kann. Denn Sie wissen: Ihnen gehört ein Platz an der Sonne. Das Leben kann herrlich sein. Und dazu gehört auch, daß unsere finanzielle Situation uns nicht im Weg steht, sondern daß Geld zu einer unterstützenden Kraft in unserem Leben wird.

Wie lange so etwas dauern kann? Wir sind der festen Überzeugung, daß jede Frau innerhalb von sieben Jahren finanziell unabhängig sein kann. Es wird sicherlich nicht immer leicht sein. Aber ist es nicht viel härter, Opfer einer ungeordneten finanziellen Situation zu bleiben? Geld ist sicherlich nicht alles. Aber wenn Geld an allen Ecken und Kanten fehlt, dann wird es zu wichtig.

Dieses Buch kann die notwendigen Veränderungen auslösen. Und es zeigt Ihnen, wie Sie finanzielle Unabhängigkeit erreichen. Wir freuen uns auf den gemeinsamen Weg mit Ihnen. Unsere Welt braucht mehr Frauen, die auch in finanzieller Hinsicht ein Vorbild sind. Eine Ermutigung für all die anderen Frauen, die glauben, Frauen hätten es viel schwerer. Ob das stimmt, sei dahingestellt. *Auf jeden Fall haben Frauen auch ganz erhebliche Vorteile im Umgang mit Geld.* Auch darüber wollen wir in diesem Buch sprechen.

Wird es immer leicht werden? Sicherlich nicht. Denn keine Veränderung fällt leicht. Sie benötigen Mut. Sie brauchen Mut, um die Richtung Ihres Lebens zu verändern. Sie brauchen Mut, um neue Dinge zu wagen. Und – ja – Sie brauchen Mut, um reich zu sein. Zumindest am Anfang fallen uns Veränderungen manchmal recht schwer. Aber welche Wahl haben wir? Das Leben ist zu kurz, um unbedeutend und arm zu sein. Andererseits ist es leichter, vermögend zu werden, als die meisten für möglich halten. Denn vergessen Sie nicht: Geld ist Ihr Geburtsrecht. Dieses Buch wird Ihnen den Weg zu Ihrem Geburtsrecht weisen. Und Sie wissen ja: Geld tut Frauen richtig gut.

Ihr
Bodo Schäfer

Vorwort von Carola Ferstl

Das Leben vor der Fernsehkamera ist manchmal recht einsam. Das habe ich in den Jahren bei der Telebörse gelernt. Trotzdem ist Moderatorin für die Frauen ein Traumberuf. Ich finde es immer etwas schade, daß sowenig Feedback von außen zu mir dringt. Manchmal denke ich im Studio darüber nach, wie sich die Zuschauer wohl an dem einen oder anderen Tag fühlen, wenn die Börse mal wieder vollkommen unberechenbar war oder wenn die Kurse wahre Freudensprünge vollführen.

Darum bin ich so froh, auf meinen Vortragsreisen mit vielen Zuschauern zu sprechen. Im Hamburg oder München erfahre ich dann, daß ich in den Jahren für viele Zuschauer eine Art Familienmitglied geworden bin. Hier kann ich endlich mit den Menschen über ihre Sorgen und Nöte, aber auch über ihre Freude und Begeisterung bei ihrer Geldanlage sprechen.

Bisher fiel es mir gar nicht auf, daß Männer und Frauen ganz unterschiedlich mit dem Thema „Geld" umgehen. Alle kaufen doch die gleichen Aktien, dachte ich.

Bis ich Bodo Schäfer traf. Er konfrontierte mich mit seiner These, daß es große Unterschiede in der Art gibt, in der sich Männer und Frauen dem Thema „Geld" nähern.

Ich fand die Idee interessant, besonders weil sie von einem Mann kam. Und weil sie nicht den Tenor beinhaltete: Frauen haben keine Ahnung von Geld, sondern vielmehr die Frage: Warum gehen Frauen anders mit Geld um?

Bei den nächsten Vortragsveranstaltungen fragte ich einige Damen, ob sie der Meinung seien, daß es Unterschiede zwischen Männern und Frauen im Umgang mit Geld gebe. Ich war überrascht, wie eindeutig die Befragung ausfiel. Jede Frau, mit der ich bisher gesprochen habe, antwortete mit Ja.

Und auch die Damen, die auf meinen Seminaren waren – sich also bereits für Aktien interessieren – wünschten sich einen Ratgeber, der diese speziellen Unterschiede beachten sollte.

Von da war es nur noch ein kleiner Schritt bis zu dem gemeinsamen Projekt von Bodo Schäfer und mir. Nach einem ersten

Brainstorming war uns klar, daß wir uns perfekt ergänzen. Seine große Stärke ist, die komplexen Geldthemen in einfachen Worten zu erklären und Menschen zu motivieren.

Ich möchte die Begeisterung einfließen lassen, mit der ich an das Thema „Geld" herangehe. Die Geheimniskrämerei muß ein für allemal aufhören. An der Börse und in der Wirtschaft wird auch nur mit Wasser gekocht. In den Jahren als Moderatorin der Telebörse habe ich immer wieder erfahren, daß man nur ganz normal mit den „Experten" reden muß, und mit der Zeit kommen auch sie auf den Teppich zurück und antworten einigermaßen verständlich.

Und genauso verstehen wir unser Buch. Wir übersetzen das Kauderwelsch aus Hunderten von Fachbüchern in einfache, verständliche Sprache.

Übrigens lohnt es sich auch für Männer, dieses Buch zu lesen. Auch sie haben den Stein der Weisen beim Thema „Geld" noch lange nicht gefunden.

Eines ist uns aber enorm wichtig und sollte für jede Leserin und jeden Leser rüberkommen: Es macht Spaß, Geld zu verdienen, Geld zu sparen und Geld zu vermehren.

Und es macht noch mehr Spaß, mit dem Geld zu leben. Nicht so wie Dagobert Duck, der täglich seine Goldmünzen zählt, aber doch selbstbewußt und stolz. Wir sollten uns nämlich den eigentlichen Zweck des Geldes immer wieder vor Augen halten: Wir können uns damit Zeit kaufen. Zeit, in der wir schöne Dinge tun, oder Zeit, in der wir einfach nur darüber nachdenken, womit wir als nächstes Geld verdienen können.

Ich hoffe, daß es Ihnen genauso viel Spaß macht, das Buch zu lesen und unsere Tips auszuprobieren, wie es uns Spaß gemacht hat, dieses Buch zu schreiben.

Ihre
Carola Ferstl

Teil I

Mut zum Geld – die Einstellung entscheidet

- Unterschiede zwischen Frau und Mann
- Die häufigsten Fehler der Frauen
- Die Einstellung erkennen und verändern

Menschen denken, auf dem Gipfel ist nicht viel Platz.
Meine Botschaft ist, daß es da oben massig Platz gibt.

Margaret Thatcher

KAPITEL 1

GIBT ES UNTERSCHIEDE ZWISCHEN FRAU UND MANN IM UMGANG MIT GELD?

Wer das Gold hat, regiert. Für Frauen heißt das: Sobald sie das Geld haben, muß ihr Leben nicht mehr von anderen regiert werden.

Judy Resnick

Wenn Sie darüber nachdenken, die Richtung Ihres Lebens zu verändern, was wäre dafür notwendig? Was müßte geschehen, damit Sie sich reich fühlen? Reich an materiellen Dingen, aber auch reich in Ihrem Herzen und Ihrem Geist? Was müßte geschehen, damit Sie das Leben führen, das Sie sich vorstellen und das Ihnen gebührt? Daß Sie in den Spiegel schauen und sagen: „Von jetzt ab werden sich die Dinge verändern!“ Und was müßte geschehen, daß Sie das auch wirklich glauben? Und vor allem, daß es wirklich geschieht?

Alle diese Fragen haben direkt oder indirekt etwas mit Geld zu tun. Geld. Schon beim Lesen des Wortes „Geld“ werden Gefühle frei. Manchmal schöne, oft werden aber auch unangenehme Assoziationen geweckt. Irgendwie ergreifen wir sofort Partei. Dabei ist gerade unsere Einstellung zu Geld entscheidend.

Geld ist wichtig

Es wäre albern zu behaupten, daß Geld alle unsere Probleme löst. Aber es ist wichtig zu erkennen, daß wir mit Geld bessere Gelegenheiten haben, mehr Sicherheit, unsere Träume eher verwirklichen können, interessantere Menschen kennenlernen, spannendere Orte besuchen können und größeren Einfluß haben.

Geld ist geprägte Freiheit. Geld ermöglicht es Frauen, unabhängig zu sein. Insoweit ist Geld viel mehr ein Heilmittel für weibliche Probleme, als es auf den ersten Blick scheint. Denn vielfach ist eine wahre Gleichberechtigung zwischen Frauen und Männern noch nicht erreicht. Alte, festgefahrene Programme scheinen immer noch zu regieren.

Das Erstaunliche: Geld kann das ändern. Geld ändert das Gefühl zu sich selbst. Und Geld ändert das Gefühl der anderen für Sie. Tief in sich weiß die Frau das. *Erst finanzielle Unabhängigkeit ermöglicht wahre Unabhängigkeit.* Solange die Frau nicht ihre Stärken ausspielt und sich um Geld kümmert, so lange ist Gleichberechtigung nur ein Wunschdenken.

Denn Geld macht wichtig. Geld verleiht Frauen eine Position der Stärke. Menschen mit Geld werden eher akzeptiert. Man hört ihnen eher zu. Sie haben mit Geld ein gewisses Gefühl der Sicherheit. Die banalen Dinge werden Sie nicht so leicht aus dem Gleichgewicht bringen können. Geld beruhigt.

Geld wirkt sich auch auf die anderen Gebiete des Lebens aus. Mit Geld können Sie sich besser ausdrücken. Sie können Ihre Persönlichkeit leben. Sie können sich selbst und Ihrer Familie das Leben ermöglichen, das Sie verdienen.

Mit Geld können Sie Ihre Ziele leichter umsetzen. Sie können einen Beitrag leisten, durch den unsere Welt lebenswerter wird.

Zwei Extreme ...

In bezug auf den Umgang mit Geld habe ich immer zwei Extreme an Menschen festgestellt. Die einen haben Dollarzeichen in den Augen. Alles dreht sich bei ihnen ums Geld. Geld ist die einzige bedeutende Größe ihres Lebens. Die meisten von uns mögen solche Menschen nicht.

Und dann gibt es das andere Extrem. Das sind Menschen, die auf jeden Fall vermeiden wollen, so zu werden wie Repräsentanten der ersten Gruppe. Sie vermeiden den Umgang mit Finanzen, wo immer es geht. Ihnen sind andere Dinge wichtiger als der schnöde Mammon. Beziehungen, Familie, Gesundheit, Spirituelles, menschliche Wärme – als wenn wir nicht alles haben könnten. Jedenfalls ignoriert diese Gruppe das Thema „Geld“ nach Möglichkeit. Rechnungen werden ungeöffnet aufbewahrt. Kontoauszüge „nach hinten sortiert“. Über Geld wird nach Möglichkeit nicht gesprochen.

Wichtig ist dabei, daß wir erkennen, daß es sich bei beiden um ein Extrem handelt – und daß wir für uns einen goldenen Mittelweg brauchen. Wir müssen festlegen, wie wichtig Geld für uns sein soll. Wieviel Zeit wir diesem Thema widmen wollen. Wir müssen lernen, Geld zu einer unterstützenden Kraft in unserem Leben zu machen.

In unserer Kultur ist es okay, über seine Therapie zu sprechen. Auch über Eheprobleme, selbst über unsere intimsten Geheimnisse – aber die Wahrheit über unser Geld zu sagen, das tut man einfach nicht! Hier ist ein Umdenken gefordert: Lassen Sie uns über Geld sprechen.

Gibt es Unterschiede?

Als ich über dieses Buch nachdachte, saß ich in einem Restaurant. Auf einem Zettelchen notierte ich mir einige Unterschiede, die mir bei Frauen im Umgang mit Geld aufgefallen waren. Ein Geschäftsfreund, der mich begleitete, überflog kritisch meine Notizen. „Sicherlich gibt es einige Unterschiede, aber die meisten treffen nur auf eine kleine Gruppe von Frauen zu“, meinte er.

Bevor ich ihm von meinen unzähligen Gesprächen mit Seminarteilnehmerinnen erzählen konnte, um ihn eines Besseren zu belehren, ereignete sich an einem Nebentisch etwas. Vielleicht etwas „Alltägliches“ und wenig Spektakuläres. Vielleicht aber auch etwas sehr Bedeutungsvolles. Die sichtbar gewordene Spitze einer bezeichnenden Einstellung vieler Frauen zu Geld.

Wir beobachteten folgendes: Das Ehepaar am Nebentisch wollte zahlen. Ganz unauffällig drückte die Frau dem Mann ihr Geld in die Hand. Damit er es dem Kellner überreichen konnte. Es geschah wohl in guter Absicht. Die Frau wollte sich selbst und dem Mann offensichtlich eine Peinlichkeit ersparen. Nach dem Motto: „Eine Frau kann doch nicht für den Mann bezahlen. Wie sieht denn das aus? Was sollen die Leute denken?“

Die Heimlichkeit, mit der sie es tat, zeigt, daß sie etwas Verbotenes zu tun meinte. Es war für die Frau offensichtlich so, als wenn die „normale“ Rollenverteilung auf den Kopf gestellt worden wäre. Es war ein „rollenverkehrtes“ Abhängigkeitsverhältnis entstanden. Anstatt die ökonomisch stärkere Situation als etwas völlig Normales anzunehmen oder sie gar zu genießen, entwickeln viele Frauen Schuldgefühle. So, als würden sie sich in einem Machtbereich bewegen, von dem sie meinen, daß er ihnen offensichtlich nicht zustehe.

Damit nicht genug. Frauen, die es sich angewöhnt haben, selbst offiziell zu zahlen, erleben nicht selten, daß der Kellner das Restgeld dem Begleiter gibt. Selbstverständlich ein Versehen. Wohl aber in dem unterbewußten Bestreben, die gewohnte Ordnung wiederherzustellen. Als sei es das Selbstverständlichste auf der Welt, daß der Mann das Geld hat und zahlt. Eine Männerdomäne.

Nun, ich bin da ganz anderer Meinung. Meines Erachtens ist es das Selbstverständlichste auf der Welt, daß Sie als Frau finanziell unabhängig sind. Abhängigkeiten sind in vielen Fällen unwürdig und unnötig. Wir werden mit diesem Buch nicht plötzlich die Welt verbessern. Aber Sie können Ihre Welt verbessern. Sie können finanziell unabhängig werden – in sieben Jahren. Dafür haben wir dieses Buch geschrieben.

Lassen Sie mich damit beginnen, indem ich mich vorstelle. Ich möchte Ihnen anhand meiner eigenen Geschichte meine Einstellung zu Geld aufzeigen.

Die Geschichte von Bodo Schäfer

Ich war 13 Jahre alt, als mein Vater gestorben ist. Die Trauergäste auf seiner Beerdigung sagten zu meiner Mutter etwas, das mich lange geprägt hat: „Er hat sich aber auch totgearbeitet." Einige Jahre vorher hatte ich bereits ein Erlebnis, das zu meinem Entschluß führte, reich zu werden. Ich war also in einem Zwiespalt. Auf der einen Seite wollte ich reich werden, auf der anderen Seite wollte ich mich auf keinen Fall „zu Tode arbeiten".

Dazu kam der Konflikt, der sich durch meine christliche Erziehung ergab. Heute noch klingen mir einzelne Bibelzitate im Ohr. Vielleicht haben Sie das auch schon gehört: „Leichter wird ein Kamel durch ein Nadelöhr kommen, als daß ein Reicher ins Himmelreich gelange." (Dieses Zitat ist übrigens völlig falsch und sinnverfremdet wiedergegeben, wie ich im Kapitel über die Einstellung zu Geld aufzeigen werde.)

Einerseits war Geld also etwas Schlechtes – man konnte mit viel Geld ja nicht in den Himmel kommen –, andererseits wollte ich aber reich werden, weil ich schon ahnte, daß dies das Leben viel lebenswerter machen würde

All das führte dazu, daß ich mit 26 Jahren pleite war. Nicht nur finanziell, sondern auch gesundheitlich und emotional hatte ich mich ruiniert. Die zwiespältigen Werte in mir hatten mich ständig in gegensätzliche Richtungen gezogen.

Meine Beziehung scheiterte. Ich war einsam und ohne Selbstvertrauen. Ich bedauerte mich selbst. Und ich konnte mir nicht vorstellen, daß sich das jemals wirklich ändern könnte. Und vor allen Dingen hatte ich nicht die geringste Vorstellung darüber, wie ich etwas verändern könnte.

In dieser Lage lernte ich meinen ersten Coach kennen. Von ihm lernte ich die grundlegenden Gesetze des Reichtums. Leicht verständliche, aber nicht immer einfach auszuführende Dinge, die den Unterschied ausmachen. Ich habe diese Punkte im Buch „Der Weg zur finanziellen Freiheit" beschrieben.

Einige Jahre später war ich dann finanziell frei. Das heißt, ich konnte von den Zinsen meines Geldes leben. Ich hatte eine gewisse Summe Geldes erreicht, mein Ziel erfüllt. Ich lebte meinen Traum. Ich hatte jetzt, wofür ich so hart gearbeitet hatte.

Und dann geschah etwas, womit ich nicht gerechnet hatte. Ich war nicht glücklich. Sinnlosigkeit breitete sich aus. Ich stellte fest, daß Geld nicht automatisch auch Glück bedeutet. Aber das wollte ich mir nicht eingestehen. Ich war nicht ehrlich zu mir selbst. Und so hatte ich auch zunächst keine Chance, wirklich glücklich und erfüllt zu sein. Nach außen hin tat ich so, als ginge es mir prächtig. Die Menschen um mich herum beneideten mich. Das erfüllte mich für eine kurze Zeit mit Stolz. Aber bald gab mir auch das keine Befriedigung mehr.

Stellen Sie sich das vor. Da hatte ich endlich meine Ziele erreicht und konnte von meinem Geld leben. Aber ich war nicht glücklich. Genau genommen war ich sogar sehr unglücklich. Ich langweilte mich. Mein Leben hatte keine Richtung mehr. Ich wurde immer frustrierter.

Eines Nachts wurde ich wach. Ich konnte nicht mehr einschlafen. Ich begann, über mich nachzudenken. Um meine Gedanken zu strukturieren, nahm ich mir ein Journal und fing an zu schreiben.

Ich schrieb noch, als es längst hell geworden war. Ich berichtete, was ich mir vom Reichtum erhofft hatte. Und ich beschrieb, wie ich mich tatsächlich fühlte.

Als ich später alles las, was ich notiert hatte, da wurde mir zum erstenmal bewußt, daß ich nicht glücklich war und daß es so nicht weitergehen konnte. Ich brauchte einen Sinn, eine Aufgabe. Ich wollte mit Leidenschaft an etwas arbeiten.

In den folgenden Jahren machte ich mich auf die Suche nach meinem Lebenssinn. Ich wollte wissen, wer ich bin. Wer wäre ich, wenn ich alles verlieren würde? Und ich wollte wissen, warum ich hier auf dieser Welt bin. Was konnte ich dazu beitragen, daß diese Erde zu einem besseren Platz wird?

Es hat eine ganz schön lange Zeit gedauert, bis ich auf diese Fragen meine Antwort gefunden habe. Und ich habe dabei viel Zeit verloren. Insbesondere deshalb, weil ich zuerst nur nach Reichtum und dann nach meinem Lebensinn gestrebt habe. Viel besser und erfüllender wäre es gewesen, beides gleichzeitig zu tun.

Daraus ist mein Anliegen entstanden: Ich will anderen Menschen helfen, reich zu werden. reich an Geld und an Glück. Ich will Sie dabei unterstützen, wahren Wohlstand zu finden.

Und ich habe ein zweites Anliegen. Denn so sehr es mir Spaß macht, daß ich Erwachsenen zu diesem Thema wichtige Hilfen geben kann, so sehr schmerzt es mich, daß unsere Kinder diese Dinge nicht schon in der Schule lernen. Aus diesen Überlegungen ist mein Bedürfnis entstanden, das Schulsystem in Europa zu verändern. Ich möchte, daß unsere Kinder bereits in der Schule lernen, was viele von uns sich erst mühselig aneignen mußten. Fächer wie Kommunikation, Beziehungen aufbauen und pflegen, selbständiges Arbeiten, Moral und Ethik sowie Umgang mit Geld gehören in unser Schulsystem integriert. Und es geht nicht länger an, daß Lehrer nach Alter, Schulart und Zugehörigkeit bezahlt werden und nicht nach Leistung.

Warum ich Ihnen das erzähle? Einmal, damit Sie wissen, wofür ich stehe. Zum anderen aber möchte ich Ihnen damit erklären, warum sich dieses Buch nicht nur auf Finanztips beschränkt. Ich möchte Menschen dabei unterstützen, reich *und* glücklich zu sein. Denn beides gehört untrennbar zusammen. Darum spreche ich auch nicht nur von Wohlstand. Sondern ich sage: *Wahrer* Wohlstand ist Ihr Geburtsrecht.

Ich weiß nicht, wo Sie gerade stehen – finanziell und insgesamt in Ihrem Leben. Vielleicht ist bei Ihnen gerade Hochsommer, das heißt, Ihnen geht es so richtig gut. Dann werden Sie in diesem Buch einige Gedanken finden, über die Sie nachdenken können. Und natürlich eine Vielzahl von Tips, die sehr hilfreich sind. Vielleicht befinden Sie sich aber auch gerade im tiefen Winter. Vielleicht wissen Sie nicht einmal, wie Sie die nächsten Monate überstehen sollen, und sehen keinen Grund zur Hoffnung.

Dann möchte ich Sie beglückwünschen, daß Sie dieses Buch jetzt in Ihren Händen halten. Denn ich glaube, daß hinter jedem Schmerz eine Goldgrube liegt. Wir müssen sie nur entdecken. Ich wünsche mir, daß dieses Buch dazu beiträgt, daß Sie Ihre Goldgrube entdecken. Ich weiß, daß es sie gibt. Für jeden.

Ein Mysterium

Ich beschäftige mich nun seit zwölf Jahren mit dem Thema „Geld“. Ich war unten und oben. Ich habe Menschen gesehen, die in sehr unterschiedlichen finanziellen Situationen gelebt haben. Während all dieser Jahre habe ich mich immer wieder gefragt: „Warum haben eigentlich manche Menschen Geld, während andere keines haben?“ Warum haben einige Dollarzeichen in den Augen, während andere das Geld weitgehend ignorieren? Und bei denen, die weder dem einen noch dem anderen Extrem zuzuordnen sind: Warum gibt es auch hier solch riesengroße Unterschiede an Vermögen und Wohlstand? Es scheint ein Mysterium zu sein.

Kommt Ihnen folgende Beobachtung bekannt vor? Da wachsen Menschen unter recht ähnlichen Verhältnissen auf. Werden von ähnlichen Eltern, Freunden, Schulen und Fernsehprogrammen geprägt. Haben im wesentlichen die gleichen Gelegenheiten, verdienen sogar oftmals ein ziemlich ähnliches Einkommen. Aber welch einen Unterschied sehen wir, wenn wir uns die Vermögenswerte anschauen.

Sicherlich ist Ihnen das auch schon aufgefallen. Haben Sie nicht auch wirklich vernünftige, gute, hart arbeitende Menschen kennengelernt, die letztendlich kaum etwas übrigbehalten? Oder Menschen, bei denen es so aussah, als würden sie es schaffen. Uund dann ist plötzlich irgend etwas passiert, und sie mußten ganz von vorne anfangen?

Ich habe einfach nicht erkennen können, woran das liegt. Darum habe ich mich oft gefragt, ob es da nicht irgendeine Form von höherer Instanz gibt, etwas oder jemand, der die Würfel einfach nach Lust und Laune wirft. Systemlos. Ohne Plan. So hat dann der eine „Glück" und der andere eben „Pech". Und so wird der eine eben reich, und die meisten anderen werden es nicht. Ehrlich gesagt, bezweifle ich das. Zumindest habe ich nichts dergleichen festgestellt.

Könnte es sein, daß diejenigen, die „es geschafft haben", ein wesentlich stärkeres Verlangen entwickelt haben? Daß die es einfach stärker wollten? Auch das habe ich nicht beobachten können. Nach dem, was ich erlebt habe, lag es nicht am Wunsch nach mehr. Auch nicht an den Fähigkeiten der Menschen oder deren Intelligenz.

Innere und äußere Hindernisse

Was also hält Menschen zurück, soviel Wohlstand aufzubauen, wie sie sich erträumen? Ich glaube, es handelt sich um das gleiche, das unter Umständen auch Sie davon zurückhält: Hindernisse. Finanzielle Hindernisse.

Und da habe ich zwei Arten von finanziellen Hindernissen ausgemacht. Auffällig sind zunächst die äußeren Hindernisse. Zuwenig Bargeld, zuwenig Gelegenheiten, die Umstände, unter denen wir aufgewachsen sind und unter denen wir jetzt leben, zuwenig Wissen über finanzielle Angelegenheiten, vielleicht auch ganz einfach eine gewisse Gleichgültigkeit und sogar Faulheit. Alle diese Hindernisse sind leicht zu erkennen und auch leicht zu überwinden. Denn schließlich können wir jedes Problem lösen, das wir erkannt haben.

Mit unseren inneren Hindernissen ist es schon viel schwieriger. Die sind viel schwerer zu überwinden. Schwerer deshalb, weil wir meist gar nicht darauf kommen, hier die entscheidenden Hindernisse zu suchen. Mit inneren Hindernissen meine ich unsere emotionalen Hindernisse. Mit anderen Worten, was wir über Geld denken und vor allem, welche Gefühle wir haben, wenn wir an Geld denken. *Hauptsächlich diese emotionalen Hindernisse halten uns in Wahrheit davon ab, das Leben zu leben und zu genießen, das wir uns wünschen.*

Ich bin zu der festen Überzeugung gelangt, daß wir Geld und unsere Gefühle über Geld nicht trennen können. Tatsächlich bestimmt das, was wir über Geld denken und fühlen letztendlich, wieviel wir haben werden. *Der Hauptgrund dafür, daß viele von uns nicht soviel Geld haben, wie sie es sich wünschen, ist der, daß unsere Gedanken und unsere Gefühle zu inneren Hindernissen geworden sind.* Auch wenn wir gerne mehr Geld hätten, so haben sich doch tief in uns Programme ausgebildet, die uns vor diesem Geld „beschützen". Tief in uns glauben wir eben doch nicht, daß Geld gut für uns ist.

Andererseits sind es wiederum ihre Gedanken und Gefühle – und die daraus entstandenen Programme – die es anderen Menschen ermöglichen, Geld zu haben. Diese Menschen haben sich die emotionale Grundlage dafür geschaffen, Vermögen aufzubauen und es auch zu behalten.

Mit anderen Worten: Es sind unsere Gedanken und Gefühle. Es sind unsere Anti-Reichtumsprogramme und unsere Pro-Reichtumsprogramme, die letztendlich darüber entscheiden, wieviel Geld wir im Laufe unseres Lebens schaffen und behalten werden. Und wie glücklich wir dabei sind.

Nein, wir können und sollten Geld und unsere Gefühle und Einstellung zu Geld nicht trennen. Wir können unser Geldproblem nur ganzheitlich lösen. Aufgrund dieser Erkenntnis möchte ich Ihnen mit diesem Buch beides anbieten: einen praktischen Ratgeber, der Ihnen die Techniken aufzeigt, wie Sie als Frau innerhalb von sieben Jahren finanziell unabhängig sind. Und ich möchte Sie einladen, Ihre Einstellung zu Geld zu analysieren und gegebenenfalls zu verändern. Nur wenn beides zusammenkommt, werden wirkliche Veränderungen bewirkt. Nur dann wird Geld für Sie zu einem Freudenthema.

Wie steht es um Sie?

Wenn es um Geld geht, dann können unsere Emotionen eine lautere Sprache sprechen – als Notwendigkeiten oder logische Gründe. Ihre Emotionen – die Ihre finanziellen Handlungen auslösen – haben Sie dorthin gebracht, wo Sie heute stehen. Und es sind Ihre Emotionen, die Sie und Ihre finanzielle Situation auch in Zukunft weiterhin lenken werden. Ihre Emotionen entscheiden. Ihr Gefühl über Geld. Und auch Ihr Gefühl über sich selbst.

Während meiner Seminare kommen viele Menschen zu mir, die Rat suchen. Vor langer Zeit habe ich gelernt, daß der Rat alleine nicht hilft. Denn wenn die Einstellung sich nicht verändert, dann kommt das Problem bald an einer anderen Stelle wieder hoch. Es würde noch nicht einmal helfen, einer solchen Person lediglich Geld zu schenken. Wenn man in einen trockenen Bachlauf erneut Wasser fließen läßt, dann ist die Chance sehr groß, daß das neue Wasser den gleichen Lauf nimmt wie das alte Wasser.

Ich habe gelernt, zu ergründen, welche Emotionen meine Seminarteilnehmer in bezug auf Geld und Wohlstand haben. Dabei bin ich immer wieder auf ähnliche Antworten gestoßen. Antworten, die bestimmte Emotionen widerspiegelten.

Warum hat jemand zum Beispiel sein Haus abbezahlt, obwohl er weiß, daß ihm das Geld dort keinerlei Zinsen bringt? (Im Kapitel über Immobilien werde ich das genau erklären.) Die Antwort: Angst. „Ich habe Angst, mein Geld zu verlieren. Auch wenn es mir in meinem Haus keinerlei Rendite bringt, so ist es doch wenigstens sicher dort." Warum legen Frauen 50 % ihres Geldes auf das Sparbuch? Wiederum aus Angst.

Vor kurzem sollte ich im Fernsehen eine Frau beraten, die in einen Kaufrausch geraten war. Sie hatte sich und ihre Familie innerhalb von acht Wochen um 80.000 DM verschuldet. Jedes Mittel war ihr recht. Ich fragte sie nach ihrem Gefühl darüber. Die Antwort: „Ich schäme mich so. Und ich habe Wut auf mich selbst. Wie konnte ich das nur tun."

Jemand anders sagt: „Das ganze Thema ‚Geld' macht mir Angst."

Wiederum andere sagen: „Ich fühle mich unsicher. Ich glaube nicht, daß ich all dem gewachsen bin." „Ich habe so eine Wut auf meinen Mann. So wie der unser Geld zum Fenster rauswirft."

Ich habe festgestellt, daß meine Seminarteilnehmer immer wieder die gleichen Worte benutzt haben. Ganz gleich, ob sie bereits vermögend waren, ob sie hoch oder niedrig verschuldet waren, ob sie schon einmal Geld hatten und es wieder verloren hatten, ob sie seit Jahren hart arbeiten und dennoch nichts vorzuweisen haben oder ob sie keine Ahnung hatten, wie sie die nächste Rechnung bezahlen sollten, sie hatten das Gefühl, niemals genug bekommen zu können. Ganz unabhängig von der jeweiligen finanziellen Misere haben sie alle immer wieder die gleichen Worte benutzt. Worte, die bestimmte Emotionen ausdrückten. Ihre Antworten haben immer die gleichen fünf Emotionen gespiegelt: *Angst, Schuld, Scham, Wut* und *zu niedriges Selbstwertgefühl.*

Wenn Emotionen wie Angst, Schuld, Scham, Wut oder zu niedriges Selbstwertgefühl am Ruder Ihres Lebens sitzen, dann bewegen Sie sich sicherlich nicht in Richtung Wohlstand und Glück.

Die 72-Stunden-Regel

Ich möchte Sie in diesem Buch nicht nur zum Lesen einladen. Vielmehr möchte ich Sie ermutigen mitzuarbeiten. Zu handeln. Und zwar SSWIM. Das ist eine Abkürzung, die wir in unseren Firmen gebrauchen. Sie steht für „So Schnell Wie Irgend Möglich".

Der Grund, so schnell wie irgend möglich zu handeln, ist die 72-Stunden-Regel. Ich möchte diese wichtige Regel für alle diejenigen wiederholen, die meine ersten Bücher nicht gelesen haben.[1]

Ist es Ihnen schon einmal so gegangen, daß Sie sich etwas vorgenommen haben, und später haben Sie es nicht tatsächlich umgesetzt? Willkommen im Club. Aber vielleicht haben Sie sich das dann folgendermaßen erklärt: „Das liegt daran, daß ich sowenig Disziplin habe. Ich habe halt nicht genügend Talent und mag es auch nicht so sehr."

Nichts von all dem ist der entscheidende Grund, warum Sie Ihren Vorsatz nicht in die Tat umgesetzt haben. Das Entscheidende: Sie haben sich nicht an die 72-Stunden-Regel gehalten.

Die nämlich besagt, daß Sie innerhalb von 72 Stunden, nachdem Sie sich etwas vorgenommen haben, den ersten Schritt zur Umsetzung ausführen müssen. Tun Sie das nicht, so haben Sie nur noch eine Chance von 99 zu 1 gegen Sie, daß Sie jemals damit beginnen werden.

Power-Tip

Nutzen Sie die Aktionsliste vorne im Buch (Seite 7), und tun Sie jeweils die ersten Schritte zur Umsetzung innerhalb von 72 Stunden.

- Notieren Sie alles, was Ihr Leben bereichern würde, wenn Sie es umsetzen würden. Machen Sie sich keine Gedanken, ob Sie das alles schaffen.

- Lassen Sie die ersten fünf Zeilen frei. Notieren Sie alle Ihre Vorsätze und konkreten Handlungen, die Sie vornehmen wollen, zunächst auf die unteren Linien. Nachdem Sie dann das ganze Buch gelesen haben, entscheiden Sie, welche der vielen Ideen für Sie die wichtigsten sind. Notieren Sie diese Gedanken dann zusätzlich oben auf den ersten fünf Zeilen.
- So haben Sie gewährleistet, daß Sie die für Sie wichtigsten fünf Punkte aus diesem Buch auch wirklich umsetzen.
- Mit gestärktem Selbstbewußtsein machen Sie sich dann daran, die anderen Punkte abzuarbeiten.
- Denken Sie immer daran: Beginnen Sie mit der Umsetzung aller Vorsätze innerhalb von 72 Stunden.

Bitte nehmen Sie sich fest vor, dieses Buch nicht nur zu lesen, sondern es zu Ihrem persönlichen Arbeitsbuch für wahren Wohlstand und finanzielle Unabhängigkeit zu machen.

Ihr persönlicher emotionaler Finanz-Test

Lassen Sie uns damit beginnen, indem Sie eine Selbstanalyse vornehmen. Ich möchte Sie aber nicht nur einfach zu einem Check-up Ihrer Finanzen einladen, sondern ich möchte, daß Sie sich Gedanken machen über Ihre Gefühle in bezug auf Ihre finanzielle Situation. Denken Sie also einmal nicht so sehr darüber nach, wieviel oder wie wenig Sie verdienen, ob Sie konkrete Finanzpläne haben, ob Sie wissen, wie Sie mindestens 12 % Zinsen pro Jahr bekommen, ob Sie genug sparen, Reserven gebildet haben, falls mal irgend etwas passiert, Sie also alle Rechnungen bezahlen können und sich darüber hinaus den Luxus leisten können, den Sie wollen ... Denken Sie also einmal nicht an Ihre finanzielle Situation in Form von nackten Zahlen.

Statt dessen möchte ich Sie einladen, einmal darüber zu reflektieren, was Sie über Geld denken und fühlen. Denn unsere Gefühle bewirken ja erst die Resultate, die sich in unserem Leben zeigen.

Ich schlage Ihnen vor, daß Sie sich mit folgenden Fragen beschäftigen. Werden Sie ruhig und finden Sie Zugang zu Ihren tieferen Gefühlen. Wahrscheinlich sollten Sie sich auch einige Notizen machen. So können Sie leichter den „roten Faden“ in Ihrer Gefühlswelt erkennen.

1. Was bedeutet Geld für Sie? Ist Geld ein Freudenthema? (Das Geld, das Sie haben, und auch das Geld, das Sie nicht haben, sowie das Geld, das Sie unter Umständen dringend bräuchten.)

   ✍ ______________________________

2. Glauben Sie, daß Sie das Geld wirklich verdienen, das Sie haben? Sollten Sie mehr oder weniger haben? Würden Sie wirklich mehr verdienen?

   ✍ ______________________________

3. Haben Sie das Gefühl, daß Sie nicht genug haben? Und welches Gefühl löst das in Ihnen aus? Schämen Sie sich? Verdrängen Sie es?

   ✍ ______________________________

4. Was geht in Ihnen vor, wenn Sie einen wirklich reichen Menschen sehen? Unterstellen Sie, daß diese Person unglücklich sein muß? Unterstellen Sie, daß diese Person skrupellos sein muß? Oder kommt Wut in Ihnen hoch – über die eigene Situation?

   ✍ ______________________________

5. Wenn jemand, der in vergleichbaren Umständen wie Sie gelebt hat, wesentlich mehr Geld hat als Sie, was empfinden Sie dann? Frustration? Neid? Freude? Ist es ein Ansporn für Sie? Oder eher ein Hemmschuh?

   ✍ ______________________________

6. Wie steht es um Ihr Selbstbewußtsein, wenn Sie auf Ihre Finanzen schauen?

   ✍ ______________________________

7. Bildet Ihre geldliche Situation eine unterstützende Kraft in Ihrem Leben?

✍ ____

____

8. Wie würden Sie in einem Satz Ihre finanzielle Identität beschreiben? (Wir alle haben ein Bedürfnis nach Sicherheit. Und da wollen wir nicht nur zu essen und zu trinken haben, ein Dach über dem Kopf usw., sondern wir wollen auch wissen, wer wir sind.) Also: Wer sind Sie in finanzieller Hinsicht? Eine Versagerin? Eine kluge Geschäftsfrau? Eine Ignorantin? Ein Vorbild? Ein Geld-Magnet?

✍ ____

____

Wenn mich jemand um Rat fragt oder um Hilfe bittet, dann stelle ich immer zunächst solche oder ähnliche Fragen. Denn wir lösen ein Problem nicht richtig, wenn wir die Symptome wegkurieren. Wir müssen die Ursache beheben. Kein Mensch ist einfach nur ein finanzieller Versager. Es gibt immer Gründe dafür, die im emotionalen Bereich zu suchen sind. Die obigen Fragen können uns helfen, diesen Gründen auf die Spur zu kommen.

Bitte lesen Sie nun noch einmal aufmerksam, was Sie geschrieben haben. Was fällt Ihnen auf? Versuchen Sie jetzt, Ihre insgesamte finanzielle Situation so präzise wie möglich zu beschreiben.

✍ ____

____

Bitte bearbeiten Sie diese Fragen mit großer Ernsthaftigkeit. Die Antworten werden Ihnen Zugang zu Ihren wahren Stärken und Schwächen geben. Sie werden Ihre inneren Hindernisse und Hürden klarer erkennen.

Wenn Sie im Moment so richtige Geldsorgen haben – schreiben Sie auf, wie sich das anfühlt, nicht genug Geld zu haben. Wenn Sie bereits ein nettes Sümmchen angespart haben, notieren Sie, wie sich das anfühlt. Wenn Sie mehr oder weniger als Ihre Freunde haben – notieren Sie auch, wie sich das anfühlt.

Vielleicht denken Sie, daß dies bei Ihnen nicht viel bringt oder daß Sie Ihre Gefühle in bezug auf Geld sowieso kennen. Ich möchte Sie trotzdem bitten, über diese Fragen *schriftlich* nachzudenken. Sie werden überrascht sein, was sich Ihnen alles offenbart.

Unterstreichen Sie dann einmal alle Worte, die Ihre Gefühle und Emotionen widerspiegeln. Ohne daß ich Sie kenne, wage ich die Prognose, daß Sie Worte benutzt haben, die Angst, Schuld, Scham, Wut und/oder zu niedriges Selbstwertgefühl beschreiben.

Noch einmal: Diese Erkenntnis werden Sie nur finden, wenn Sie die Übungen wirklich in Ruhe schriftlich machen. Und Sie müssen Ihre Emotionen und Gefühle in bezug auf Geld kennenlernen. Ihr Gefühl gibt letztendlich den Ausschlag. Wenn es Ihnen nicht glasklar bewußt ist, können Sie es nicht ändern.

Verlassen Sie sich nicht auf andere

Wir alle sind stark geprägt worden von den Menschen, die uns umgeben haben, und von einigen entscheidenden Erlebnissen. Mein Vater war ein „starker Mann". Jemand, der nicht wollte, daß meine Mutter sich mit negativen Dingen belasten muß. Also nahm er ihr nach Möglichkeit alles ab. Er baute das Haus. Er verwaltete die Finanzen. Er schrieb die Überweisungen. Er verdiente das Geld. Er machte den Budgetplan. Er schloß die Sparverträge und Lebensversicherungen ab. Meine Mutter konnte sich anlehnen. Selbst als er krank wurde, änderte sich nichts. Er sorgte für alles – auch als abzusehen war, daß er nicht mehr lange leben würde.

Und dann starb er. Meine Mutter hatte nun niemanden mehr, an den sie sich anlehnen konnte. Ich war erst 13, meine Schwester gerade sieben. Zu der Trauer kam das Gefühl völliger Hilflosigkeit. Ich werde nicht vergessen, wie meine Mutter weinend zu mir sagte: „Bodo, ich weiß gar nicht, wo ich anfangen soll. Ich habe mich doch niemals um irgend etwas kümmern müssen."

Es stellte sich heraus, daß mein Vater einige Lebensversicherungen abgeschlossen hatte, so daß wir keine Not leiden mußten. Aber trotzdem war meine Mutter zusammengebrochen, weil sie glaubte, mit der finanziellen Seite nicht fertigwerden zu können.

Ich habe mich oft gefragt: Was wäre geschehen, wenn mein Vater nicht vorgesorgt hätte? Viele Männer tun das nämlich nicht. Zumindest nicht in ausreichendem Maße. Die Summen der vorhandenen Lebensversicherungen sind oft in keiner Weise geeignet, einen Verdienstausfall wirklich aufzuwiegen. Meine Mutter hatte Glück im Unglück.

Darf aber unsere finanzielle Versorgung vom Faktor Glück abhängen? Was ist mit unserer Eigenverantwortung? Wir dürfen uns nicht auf andere verlassen, wenn es um lebenswichtige Dinge geht. Wir dürfen uns nicht der Willkür anderer Menschen aussetzen. Selbst wenn es sich dabei um den eigenen Lebenspartner handelt.

Die Zeiten ändern sich

Natürlich ist das nicht einfach. Traditionell denkende Männer beziehen ihr Selbstwertgefühl, ja oftmals ihren Lebenssinn, vor allem aus der Rolle als Familienernährer. Über viele Jahrhunderte hinweg war Geld die Domäne der Männer. Im späten Mittelalter durften Frauen in deutschen Städten nur über genau zweieinhalb Pfennige des ehelichen Vermögens verfügen. Erst seit Beginn dieses Jahrhunderts dürfen Frauen überhaupt ein eigenes Konto haben. Aber die Zeiten ändern sich. Viele Frauen leben vor, daß es auch anders geht. Es gibt inzwischen unzählige Frauen, die aus eigener Kraft vermögend geworden sind. Wir haben die erste Milliardärin, die ihren ungeheuren Reichtum selber aufgebaut hat. Wir haben Frau Jill Barad, die Chefin des größten Spielzeugherstellers der Welt, Mattel. Zu dieser Firma gehört Barbie. Aber durch Aufkäufe und Lizenzverträge vereinigte Frau Barad Markennamen wie Tyco Toys, Fisher-Price, Sesamstraße, Matchbox, Disney und Hot Wheels unter einem Dach. Sie hat all dies geschafft, obwohl (oder auch weil) sie Familie hat.

Am beeindruckendsten erlebe ich Ella Williams, die Unternehmerin des Jahres 1993 aus den USA. Darum habe ich Sie für dieses Buch interviewt.

Ein Interview mit Ella Williams

Es gibt Menschen, die einfach faszinieren. Die uns in ihren Bann ziehen. So auch eine Frau, der ich 1993 zum ersten Mal begegnet bin. Die Frau scheint ein einziges riesengroßes Herz zu sein. Sie spricht mit Leidenschaft und Wärme. Der Zuhörer hat keinen Augenblick

Zweifel daran, daß diese Frau es ernst meint. Wenn sie sagt, daß sie die Situation der Frau in unserer Gesellschaft verbessern will, dann fühlt man, daß es sich nicht nur um ein Lippenbekenntnis handelt. Es ist ihr absolut ernst damit, und sie würde alles dafür tun, um die ungeheuren Mißstände zu beseitigen, mit denen sie immer wieder konfrontiert wird.

Dabei ist diese Frau keine mittellose Träumerin, sondern sie ist keine geringere als Ella Williams, eine der erfolgreichsten Geschäftsfrauen unseres Jahrhunderts. Für ihr unternehmerisches Schaffen wurde sie mit allen Preisen und Ehrungen ausgezeichnet, die man sich vorstellen kann, so wurde sie zum Beispiel Unternehmerin des Jahres in den USA. (Andere Auszeichnungen: Business Person of the year, Entrepreneur of the year, Small Business Subcontractor oft the year, dreimal Small Business Prime contractor of the year, Outstanding Women-Owned Business Enterprise Women of the year, Woman of Distinction)

Ella Williams Eltern hatten zwölf Kinder. Die fünf Mädchen wurden einfach ganz anders behandelt als die Jungen, die nahezu alles durften. Ihr Vater hatte nun mal seine eigene Ansicht in Bezug auf Frauen. Sein Motto lautete: „Keep her barefoot and pregnant" („Halte sie barfuß und schwanger".) Ella wollte raus, frei sein und ihrem Vater bei der Arbeit helfen. Die Antwort war aber immer wieder: „Bleib' zuhause und helfe deiner Mutter." Der Wunsch nach Freiheit wurde bei ihr immer ausgeprägter. Aber die viele Zeit, die sie mit ihrer Mutter verbrachte, hatte auch etwas gutes. Sie lernte vor allem zwei Dinge, die ihr später sehr helfen sollten: Kochen und an sich selbst zu glauben. Ihre Mutter sagte ihr immer wieder: „Du kannst alles erreichen, das du wirklich erreichen willst."

Etwas älter geworden, wurde ihr bewußter, daß sie als Schwarze diskriminiert werden würde. Aber sie stellte sich den Herausforderungen und wurde der erste schwarze Cheerleader. Das bestärkte sie darin, alles erreichen zu können. Allerdings wurde ihre Situation zunächst einmal nicht besser. Um endlich frei zu sein, heiratete sie. Die Ehe zerbrach und sie heiratete erneut. Der zweite Ehemann entpuppte sich als gewalttätig und verfolgte sie mit seinem Haß noch lange, nachdem sie auch von ihm geschieden war. Er betrachtete sie als sein Eigentum und akzeptierte die Scheidung einfach nicht. Er wollte sie körperlich, seelisch und finanziell zerstören. So mißhandelte er sie weiterhin und versuchte obendrein, ihr die Kinder wegzunehmen, obwohl er sie selbst gar nicht wollte. Jede Nacht weinte sie sich in den Schlaf.

Tatsächlich hatte Ella Williams, die inzwischen auch zwei Kinder zu versorgen hatte, nichts. Sie sammelte alte Softdrinkdosen, von denen ihr 25 bis 30 Stück gerade mal 15 Cent (ca. 28 Pfennig) einbrachten. Aber wenigstens konnte sie sich und ihre Kinder auf diese Weise ernähren. Sie war inzwischen 35 Jahre alt und wollte endlich mehr vom Leben haben. Aber sie war sich nicht zu schade, auch die unangenehmsten Tätigkeiten zu übernehmen. Einen festen Job konnte sie zwar nicht finden, aber Arbeit fand sie immer. Meist drückte man ihr die Arbeiten auf, die niemand sonst in der Firma machen wollte. Sie motivierte sich, indem sie sich sagte: „Wenn ich diese Mistarbeiten tun kann, dann kann ich auch den Job des Chefs machen, denn den schwierigsten Teil beherrsche ich ja schon."

Und dann las sie eines Tages eine Anzeige der Regierung, die ihr Leben verändern sollte: „Frauen, die in nicht traditionelle Bereiche gehen, sollen von der Regierung derart geschützt werden, daß sie drei Jahre lang keine Konkurrenz haben würden." Außer dieser Zusage aber gab es keine weitere Hilfe.

Zufällig las sie in der gleichen Zeitung, daß Systemingenieure bei der Armee gute Aufträge erhalten könnte. Und sie entschloß sich, eine Firma zu gründen, die sich auf die Adaption alter Systeme auf neue Standarde spezialisieren sollte.

Allerdings hatte sie davon keine Ahnung. Sie hatte keinen Universitätsabschluß und keinerlei Vorkenntnisse eines Ingenieurs. Außerdem war sie noch nie selbständig gewesen und hatte keine Ahnung, wie sie anfangen sollte, geschweige denn, wie sie sich durch die ganzen Formalismen durchwühlen könnte. Aber der Satz ihrer Mutter war fest in ihrem Kopf verankert: „Du kannst alles erreichen, das du wirklich erreichen willst." Sie beschied, daß sie genauso klug wie Männer war, nur nicht deren spezielles Wissen hatte. Also würde sie die notwendigen Fachleute anheuern.

Das war ohne Geld nicht so einfach. Aber schließlich konnte sie einen Marketingmann und einen Ingenieur von ihrer Idee überzeugen. Alle wußten, daß es eine harte Zeit werden würde, denn ihr Geschäftsplan sah vor, daß sie erst nach drei Jahren den ersten Kundenvertrag abschließen können würden.

Und diese drei Jahre waren noch einmal sehr hart. Sie arbeitete jetzt in ihrer neuen Firma und nahm nebenher viele Nebenjobs an, um Geld zu verdienen. Die Schulden, die sie machte, beliefen sich bald auf über 200.000 DM. Dazu kam, daß sie keinerlei Gewähr hatte, nach den drei Jahren wirklich mit dem Militär ins Geschäft zu kommen. Auch kannte sie niemanden dort. Und einer schwarzen Frau wollte man auch nicht unbedingt zuhören.

Dennoch nutzte sie die drei Jahre und verband ihre Präsentationen vor den Offizieren mit etwas originellem: sie kochte für die Herren und brachte außerdem regelmäßig selbstgebackene Kekse und Kuchen vorbei. Sie hatte von ihrer Mutter behalten, daß die Liebe eines Mannes durch den Magen geht. Und tatsächlich freute man sich beim Militär – das ja nicht gerade berühmt ist für seine gute Kantine – auf die Besuche von Ella Williams.

Hatte sie in dieser Zeit Zweifel? Sie sagt: „Dazu hatte ich gar keine Zeit. Es hätte auch nichts genützt, denn alles was ich hatte, war in das Unternehmen investiert. Ich mußte es einfach schaffen. Für meine Kinder und mich."

Dann war es endlich so weit, daß sie vor hochrangigen Entscheidern ihre Arbeit präsentieren durften. Ihnen blieben noch einige Monate für letzte entscheidende Vorbereitungen. Und dann starb plötzlich ihr Marketingmann, der inzwischen ihr Partner geworden war. Sie fiel in ein tiefes Loch und konnte vor lauter Depressionen nichts mehr tun. Aber schließlich raffte sie sich auf. Sie lernte die Aufzeichnungen ihres verstorbenen Partners auswendig und wagte die Präsentation. Sie mußte vor Fachleuten über systemspezifische Details referieren und Fragen beantworten. Aber sie schlug sich tapfer und man war ihr wohlgesonnen, weil man ihre Kochkünste schätzen gelernt hatte.

Sie bekam einen Auftrag über acht Millionen Dollar! Acht Millionen. Sie konnte ihr Glück kaum fassen. Es schien zu schön, um wahr zu sein. Und prompt kam die Ernüchterung. Der zuständige Regionalpolitiker, der den Auftrag absegnen mußte, weigerte sich: „Sie können nicht aus dem Nichts kommen und mit acht Millionen starten. Sie können maximal mit einem Auftrag von 25.000 Dollar anfangen." Ella Williams Antwort war so emotional, daß der Mann sich weigerte, noch einmal mit ihr zu sprechen.

Sie suchte nun politische Hilfe. Sie fuhr nach Washington DC und versuchte mit Senatoren ins Gespräch zu kommen. Anfangs setzte sie sich einfach vor deren Türe. Irgendwann war es für die Kongressmänner angenehmer, sich mit ihr zu unterhalten, als sie weiterhin vor ihrer Türe sitzen zu haben. Sie mußte es einfach schaffen. Es war der Unterschied zwischen Essen und nicht Essen für sie und ihre Kinder. Sie kämpfte wie um ihr Leben. Sie redete mit jedem. Sie gab einfach nicht auf. Und so erwarb sie sich nach und nach Einfluß. Die Sekretärinnen der Senatoren, mit denen sie sich anfreundete, unterstützen sie dabei tatkräftig. Immer mehr Menschen waren beeindruckt von ihrem Mut und ihrer Entschlossenheit.

Schließllich wurde ihr Vertrag abgesegnet – durch massiven Druck „von oben". Ella Williams hatte es geschafft. Die nächsten drei Jahre waren gesichert. Sie konnte nun notwendiges Personal einstellen, Geschäftsräume anmieten und Gehälter zahlen. Ihre Kunden – für die sie weiterhin kochte und buk – besorgten ihr weitere Kunden und gaben ihr nach dem Ablauf der drei Jahre einen neuen Vertrag über zwölf Millionen Dollar.

Ella Williams hat mir einige Botschaften an Sie mitgegeben:

- Das wichtigste ist Selbstvertrauen. Arbeiten Sie ständig daran. Selbstvertrauen macht den ganzen Unterschied aus zwischen einem Leben in Armut und Mittelmäßigkeit oder auf der Sonnenseite des Lebens.
- Wenn ich es kann, dann kann es jede Frau. Das müssen Sie glauben. Und Sie müssen Ihren Töchtern beibringen, daß sie als Frauen alles erreichen können. Wenn ich als schwarze Frau von Präsident Clinton und seiner Gattin zu einem Gespräch ins Weiße Haus eingeladen wurde, dann ist das der Beweis, daß wir alles schaffen können.
- Bereiten Sie sich auf die Entwicklungen der Zukunft vor. Lernen Sie mit einem Computer umzugehen.
- Lassen Sie uns eine Umgebung schaffen, in der wir wirklich leben wollen. Es liegt an uns, dies zu tun. Wie sieht eine solche Umgebung aus? Schaffen Sie sich ein Umfeld, in dem Sie Ihr volles Potential erreichen können

Neben diesen Beispielen der Superlative gibt es inzwischen buchstäblich Zehntausende von erfolgreichen Frauen. Aber die große Masse der Frauen hat zu dem Thema „Geld" noch keinen richtigen Bezug. Die Mehrzahl der Frauen kümmert sich nicht ausreichend. Und darum leben viel mehr Frauen in Armut als Männer.

Viele Frauen haben eindeutig noch nicht in dem Maße Verantwortung übernommen, wie sie sollten und könnten. Und daß dies völlig falsch ist, zeigen die folgenden Punkte.

- Es ist inzwischen statistisch belegt, daß Frauen zum Beispiel die weit aus besseren Anleger sind. Sie erzielen im Durchschnitt 5 % mehr Rendite!
- Unter den Selbständigen gehen weit weniger Frauen pleite als Männer.
- 54 % der Frauen können heute vom Verdienst her mit Männern mithalten. (18 % verdienen genausoviel, 9 % verdienen mehr, 27 % nur ganz geringfügig weniger.)[2]

Viele Frauen leben unter der Armutsgrenze

Dennoch hat sich unter der Überschrift „Frauen und Geld“ einer der schlimmsten Mißstände der Industrienationen entwickelt. Dafür sind auch nicht alleine die immer noch vergleichsweise niedrigen Löhne und Gehälter verantwortlich zu machen. Aber es ist schon eine Ungeheuerlichkeit, wie ungleich bezahlt wird.

Schauen wir uns einige Zahlen an: Industriearbeiterinnen verdienen nur Dreiviertel des Entgelts ihrer männlichen Kollegen. Weibliche Angestellte gar nur zwei Drittel von dem, was männliche Angestellte verdienen.[3] Zudem arbeiten Frauen häufig in Branchen mit geringer Produktivität und Gewinnspanne – was meist auch niedriges Entgelt bedeutet.

Insgesamt bekommen Arbeiterinnen nur 77 % vom Lohn der Arbeiter, weibliche Angestellte sogar nur 62 % von dem Einkommen der männlichen Angestellten. Mit zunehmendem Alter vergrößern sich die Unterschiede. Während eine 26jährige noch 87 % vom Entgelt ihrer männlichen Kollegen verdient, so sind es bei einer 55jährigen nur noch 63 %.[4]

Die Spitzenverdienste der Frauen liegen immer noch genauso hoch wie der niedrigste Durchschnittsverdienst der Männer.

Allerdings sind bei weitem nicht die wesentlich niedrigeren Verdienste die hauptsächlichen Probleme. Vielmehr ist es so, daß das Thema „Geld und Frau“ wirklich sorgenvoll zu betrachten ist. Viele Statistiken und Tatsachen sind sehr traurig. Zumindest sollten wir sehr nachdenklich sein.

Lassen Sie mich einige Beispiele anführen für die katastrophalen Gegebenheiten, die ich zum Thema „Frauen und Geld" ermittelt habe:

- Nehmen wir die „Geldanlage" Sparbuch. Beim aktuellen Zinssatz von 1,5 % dauert es sage und schreibe 48 Jahre, bis sich das eingelegte Geld verdoppelt. Würden Sie also 10.000 DM auf ein solches Sparbuch legen, so würde dieser Betrag nach 48 Jahren auf 20.000 DM „angewachsen" sein. Wenn wir nun für die Zukunft den Inflationssatz der letzten 48 Jahre unterstellen, dann wären diese 20.000 DM nur noch ca. 2.500 DM wert, gemessen am heutigen Geldwert. Sie sparen sich also arm, wenn Sie Geld auf ein Sparbuch legen. *Dennoch befindet sich 50 % des Geldes der Frauen auf dem Sparbuch!*
- 80 % aller Frauen müssen von einer Altersrente von weniger als 800 DM leben. Damit ist die Armutsgrenze unterschritten.
- 27,2 % aller Ehefrauen wissen nicht, was der Mann verdient. Wesentlich mehr haben keine Ahnung, was der Mann mit dem gemeinsamen Geld macht.
- Um die Geldanlagen kümmert sich fast immer der Mann. Über 80 % aller Frauen verlassen sich in finanziellen Dingen voll auf einen Mann. Übrigens nicht notwendig auf den eigenen Partner. Auch viele Single-Frauen neigen dazu, einen Mann mit diesem Thema zu beauftragen. Oft ist es der Vater, der Bruder oder der Freund einer Freundin.
- 91,7 % belassen es im Falle einer Eheschließung bei der gesetzlichen Regelung, welche die Frau erheblich benachteiligt. Dadurch entstehen bei einer Trennung oder Scheidung oftmals Existenzprobleme.
- Die große Mehrzahl der Frauen spart nicht, um Vermögen anzuhäufen, sondern für größere Anschaffungen und für die Kinder. Das Geld, das die Frau spart, wird also ausgegeben. Männer vermehren in der gleichen Zeit eher ihr Vermögen.

Warum haben viele Frauen sowenig Geld?

Natürlich sind diese Mißstände schlimm. Nehmen Sie nur das unterschiedliche Einkommen. Es ist ungerecht, und es darf nicht sein. Es ist durch nichts zu rechtfertigen. Und es macht mich zornig. Deshalb finden Sie in diesem Buch ein Kapitel, mit dessen Hilfe Sie Ihr Einkommen leicht um 20 % steigern können. Und zwar innerhalb von nur drei Monaten.

Dennoch sollten wir der Versuchung widerstehen, die ohne Zweifel haarsträubende Ungerechtigkeit der ungleichen Bezahlung alleine für die finanzielle Misere vieler Frauen verantwortlich zu machen. Auch die immer noch oft anzutreffende Tatsache, daß viele Männer die finanzielle Unabhängigkeit ihrer Partnerinnen nicht gerade fördern, kann nicht alleine zur Begründung für die schlechte Finanzlage vieler Frauen angeführt werden. Sicherlich ist all dies richtig. Aber in erster Linie sind wir immer selbst verantwortlich. Viele Gründe für oft geradezu katastrophale finanzielle Verhältnisse von Frauen liegen bei den Frauen selbst. Hier sind einige Gründe:

- Frauen sind oft eher familienorientiert. Sie legen in erster Linie Wert auf eine gute Versorgung der Kinder und ein gemütliches Heim. Männer sind dagegen eher statusorientiert und wollen mit dem Geld repräsentieren.
- Frauen sorgen sich zunächst um andere. Kinder, Gatten, Eltern. Frauen müssen verstehen, daß sie für sich und für andere viel besser sorgen könnten, wenn sie finanziell unabhängig wären.
- Frauen haben oft ein viel zu geringes Selbstwertgefühl. In einem Magazin las ich eine interessante Studie. Frauen sollten einen Finanzierungsplan erstellen. Obwohl sie davon ausgingen, daß sie bis zu einem ganzen Jahr an dem Projekt arbeiten würden, vergaßen mehr als die Hälfte, Honorar für ihre eigene Arbeit zu berechnen. Und das waren Frauen, die eine zweijährige Ausbildung im Bereich Management und BWL absolviert hatten.[5] Die Vorstellung, daß Männer ihr eigenes Honorar vergessen, ist dagegen eher absurd.
- Selbst Frauen in Spitzenpositionen mögen sich mit Geld eigentlich nicht befassen. Geld ist zwar erstrebenswert, der Umgang mit Geld aber eher nicht. Es wird verdrängt, statt zu handeln.
- Die Frau verläßt sich auf den Mann. Vordergründig ist das vor allem so, weil der Mann das so will. Aber die Frau scheint sich auch nicht dagegen aufzulehnen. Denn es ist bequem. Es ist einfach. Und sie hat eine Entschuldigung, wenn wahre Reichtümer nicht entstehen: Er hat versagt.

Ein Überblick

So wie sich das alte Jahrtausend verabschiedet, so ist es an der Zeit, daß Frauen sich von ihrer alten und veralteten Einstellung zu Geld verabschieden. Es ist an der Zeit, daß Frauen ihr eigenes Verhältnis zu ihrem Geld entwickeln. Denn: Frauen tut Geld richtig gut.

Wir haben das Buch in fünf Abschnitte aufgeteilt. Im ersten Teil befassen wir uns mit Ihrer Einstellung zum Geld. Zunächst gilt es einmal, die *häufigsten Fehler* zu erkennen, die Frauen im Umgang mit Geld machen (Kapitel 2). Bitte schauen Sie gleich nach, ob Sie selbst schon in die eine oder andere „Falle“ getappt sind.

Dann werden Sie im Kapitel 3 für sich festlegen, daß Geld tatsächlich alle Ihre Grundbedürfnisse befriedigt bzw. zu ihrer Befriedigung beitragen kann. Sie werden sehen, wie Sie Ihre *Einstellung zu Geld* so verändern, daß Sie Geld „magisch anziehen“. Dieses Kapitel ist besonders wichtig, weil unsere Einstellung letztendlich entscheidet, ob wir finanziell unabhängig werden.

Im zweiten Teil des Buches geht es darum, wie Sie mehr Geld verdienen und es auch behalten. Hier erhalten Sie praktische Tips, wie Sie am besten mit *Schulden, Hypotheken und Banken* umgehen (Kapitel 4).

In Kapitel 5 lernen Sie eine Methode kennen, mit der *Sparen nicht nur Spaß macht, sondern mehr Wohlstand aufbaut,* als die meisten es für möglich halten. Natürlich wäre es schön, wenn Sie auch mehr verdienen würden.

Die wichtigsten Tips, wie Angestellte und Selbständige ihren *Verdienst erhöhen* können, erfahren Sie in Kapitel 6.

Für die meisten Frauen ist die Familie wichtiger als das Geld. Dabei stehen diese beiden Bereiche des Lebens keineswegs in Konkurrenz zueinander. Allerdings muß jede Frau einige grundlegende Dinge regeln, damit Geld ihr Familienglück unterstützt und fördert.

Darum handelt der dritte Teil von *Familie und Geld*. Hier sollten Sie die Kapitel lesen, die im Moment für Sie aktuell und damit interessant sind: Wenn Sie in einer *Partnerschaft* leben, so finden Sie in Kapitel 8 ganz entscheidende Hinweise für finanzielle und juristische Voraussetzungen, die eine glückliche Partnerschaft begünstigen.

Sollten Sie etwas *geerbt haben oder vererben wollen*, so werden Sie viele Fehler vermeiden, wenn Sie Kapitel 9 lesen.

In Kapitel 7 sprechen wir über *Kinder und Taschengeld.* Sie werden sehen, daß Taschengeld keine lästige Pflicht ist, sondern eine einmalige Chance, um Kindern den vernünftigen Umgang mit Geld zu vermitteln.

Im vierten Teil des Buches erhalten Sie konkrete Hinweise zu Geldanlagen. Sie werden sich wundern, wie leicht ein *Vergleich der einzelnen Anlagen* eigentlich fällt (Kapitel 10). Lernen Sie die Vor- und Nachteile der drei großen Anlageformen kennen: Sachwerte, Geldwerte und Wetten. Nachdem Sie dieses Kapitel gelesen haben, wissen Sie, welche Anlagen für Sie die besten sind.

Die Frage ist dann: Wollen Sie selbst investieren, sich einem Club anschließen oder andere Personen für sich die Arbeit machen lassen? (Kapitel 11).

Um Sie vor Betrügern zu warnen, beschreiben wir in Kapitel 12 die *elf häufigsten Anlagefallen.*

Viele Frauen haben *viel zu teure oder auch vollkommen unnötige Versicherungen.* In Kapitel 13 erhalten Sie einen Wegweiser durch den Versicherungsdschungel. Die Tips können Ihnen viel Geld sparen.

Der fünfte und letzte Teil soll Ihnen Mut machen. Wir möchten Ihnen aufzeigen, welche Schwierigkeiten auf dem Weg zu finanzieller Unabhängigkeit auf Sie zukommen werden. Und Sie werden lernen, wie Sie mit diesen Schwierigkeiten umgehen können (Kapitel 14).

KAPITEL 2

DIE HÄUFIGSTEN FEHLER VON FRAUEN IM UMGANG MIT GELD

Wir können unsere Probleme nicht auf dem Denkniveau lösen, auf dem wir uns befanden, als wir sie schufen.

Albert Einstein

Wenn heute nur einer von 500 Menschen Millionär ist, dann hat das Gründe. Denn Millionär zu sein ist heute gar nicht mehr solch eine Leistung. Nie war es so leicht wie heute. Wenn Sie vor ein paar hundert Jahren arm geboren worden wären, dann hätten Sie keine andere Chance gehabt, als auch arm zu sterben. Heute ist das anders. Es gibt Zehntausende Beispiele von Frauen und Männern, die aus dem Nichts heraus ein Vermögen aufgebaut haben.

Dennoch erreichen die allermeisten Menschen niemals auch nur annähernd finanzielle Unabhängigkeit. Die meisten Menschen kommen nie über das Stadium des Existenzminimums hinaus. Und das hat Gründe. Die generellen Gründe habe ich in dem Buch „Der Weg zur finanziellen Freiheit" dargelegt.[1]

Hier möchte ich nun auf die frauenspezifischen Probleme eingehen. Wenn Sie die Fehler vermeiden, die in diesem Kapitel aufgelistet sind, dann werden Sie viel Geld sparen. Achten Sie beim Lesen darauf, ob auch Sie in die eine oder andere Geld-Falle getappt sind. Einige der im folgenden aufgeführten Fehler sind einmalige Ereignisse. Andere sind Einstellungen, die sich möglicherweise durch das ganze Leben ziehen. Diese Fehler bilden gewissermaßen einen negativen Handlungsplan, der unser Leben auf einem unnötig tiefen Niveau hält.

Mit 26 Jahren war ich pleite. Ich wußte weder ein noch aus. Zum „Glück" fand ich damals einen Coach, der mir die Prinzipien des Reichtums beibrachte. Bevor er mich aber etwas lehren konnte, mußte ich erkennen, wo ich stand. Meine Kontostände abzulesen war natürlich nicht schwer. Aber zu akzeptieren, daß ich für all das verantwortlich war, das war schon schwieriger. Ich war nicht nur alleine verantwortlich, ich hatte mich auch mit System in diese Situation gebracht.

So fragte mich mein Coach damals: „Herr Schäfer, welchen Plan haben Sie für den Umgang mit Geld?" Nun, ich hatte keinen Plan. Ich lebte in der stupiden Hoffnung, daß sich alle meine Probleme in Luft auflösen würden, wenn ich nur erst einmal mehr verdienen würde. Daher meine Antwort: „Gar keinen. Ich denke gar nicht großartig über Geld nach."

„Da täuschen Sie sich", antwortete mein Coach, „Sie haben einen Plan. Jeder Mensch handelt zumindest unbewußt nach einem Plan. Nur daß Sie nach einem Armutsplan leben."

Das war wenig schmeichelhaft. Aber es traf den Nagel auf den Kopf. Man braucht schon ein „System", das es einem ermöglicht, sich immer tiefer zu verschulden, obwohl man hart arbeitet.

Wissen Sie, daß Menschen, die vor einem Schaufenster stehen und kein oder wenig Geld in der Tasche haben, auf die Seite gehen, wenn sie fühlen, daß hinter ihnen jemand steht? Verhaltensforscher begründen das damit, daß diese Menschen wissen, daß sie doch nichts kaufen können. Darum treten sie lieber für einen potentiellen Kunden auf die Seite. Ich glaube, daß dies symbolisch für das ganze Leben zutrifft. Zu oft gehen Menschen auf die Seite, nur weil sie nicht genügend Geld haben. Oft unbewußt. Vielleicht auch oft, ohne allzuviel zu vermissen. Und doch fühlen wir, daß etwas anders sein könnte und anders sein müßte. Wir spüren, daß uns ein Platz an der Sonne gehört.

Schauen wir uns nun die Fehler von Frauen im Umgang mit Geld an, auf die ich vor allem von Teilnehmerinnen meiner Seminare immer wieder aufmerksam gemacht wurde.

Fehler Nr. 1: Frauen bürgen für ihren Partner. Und sie unterschreiben einen Kreditvertrag mit, damit er Geld erhält

Der Satz „Wer bürgt, wird gewürgt" hat durchaus seine Berechtigung. Denn meistens werden Bürgen tatsächlich zur Kasse gebeten. Und dann kann es sein, daß der Bürge selbst das Geld nicht hat. Darum helfen Sie nur mit Geld, das Sie wirklich haben und entbehren können (und wollen). Ansonsten werden Sie möglicherweise über Jahre hinweg für einen „kleinen Fehler" büßen. Ein solch „kleiner Fehler" kann sein, daß Sie meinen, Ihrem Partner helfen zu müssen. Aus Liebe. Weil er ansonsten einen wichtigen Kredit nicht bekommt. Wir sollten durchaus den Menschen helfen, die uns nahestehen. Aber schon die alten Babylonier wußten: „Helfen bedeutet nicht, daß wir die Last unserem Freund von der Schulter nehmen, um sie dann auf den eigenen Schultern zu tragen." Helfen bedeutet nicht, daß beide verarmen.

Übrigens sollten wir Geld und Liebe klar voneinander trennen. „Aus Liebe" zu bürgen ist sicherlich nicht das intelligenteste Vorgehen. Zu hinterfragen ist auch, ob derjenige *Sie* wirklich liebt, wenn er von Ihnen verlangt, zu bürgen.

Des weiteren sollten Sie überlegen, inwieweit Sie tatsächlich „helfen", wenn Sie derart vorgehen. Vielleicht muß er sich ohne die Bürgschaft etwas mehr anstrengen. Vielleicht muß er kreativer werden. Vielleicht muß er nur zu einigen weiteren Banken gehen. Vielleicht lernt er neue, bessere Wege kennen ... Die leichteste Lösung ist lange nicht immer die beste.

Wenn Sie berufstätig sind und Ihr Partner einen Kredit haben möchte, dann ist es fast schon Usus bei den Banken, daß Sie bürgen sollen. Darum einige Tips: Nehmen Sie grundsätzlich nie die gleiche Bank wie Ihr Partner. Dann bringen Sie die Banker nämlich gar nicht erst auf „dumme Gedanken". Außerdem müssen die ja nicht wissen, was Sie beide haben.

Vollziehen Sie eine Gütertrennung, oder schließen Sie die Zugewinngemeinschaft aus (siehe Kapitel 8). Damit signalisieren Sie klar, daß Sie für die Finanzen Ihres Partners nicht verantwortlich sind. Und wenn ein Banker Ihren Mann auffordert, Sie als Bürge zu gewinnen, dann lehnen Sie einfach entrüstet ab. Am besten lehnen Sie auf eine Weise ab, die dem Banker den Mut nimmt, jemals noch einmal zu fragen. Natürlich muß der Banker seine Bank mit soviel Sicherheit wie möglich versorgen. Aber als Mensch weiß der Banker haargenau, was für eine gefährliche Forderung er an Sie stellt.

Meistens bekommt Ihr Partner dann das Geld auch ohne Ihre Bürgschaft. Und selbst wenn er es tatsächlich nicht bekommen sollte: Bürgen Sie niemals. *Und lassen Sie sich kein schlechtes Gewissen deswegen einreden.* Sie können sich nicht vorstellen, wieviel Frauen zu mir kommen, die sich durch eine Bürgschaft für einen Partner in eine lebenslange Misere hineinmanövriert haben. Und der Partner war meist schon längst weg, aber die Bürgschaft lebte weiter. Eine „nette Erinnerung".

Das gleiche gilt für den Kreditvertrag. Wenn Sie beide unterschreiben, dann haben Sie keinerlei Spielraum mehr. Ich kann Ihnen nur raten, Ihre Finanzen, soweit es geht, von denen Ihres Partners zu trennen. Zum einen deshalb, weil bekanntlich heute fast jede zweite Ehe geschieden wird. Und Paare, die nicht verheiratet sind, bleiben noch weniger häufig zusammen.

Zum anderen könnten Sie auch in finanzielle Probleme geraten, wenn Sie noch mit Ihrem Partner zusammen sind. Welchen Sinn kann es dann machen, wenn in einer schwierigen Situation beide bewegungsunfähig sind? Wenn nur einer von beiden unterschrieben hat und ein Konkurs oder ein Offenbarungseid droht, dann gibt es Dutzende Möglichkeiten, um mit einem blauen Auge aus der Sache herauszukommen. Aber wenn beide unterschrieben haben, dann gibt es kaum einen Ausweg.

Natürlich wird der Banker auch hier versuchen, Sie zur Unterschrift zu zwingen. Auch hier sollten Sie dem Banker auf eine Weise erwidern, daß er mehr Angst hat, Ihnen noch einmal zu begegnen, als seinem Chef zu erklären, daß Sie definitiv nicht unterschreiben.

Fehler Nr. 2: Frauen reden in der Partnerschaft zu wenig über Geld

Selbst wenn die Frau erkennt, daß es finanziell gesehen alles andere als gut läuft, neigt sie dazu, das Thema zu vermeiden. Das geht soweit, daß 27,2 % aller verheirateten Frauen keine Ahnung haben, wieviel ihr Mann verdient.[2]

Warum reden Frauen sowenig über Geld? Zum einen, weil sie Streit vermeiden wollen. Sie sind oftmals zu gutmütig. Ein Problem kann nicht gelöst werden, indem es totgeschwiegen wird. Vielfach ist durch das Schweigen das wahre Ausmaß der Probleme nicht annähernd bekannt.

Zum anderen haben Frauen oft Geldangst – eine grundsätzliche Berührungsangst, was Geld angeht, wie Olivia Mellan, die führende Geldtherapeutin der USA ausführt. Frauen sind oft froh, wenn sie sich um dieses leidige Thema nicht kümmern müssen. Und dabei übersehen sie, daß sie es in den meisten Fällen wesentlich besser könnten als ihr Partner.

Auf jeden Fall aber wäre es besser, wenn über die Finanzen offen gesprochen würde.

Power-Tip (für Frauen in einer festen Partnerschaft)

Legen Sie einen Finanztag fest. Einen ganzen Tag, an dem Sie einmal gemeinsam mit Ihrem Partner über Ihre Finanzen nachdenken.

- Vielleicht nehmen Sie dieses Buch als Grundlage. Nachdem Sie es beide gelesen haben, könnten Sie über alle Stellen sprechen, die Ihnen und ihm wichtig sind. Der Vorteil: Er hört es nicht von Ihnen, sondern von „neutralen" Autoren.
- Stellen Sie einen Aktionsplan zusammen. Eine Liste von Dingen, die Sie innerhalb von 72 Stunden beginnen wollen. Gehen Sie auch noch einmal alle Powertips sorgfälltig durch. Womit wollen Sie beginnen?
- Legen Sie fest, wer wofür zuständig ist.
- Bestimmen Sie einen Zeitpunkt, wann Sie sich wieder treffen wollen, um die Ergebnisse zu besprechen und die nächsten Schritte zu planen.
- Überlegen Sie, wie Sie sich gegenseitig dabei unterstützen können, Ihre finanziellen Ziele zu erreichen.
- Falls es noch nicht geschehen sein sollte: Stellen Sie klar, daß Sie nun alles daransetzen werden, Ihren eigenen finanziellen Schutz zu erreichen.

Fehler Nr. 3: Frauen verlassen sich auf ihren Partner

Frauen neigen dazu, die Verantwortung für wichtige Dinge abzugeben. Sie verlassen sich auf ihren Partner. Kaum eine Frau macht sich ernsthaft Gedanken über ihre Rente. Die meisten wissen gar nicht einmal annähernd, wieviel Rente sie zu erwarten haben. Tatsächlich haben ca. 80 % keine genaue Vorstellung bezüglich ihrer Rentenhöhe.[3] Es scheint sie auch nicht wirklich zu kümmern. Meist befassen sich Frauen nur mit Geld, wenn sich die Lebenssituation geändert hat, zum Beispiel nach einer Scheidung oder Trennung. Ich glaube nicht, daß es eines solchen Ereignisses bedarf, um Ordnung in unsere Finanzen zu bringen. Beginnen Sie jetzt. Immerhin haben Sie schon dieses Buch gekauft. Und das unterscheidet Sie bereits von 98 % aller Frauen.

Die meisten Frauen sparen zwar für größere Anschaffungen, aber nicht, um Wohlstand aufzubauen. Oder sie sparen für Kinder. Wie meine Oma. Die hatte kaum genug zum Leben. Aber immer wieder steckte sie mir und meiner Schwester etwas zu. Ich weiß nicht, wie viele Frauen mir mit einem Leuchten in den Augen erzählt haben, daß sie für ihre Kinder sparen. Und selbst hatten sie noch nicht einmal soviel Geld auf der Seite, daß sie wenigstens sechs Monate davon hätten leben können, wenn einmal keine Einnahmen hereinfließen sollten.

Unter den Millionärsehepaaren hat man festgestellt, daß die Frauen meistens das Haushaltsgeld verwalten. Und oft auch das ganze Geld. Warum? Weil die meisten Frauen besser mit Geld umgehen können als Männer. Bei den Amerikanern hat sich das schon herumgesprochen. Deshalb hat ein amerikanischer Mann auch kaum Probleme damit, wenn seine Frau das gemeinsame Geld verwaltet. Nur in Europa hat sich das noch nicht herumgesprochen. Vielleicht wird Europa auch deshalb der „alte Kontinent" genannt.

Als Frau müssen Sie Verantwortung übernehmen. Es ist Ihr Leben. Und das Leben kostet Geld. Ihr Geld. Die drei großen Ks sind überholt (Küche, Kirche, Kinder). Statt dessen sollte es heute heißen: GGGG (Geld haben, Glücklich sein, Genie ausleben, Gutes tun).

Sie brauchen dazu zwei Dinge: Das Wissen und die Einstellung dazu. Das Wissen zu bekommen ist einfach. Wenn Sie dieses Buch zu Ende gelesen haben, wissen Sie alles, das Sie verstehen müssen, um Ihr Geld zu verwalten, zu beschützen und wachsen zu lassen. Der Einstellungsteil ist schon schwieriger. Denn der hat nicht in erster Linie etwas damit zu tun, wieviel oder wie wenig Geld Sie haben. Sie können viel Geld haben und trotzdem von Ängsten gequält werden. Angst vor Verlust. Angst vor dem Geld. Angst, nicht genug zu haben oder zuviel zu haben. Angst davor, zu handeln. Angst vor der Konfrontation.

Hier hilft Ihnen vielleicht eine ernüchternde Tatsache: Je mehr wir ein Thema meiden, das uns Angst macht, um so stärker wird die Angst.

Wäre es nicht schön, wenn Sie sich über Geld keine Sorgen mehr machen müßten? Der Weg dahin ist, sich zu kümmern, sich zu interessieren. Warum sollten Sie das nicht auf die Reihe bringen? Überlegen Sie einmal, was Sie alles bereits geschafft haben. Warum sollte es Ihnen nicht gelingen, den schnöden Mammon zu zähmen?!

Fehler Nr. 4: Frauen legen ihr Geld schlecht an

Über 50 % allen Geldes von Frauen landet auf dem Sparbuch. Und da sparen sie sich arm, wie ich bereits in Kapitel 1 ausgeführt habe. Kaum eine Frau wagt, Aktien zu kaufen und Fonds zu zeichnen. Frauen sind da wesentlich vorsichtiger als Männer. Sie legen darum erheblich konservativer an. D.h., die guten Gewinne entgehen den meisten Frauen. Warum sind Frauen vorsichtiger?

Psychologen haben einen wesentlichen Unterschied zwischen Frauen und Männern in bezug auf ihre Ängste festgestellt. Männer fürchten sich vor dem, was beängstigend ist. Vor nahendem Unheil, vor Katastrophen, also vor bereits konkret erkennbaren Gefahren. Frauen dagegen haben Angst vor Dingen, die sie nicht kennen. Frauen fürchten sich also bereits, auch wenn noch kein konkreter Anlaß besteht. Nur weil es sich um unbekanntes Terrain handelt. Das ist ein kleiner, aber wichtiger Unterschied.

Sowohl die Frauen als auch die Männer von heute wissen zuwenig über die wirklich gewinnbringenden Investionsmöglichkeiten. Wer weiß schon, daß man gut 12 % Zinsen bekommen kann – und das fast ohne Risiko? Aber der Mann macht sich eher daran, solche Möglichkeiten zu erforschen. Denn Angst stellt sich bei ihm erst ein, wenn Unheil naht.

Die Frau hat dagegen häufig bereits alleine schon deshalb Angst, weil sie diese Materie nicht kennt. Das ist insbesondere deshalb so schade, weil Frauen die besseren Anleger sind, wenn sie sich einmal dazu entschlossen haben, sich in Aktien und Aktienfonds zu versuchen. Statistiken zeigen, daß Frauen in den gleichen Anlagen ca. 5 % mehr pro Jahr erzielen. 5 % mehr! Das ist soviel, wie die meisten Anleger insgesamt erzielen.

Was den meisten Frauen fehlt, ist der Anstoß dazu. Beginnen Sie einfach damit, sich mit dem Thema auseinanderzusetzen. Lesen Sie einige einschlägige Bücher und Magazine. Besuchen Sie einige Seminare. Unterhalten Sie sich mit Frauen, die dieses Gebiet bereits für sich entdeckt haben. Sie werden sich wundern, wieviel Spaß das machen kann.

Für Geld interessieren sich mehr Frauen, als viele denken

Eine Teilnehmerin meines Seminars kam nach einigen Wochen völlig aufgeregt auf mich zu: „Herr Schäfer, ich war der Meinung gewesen, Finanzen, Aktien und Fonds seien furchtbar langweilig. Ich habe auch gedacht, daß ich meine Freundinnen besser nicht darauf anspreche. Sonst halten die mich für verrückt. Aber nach dem Seminar habe ich es doch gemacht. Da war ich aber überrascht. Einigen meiner Bekannten ging es nämlich wie mir. Sie hatten sich auch nicht getraut, darüber zu sprechen. Jetzt haben wir für uns ein ganz neues Thema entdeckt. Statt nur über alltägliche Dinge zu reden, haben wir jetzt ein wirklich spannendes Gesprächsthema. Und es bringt auch etwas."

Fehler Nr. 5: Frauen kompensieren den Verlust von harter Macht (Geld) durch weiche Macht

Zu viele Frauen akzeptieren zu schnell, daß ihr Partner die Macht über das Geld behält. Wohl unternehmen sie halbherzig einige Anläufe, um das zu ändern. Aber wenn der Partner spürt, daß es nicht ernsthaft gewollt ist, sich wirklich ebenfalls eigenverantwortlich um das Geld zu kümmern, so wird sich wenig ändern. Sie müssen wild entschlossen sein. Sonst bleibt alles beim alten.

Den Verlust von harter Macht kompensiert die Frau dann nur zu oft durch weiche Macht, wie Kinder, Verwandte und Freundeskreis. Dies mag zwar dazu führen, daß die soziale Kompetenz steigt, aber die finanzielle Situation wird dadurch nicht besser.

Nichts kann den Verlust von Macht über das Geld ersetzen. Zwar ist Geld nicht das wichtigste. Aber wenn es an allen Ecken und Kanten fehlt, dann sind wir kaum in der Lage, die angenehmen Seiten des Lebens unbeschwert zu genießen.

Frauen müssen begreifen, daß diese Form der Kompensation eine Flucht darstellt. Freundschaften können nicht die Stelle von Geld einnehmen. So wie Geld nicht die Stelle von Freundschaften und Beziehungen einnehmen kann. Für ein erfülltes Leben ist es wichtig, daß wir alle wichtigen Bereiche meistern – oder zumindest eigenverantwortlich eine Lösung finden.

Fehler Nr. 6: Frauen verdienen zwar weniger, zahlen aber gleich viel in die gemeinsame Kasse

Oft höre ich von Partnern, daß sie eine gemeinsame Haushaltskasse haben. Auch teilen sie sich die Miete. Oder der eine zahlt die Miete und der andere die Lebenshaltungskosten. Wenn ich dann nachfrage, stellt sich oft heraus, daß die beiden aber unterschiedlich viel verdienen.

Zwar sind solche Regelungen nicht entwickelt worden, damit der eine den anderen übervorteilt. Aber im Ergebnis ist es meines Erachtens nicht gerecht. Und meist hat keiner so richtig darüber nachgedacht. Denn wenn es bei einer solchen Regelung bleibt, kann der eine Partner unter Umständen recht ordentlich sparen und der andere fast gar nichts. Der eine baut dann genüßlich Vermögen auf (meistens der Mann), während der andere Partner gerade so über die Runden kommt.

Es wäre viel sinnvoller, den Anteil an den gemeinsamen Ausgaben prozentual an den tatsächlichen Verdienst anzupassen.

Jemand könnte sich auf den Standpunkt stellen, daß jeder 50 % einlegen müsse, weil beide ja auch zu gleichen Teilen davon leben. Das mag ja stimmen, aber meist käme der weniger verdienende Partner mit einem weitaus geringeren Lebensstandard zurecht. Und wenn er nun 50 % eines höheren Lebensstandards mitbezahlt, so überschreitet er seine Verhältnisse bei weitem. Passen Sie darum Ihre Beiträge in die gemeinsame Kasse an den tatsächlichen Verdienst an. Sollte der Mann also doppelt soviel verdienen, so würde es auch Sinn machen, wenn er doppelt soviel für die gemeinsame Kasse beiträgt

Denken Sie daran: Sie müssen so schnell wie möglich Ihren finanziellen Schutz erreichen. Erst dann haben Sie eine Position der Stärke. Erst dann sind Sie auch finanziell in einer menschenwürdigen Lage. Jede Person, die dies noch nicht erreicht hat, neigt dazu, im Leben „auf die Seite zu treten“.

Fehler Nr. 7: Frauen haben oft keine klaren vertraglichen Regelungen für ihre Ehe oder Partnerschaft getroffen

91,7 % haben es bei der Eheschließung bei der gesetzlichen Regelung belassen. Oft geschieht das unter dem Deckmantel der Liebe und Romantik. Frei nach dem Motto „Bis der Tod uns scheide“

wird es als Zeichen der Liebe und des Vertrauens gewertet, wenn man sich auch finanziell in die Hand des anderen begibt. Das Schicksal eines Liebenden soll völlig mit dem des anderen verflochten werden.

Eine solche Einstellung ist in einer Zeit, in der jede zweite Ehe geschieden wird, recht blauäugig und wenig verantwortlich.

Aus zwei Gründen rate ich Ihnen unbedingt zu einer klaren vertraglichen Regelung:

1. Obwohl die Männer bei einer Scheidung jammern, weil die Gesetze allzusehr auf das Wohl der Frauen abgestimmt seien, wird die Frau bei einer Scheidung auch heute noch erheblich übervorteilt. So wird zum Beispiel im Rahmen des Zugewinnausgleichs der Wert einer Lebensversicherung (natürlich meist auf seinen Namen abgeschlossen, denn er ist ja der „Verdiener") nach dem aktuellen Rückkaufswert bemessen. Dabei wird völlig außer acht gelassen, daß er außerdem die Anrechte auf die Gewinne und Schlußboni hat. Von denen sieht die Frau nie etwas. Und das kann leicht einige 10.000 DM zu seinen Gunsten ausmachen.
2. Wesentlich gewichtiger aber ist ein anderer Tatbestand. Solange keine Gütertrennung vereinbart ist oder solange die Zugewinngemeinschaft nicht ausgeschlossen ist, sorgt nicht jeder für sich. Die Zugewinngemeinschaft fördert nämlich die Verantwortungslosigkeit. Die Frau muß sich dann nicht um ihre eigenen Finanzen kümmern, sondern kann sich bequem auf den Mann verlassen. Die gesetzliche Regelung, die eigentlich zum Schutz der Frau geschaffen wurde, entmündigt in Wahrheit die Frau. Sie bleibt dadurch meist uninteressiert, was die Finanzen anbelangt.

   Wenn dagegen klar ist, daß die Frau den gesetzlichen Schutz nicht mehr hat, dann muß Vorsorge getroffen werden. Einmal in Form eines klaren Ehevertrags, in dem sich der Mann zum Beispiel zu einer festgelegten Unterhaltszahlung verpflichtet, solange die Kinder in einem gewissen Alter sind.

   Zum anderen muß die Frau dann für sich selbst sorgen. Sie muß dann Verantwortung für ihre eigenen Finanzen übernehmen. Und damit hat sie es in der Hand, Vermögen aufzubauen. Und das geht weit über einen gesetzlichen Mindestschutz hinaus. Denn Sie können reich werden – wenn Sie es nur wollen – und wenn Sie die Dinge dafür selbst in die Hand nehmen.

Fehler Nr. 8: Frauen gehen ungern Risiken ein

Frauen haben Angst vor Risiken. Im allgemeinen mehr als Männer. Das wirkt sich stark auf ihr Anlageverhalten aus. Frauen, die im Beruf hervorragend ihre Frau stehen, Mitarbeiter führen, verantwortliche Entscheidungen treffen, neigen dennoch häufig dazu, mit ihren privaten Finanzen Risiken aus dem Weg zu gehen.

Das geht dann natürlich auf Kosten der Rendite. Ein wenig Risikobereitschaft ist Voraussetzung, wenn Sie einigermaßen hohe Gewinne erzielen wollen. Allerdings sollten Sie nicht blind ein Produkt mit hoher Renditeerwartung wählen. Profitmöglichkeiten sollten erst an zweiter Stelle geprüft werden. An erster Stelle steht immer die Sicherheit. Und die müssen Sie einschätzen lernen. Nur weil Sie sich mit einem Produkt noch nicht auseinandergesetzt haben, heißt das nicht, daß es unseriös oder zu gefährlich ist. Vielmehr müssen Sie lediglich einige wichtige Kenntnisse erwerben, bevor Sie investieren. Diese Informationen erhalten Sie weiter hinten im Buch.

Die wichtigste Regel schon einmal vorweg: Streuen Sie Ihr Risiko. Legen Sie niemals Ihr ganzes Geld in eine Anlage. *Streuen Sie immer in wenigstens fünf Anlagen.*

Das perfekte Produkt gibt es nicht. D.h., es gibt schon ein perfektes Produkt – wenn wir zurückschauen, können wir sagen, welches die perfekte Anlage gewesen wäre. So hätten wir zum Beispiel mit der Dell Aktie innerhalb von fünf Jahren unser Geld verneunhundertfacht. Aus 100.000 DM wären 90 Millionen geworden. Perfekt. Nicht so perfekt war lediglich, daß wir das nicht vorher wußten und nicht dabeiwaren. Für hohe Gewinne bei Anlagen gilt das gleiche wie für einen hohen Verdienst: Je höher der Return (Einkommen oder Gewinne), desto höher das Risiko.

Wenn wir in die Zukunft schauen, dann wissen wir nicht sicher, was uns erwartet. Darum ist die Suche nach Perfektionismus bei Finanzprodukten fehl am Platz. Sie müssen einfach beginnen. Denn Sie werden nie die letzte Sicherheit eines perfekten Produkts haben. Und Sie werden auch einmal etwas Geld verlieren. Ich kenne keinen noch so klugen Experten, dem das noch nicht passiert wäre.

Je eher Sie etwas verlieren, desto besser. Denn dann werden Sie feststellen, daß Sie der Verlust auch nicht umgebracht hat. Und daß es Ihnen trotz des einen oder anderen Verlustes dennoch möglich ist, über 12 % im Jahr zu erzielen. *Perfektion bedeutet Lähmung.* Wer auf die letzte Sicherheit wartet, der handelt nie. Die Maxime heißt darum: *Besser fehlerhaft begonnen als perfekt gezögert.*

Übrigens gilt das zu Finanzprodukten Gesagte auch für andere Bereiche, in denen Frauen Risiken scheuen. Frauen haben eher Angst, sich und ihre Firma zu verschulden, um in ihr Unternehmen zu investieren. Insbesondere stelle ich immer wieder fest, daß Frauen sich davor scheuen, das notwendige Personal einzustellen. Weil sie das Risiko fürchten. Das ist gefährlich.

Denn so stagniert Ihr Unternehmen. Und Sie arbeiten zu hart im Tagesgeschäft, aus dem Sie sich als Unternehmerin soweit wie möglich zurückziehen sollten. Als Unternehmerin kommen Sie mit ziemlicher Sicherheit irgendwann in die Situation, in der Sie bereit sein müssen, alles zu riskieren – wenn Sie alles gewinnen wollen. Unter Umständen würden Sie es sich nie verzeihen, wenn Sie *die* große Gelegenheit verpassen würden, weil es Ihnen an Risikobereitschaft mangelt.

Unser Leben wird in der Regel von den Entscheidungen geprägt, die wir treffen. Oft sind aber auch die Entscheidungen ausschlaggebend, die wir *nicht* getroffen haben. Die Chancen, die wir nicht ergriffen haben.

Mein Vater war ein Beispiel dafür. Er hatte gerade gebaut. Alles war so, wie er es sich vorgestellt hatte. Und dann bekam er von seiner Firma ein Angebot, die Auslandsabteilung in den USA aufzubauen. Er sprach kein gutes Englisch. Er hatte sich auf das Haus gefreut. Meine Mutter hatte Angst vor dem Schritt. Er sagte schließlich ab, weil er das Risiko „nicht einschätzen konnte".

Der Mann, der dann an seiner Stelle das Angebot annahm, gründete in den USA erfolgreich ein Tochterunternehmen und wurde nach drei Jahren in den Vorstand berufen. Mein Vater hat das nie verkraftet. Wie wäre sein Leben verlaufen, wenn er keine Angst vor dem Risiko gehabt hätte? So kann eine Entscheidung, die wir nicht getroffen haben, eine Chance, die wir nicht ergriffen haben – aus Angst vor dem Risiko –, unser ganzes Leben beeinflussen.

Die Dinge, die wir später einmal bereuen, sind nicht die Fehler, die wir gemacht haben, sondern die Dinge, die wir nicht getan haben.

Fehler Nr. 9: Frauen bitten ihren Partner um Geld

Anstatt eine klare Regelung zu finden, befinden sich viele Frauen innerhalb einer Partnerschaft in der entwürdigenden Lage, ihren Partner um Geld bitten zu müssen. Manchen Frauen scheint das auch nicht viel auszumachen. Und manche Männer scheinen das geradezu zu genießen. Wahrscheinlich gibt es ihnen ein gewisses Gefühl der Macht. Schließlich ziehen viele ihren Selbstwert noch aus der Rolle als Familienernährer.

Bitte überlegen Sie einmal, wie entwürdigend das ist. Was richtet eine solche Situation in bezug auf Ihr Selbstwertgefühl aus? Wie soll auf diese Weise Eigenverantwortlichkeit entstehen? Mich erinnern solche Konstrukte eher an ein Eltern-Kind-Verhältnis als an eine Partnerschaft.

Ich darf Ihnen versichern, daß der reife Mann es durchaus schätzt, wenn seine Partnerin finanziell unabhängig und frei ist.

Jedesmal wenn Sie ihn um Geld fragen, schwächen Sie Ihre Position und begeben sich ein Stück tiefer in die Abhängigkeit hinein.

Eine erfolgreiche Frau wurde einmal befragt, warum sie eine derartige Karriere gemacht hatte. Sie antwortete, daß eine Frage der Auslöser war. Genau gesagt ein Wort. Eines Tages bat sie nämlich ihren Mann um 10 DM. Er fragte sie daraufhin: „Wofür?"

Das war's. Das war alles. Dieses eine Wort ließ sie aus ihrem Dornröschenschlaf erwachen. Sie erkannte, in was für einer Situation sie sich befand. Sie sagte: „Nie, nie wieder, niemals mehr in meinem ganzen Leben wollte ich jemals noch einmal um Geld fragen müssen. Ich wollte nie mehr erklären müssen, wofür ich 10 DM brauche."

Die Aufforderung lautet nicht unbedingt, Karriere außerhalb der Familie zu machen. Hausfrau zu sein ist in meinen Augen ein respektabler Beruf. Aber es ist ein Beruf. Und er sollte als solcher mit einem angemessenen Lohn bezahlt werden.

Mit anderen Worten: Auch wenn Sie irgendwo auf herkömmliche Art Geld verdienen, sollten Sie ein Gehalt haben. Einen festen Betrag, der über das Haushaltsgeld hinausgeht. Einen Betrag, über den Sie alleine verfügen können. Ohne fragen zu müssen. Über diesen Betrag müssen Sie sich mit Ihrem Partner einigen. Und Sie sollten dann nicht mehr fragen müssen. Am besten richten Sie einen Dauerauftrag ein, so daß dieses Geld am Anfang des Monats Ihrem Konto zugeht.

Ist Reichtum erstrebenswert?

Haben Sie sich in der einen oder anderen Beschreibung wiedergefunden? Vielleicht haben Sie auch einige Dinge vor sich hergeschoben. Dinge, die sehr wichtig sind und die Ihr ganzes Leben bereichern würden.

Über den Weg zu Wohlstand und Reichtum hört man immer wieder schreckliche Geschichten. Eine Frau sagte unlängst in einem Seminar zu mir: „Ich habe zwei Partnerschaften hinter mir. Es war auch alles in Ordnung. Bis ich jeweils eine neue Karriere begonnen habe. Das haben beide Partner nicht verkraftet. Je mehr Geld ich verdiente, desto problematischer wurde die Partnerschaft. Das Geld hat zwei Mal meine Familie zerstört."

Diese Frau hatte die tiefe Überzeugung angenommen, daß sie auf keinen Fall erneut viel Geld verdienen dürfe, um ihre jetzige Partnerschaft nicht zu gefährden. Es war ein phantastisches Erlebnis für die Frau, als sie erkannte, wie leicht sie diesen wahrlich nicht hilfreichen Glaubenssatz ändern konnte. Sie „glaubt" jetzt von ganzem Herzen, daß sie mit mehr Geld eine noch schönere und innigere Partnerschaft haben kann.

Und das ist nur ein Beispiel von vielen Schreckensgeschichten, die wir über den Preis für Wohlstand und finanzielle Unabhängigkeit hören. Vom gesundheitlichen Ruin bis hin zu grausamer Vernachlässigung der Familie und der Mutation zu einem geldbesessenen Monster gibt es nichts, wofür das Streben nach Wohlstand nicht verantwortlich gemacht wird.

Dabei liegt es in erster Linie an Ihrer Einstellung zu Gesundheit und Familie, ob Sie sich vitaler Gesundheit erfreuen und eine bereichernde Partnerschaft erleben. Diese Dinge können wir nicht mit Geld erkaufen.

Geld wird sich eher positiv auswirken

Allerdings wird Geld sich eher positiv auf unsere Gesundheit auswirken. Wenn Geld schon in diesen Bereichen eine Rolle spielt, dann sicherlich die, daß Geldmangel sich wesentlich nachteiliger auswirkt, als wenn wir im Geld schwimmen.

Ich möchte nicht wissen, wie viele Krankheiten durch Geldnöte hervorgerufen wurden. Zumindest bin ich mir sicher, daß die Magengeschwüre, die ich mit 26 Jahren hatte, sehr stark mit meiner finanziellen Pleite zu tun hatten. Und was die Familie angeht, so sind Geldprobleme immer noch der Scheidungsgrund Nummer eins. Es ist auch verständlicherweise sehr schwer, unbeschwert sein Liebesglück zu genießen, wenn man nicht weiß, wie man die nächste Miete bezahlen soll. Das soll heißen, daß Geldsorgen viel eher einen dunklen Schatten auf unser Familienglück werfen als Reichtum und Wohlstand. Kein Geld zu haben wird auch viel eher zu Kriminalität anregen, als wenn jemand im Geld schwimmt.

Wir haben jetzt aber auch einige Fragen aufgeworfen, die unter Umständen ungute Gefühle in Ihnen hervorrufen. Fragen, die möglicherweise mit Ihren tiefen Überzeugungen und Glaubenssätzen kollidieren. Es ist darum an der Zeit, daß wir über unsere Einstellung zu Geld sprechen.

Lassen Sie uns herausfinden, wie Ihre Einstellung zu Geld ist. Und lassen Sie uns zusammen einen Weg gehen, um die eine oder andere eher hinderliche Einstellung zu überdenken und gegen eine hilfreiche auszutauschen.

KAPITEL 3

DIE EINSTELLUNG ZU GELD

Je länger ich lebe, desto mehr erkenne ich die Auswirkung der Einstellung auf das Leben.
Einstellung ist meines Erachtens wichtiger als Fakten.
Sie ist wichtiger als die Vergangenheit, als Erziehung, als Geld, als Umstände, als Fehlschläge, als Erfolg, als das, was andere Menschen denken oder sagen.
Sie ist wichtiger als das äußere Erscheinungsbild, Fähigkeiten oder Begabung.
Sie macht den Unterschied aus zwischen Aufbau und Ruin von einer Firma, einer Kirche und einem Heim.
Das Beeindruckende daran ist, daß wir jeden Tag die Wahl haben, welche Einstellung wir für diesen Tag annehmen wollen.
Wir können unsere Vergangenheit nicht verändern ...
Wir können die Tatsache nicht verändern, daß Menschen sich auf eine bestimmte Weise verhalten.
Wir können das Unvermeidbare nicht verändern.
Das einzige, was wir machen können, ist, auf der einen Seite zu spielen, die wir haben, und das ist unsere Einstellung ...
Ich bin überzeugt, daß das Leben zu 10 % aus dem besteht, was mir widerfährt, und zu 90 %, wie ich darauf reagiere.
Und so ist es auch bei Ihnen.

Charles Swindoll

Wahrscheinlich haben Sie die Sage von König Midas gehört. Alles, was er anfaßte, wurde zu Gold. Solche Menschen gibt es. Und es gibt auch immer mehr Frauen, die Geld magisch anziehen. Alles scheint ihnen zuzufallen. Und dann gibt es Frauen, die mühen und plagen sich ab, und trotzdem haben sie am Monatsende wieder nichts übrig. Wo liegt der Unterschied?

An angeborenen Fähigkeiten und Talenten liegt es nicht. Denn es gibt unzählige Beispiele von Frauen (und Männern), die nicht die besten Voraussetzungen mitbrachten und trotzdem großen Reichtum erworben haben. Es liegt sicherlich auch nicht am „Wollen“. Die meisten wollen ja. Dennoch gelingt es den wenigsten. Die wenigsten erhalten die Ergebnisse, die sie sich wünschen. Woran liegt das? Schauen wir uns an, wie Ergebnisse zustande kommen. Denn Reichtum ist ein Ergebnis von vielen Prozessen, die vorangegangen sind. Die Ergebnisse, die wir erzielen, stehen erst ganz am Ende einer langen Kausalkette.

Lassen Sie uns beginnen, diese Kausalkette von hinten aufzurollen. Die *Ergebnisse* haben etwas damit zu tun, welche *Handlungen* wir ausführen. Wie wir handeln, hängt von unseren *Entscheidungen* ab. Unsere Entscheidungen sind eine Konsequenz dessen, worauf wir uns *konzentrieren.*

Worauf wir uns konzentrieren, richtet sich nach *unserem internen Dialog.* Wir reden nämlich ständig mit uns selbst. Wir werfen Fragen auf, um sie uns sofort selbst zu beantworten. Nehmen Sie nur den Titel dieses Buches: „Geld tut Frauen richtig gut".

Ich kann mir gut folgenden internen Dialog vorstellen:

„Interessant!"

„Ja, aber ob es stimmt? Täte mir Geld wirklich richtig gut?"

„Na, etwas mehr könnte ich schon gebrauchen."

„Mal sehen, ob das Buch hält, was es verspricht. Ich schaue mir mal das Inhaltsverzeichnis an."

Denkbar wäre natürlich auch ein ganz anderer Dialog:

„Was soll ich mit so einem Buch?"

„Nichts, Geld hat mich noch nie interessiert. Außerdem verstehe ich solche Sachen sowieso nicht. Ist bestimmt auch schrecklich trocken und langweilig."

„Sollte ich es nicht wenigstens mal versuchen?"

„Bloß nicht! Ich erinnere mich, wie es das letzte Mal ausgegangen ist, als ich so ein Buch gekauft habe. Ich habe viel Geld bezahlt, und jetzt liegt es ungelesen zu Hause herum."

Beide Dialoge führen sicherlich zu anderen Entscheidungen, da wir uns auf andere Dinge konzentrieren. Ein Buch ist eben nicht einfach nur ein Buch. *Es ist das für uns, was wir damit verbinden. Eine objektive Realität gibt es nicht.* Wir schaffen uns erst „unsere Realität", indem wir auf gewisse Dinge achten und andere ignorieren. Darum sagte Einstein: „Der Betrachter schafft sich seine Realität."

Dadurch, daß nun – ausgelöst durch unsere Fragen – ein bestimmtes Bild über eine Situation oder Sache in uns entsteht, wird unsere Entscheidung meist eine logische Folge. Wenn das Inhaltsverzeichnis verspricht, daß wir Nutzen aus einem Buch ziehen, dann ist es logisch, es zu kaufen. Wenn wir aber „wissen", daß es uns sowieso nicht interessiert und nur zu Hause herumliegt, dann ist es ebenso logisch, es nicht zu kaufen.

Durch das, worauf wir uns konzentrieren, kommt es also zu unterschiedlichen Handlungen, die wiederum ganz andere Ergebnisse zeitigen.

Kommen wir noch einmal auf den internen Dialog zurück. Wir führen den ganzen Tag ein Gespräch mit uns selbst. Wir werfen ständig Fragen auf, die wir uns selbst beantworten. Dabei ist es wichtig, welche Fragen wir stellen. *Denn die Qualität unserer Fragen bestimmt die Qualität unseres Lebens.*

Wenn wir uns zum Beispiel angesichts einer schwierigen Situation fragen: „Kann ich das?", dann stellen wir uns selbst in Frage. Zumindest ziehen wir die Möglichkeit zu scheitern in Betracht. Wenn wir uns dagegen fragen: „Wie schaffe ich es am besten?", dann unterstellen wir, daß wir es auf jeden Fall schaffen. Wir müssen nur noch den Weg dazu finden. Auch bei diesem Beispiel führt die unterschiedliche Fragestellung dazu, daß wir uns auf völlig verschiedene Dinge konzentrieren.

Was bestimmt unseren internen Dialog?

Warum stellen wir uns manchmal destruktive Fragen, die unser Selbstvertrauen zerfressen („Bin ich dafür wirklich gut genug?")? Warum werfen wir innerlich Fragen auf, die uns stillstehen lassen („Bin ich mir sicher, daß dies nicht zu risikoreich ist?"), die Angst in uns aufkommen lassen („Was könnte alles schiefgehen?")?

Andererseits werfen wir Fragen auf, die uns zum Handeln „zwingen" („Die Gelegenheit muß ich beim Schopfe packen – worauf warte ich noch?"). Und es gibt Fragen, die unsere Blickrichtung auf Erfolg und Glück lenken („Was ist an diesem Problem gut?"), Fragen, die uns anregen, unsere Situation positiv zu verändern („Was muß ich tun, damit dieses Problem nie mehr in meinem Leben auftauchen kann?").

Die Qualität unserer Fragen bestimmt also, worauf wir uns konzentrieren, wodurch wir zu gewissen Entscheidungen kommen, die wiederum verantwortlich sind für unsere Handlungen, und die bestimmen unsere Ergebnisse.

Wer oder was bestimmt aber, welche Fragen wir stellen und welchen internen Dialog wir führen? Die Antwort: unsere Überzeugungen, unsere Werte, unsere Einstellung zu gewissen Dingen. Lassen Sie uns das kurz „Glaubenssätze" nennen.

Wie Glaubenssätze entstehen

Glaubenssätze wiederum entstehen meist zufällig. Wir alle haben Erlebnisse, Eindrücke, die uns prägen. Wir wachsen in einer bestimmten Umgebung auf. Alles um uns herum prägt uns – jeder Mensch, jede Handlung, jede Äußerung. Besonders unsere Fehlschläge bleiben uns in Erinnerung. In erster Linie eigene Fehlschläge, aber auch die der Menschen, die uns umgeben. Diese Fähigkeit, Gefahren und Fehlschläge gut im Gedächtnis zu behalten, hat uns überleben lassen. Wenn unsere Vorfahren „gelernt" haben, nicht einfach in eine Höhle hineinzulaufen, weil dort Säbelzahntiger und Bären lauern könnten, dann war das eine lebenswichtige Erkenntnis.

Nur geht es heute nicht mehr in erster Linie ums Überleben. Und da ist unser Vermögen, uns an Fehlschläge stark zu erinnern, eher hinderlich. Alles, was über einen gewissen Lerneffekt hinausgeht, zerstört unseren Fortschritt eher, als daß es uns hilft. Denn so verhindern wir, daß wir Selbstbewußtsein aufbauen.

Jeder Mensch, der sich hauptsächlich auf seine Fehlschläge besinnt, zerstört sein Selbstbewußtsein. Ein solcher Mensch ist wie gelähmt und kann darum keine positiven Ergebnisse erzielen. So wendet sich eine Fähigkeit, die es uns ermöglicht hat, zu überleben, heute gegen uns.

Wir deuten Erlebnisse oft falsch

Nennen wir das unsere persönliche Historie. Unsere Erlebnisse, Eindrücke und das, was uns unsere Vor-Bilder vorleben, manifestieren sich zu Glaubenssätzen. Und das ist auch heute in vielen Fällen noch gut so, denn so können wir aus unseren Fehlern lernen. Nur ziehen wir leider oftmals die falschen Schlüsse.

Wenn ein Baby auf einer Couch krabbelt und am Ende angelangt einfach weiterkrabbelt, dann plumpst es hinunter. Es erschrickt und tut sich auch ein bißchen weh. Jetzt könnte es die Couch verantwortlich machen. Die Couch ist dann gefährlich und böse. Und in Zukunft gilt es, die Couch auf jeden Fall zu meiden.

In Wahrheit aber muß es nur lernen, nicht zu weit zu krabbeln. Sonst wäre die logische Schlußfolgerung, daß das Baby sein ganzes Leben lang nie auf einer Couch sitzen sollte. Lächerlich, nicht wahr?

Wie risikoreich ist ein Fonds?

Übertragen wir die Geschichte von dem Baby auf der Couch einmal auf den Bereich einer „risikoreichen" Geldanlage. Schauen wir uns den Umgang mit Investitionen an.

Da hat jemand beispielsweise einen asiatischen Fonds gezeichnet – in der Hoffnung, daß dort nun die nächsten 25 Jahre nur noch gigantische Gewinne eingefahren werden. Von der recht einfachen Gesetzmäßigkeit, nach welcher die Schwellenländer bestimmte Zyklen durchlaufen, hat dieser Mensch noch nie gehört.

Und dann ist die Region um über 50 % eingebrochen. Alle Welt sprach davon, daß nun der völlige Zusammenbruch zu befürchten sei. Daß dieser Kurseinbruch ein Teil eines ganz normalen Zyklus ist, haben diese „Profis" übersehen. Und so wird in den Medien Panik verbreitet.

Unser Anleger hat jetzt unter Umständen seinen arg gebeutelten Fonds eilig verkauft. Somit hat er also 50 % minus gemacht. Das ist ein Erlebnis, das man nicht so schnell vergißt. Eine Historie, die einen Glaubenssatz begründen kann. Zum Beispiel: „Fonds sind gefährlich." Oder: „Ich habe das Pech an den Fingern. Wenn ich irgendwo einsteige, dann bricht gleich eine ganze Region zusammen."

Auch unsere Umgebung prägt uns

Aber Glaubenssätze entstehen nicht nur aufgrund unserer Erlebnisse. Auch die Überzeugungen der Menschen, die uns umgeben, „färben ab". Wir glauben nicht notgedrungen alles, was unsere Umgebung glaubt, aber vieles von deren Glaubenssätzen wird bei uns als

Meinung gespeichert. Das geschieht zumeist unbewußt. Eine Meinung ist zwar noch kein Glaube. *Jede Meinung hat aber die Tendenz, sich zum Glauben zu manifestieren.* Dazu sind lediglich einige Beweise notwendig.

Gehen wir noch einmal zu unserem Beispiel des asiatischen Fonds zurück. Nehmen wir an, der unwissende Anleger sei Ihre Schwester Susanne gewesen. Und Susanne hat aus diesem Ereignis für sich „gelernt", daß Fonds extrem risikoreich und unseriös seien. Und das erzählt sie Ihnen. Da sie mit Intensität in der Stimme von ihrem schlimmen Verlust berichtet, hinterläßt sie bei Ihnen einen gewaltigen Eindruck. Schon hat sich in Ihrem Gedächtnis eine Meinung gebildet: „Fonds sind richtig gefährlich."

Von jetzt an sucht Ihr Gehirn nach Beweisen für diese Meinung. Unter Umständen reden Sie mit einer Freundin über diesen Vorfall. Und diese Freundin weiß auch etwas Derartiges zu berichten. „Ihre" Meinung, daß Fonds gefährlich sind, ist jetzt schon ein Stück gefestigt.

Wie der Teufel es will, sprechen Sie mit Ihrem Kundenberater bei Ihrer Hausbank über die Fonds. Der schlägt die Hände über dem Kopf zusammen: „Da können Sie ja gleich Roulette spielen. Bleiben Sie lieber bei sicheren Geldanlagen. Was nützt Ihnen die Aussicht auf hohe Gewinne, wenn hinterher das Geld weg ist." (Damit will er sagen: „Kaufe lieber die schlechten Produkte meiner Bank. Da hast du Sicherheit. Nämlich mit Sicherheit nach Steuer und Inflation keine Gewinne. Aber wir, die Bank, wir verdienen gut daran.") Das Ergebnis dieser „fachkundigen Beratung": Ihre Meinung über die gefährlichen Fonds hat sich weiter verfestigt.

Vier Beweise genügen

Insgesamt brauchen Sie nur vier „Beweise", daß irgendeine beliebige Meinung „korrekt" ist. Und schon ist ein Glaube entstanden, der Sie unter Umständen für den Rest Ihres Lebens prägt. *Da unser Gehirn bemüht ist, eine Meinung zu bestätigen, sucht es sich die passenden Beweise zusammen.* Man nennt das selektive Wahrnehmung.

Da stört es auch nicht, wenn wir etwas sehen oder erleben, das unsere Meinung ad absurdum führen würde. Angenommen, Sie sprechen auch mit einer Arbeitskollegin über Fonds. Und die teilt Ihnen begeistert mit, daß sie seit Jahren erfolgreich in sieben verschiedene Fonds investiert und insgesamt durchschnittlich 14,3 % pro Jahr erzielt hat.

Solch einen Bericht tun Sie in dieser Phase höchstwahrscheinlich schnell ab: „Die hat wahrscheinlich Glück gehabt. Die wird auch noch ihr Geld verlieren." Oder: „Die kann was, was ich nicht kann. Ich und die anderen Normalsterblichen lassen besser die Finger davon." Oder: „Bei meiner Schwester hat es zuerst auch gut ausgesehen. Aber dann kam die Katastrophe."

Da uns Gegenbeweise nicht in den Kram passen, werden sie zumeist ignoriert. Ausnahmen bilden lediglich Ereignisse, die etwas wirklich Besonderes darstellen, Dinge die sehr aktuell sind und daher großen Eindruck auf uns machen, oder Erlebnisse, die ständig wiederkehren.

Ansonsten sehen wir nur, worauf wir uns aufgrund unserer Meinung konzentrieren. *Darum ist die Welt so, wie wir glauben, daß sie ist.* Wir können für alles Beweise finden. Für absolut alles. Darum gibt es so viele Glaubensrichtungen, Religionen, Philosophien, politische Gruppierungen. Alle glauben an ihre Sache – weil sie sich ihre Beweise durch selektive Wahrnehmung zusammengesucht haben.

Damit sieht die Kausalkette folgendermaßen aus:

„Storys" (Erlebnisse) & persönliche Geschichte

↓

Glaubenssätze

↓

innerer Dialog

↓

Konzentration (auf einen bestimmten Teilaspekt)

↓

Entscheidungen

↓

Handlungen

↓

Ergebnisse

Wie können wir am effektivsten Veränderungen bewirken?

Die Frage ist nun: Wo können wir am besten ansetzen, wenn wir wirkliche Veränderungen bewirken wollen?

Die Erziehung vieler Menschen hatte darauf eine ganz einfache Anwort: „Du brauchst Disziplin." Konsequenz und Disziplin wurden (und werden teilweise auch heute noch) als Allheilmittel verschrieben. Wer diszipliniert war, der konnte dann auch Erfolg haben und vermögend werden. Wer keine Disziplin hatte, der hatte keine Chance.

Ich glaube nicht an Disziplin und Konsequenz als stärkstes Mittel für Lebenserfolg. Ich glaube viel mehr an Leidenschaft und Begeisterung. In Ihrer privaten Beziehung werden Sie auch nicht auf die Uhr schauen und zu sich sagen: „Es ist schon 16.55 Uhr. Es wird Zeit, meinem Partner mal wieder einen Kuß zu geben." Entweder es „überkommt" Sie, oder Sie lassen es besser gleich ganz sein.

Sicherlich können wir Veränderungen herbeiführen, wenn wir innerhalb der Kausalkette versuchen, unsere Handlungen zu verändern. Das aber würde viel Anstrengung und Disziplin erfordern. Und der Erfolg wäre alles andere als garantiert. Selbst wenn Sie es schaffen würden, so wäre es sehr fraglich, ob Sie viel Spaß bei der Durchführung hätten. Und schließlich wollen wir uns doch wohl fühlen.

Disziplin wird so gerne zur höchsten aller erstrebenswerten Tugenden und zur Mutter allen Erfolgs erhoben. Ich glaube nicht, daß wir leiden müssen, um Erfolg zu haben. Ich glaube nicht an Mühsal.

Ich glaube vielmehr an die Leichtigkeit des Seins. Natürlich hatte ich diese Erkenntnis nicht immer. Und ich habe durch harte Anstrengung und Disziplin Geld verdient. Es ist mir sogar in bescheidenem Maße gelungen. Aber war das Erfolg? Aus meiner heutigen Sicht nicht. Denn ich habe bei all der Konsequenz gegen meine innere Stimme gehandelt, nicht auf meine Gesundheit geachtet und den Spaß vergessen. Ich würde nicht noch einmal den Weg der Disziplin gehen wollen. Denn ich weiß heute, daß es einen wesentlich angenehmeren Weg gibt. Einen mühelosen Weg.

Am wirkungsvollsten und effektivsten könnten Sie die Ergebnisse verändern, die sich in Ihrem Leben zeigen, wenn Sie Ihre Glaubenssätze verändern. Dann geht alles mühelos. Mit Spaß und Leich-

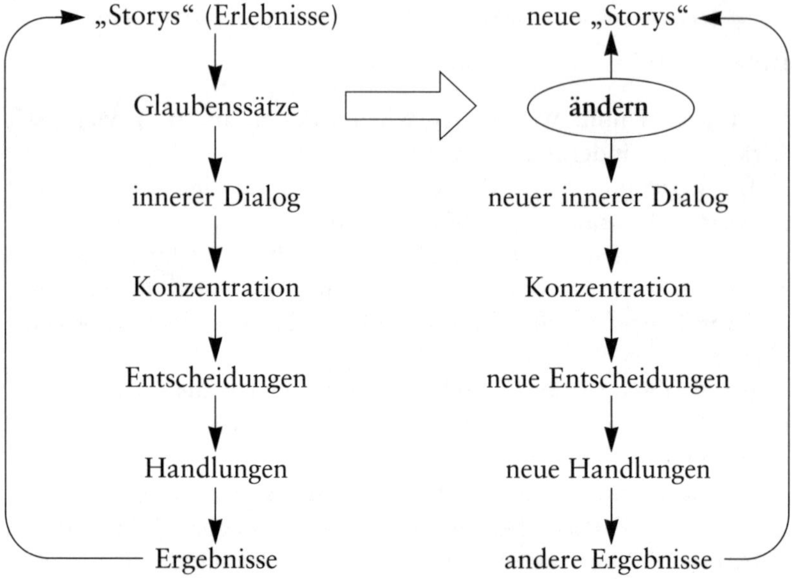

tigkeit. Wie von alleine. Dann „überkommt“ es uns. Das hat nichts mit Disziplin zu tun.

Die Glaubenssätze sind also der Schlüssel. Dafür gibt es drei Gründe. Erstens können Sie hier mehr erreichen, als wenn Sie an einer anderen Stelle der Kausalkette beginnen wollten. Zweitens geschieht es mühelos. Es macht Spaß. Und drittens konnen Sie selbst die einschneidendsten Veränderungen innerhalb von 35 Minuten durchführen. Sie können damit Ihr Leben komplett umkrempeln. Wenn Sie wollen.

Glauben Sie nicht? Das könnte ich Ihnen nicht verdenken. Denn schließlich haben wir ja alle gelernt, daß vor dem Preis der Fleiß kommt. Zuerst harte Arbeit, sonst haben wir die Belohnung nicht verdient. (Sie erkennen, daß dies auch nur ein Glaubenssatz ist. Aber kein besonders hilfreicher.)

Das erinnert mich an einen Psychologen, der auf meinem letzten Drei-Tages-Seminar war. Der hat mir einen lieben Brief geschrieben. Aus seiner Erfahrung wisse er, daß Veränderungen nicht so leicht und vor allem nicht so schnell durchzuführen seien (ein Glaubenssatz!). Hat er recht? Sie wissen ja: Wir finden für alles Beweise – durch unsere selektive Wahrnehmung.

Er mußte diese Technik wahrscheinlich ablehnen. Seine durchschnittlich 27 Monate dauernde Behandlung würde ja sonst auf 35 Minuten reduziert.

Wir alle neigen gelegentlich dazu, Techniken nur dann zu akzeptieren, wenn sie komplex sind und höchste Anforderungen an uns stellen. In Wahrheit aber sind alle großen Dinge auf ganz einfachen Bausteinen aufgebaut.

Ich habe es bei Tausenden von Seminarteilnehmern immer wieder gesehen. Es funktioniert. Sie können Ihre Einstellung zu Geld mit Leichtigkeit verändern.

Diese Glaubenssätze sind gewissermaßen die Software Ihres Lebens. Sie sind durch das, was Sie über dies und das glauben, „programmiert“, einen gewissen internen Dialog zu führen. Und der läßt Sie zwangsläufig auf gewisse Dinge konzentrieren … (Sie kennen die Kausalkette ja bereits.)

Sie erzielen also die Ergebnisse, die Sie wollen, wenn Sie die entsprechenden Glaubenssätze austauschen. Wenn Sie also Ihre Glaubenssätze ändern, dann ergibt sich alles andere „automatisch“.

Ihre Grundbedürfnisse weisen Ihnen den Weg zu Ihrer wahren Einstellung

Die Frage ist, wie Sie Ihre Glaubenssätze erkennen können. Natürlich können Sie den Weg gehen und sich fragen, was Ihre Eltern und alle, die Sie während Ihrer Kindheit prägten, über Geld gedacht oder gesagt haben, und wie diese Menschen selbst mit Geld umgegangen sind.

Aber es gibt auch einen anderen Weg: Werden Sie sich klar über Ihre Bedürfnisse. Und überlegen Sie, inwieweit Geld Ihre einzelnen Bedürfnisse erfüllt. Wir haben alle dieselben Grundbedürfnisse. Die Reichen wie die Armen. Alle haben sechs Grundbedürfnisse. Aber es bedarf unterschiedlicher Situationen und Voraussetzungen, um sie zu erfüllen. Ob eine bestimmte Sache unsere Bedürfnisse erfüllt, hängt von unseren Glaubenssätzen ab.

Wenn wir im folgenden die sechs Grundbedürfnisse anhand von Geld untersuchen, werden Sie sich absolut über Ihre Einstellung zu Geld klarwerden. Und Sie werden wissen, ob Sie diese Einstellung behalten wollen. Denn es wird Ihnen vollkommen klar sein, welche Einstellung den Aufbau von Wohlstand fördert.

Geld ist nur ein Mittel, um unsere Bedürfnisse zu erfüllen

Wir alle haben bestimmte Bedürfnisse. Ob wir glücklich sind, hängt stark davon ab, inwieweit wir diese Bedürfnisse befriedigen. Darum ist es uns zumindest unbewußt ein Anliegen, unsere Bedürfnisse zu erfüllen. Und da ist es nun allzuoft so, daß *kein Geld zu haben* ein Bedürfnis eher zu erfüllen scheint, als Geld zu besitzen.

So haben wir zum Beispiel alle das Bedürfnis nach Liebe und Verbindung. Wir suchen in diesem Zusammenhang Bindung, wollen eins sein, wollen teilen und suchen Intimität, wollen Teil eines Ganzen sein, bilden Teamgeist aus und wollen verbunden sein. Insbesondere Frauen können sich oft nur sehr schwer vorstellen, daß Geld dieses Bedürfnis erfüllt.

Im Gegenteil, Geld scheint bei der Befriedigung dieses Bedürfnisses eher hinderlich zu sein. Geld scheint doch eher Familien zu zerstören, als sie aufzubauen und zu stärken. Die meisten Frauen, die ich gefragt habe, denken über Geld und Familie in etwas folgendes: „Menschen gehen in ihrer Arbeit auf, um zu Geld zu kommen. Und dabei kommt die Familie zu kurz. Die Kinder sehen ihre Eltern nicht mehr, weil diese praktisch in ihrer Firma leben …“

Darum lautet die Schlußfolgerung vieler Menschen: Ich brauche genug Geld zum Leben. Aber nicht so viel, daß es meine Familie zerstört. Und genauso kommt es dann auch: Man hat genug, um nicht zu sterben, aber nicht genug, um richtig zu leben. Zumindest ist man weit davon entfernt, das Leben zu führen, wozu man in der Lage wäre: ein Leben in Freiheit. Ein Leben an der Sonne.

Den wenigsten ist bewußt, daß es sich bei ihrem Glaubenssatz in bezug auf Geld und Familie um ein klassisches Anti-Reichtumsprogramm handelt. Bevor wir uns das näher anschauen, möchte ich beginnen, Ihnen die sechs Grundbedürfnisse vorzustellen:

Unsere sechs Grundbedürfnisse

Grundbedürfnis 1: Sicherheit

Das erste ist das Bedürfnis nach Sicherheit, Bequemlichkeit und Beständigkeit. Das erreichen wir immer dann, wenn wir Streß vermeiden, Ruhe erleben, einfach überleben, Frieden genießen, Beständigkeit zeigen oder erleben und eine feste Beziehung jeder Art führen.

Wie erfüllt Geld dieses Bedürfnis? Nun, das scheint nicht sehr schwierig zu sein. Je mehr Geld ich habe, desto sicherer bin ich, werden Sie sagen. Mag auch sein, daß dies bei Ihnen so ist. Aber ich habe viele Frauen kennengelernt, die sich mit mehr Geld *unsicherer* fühlen würden. Sie würden sich ständig Sorgen machen. Sie hätten Angst, ihr Geld wieder zu verlieren.

Nehmen wir als Beispiel eine unerhoffte Erbschaft. Während eine auf solche Weise erhaltene große Summe Geldes beim Mann oft geradezu potenzsteigernd wirkt, so löst es bei Frauen häufig Schamgefühle und Schuldgefühle aus. Zumindest haben die meisten Frauen große Probleme, die Macht zu nutzen, die sie durch das Geld erhalten. Ein Grund dafür ist der, daß vielen Frauen Macht meist in Form von Machtmißbrauch begegnet ist.

Tatsächlich löst unerwarteter Reichtum bei Frauen nicht unbedingt nur Freude aus. Frauen führen als Grund dafür häufig Angst an. Angst vor Neid, Erpressung und die Angst, unter vielen Bittstellern auswählen zu müssen.

Bringt Ihnen Geld mehr Sicherheit?

Wird Geld Ihnen mehr Frieden bringen? Für die meisten von uns lautet die Antwort: Zunächst sicherlich nicht! In Wahrheit wird Geld Ihnen eine ganze Reihe von neuen Problemen bringen. Aber wenn Sie so wollen, dann handelt es sich bei den neuen Problemen um Luxusprobleme. Und insgesamt läuft Ihr Leben mit Geld auf einer höheren Ebene ab.

Lassen Sie mich das erklären. Es ist wie beim Lernen. Lernen heißt nicht nur, daß Ihre Fragen ein für allemal beantwortet werden. Wenn Sie ein Seminar besucht haben oder ein gutes Buch gelesen haben, werden Sie neue Fragen haben. Sie werden sogar viel mehr

Fragen haben als vorher. *Aber die Fragen sind auf einem höheren Niveau.*

Mehr Geld wirft neue Fragen auf, neue Probleme, neue Herausforderungen. Sie müssen neue Menschen kennenlernen: Berater, Vermögensverwalter – und von denen gibt es gute und schlechte. Sie werden auch den einen oder anderen Fehler machen. Das ist jedem widerfahren, den ich kenne. Aber wenn Sie sich an die Regeln in diesem Buch halten, dann werden Ihre Verluste sehr begrenzt sein.

Und was soll's auch, wenn Sie ein wenig verlieren. Wenn Sie viel bekommen und etwas verlieren, dann haben Sie insgesamt immer noch mehr als vorher. Ganz einfach. Fast zu einfach. Und doch haben viele Frauen das noch nicht verinnerlicht.

Woran erkennen Sie, ob etwas lebt? Worin unterscheidet sich ein Stein von einer lebenden Koralle? Die Antwort ist einfach: Alles, was lebt, wächst. Stillstand ist in der Natur nicht möglich.

Das, was geschieht, wenn Sie solche Herausforderungen angehen und lernen, Wohlstand aufzubauen, nenne ich Leben. Richtig leben wir nämlich, wenn wir wachsen. Wenn wir dazulernen. Auch wenn dadurch nur wieder neue Fragen aufgeworfen werden. *Richtig leben ist das, was passiert, wenn wir bereit sind, unsere Komfortzone zu verlassen.*

Denken Sie einmal an irgendeinen Erfolg in Ihrem Leben zurück. Fällt Ihnen etwas ein? Gut. Wenn Sie über einen solchen persönlichen Erfolg nachdenken, dann gehe ich eine Wette mit Ihnen ein, daß Sie Ihre Komfortzone verlassen mußten, um diesen Erfolg für sich zu verbuchen. Es gibt da kaum Ausnahmen. Fast alle Erfolge, auf die wir stolz sind, haben wir erreicht, weil wir ein Gebiet betreten haben, das uns zunächst Angst eingeflößt hat.

Kann Geld Ihr Bedürfnis nach Sicherheit erfüllen?

Halten wir also fest, daß Sie sich unsicher und unwohl fühlen werden, wenn Sie plötzlich recht viel Geld besitzen.

Warum Geld meines Erachtens trotzdem das Bedürfnis nach Sicherheit erfüllt? Weil wir durch Geld wachsen (müssen). Und dadurch werden wir stärker. Und letztendlich gibt es auf dieser Welt keine Sicherheiten, sondern nur Gelegenheiten. Je stärker wir werden, um so mehr Sicherheit haben wir. Selbstsicherheit, die es uns ermöglicht, Gelegenheiten zu ergreifen.

Unser Unterbewußtsein will immer unser Bestes. Darum sorgt es dafür, daß wir unsere Bedürfnisse erfüllen. Geld kann unser Bedürfnis nach Sicherheit erfüllen. Es kann dieser Erfüllung aber auch geradezu entgegenwirken. Und das richtet sich einzig und alleine danach, wie wir es interpretieren. Wir könnten auch sagen: Es richtet sich danach, welchen inneren Dialog wir führen. Und das hat wieder damit zu tun, worauf wir uns konzentrieren, also welche Glaubenssätze wir haben. Und hier schließt sich der Kreis der Kausalkette, die wir uns weiter vorne in diesem Kapitel angeschaut haben.

Geld an sich wird weder unser Bedürfnis erfüllen noch dessen Erfüllung gefährden. Entscheidend sind immer unsere Glaubenssätze, die sich dahinter verbergen.

Und wie ist es bei Ihnen? Würde wesentlich mehr Geld Ihr Bedürfnis nach Sicherheit erfüllen? Warum bzw. warum nicht?

✍ ______________________________

____

____

Bitte fragen Sie sich zusätzlich: Was kann ich tun, daß Geld mein Bedürfnis nach Sicherheit (noch mehr) erfüllt? Wie kann ich mich mit Geld sicherer fühlen? Wie kann ich diese Sicherheit trainieren? (Zum Beispiel, indem Sie ständig einen 1000-DM-Schein mit sich herumtragen. Auf diese Weise werden Sie trainieren, sich mit Geld wohl zu fühlen. Und Sie fühlen sich reich.)

✍ ______________________________

____

____

Achtung: Bitte machen Sie diese Übungen unbedingt schriftlich. Lesen Sie nicht weiter, ohne sich mit diesen und den folgenden Fragen ausführlich zu beschäftigen. Wir alle haben schon zuviel Wissen im Vergleich zu dem, was wir wirklich anwenden. Es gibt einen großen Unterschied zwischen „wissen, was zu tun ist“ und „tun, was wir wissen“. Wirklich lernen bedeutet umzusetzen, was wir wissen.

Erinnern Sie sich an das, was wir anfangs festgestellt haben? Daß viele Frauen einfach nicht so klug mit Geld umgehen, wie sie könnten? Nun, das hat in erster Linie mit unseren Emotionen und unserer Einstellung zum Geld zu tun. Wenn wir insgeheim glauben, daß Geld *nicht* der Schlüssel zur Erfüllung unserer wichtigsten Bedürfnisse ist, dann werden wir unseren finanziellen Erfolg immer sabotieren.

Nehmen Sie darum diese Übungen sehr wichtig. Sie wollen doch Geld magisch anziehen, nicht wahr?

Grundbedürfnis 2: Abenteuer

Das zweite Bedürfnis scheint im Widerspruch zum ersten zu stehen. Denn Unsicherheit, Abwechslung und Abenteuer scheinen das krasse Gegenteil von Sicherheit und Beständigkeit zu sein. Die Merkmale, die unser Bedürfnis nach Abenteuer erfüllen, sind Überraschungen, Unterschiede aller Art, jegliche Veränderungen, Herausforderungen, Aufregung und neue Beziehungen.

In Wahrheit handelt es sich bei Bedürfnis eins und zwei jedoch nur um zwei Teile eines Ganzen. Insoweit liegt hier weniger ein Gegensatz vor als vielmehr ein Paradoxon. Bedürfnis eins und zwei widersprechen sich nicht, sie ergänzen sich.

Nehmen Sie das Bedürfnis nach Sicherheit. Wenn Sie in Ihrem Job absolute Bequemlichkeit und Sicherheit hätten, immer und immer wieder nur das gleiche tun müßten, dann würde Ihnen langweilig. Wenn Sie dagegen ununterbrochen von einer großen Herausforderung in die nächste stürzen, ein Abenteuer nach dem anderen über Sie hereinbricht, sich alles ständig verändert in Ihrem Job, dann hätten Sie Streß.

Auf Partnerschaften bezogen erklärt das, warum manche Menschen Ehemann oder Ehefrau haben und gleichzeitig eine(n) Geliebte(n). Der eine erfüllt eben eher das Bedürfnis nach Sicherheit und der andere eher das Bedürfnis nach Abwechslung und Abenteuer.

Um wirklich glücklich und erfüllt zu leben, brauchen wir die Erfüllung beider Bedürfnisse. Und wir müssen unser Verhältnis finden. Die richtige Mischung. Wir müssen herausfinden, wieviel wir von beidem brauchen, um glücklich zu sein.

Wie kann Geld unser Bedürfnis nach Abenteuer erfüllen?

Das Bedürfnis nach Abenteuer scheint – oberflächlich betrachtet – ebenso wie das Bedürfnis nach Sicherheit und Bequemlichkeit leichter zu erfüllen zu sein, wenn wir wenig Geld haben. So sagte ein Freund zu mir, der hoch verschuldet ist: „Bodo, was du da machst, ist langweilig. Das kann doch jeder. Mit einigen Millionen im Rücken ist das Leben doch ohne jede Aufregung und ohne jedes Abenteuer." Er teilte mir dann noch weiter mit, daß er, der er nicht wisse, wie er die Miete nächsten Monat bezahlen solle, der wahre Lebenskünstler sei und ein abenteuerreiches Leben führe. Mein Leben dagegen sei langweilig.

Vermögende Menschen haben ihre Glaubenssätze so gestaltet, daß sie Geld *brauchen* zur Erfüllung ihres Bedürfnisses nach Abenteuer. Hier einige Gründe dafür: Mit Geld können wir unsere Zeit so einteilen, daß wir nur die Dinge tun, die wir spannend finden. Wenn wir nicht mehr arbeiten müssen, um unseren Lebensunterhalt zu verdienen, können wir viel eher Herausforderungen annehmen.

Wir können interessantere Menschen kennenlernen, weil wir für diese interessanter sind. Es gibt nämlich Menschen, die bewiesen haben, daß sie gut mit Geld umgehen können. Und es gibt Menschen, die bewiesen haben, daß sie nicht mit Geld umgehen können. Mit welcher der beiden Gruppen würden Sie lieber Geschäfte machen? Können Sie sich vorstellen, daß andere die Sache ähnlich bewerten?

Glauben Sie mir, für die meisten wirklichen Abenteuer des (Geschäfts-)Lebens (und häufig auch des gesellschaftlichen Lebens) müssen wir uns erst qualifizieren. Geld ist da nur mal eine gute Eintrittskarte und eine anerkannte Meßlatte.

Diese Beispiele erheben keinen Anspruch auf Richtigkeit. Denn wie wir bereits festgestellt haben, sind Glaubenssätze weder richtig noch falsch. Darum heißen sie ja *Glaubens*-Sätze. Aber sicherlich ist ein Glaube, mit dem wir durch Geld ein Grundbedürfnis erfüllen, hilfreicher in Sachen Vermögensaufbau als eine durch der, die Erfüllung eines Grundbedürfnisses erschwert wird.

Bitte überlegen Sie auch hier wieder, wie das bei Ihnen ausschaut.

Würde wesentlich mehr Geld Ihr Bedürfnis nach Abenteuer eher erfüllen oder nicht erfüllen? Warum? Warum nicht?

✍ ____

____

____

Bitte fragen Sie sich zusätzlich: Was kann ich tun, damit Geld mein Bedürfnis nach Abenteuer (noch mehr) erfüllt? Wie kann ich sicher sein, daß ich mit Geld mehr Abwechslung erfahre? Unter Umständen können Sie Risiken in einer Selbständigkeit eingehen, ohne Ihre Existenz aufs Spiel zu setzen. Selbst wenn es nicht funktionieren würde, hätten Sie dann noch genug Kapital, um von den Zinsen gut zu leben.

✍ ____

____

Grundbedürfnis 3: Einzigartigkeit

Das dritte Bedürfnis ist das nach Bedeutung, Einzigartigkeit und Wichtigkeit. Hier sind solche Dinge wichtig wie gebraucht zu werden, Sinnerfüllung zu erfahren, bedeutend zu sein, eine eigene Identität zu haben, persönliche Erfolge zu verbuchen, einen eigenen Stil auszuprägen und nach seinen Werten zu leben, wodurch sich ein Gefühl der Rechtschaffenheit ergibt.

Wer zu sehr das Gewicht auf die Erfüllung dieses Bedürfnisses legt, der läuft Gefahr, zu sehr auf sich selbst bezogen zu leben. Ein Übergewicht der Einzigartigkeit macht einsam.

Und da liegt genau die Gefahr, die von vielen Frauen genannt wird. Geld scheint dieses Bedürfnis schon fast zu sehr zu erfüllen. Erfolg und Egoismus könnten dann zu stark ausgeprägt sein und ein Übergewicht erhalten.

Hinter solchen Gedanken verbirgt sich ein Verleugnen dieses Grundbedürfnisses. Und so flüchtet man in das diesem Bedürfnis entgegenstehende Bedürfnis: nach Liebe und Verbindung. Zumal dies eher typisch weibliche Eigenschaften zu sein scheinen. Insoweit stellt die Argumentation vieler Frauen, wenn sie vor dem dritten Bedürfnis warnen, sehr stark auch eine Rechtfertigung der Tatsache dar, daß sie sich selbst zu stark aufgegeben haben und viele Erfolge nur durch andere erfahren.

Die Gefahr dabei liegt auf der Hand. Eins unserer wichtigsten Bedürfnisse wird ignoriert. Und damit rückt persönliches Glück in weite Ferne. *Denn so sehr wir Liebe und Verbindung brauchen, so sehr brauchen wir auch persönlichen Erfolg und Einzigartigkeit. Wenn es fehlt, so ergibt sich zwangsläufig ein Leben in der Bedeutungslosigkeit.*

Vielleicht geht es Ihnen wie vielen Frauen, denen eingeredet wurde, schlecht zu sein, wenn sie sich und ihr Streben nach persönlichem Erfolg nicht zurückstellen. Für andere zu leben und zu dienen wird vielfach als ein viel höheres Ideal angesehen. In Wahrheit aber macht ein Zuviel von dem einen oder von dem anderen nicht glücklich. Wir sind auch hier gefordert, unsere Mischung zu finden.

Um jedoch unser Bedürfnis nach Einzigartigkeit zu erfüllen, ist Geld sehr hilfreich. Erfolg wird nun einmal vielfach in Geld gemessen. Bedeutung und Macht sind ohne Geld wesentlich schwerer zu erlangen. Geld ermöglicht auch leichter die Ausprägung eines persönlichen Stils. Unsere egoistischen wie altruistischen Visionen können wir besser mit Geld umsetzen. Wir haben mehr Gewicht und können unserer Meinung viel mehr Nachdruck verleihen. Auch erhalten wir mehr Respekt.

Diese Bedeutung wird oft als Überbewertung des Geldes kritisiert. Aber es handelt sich nicht so sehr nur um einen oberflächlichen Auswuchs einer rein materiell ausgerichteten Gesellschaft, sondern es hat auch seine Berechtigung. Denn Geld ist meßbar. Schöne Worte nicht. Edle Vorsätze nicht. Um uns zu schützen, müssen wir von Zeit zu Zeit die Dinge vereinfachen und auf meßbare Größen reduzieren. Und da bietet sich Geld nun einmal an. Menschen nach ihrem Vermögen zu bewerten ist somit auch eine Art Selbstschutz.

Überlegen Sie darum: Würde Geld Ihr Bedürfnis nach Einzigartigkeit und Wichtigkeit eher erfüllen oder nicht erfüllen? Und glauben Sie nach dem, was Sie bisher gelesen haben, daß es auch vollkommen in Ordnung ist, wenn Sie dieses Bedürfnis (auch mit Geld) erfüllen wollen? Warum? Warum nicht?

✍ ______________________________

____

____

Sie haben doch die Übungen wirklich gemacht? Es entgeht Ihnen sonst einer der wichtigsten Aha-Effekte dieses Buchs.

Nun zu Ihrem Aktionsplan:

Wie können Sie sicherstellen, daß Geld Ihr Bedürfnis nach Einzigartigkeit und Wichtigkeit erfüllt? Was können Sie konkret tun? Wie können Sie sich mehr auf das konzentrieren, was Ihnen Spaß macht und worin Sie wirklich einen Sinn sehen? Wo liegen Ihre Talente und Fähigkeiten, die Sie weiter ausbauen könnten?

Worin sind Sie einzigartig? Gibt es etwas, das Sie tun könnten, das kein anderer so tun könnte? Gibt es eine Aufgabe, die nicht erledigt würde, wenn Sie es nicht täten? Die Antworten zu diesen Fragen weisen Ihnen der Weg zu Ihrer Einzigartigkeit.

✍ ______________________________

____

____

Grundbedürfnis 4: Liebe und Verbindung

Das Paradox zu dem dritten Bedürfnis heißt Bedürfnis nach Liebe und Verbindung. Dieses vierte Bedürfnis zeichnet sich aus durch den Wunsch nach Bindung, eins sein zu wollen, teilen zu wollen, Intimität zu erfahren, Teil von etwas zu sein und Verbundenheit zu erfahren. Teamgeist ist hier beispielsweise eine begrüßte Qualität.

Viele Frauen meinen, daß hier ihr Lebenssinn liegt. Sie opfern sich für andere auf. Es ist jedoch zu überlegen, ob nicht das Leben mit all seinen Möglichkeiten und Chancen zu sehr reduziert wird auf einen einzigen – sicherlich sehr wertvollen, aber eben doch einen einzigen – Aspekt des Lebens. Außerdem wird es ihnen selten genug gedankt. Sehr bald wird das sich aufopfernde Wesen für selbstverständlich angenommen. Und genau hier liegt die Gefahr: Wer lebt, um zu lieben und sich aufzuopfern, der ist zu einem Leben in Bedeutungslosigkeit verdammt.

Also gilt es auch hier, eine gute Mischung zu finden. Denn wer das vierte Bedürfnis ignoriert, der wird einsam und dem entgeht viel von den reichen Facetten des Lebens. Wie immer, wenn ein Grundbedürfnis nicht erfüllt wird.

Für die meisten Frauen ist es sehr schwer vorstellbar, daß Geld auch unser Bedürfnis nach Liebe erfüllen kann. Viel eher scheint das

Gegenteil der Fall zu sein. Wie bereits erwähnt, scheint das Streben nach Geld eher Familien zu zerstören, als sie zusammenzuhalten und zu stärken. Geld scheint unsensibel und rücksichtslos zu machen.

So jedenfalls sagen viele Menschen, die ohne Vermögen sind. Interessanterweise hören Sie solche Aussagen nie von vermögenden Menschen. Im Gegenteil. Ich habe mit unzähligen Reichen gesprochen, die mir versichert haben, *daß ihr Familienglück durch das steigende Vermögen erst richtig gefördert wurde.*

Man hat mehr Zeit füreinander. Man muß sich nicht des Geldes wegen in die Haare bekommen. Man kann sich Dingen widmen, die einen mehr erfüllen. Dadurch ist man ausgeglichener. Das wiederum bewirkt, daß man auch dem Partner mehr geben kann ... Man muß keine Arbeiten erledigen, die keinen Spaß machen. Dadurch spürt man insgesamt viel mehr Lebensfreude im Heim.

Auch wirkt sich steigendes Vermögen positiv auf das Selbstvertrauen aus. Der Respekt vor sich selbst wächst und auch die Eigenliebe. Viele Menschen haben mir versichert, daß sie ihren Partner tiefer lieben konnten, als sie gelernt hatten, sich selbst zu lieben. Die Liebe wurde reifer und erfüllender.

Der finanziell Abhängige neigt dazu, auch in anderen Lebensbereichen abhängig zu sein. Vielfach besteht auch eine Abhängigkeit vom Lebenspartner. Aussprüche wie „Ich brauche dich" sind ein Indiz dafür. Ich glaube, daß wahre Liebe erst möglich ist, wenn wir einander nicht brauchen. Wenn wir also unabhängig sind. Und das gilt insbesondere auch für unsere finanzielle Situation.

Sicherlich können wir alle diese Argumente heiß diskutieren und in Frage stellen. Offensichtlich handelt es sich hier also auch nur um Glaubenssätze. Demnach gibt es auch hier kein richtig und falsch. Auch hier können wir durch unsere selektive Wahrnehmung Beweise für beide Meinungen finden.

Auf jeden Fall wäre es aber hilfreich für unseren Vermögensaufbau, wenn wir einen Weg fänden zu glauben, daß Geld unser Bedürfnis nach Liebe erfüllt. Vielleicht müssen Sie den einen oder anderen Glaubenssatz dafür outen und verändern.

Haben wir überhaupt das Recht, andere Glaubenssätze anzunehmen?

Zunächst einmal ist wichtig, daß wir feststellen: Sie haben die Möglichkeit dazu. Sie können jederzeit Ihre Glaubenssätze verändern. Und Sie würden dadurch nicht Ihre Identität verändern. Sie sind trotzdem noch Sie selbst. Denn es gibt eine Instanz in Ihnen, die Ihnen das ermöglicht. Sie sind nicht Ihr Glaube. Sie sind auch nicht Ihre Gedanken. Irgend etwas in Ihnen denkt Ihre Gedanken. Und der, die oder das sind Sie – der Denker der Gedanken. Derjenige, der entscheidet, was Sie glauben wollen.

Wie wir feststellten, haben wir die meisten Glaubenssätze eher „zufällig" in Form von irgendwelchen Meinungen angenommen. Für die haben wir uns dann die Beweise gesucht. Die meisten Menschen verlassen dieses Stadium nie. Sie werden gewissermaßen gelebt. Sie leben nach den Skripten, die andere für sie schreiben. Sie leben nämlich nach Werten und Glaubenssätzen, die sie größtenteils unreflektiert übernommen haben. Glaubenssätze, die nie in Frage gestellt werden. Somit sind sie nie wirklich Herr über ihr Leben.

Wenn dagegen eine Person andere Glaubenssätze in Erfahrung bringt, analysiert und nur diejenigen weiterhin behält, die sie bewußt glauben will, macht sie einen wichtigen Schritt. Und wenn sie konsequent die Glaubenssätze, die sie als wenig hilfreich empfindet, austauscht gegen hilfreichere, dann übernimmt sie Kontrolle über ihr Leben. *In dem Moment, in dem wir dies tun, werden wir Designer unseres Lebens. In dem Moment werden wir erst wirklich erwachsen.* Jetzt können wir uns unsere Zukunft selber bauen. Jetzt sind wir nicht mehr Produkt (oder Opfer) unserer Erziehung, Umgebung und Prägung, sondern wir entscheiden selbst.

Wir entscheiden, inwieweit Geld unser Bedürfnis nach Liebe, Einzigartigkeit, Abenteuer und Sicherheit erfüllt. Es liegt an uns. Denn Wohlstand ist unser Geburtsrecht. Aber wir müssen uns schon darum kümmern.

Fragen Sie sich also, inwieweit Geld nach allem, was Sie jetzt wissen und für richtig halten, Ihr Bedürfnis nach Liebe und Verbindung erfüllt. Welche Teile Ihrer Partnerschaft (der jetzigen oder einer zukünftigen) würden durch Geld gefördert, erleichtert, bereichert und verschönert? Warum? Warum nicht?

✍ ____

____

____

Fragen Sie sich bitte als nächstes, was Sie tun können, damit Geld Ihr viertes Bedürfnis erfüllt. Wo und wie können Sie Geld einsetzen, um mehr Intimität zu erleben? Was können Sie tun, damit Geld Ihre Bindungen vertieft? Und wie können Sie diese Gedanken auf die Menschen transportieren, die Ihnen wichtig sind?

Und falls Sie bis jetzt der Meinung waren, daß Geld eher das Familienglück gefährdet: Was können Sie tun, um mehr Beweise dafür zu finden, daß Geld in Wahrheit ein Art Lupenwirkung hat? Daß Geld eigentlich nur mehr aus dem macht, was bereits da ist.

So wird ein schlechter Mensch mit Geld noch mehr Macht, Einfluß und Möglichkeiten haben, seiner Bosheit freien Lauf zu lassen. Ein guter Mensch hat mit Geld größere Chancen, erhält leichter Gehör und Respekt, hat ebenfalls mehr Einfluß und hat mehr Möglichkeiten, Gutes zu tun.

Ein mittelloser Mensch mit hehren Zielen wird leicht als Träumer herabqualifiziert. Viele Menschen haben für solche Leute nur ein müdes Lächeln übrig. Ein vermögender Mensch mit Ideen, die diese Welt verbessern sollen, wird ernst genommen. Er erhält Anerkennung und Respekt. Und da wir selten etwas Großes im Alleingang bewältigen können, ist die Möglichkeit, sich Gehör und Respekt zu verschaffen, sehr wichtig. Wie wollen wir sonst ein Netzwerk von Experten aufbauen?

Geld hat eine Lupenwirkung. Das gilt auch für eine Partnerschaft. Eine ohnehin nicht funktionierende Partnerschaft wird durch Geld möglicherweise endgültig zerbrechen. Und eine schöne und glückliche Partnerschaft hat durch Geld noch mehr Mittel und Möglichkeiten, das Glück zu genießen und somit die Beziehung zu vertiefen. Wie eine Lupe kann Geld die Liebe vergrößern.

Und vergessen Sie bitte nicht: Natürlich kann und soll Geld nicht die Liebe ersetzen. Aber Liebe kann und soll auch nicht das Geld ersetzen.

Also: Was können Sie konkret tun, um Beweise für neue, hilfreichere Glaubenssätze zu finden? Wo sind die Menschen, die durch ihr Leben beweisen, daß Geld zum Beziehungsglück beiträgt? Lesen

Sie Biografien von erfolgreichen Frauen und Männern. Umgeben Sie sich mehr und mehr mit Menschen, die so sind, wie Sie sein wollen. Auf diese Weise sammeln Sie die Beweise, die Sie brauchen, um Pro-Reichtumsprogramme zu entwickeln. Welche Beweise kennen Sie bereits?

Wenn Sie über einen langen Zeitraum hinweg den Glauben hatten, daß Geld Familien zerstört, dann haben Sie geflissentlich solche Beweise (die ja das Gegenteil beweisen würden) übersehen. Sie haben sich dann darauf konzentriert, Beispiele dafür zu finden, daß Geld alles zerstört. Und wenn Sie JR Ewing in „Dallas" genommen haben.

Darum kostet es Sie wahrscheinlich etwas mehr Mühe, um die Beweise für den neuen Glaubenssatz zu finden. Aber es lohnt sich um so mehr.

✍ ______________________________

____

____

Grundbedürfnis 5: Wachstum

Das nächste Grundbedürfnis ist das nach Wachstum. Das drückt sich in unserem angeborenen Verlangen zu lernen und zu forschen aus. Wir wollen uns verändern. Wir wollen uns erweitern. In unseren Möglichkeiten und unserem Einflußbereich. Wir wollen uns strecken und verbessern.

Vielleicht bezweifeln Sie, daß es sich hier um ein angeborenes Bedürfnis handelt. Schließlich ziehen so viele Menschen es vor, stehenzubleiben und nicht zu wachsen.

Denken Sie aber an die Evolution. Alles Leben hat den Drang, sich weiterzuentwickeln. Denken Sie an die unterschiedlichen Formen, welche die Natur hervorgebracht hat, um dieses Wachstum zu gewährleisten. Da geht es nicht nur ums Überleben. Es geht darum, größer und stärker zu werden, mehr Kontrolle über seinen Lebensraum zu erhalten und seinen Lebensraum auszuweiten. Dieser Drang wird relativiert durch den Drang der anderen Lebensformen, die nach ähnlichem Wachstum streben.

Schon in der Schule haben wir gelernt, daß der Stärkste sich durchsetzt. Und weil das so ist, haben wir das Bedürfnis, zu wachsen und stärker zu werden. Dafür und um das zu erreichen, hat die Natur mannigfaltige Wege gewählt. Einmal wird dieses Ergebnis durch besondere Resistenz, dann wieder durch Masse oder Stärke erreicht. Immer aber hat alles Leben die Tendenz, sich zu verbessern, sich anzupassen und sich weiterzuentwickeln.

Wir müssen den Zusammenhang sehen

Damit soll nicht der Rücksichtslosigkeit das Wort geredet werden. Vielmehr ist es hier essentiell wichtig, in diesem Zusammenhang bereits das Bedürfnis Nummer sechs zu erwähnen: Gutes zu tun und zu geben. Der Zusammenhang sieht folgendermaßen aus: *Je mehr wir wachsen, je mehr Macht wir bekommen oder erwerben, desto mehr Verantwortung haben wir. Denn wir leben in einer vernetzten Welt.* Wir können völliges Glück nicht erfahren, wenn wir die Not und die Bedürftigkeit der anderen ignorieren.

Ein Hauptaspekt des Bedürfnisses nach Wachstum lautet darum: Wir sollten schon alleine deshalb wachsen, weil wir dann mehr Gutes tun können.

Ab wann sollte es genug sein?

Und das gilt auch für unsere Finanzen. Ich werde oft gefragt: „Wieviel ‚darf' ich denn haben und erwerben wollen? Wo ist die Grenze? Ab wann sollte ich zufrieden sein?"

Erlauben Sie mir, es ganz drastisch und klar zu formulieren: Niemals. Wir werden nie „genug" haben. Wir werden immer mehr wollen. Das ist völlig in Ordnung, und es entspricht unserer Natur. Es entspricht der Natur allen Lebens.

Solange wir leben, werden wir uns neue Ziele setzen und schon alleine dafür mehr haben wollen. So ist die menschliche Natur. Aber wir sollten immer daran denken, daß mit dem Mehr an Macht, Geld und Einfluß auch unsere Verantwortung wächst. Denn wir haben nun mehr Möglichkeiten. Und wir können uns vor den Mißständen in der Welt nicht verschließen. Vergessen Sie nicht, daß Geld alleine nicht glücklich macht. Vielmehr brauchen wir einen Sinn. Wir müssen uns unserer Verantwortung und unserer Aufgabe stellen.

Ist Zufriedenheit ein gutes Konzept?

Ich halte Zufriedenheit für ein schädliches Konzept. Viele von uns sind den folgenden oder ähnlichen Sätzen bereits sehr früh in ihrer Erziehung begegnet: „Du solltest zufrieden sein mit dem, was du hast." Ich habe das oft zu hören bekommen. Und ich habe mich bereits als kleiner Junge gefragt: „Warum eigentlich?" Die Antwort war nicht sehr befriedigend: „Weil sich das so ziemt."

Ich glaube, daß unsere Eltern uns ein gutes Konzept vermitteln wollten, aber einfach das falsche Wort gewählt haben. Was sie hätten sagen sollen, ist: „Wir sollten dankbar sein. Dankbar für alles, was wir haben. Auch wenn es wenig ist. Ob wir ein kleines Auto haben, eine kleine Wohnung – wir haben immer reichlich Grund, dankbar zu sein."

Wenn wir nicht dankbar sind für die Dinge, die wir heute haben, dann werden wir kaum mehr Dankbarkeit empfinden, wenn wir bedeutend mehr haben. Und somit werden wir auch dann kaum glücklicher sein.

Aber wir sollten nicht zufrieden sein. Zufriedenheit schläfert ein, läßt uns stillstehen und langsam sterben. Zufriedenheit ist die letzte große Versuchung, der viele Menschen erliegen. Was uns Menschen unterscheidet und letztlich trennt, ist die Zufriedenheit. Mein Coach hat es einmal so formuliert:

„Es ist so, als fahren wir alle mit einem Zug, der uns zu unserer Erfüllung bringt. Aber an jeder Station verlassen einige Menschen den Zug. Sie wollen aussteigen und es sich gemütlich machen. Sie wollen stehenbleiben, weil sie ‚genug' gereist sind oder weil es ihnen an einem Ort besonders gut gefällt. Dabei übersehen sie, daß der Zug sie an noch viel schönere und erfüllendere Orte gebracht hätte. Auszusteigen bedeutet, sich um die Dinge im Leben zu betrügen, die unser Leben adeln. Die Dinge, für die es sich wirklich lohnt zu leben."

Zufriedenheit läßt auch unser Verantwortungsgefühl abstumpfen. Denn wer mit sich zufrieden ist, ist auch mit seinen näheren Umständen zufrieden. Eine solche Person ist höchstwahrscheinlich auch mit den entfernteren Umständen zufrieden – und verschließt sich den Umständen, die im argen liegen. Zufriedenheit ist somit ein Zeichen von Undifferenziertheit und beinhaltet die Gefahr, egozentrisch zu sein.

Unter dem scheinbar so ehrbaren Begriff „Zufriedenheit“ wird in Wahrheit die Faulheit geadelt, Wachstum gehemmt und Gleichgültigkeit gefördert. Talente und Fähigkeiten verkümmern. Zu allem Überfluß hält ein Mensch, der Opfer der Zufriedenheit geworden ist, sich auch noch für edel und gut.

Ja, Zufriedenheit ist gefährlich und betrügt uns um die wahren Schätze unseres Lebens.

Darf ein Christ reich werden wollen?

Im folgenden möchte ich auf einige Vorurteile gegen Reichtum eingehen, die aus dem christlichen Gedankengut kommen. Vielleicht ist nicht jede Leserin besonders religiös. Aber dennoch hat die Bibel unseren Kulturkreis mehr geprägt als irgendein anderes Buch. Ganz gleich, was wir von der Bibel halten, ich glaube, wir können uns darauf einigen, daß es sich um ein weises Buch handelt. Leider haben sich in bezug auf Geld viele Vorurteile ergeben, die in der Bibel so nicht stehen. Ganz im Gegenteil! Und diese Vorurteile haben auch die Menschen kulturell beeinflußt, die nicht gerade religiös sind. Bei diesen Menschen heißt es dann Gewissen, Ethik und Moral, Verantwortung. Aber gemeint sind die gleichen Vorurteile.

Sie kennen wahrscheinlich den häufig zitierten Spruch aus der Bibel: *„Eher geht ein Kamel durchs Nadelöhr, als daß ein Reicher in das Himmelreich gelange.“* Wie bereits in Kapitel 1 angedeutet, ist dieser Spruch vom Sinn her völlig falsch übersetzt. Und mit Hilfe dieser Fehldeutung haben viele Generationen ihre Armut gerechtfertigt, indem sie Armut als gottgewollt hingestellt haben.

Hier ist die Botschaft, wie sie wirklich gemeint war: Ein Nadelöhr ist die Bezeichnung für ein kleines Tor in den Stadtmauern orientalischer Städte. Abends wurden die großen Tore geschlossen, damit die Bewohner der Stadt sicher schlafen konnten. Wenn nun aber Händler oder einige Fellachen noch sehr spät zu einer Stadt kamen und die großen Tore bereits geschlossen waren, dann sollte Sie nicht vor der Stadtmauer schlafen müssen. Sie konnten das kleine Tor nutzen. Ein voll beladenes Kamel konnte aber nicht aufrecht stehend dieses Tor passieren. Es mußte auf die Knie herunter. Das behagt vor allem einem stolzem Tier nicht sehr.

Wenn Sie sich die korrekte Übersetzung anschauen, dann beinhaltet sie eine Botschaft, die uns nachdenklich machen sollte: *Wer reich ist, sollte trotzdem demütig bleiben.* Denn Reichtum macht nicht zu einem besseren Menschen. Vielmehr verpflichtet Reichtum und macht uns zum Diener anderer, die weniger haben. Ein Überfluß an Wohlstand ist ein heiliges anvertrautes Gut, das seinen Besitzer verpflichtet, es sein Leben lang zum Nutzen der Gesellschaft einzusetzen. Erst wer das verstanden hat, ist wahrhaft reich – und übrigens auch glücklich.

Demut steht Reichen gut

Es gibt wenig Schlimmeres und Unverständlicheres als einen hochmütigen und arroganten Menschen. Ein Arroganter meint, nicht mehr lernen zu müssen. Demut macht uns zu einem lebenslangen Schüler des Lebens. Demut läßt uns offen sein, läßt uns Möglichkeiten und Chancen sehen. Demut verbindet Herzen.

Ein guter Weg, um eine demütige Haltung zu bewahren, ist folgender: Fragen Sie sich jeden Tag, wofür Sie dankbar sind. Es können ganz „einfache“ Dinge sein wie sehen können, laufen können, hören, gut geschlafen zu haben, Menschen lieben zu können und geliebt zu werden, in Freiheit zu leben ... Ein dankbarer Mensch hat insbesondere zwei Vorteile:

Erstens kann keine Angst aufkommen, wenn wir dankbar sind. Wenn Sie richtig darüber nachdenken, dann ist Mut nicht das Gegenteil von Angst. Denn mutig ist ja, wer *trotz* Angst vorangeht. Das Gegenteil von Angst ist Dankbarkeit. Sie können Angst nicht verdrängen, denn dann würde sie nur noch stärker werden. Sie können Angst auch nicht einfach aus Ihrem Leben mit Stumpf und Stiel ausreißen, so wie Sie die Dunkelheit nicht einfach ausreißen können. Aber Sie können dankbar sein. Denn Dankbarkeit überflutet die Angst gewissermaßen, wie Licht die Dunkelheit überflutet.

Zweitens verhindert Dankbarkeit, daß wir hochmütig werden. Dankbarkeit bewirkt, daß wir still werden und demütig sind. Daß wir uns über das Geschenk des Lebens freuen. Über den Tag und die Chancen, die er uns bietet. Für die Dinge, die wir lernen konnten, und daß es noch so unendlich viele Dinge gibt, die wir in Zukunft lernen können. Mit dieser Einstellung bleiben wir unser ganzes Leben lang Schüler. Dadurch wird es nie langweilig.

Nicht *dem* Geld dienen, sondern *mit* Geld dienen

In dem Zusammenhang wird auch der Satz verständlich: „Du sollst nicht dem Mammon dienen." Statt dem Geld zu dienen, sollten wir das Geld einsetzen, um anderen Menschen zu dienen, also zu helfen. Nur wer sich dafür nicht zu schade ist, lebt im Einklang mit seiner Bestimmung und erfährt wahres Glück.

In der Bibel wird der Reiche sogar noch belohnt

In der Bibel wird dem Reichtum übrigens klar die Stange gehalten. Wir finden zum Beispiel das Gleichnis von dem reichen Mann, der auf eine Reise geht und seinen drei Knechten zehn, fünf und eine Goldmünze anvertraut. Als er nach einiger Zeit von seiner Reise zurückkehrt, verlangt er einen Rechenschaftsbericht. Der erste Knecht hat seine zehn Goldstücke verdoppelt. Der reiche Mann ist sehr zufrieden mit ihm. Er lobt ihn und gibt ihm eine verantwortungsvolle Stellung. Das gleiche lesen wir über den zweiten Knecht, der fünf Goldstücke erhalten hatte. Auch er hat seinen Einsatz verdoppelt und wird entsprechend gelobt und belohnt.

Aber der dritte Knecht hatte Angst vor dem Risiko. Er hat sein Goldstück lieber vergraben (heute würde man sagen, er hat es auf ein Sparbuch gelegt). Sein Hauptziel war, bloß nichts zu verlieren. Zumal er doch sowenig hatte.

Die Reaktion des reichen Mannes ist interessant. Er nennt den vorsichtigen Knecht „böse und faul". Er nimmt ihm das eine Goldstück weg und gibt es dem ersten Knecht mit den Worten: *„Demjenigen, der wenig hat, soll das Wenige auch noch genommen werden. Und demjenigen, der viel hat, soll noch mehr gegeben werden."*

Das klingt ganz und gar nicht so, als wenn Reichtum etwas Schlechtes wäre, nicht wahr? Im Gegenteil, der Reiche wird für seinen Reichtum mit noch mehr Reichtum belohnt. Selbst wenn Ihnen das merkwürdig anmuten mag: Geld wird von Menschen angezogen, die stark und mächtig sind, die Geld respektieren und offen für Geld sind.

Ich glaube den folgenden Gedanken fest, und ich habe es wieder und wieder gesagt: Geld „verhält sich“ und „antwortet“ wie eine Person. Behandle es gut, heiße es willkommen, und es kommt gerne zu dir und bleibt bei dir. Vernachlässige es und behandle es respektlos, und es wird ungern in dein Leben kommen. Und selbst wenn es sich zu dir verirrt, wird es bald wieder aus deinem Leben verschwinden.

Halten wir also fest: Reichtum ist „gottgewollt“. Die meisten Vorbilder, deren Lebensgeschichten in der Bibel niedergeschrieben sind, waren sehr reich. Es ist nicht edel, arm zu sein. Wer anderen etwas abgeben will, kann dies viel besser tun, wenn er selber zunächst etwas hat.

Noch etwas zum Schluß dieses Gedankengangs. Die Kernbotschaft der Bibel und der Kirche lautet: Werde Gott ähnlicher. Nun, eines ist sicher: Was und wen auch immer wir unter Gott verstehen, Gott ist sehr reich!

Muß ein anderer etwas verlieren?

Eine wichtige Frage im Zusammenhang mit unserem Bedürfnis nach Wachstum und Geldvermehrung steht aber noch offen: Muß nicht irgend jemandem zunächst etwas weggenommen werden, bevor wir es bekommen? Wenn das so wäre, dann wäre es nicht leicht für einen verantwortlich denkenden Menschen, ein Leben in Überfluß zu führen und sich daran zu erfreuen. Denn jede Mark, die wir mehr hätten, würde einem anderen fehlen.

Um diese Frage zu beantworten, sollten wir uns zunächst fragen, welche Philosophie sich dahinter verbirgt. Letztendlich hat eine solche Einstellung ihren Ursprung in einem Mangeldenken. Denn die oben genannte Theorie wäre nur korrekt, wenn alles Geld und alle Güter sowie alle Ideen und Möglichkeiten auf dieser Welt limitiert wären. Dann gäbe es eben insgesamt nur so viel und nicht mehr.

Und die limitierte Menge müßte immer wieder umverteilt werden. Wir müßten dann sehen, daß die Verteilung möglichst gerecht vorgenommen wird. Jeder sehr reiche Mensch würde demzufolge auf Kosten vieler Armer leben und müßte ein sehr schlechtes Gewissen haben, wenn er sich auch nur einen Funken Anstand und Menschlichkeit erhalten hat.

Es gab viele Anhänger dieser Theorie. Insbesondere einige Ökonomen neigten in der Vergangenheit (manche auch heute noch) dazu, eine solche These als gegeben anzunehmen.[1]

Viele der neueren Ökonomen vertreten eine andere Meinung und widersprechen dem alten, düsteren Bild.[2]

Und das tun sie zu Recht, wie wir am folgenden Beispiel klar sehen können. Nehmen wir ein Thema, das Gegenstand ständiger Diskussionen ist: die Begrenztheit unserer Rohstoffe. Die entscheidende Frage ist: Sind unsere Rohstoffe wirklich begrenzt oder nicht?

Wie war das mit dem Erdöl?

Beispielhaft für das Mangeldenken war der Club of Rome um 1970 herum. Da wurde uns das Ende der Welt prophezeit. Innerhalb von 20 Jahren sollten aber auch die allerletzten Erdölreserven verbraucht sein. Und überhaupt würde alles bald zu einem Ende kommen, weil es sich eben aufbrauchen würde. Gleichzeitig würde die Bevölkerung explodieren. Immer größere Teile der Menschheit würden hungern und verhungern, weil die Erde einfach nicht mehr so viele Münder stopfen kann. Kriege aus Verzweiflung drohen.

Heute schlagen viele in die gleiche Kerbe – nur mit deutlich aktuelleren Argumenten. Sie sagen: Und wenn das Problem mit dem Mangel an Nahrung noch geregelt werden kann, dann ist spätestens dann das Ende gekommen, wenn unser Wasser knapp wird. Teilweise ist das ja auch jetzt schon der Fall. Aber das Problem wird sich ausweiten. Und das kann nicht mehr lange dauern, weil ja der Regenwald abgeholzt wird. Jeden Tag eine Fläche so groß wie Belgien ... Sie kennen diese düsteren Prognosen, die alle einiges an Wahrheit beinhalten.

Tatsache ist: So ganz können wir uns vor solchen Schreckensmeldungen nicht verschließen. Deswegen verdrängen die meisten Menschen solche Gedanken.

Der Club of Rome lag übrigens mit seiner Prognose völlig daneben. Nicht nur, daß das Erdöl 1990 nicht aufgebraucht war, sondern wir hatten tatsächlich mehr davon als 1970. Was war geschehen: Der Club of Rome hatte das Potential menschlichen Wachstums nicht berücksichtigt. Wir haben in diesen 20 Jahren unsere Technologien erheblich verbessert. Dadurch haben wir neue Erdölvorkommen entdeckt und konnten in Gebieten fördern, in denen es zuvor undenkbar gewesen wäre.

Vielleicht wenden Sie ein, daß jeder Rohstoff aber dennoch irgendwann aufgebraucht sein muß. Die Antwort ist aber nicht so eindeutig, wie sie scheinen mag. Sie lautet: Ja und nein.

Ja, weil natürlich nur eine bestimmte Menge vorhanden ist. Meist ist die Quantität aber viel größer, als wir zunächst angenommen haben. So wissen wir heute, daß wir genug Erdöl für mindestens weitere 150 Jahre haben.

Nein, weil ich nicht glaube, daß wir jemals unsere Erdölreserven aufbrauchen werden. Lange bevor das geschehen kann, werden wir klug werden und neue Möglichkeiten entwickelt haben, die unsere Häuser beheizen und unsere Autos antreiben. Möglichkeiten, die unsere Umwelt nicht zerstören.

Denn eines haben wir mit Sicherheit unbegrenzt: Möglichkeiten, Technologie, Entwicklungspotential – Potential, klüger, gebildeter und vor allem weiser und verantwortlicher zu werden. Denn es entspricht unserem Bedürfnis nach Wachstum, daß wir uns immer weiter entwickeln. Daß wir immer bessere Möglichkeiten entdecken und für uns erschließen.

Was Mangeldenken in der Praxis wirklich bedeutet

Die Mangeldenker glauben nur an eine begrenzte Menge von allem. Demzufolge müssen sie ihre Lösungsansätze darin suchen, das Vorhandene anders zu verteilen. Das ist einerseits eine ungeheuerliche Einschränkung menschlichen Potentials. Zum anderen aber sind die Konsequenzen dieser Denkmodelle nicht ermutigend. Die Theorien der Umverteilung führen meist konsequent dazu, den Reichen etwas wegzunehmen.

Aber ich glaube nicht, daß wir den Armen helfen, wenn wir den Reichen etwas wegnehmen. Selbst wenn wir das auf diese Weise gewonnene Geld konsequent an bedürftige Menschen verteilen würden, würden wir allenfalls für einen sehr kurzen Zeitraum Linderung schaffen. Danach würden die Probleme nur noch größer werden.

Denn es muß sich vor allem die Einstellung zu Geld verändern. Erinnern Sie sich an das Beispiel mit dem trockenen Bachlauf? Das neue Geld würde sehr schnell genau den gleichen Lauf nehmen wie das alte. Wenn sich die Dinge für uns Menschen ändern sollen, dann müssen zuerst wir uns ändern.

Ich glaube, daß die Welt verantwortliche reiche Menschen braucht. Menschen, die Vorbild sind. Menschen, die Richtungen weisen. Menschen, die aufzeigen, wie schön und erfüllend unser Leben sein kann.

Wir werden den Armen nicht helfen, indem wir für sie tun, was sie selbst tun könnten und tun sollten. Wir würden solche Personen nur tiefer in eine Abhängigkeit hineinstoßen und ihre Eigeninitiative völlig zerstören.

Es geht um unsere Grundeinstellung

Welche Sichtweise ist richtig? Sicherlich können wir auch hier sowohl für die eine Seite als auch für die andere Seite Beweise finden. Wie wir uns entscheiden, hängt stark mit unserer Grundeinstellung zusammen. Sind Sie eher eine positiv eingestellte Frau oder eher negativ, pessimistisch?

Wie auch immer, vergessen Sie nicht, daß Sie Ihre Einstellung jederzeit ändern können. Fragen Sie sich also, welche Einstellung für Sie hilfreicher ist. Welche Sichtweise ermöglicht es Ihnen leichter, Ihre Ziele zu erreichen und ein glückliches Leben zu leben?

Was nützt es uns, wenn wir uns fast ausschließlich auf Negatives konzentrieren und dann beispielsweise zu dem Ergebnis kommen, daß es fast ein Verbrechen ist, in einer so hoffnungslosen und schlechten Welt Kinder zu zeugen?

Geht es uns und unseren Kindern nicht viel besser, wenn wir uns auf die schönen Dinge des Lebens konzentrieren und ein Stück Glück bauen? Wenn wir unser Herz öffnen, während wir unsere Kinder beobachten, wie sie spielen und ihr Leben genießen? Und wenn wir in solchen Momenten völligen Glücks erkennen, wieviel Schönheit und Potential wir als Menschheit haben?

Ist die Geldmenge begrenzt?

Lange Zeit war die Geldmenge tatsächlich „begrenzt". Da wurde nämlich nur soviel Geld produziert, wie Goldreserven gehalten wurden. So stand zum Beispiel auf den alten Dollarnoten: „Paid to the bearers value". Das heißt, daß für jeden Dollar die entsprechende Menge Gold vorhanden war und daß man seine Dollars in Gold eintauschen konnte.

Heute lesen Sie so etwas auf den Dollarnoten nicht mehr. Heute steht dort: „In God we trust". (Wir vertrauen auf Gott.) Denn einen Gegenwert in Gold gibt es schon lange nicht mehr. Wir haben heute in etwa siebenmal soviel Buchwert wie Cashgeld. Wenn also alle Menschen eines Landes gleichzeitig all ihr Geld vom Konto abheben wollten, dann würde nur in etwa ein Siebtel ausgezahlt werden können, da einfach nicht mehr vorhanden ist.

Ähnliches erleben wir bei den Aktien. Die Zeiten, in denen Aktien ausschließlich den materiellen Wert einer Firma präsentieren, sind längst vorbei. Heute ist der immaterielle Wert mindestens ebenso zu berücksichtigen: Ideen, Pläne, Wissen, Kundenkontakte. Zudem spielen bei der Kursentwicklung Erwartungen eine Rolle, genauso wie Gerüchte. Manche Firmen haben in Wahrheit nur einen Bruchteil des Wertes, der sich ergibt, wenn man alle Aktien zusammenzählen würde.

Geld ist also zu einer fiktiven Größe mutiert. Das ist einerseits beängstigend. Andererseits ergeben sich daraus unglaubliche Chancen. Denn wenn Geld keinen Gegenwert mehr benötigt, dann kann Geld mit Kreativität erschaffen werden.

Geld ist Energie

Geld ist eine Form von Energie. Und Energie ist unendlich viel vorhanden. Wir müssen also nicht zuerst jemandem Energie wegnehmen, bevor sie zu uns kommen kann. Wir können Energie schaffen. Aus allem und aus dem Nichts. Und wir brauchen sie nur in unser Leben aufnehmen und bereit sein, sie loszulassen, damit sie sich vermehren kann. Je mehr Energie wir bereit sind, in die wirklich wichtigen Bereiche des Lebens zu investieren, desto mehr Energie fließt uns zu.

Aber dafür müssen wir offen sein und bereit. Wir müssen uns zu unseren Grundbedürfnissen bekennen.

Wie ist Ihre Meinung zu einem menschlichen Grundbedürfnis, das Wachstum heißt? Glauben Sie, daß Sie die beste Person werden sollten, die Sie sein können? Warum? Warum nicht? Oder glauben Sie eher, daß es für einen Menschen schicklicher ist, sich mit dem zufriedenzugeben, was er hat? Warum? Warum nicht?

Inwieweit glauben Sie, daß Geld Ihr Bedürfnis nach Wachstum erfüllt? Glauben Sie, daß es gut ist, wenn Sie sich nach mehr Geld strecken? Ist Ihnen bewußt, daß Sie dafür niemandem etwas wegnehmen müssen?

Ein Erlebnis aus meiner Kindheit

Ich werde nicht vergessen, wie ich meinen Großeltern, die aus der DDR angereist waren, ganz stolz mein Sparschwein zeigte. Statt mich zu loben für mein Bestreben, sparsam zu sein, bekam ich folgendes zu hören: „Du solltest nicht sparen. Der Herr sorgt für die Seinen. Wenn du Not hast, wird er dir helfen. Wenn du Geld hortest, zeigst du damit nur, daß du ihm nicht vertraust."

Das hat mich lange beeinflußt. Erst lange Zeit später wurde mir bewußt, daß meine Großeltern mit solchen Ratschlägen in erster Linie ihre eigene Situation rechtfertigen wollten. Sie hatten nichts. Daran war sicherlich auch die Situation in der ehemaligen DDR schuld. In erster Linie aber war es die Einstellung meiner Großeltern. Ihr Anti-Reichtumsprogramm.

Jeder kann für sich entscheiden, wie er mit diesen Dingen umgeht. Aber wir sollten nicht vergessen, daß wir nicht alleine auf dieser Welt sind. Unsere Entscheidungen beeinflussen immer auch andere. Die Menschen, die wir lieben, müssen dann unter Umständen für unsere Versäumnisse und Fehler bezahlen.

Als mein Großvater sich nicht mehr selbst versorgen konnte und in ein Heim gehen wollte, weil er sich mit seinen Söhnen nicht gut verstand, da lag er ihnen auf der Tasche. Er konnte froh sein, daß sie sich nicht an seine Ratschläge gehalten hatten. Sonst hätten sie ihm den Aufenthalt im Heim nämlich nicht finanzieren können. Auch wenn er Zeit seines Lebens mit ihnen unzufrieden war – aufgrund ihres „habgierigen Wesens“ –, so hat er doch letztendlich ordentlich davon profitiert.

Wie sind Sie geprägt worden?

Versetzen Sie sich auch einmal in Ihre Kindheit zurück. Was haben Ihnen Ihre Eltern und andere Personen, die Sie beeinflußt haben, über Geld vermittelt?

Vor Jahren habe ich mir diese Frage gestellt – und das Ergebnis war erschütternd: Fast alle Lehren und Szenen, die sich mir tief eingeprägt hatten, begründeten ein Anti-Reichtumsprogramm. Unter der Vielzahl der Erlebnisse in bezug auf Geld hatten sich bei mir besonders folgende Begebenheiten eingeprägt:

- Erste Geldbotschaft: Meine Mutter stritt sich mit meinem Vater, weil sie einen Pelzmantel wollte und er das Geld nicht herausgeben wollte. Ich empfand es als unwürdig, daß meine Mutter um Geld fragen mußte. Die Diskussion eskalierte, und meine Mutter zerschmiß Porzellan. (Was ich daraus verstanden hatte: Das Thema „Geld“ löst alles andere als Freude aus.)
- Zweite Geldbotschaft: Ich mußte immer Lederhosen tragen, weil ich normale Hosen zu schnell kaputtmachte. Ich fühlte mich darin sehr unwohl. (Die Lehre für mich: Geld ist wichtiger als ein Wohlgefühl.)
- Dritte Geldbotschaft: Meine Großeltern schenkten mir ein Sparbuch mit 700 DM. Alle paar Jahre hörte ich davon, aber zu sehen bekam ich es zum ersten Mal mit 19 Jahren. (Lehre: Du bist zu klein, um dich mit Geld zu befassen.)
- Vierte Geldbotschaft: Meine Mutter machte öfter Urlaub. Aber auf einem Bauernhof, damit es nicht so teuer wurde. Und mein Vater blieb in der Zeit zu Hause und arbeitete. (Lehre: Geld ist knapp. Während der eine es ausgibt, muß der andere dafür hart arbeiten.)
- Fünfte Geldbotschaft: Eines Tages bekamen wir Besuch von einem Bekannten meines Vaters, der Uhrenhändler war. Er hatte eine schöne Kollektion von Jugenduhren bei sich. Ich durfte mir eine aussuchen. Ich zeigte spontan auf eine, die mir ausnehmend gut gefiel. Es stellte sich heraus, daß diese Uhr die mit Abstand teuerste war. Mein Vater freute sich über meinen guten und teu-

ren Geschmack und kaufte die Uhr. (Lehre: Wenn wir anderen ein Geschenk machen, dann nicht etwas, das uns gefällt, sondern was dem anderen wirklich gefällt.)

- Sechste Geldbotschaft: Einige Zeit mußte ich nach dem Kirchenbesuch vor dem Mittagessen ein Kirchenlied lernen. Erst wenn ich es vorsagen konnte, gab es etwas zu essen. (Lehre: Leistung wird belohnt. Leider aber eine Leistung, die mir absolut zuwider war.)

Alles das hat mich geprägt. Die überwiegenden Anti-Reichtumsprogramme, die sich aus diesen Erlebnissen entwickelt hatten, sorgten dafür, daß ich mit 26 Jahren pleite war. Geld war nichts Gutes. Ungehemmtes Wachstum war ebenfalls etwas Verwerfliches.

Ich mußte meinen Weg finden und mir über meine Einstellung zu unserem unbezweifelbaren Bedürfnis nach Wachstum klarwerden. Dabei hat es mir sehr geholfen, an meinen Großeltern zu sehen, wohin letztlich ihre extreme Einstellung geführt hat.

Unsere Anti-Reichtumsprogramme lähmen uns. Wir glauben, viele Dinge nicht tun und erreichen zu können. Solange Sie Ihre Einstellung über Geld nicht erkennen und verändern, wird kein Buch über Finanzen für Sie etwas wert sein.

Wir können uns nicht verstecken. Nicht vor dem Wachstum unserer Persönlichkeit und nicht vor dem Geld. *Wer dem Geld seinen Rücken zudreht, der dreht auch der Person seinen Rücken zu, die er werden kann.*

Wissen Sie, was geschieht, wenn eines unserer Bedürfnisse nicht befriedigt wird? Die Antwort liegt auf der Hand: Wir sind unbefriedigt. Unglücklich. Es fehlt uns etwas. Wir leiden unter seelischen Mangelerscheinungen. Für dauerhaftes Glück ist es notwendig, daß alle unsere Bedürfnisse Beachtung finden.

Ich habe aus all dem mein Lebensmotto geformt. Ich nenne es KLUW. Diese Abkürzung steht für „Konstant Lernen Und Wachsen". Das ist nur ein anderer Ausdruck für unser Bedürfnis nach Wachstum.

Power-Tip

Überlegen Sie, wie Sie in jedem Bereich Ihres Leben dazulernen und wachsen können.

- Teilen Sie Ihr Leben in verschiedene Bereiche auf. Eine mögliche Einteilung in fünf große Bereiche kann wie folgt aussehen: Gesundheit, Beziehungen, Finanzen, Emotionen und Job/Lebenssinn/Spirituelles.

- Betrachten Sie jeden Bereich Ihres Lebens wie eine Firma, in der Sie nach jedem Jahr einen Gewinn erzielt haben müssen.
- Erstellen Sie für jeden Bereich einen Jahresplan.
- Machen Sie Aktionspläne. Schauen Sie sich Ihren Jahresplan wöchentlich an, und überlegen Sie, wie Sie in der jeweiligen Woche daran arbeiten können, Ihr Jahresziel zu erreichen.
- Lesen Sie regelmäßig Bücher zu den jeweiligen Themen. Besuchen Sie Seminare, und umgeben Sie sich mit Menschen, die auf dem jeweiligen Gebiet ein Vorbild für Sie sind.

Legen Sie vor allem für sich fest, wie Sie mit Ihrem Bedürfnis nach Wachstum umgehen wollen. Definieren Sie, was es für Sie bedeutet. Und legen Sie sich eine persönliche Philosophie dafür zurecht. Bestimmen Sie, wie Sie am effektivsten zu der besten Person werden, die Sie sein können. Seien Sie richtig lebendig. Leben Sie in vollen Zügen. Minimieren Sie niemals. Geben Sie sich niemals mit einer Minimalexistenz zufrieden. *Ihr Leben ist zu kurz, um unbedeutend zu sein.* Maximieren Sie.

Das Leben hält so viele Reichtümer für Sie bereit, Sie dürfen nur nicht der Zufriedenheit erliegen. Es liegt soviel Schönheit und Erfüllung für Sie bereit. Wahrer Wohlstand ist Ihr Geburtsrecht. Holen Sie sich, was Ihnen zusteht.

Wenn Sie sich einmal entschlossen haben, dann seien Sie konsequent. Lassen Sie sich nicht beirren. Das ist natürlich nur möglich, wenn Sie diese Dinge in aller Ruhe durchdenken und Ihre persönliche Einstellung und Ihren Weg festgelegt haben.

Vergessen Sie nicht, daß uns andere Menschen stärker beeinflussen, als wir es wahrhaben wollen. Gehen Sie konsequent Ihren Weg. Das sind Sie sich selber, Ihren Plänen und den Menschen, die Sie lieben, schuldig. Lauschen Sie darum nicht denen, die nur ihre eigene Situation rechtfertigen wollen. *Hören Sie nur auf Menschen, die so sind, wie Sie sein wollen. Niemand sonst hat das Recht, Ihnen zu raten.* Auch wenn diese Menschen es „gut mit Ihnen meinen". *Und Sie haben nicht das Recht zuzuhören.*

Bitte nehmen Sie sich nun Zeit für Ihren Aktionsplan. Fragen Sie sich: Wie kann ich Geld in mein Leben ziehen, damit ich konstant wachsen und lernen kann? Wo kann ich jetzt meine Komfortzone verlassen? Wo kann ich mich jetzt strecken, damit ich wachse? Wovor habe ich Angst? Möglicherweise liegt nämlich genau dort mein größtes Wachstumspotential.

Haben Sie Angst vor dem nächsten Schritt? Gut! Sie haben richtig gelesen, Angst vor dem nächsten Schritt ist gut. Mein letzter Mentor sagte immer: „Wenn du keine Angst hast vor dem nächsten Schritt, dann ist das ein Zeichen dafür, daß dieser Schritt für dich zu klein ist."

Angst – innerhalb gewisser vernünftiger Grenzen – ist gut. Angst beweist, daß wir uns strecken. Daß wir unsere Komfortzone verlassen. Daß wir stärker werden. Daß wir konstant lernen und wachsen.

Angst bewirkt ferner, daß wir aufmerksam sind. Daß wir lernen – auch aus unseren Fehlern. Wir bleiben wach und aufnahmebereit.

Ich möchte Sie darum beglückwünschen, wenn Sie vor einer Entscheidung stehen und vor dem nächsten Schritt Angst haben.

Grundbedürfnis 6: Gutes tun

Das sechste und letzte Bedürfnis ist, zu geben und Gutes zu tun. Auch wenn es angesichts mancher Erfahrung mit verschiedenen Menschen verwundern mag, wir alle haben ein solches Bedürfnis. Wir wollen helfen, dienen, anderen das Leben verschönern. Wir wollen offen sein für die Nöte und Bedürfnisse unserer Mitmenschen. Wir alle haben den Wunsch, einen Unterschied auf dieser Welt auszumachen. Wir wollen etwas zum Besseren hin verändern. Wir wollen ein Vermächtnis hinterlassen, ein Werk schaffen, das uns überdauert. Wenn wir diesem Bedürfnis keine Beachtung schenken, dann werden wir schwerlich glücklich sein können.

Das Bedürfnis, Gutes zu tun, können wir um so besser erfüllen, wenn wir die ersten fünf Bedürfnisse erfüllt haben. Je mehr Sicherheit wir haben, desto mehr können wir uns um andere kümmern. Unser Bedürfnis nach Einzigartigkeit wird geradezu unterstützt, wenn wir offen werden für die Nöte der anderen. Unser Bedürfnis nach Liebe kommt dem ebenfalls entgegen. Großes können wir meist nur tun, wenn wir dazu auch als Person in der Lage sind, also persönlich gewachsen sind.

Unser Bedürfnis, Gutes zu tun, ist gewissermaßen die Krönung der anderen Bedürfnisse. Je mehr wir uns damit auseinandersetzen, desto bewußter wird uns, daß wir uns um die anderen Bedürfnisse kümmern müssen, um wirklich etwas ausrichten zu können.

Eine junge Frau hat den sehnlichen Wunsch, Delphinen zu helfen. Geld hat sie bisher immer verabscheut. Sie hat es als etwas Banales und Oberflächliches abgetan. Sie wollte ganz in ihrer Aufgabe aufgehen. Sie mußte aber immer wieder und wieder frustriert feststellen, daß ihr niemand zuhören wollte. Sie hatte nicht die Mittel, um wirklich etwas auszurichten. Sie kam noch nicht einmal in die Nähe der Delphine.

Durch Zufall bekam sie mein erstes Buch in die Hand. Eigentlich interessierte sie sich überhaupt nicht dafür, aber auf Anraten einer guten Freundin las sie es doch. Auf einmal fiel es ihr wie Schuppen von den Augen. Ihre Erkenntnis heute lautet: „Geld ist eine Form von Energie. Energie für meinen Traum und meine Aufgabe. Geld ist nicht etwas Niedriges oder Oberflächliches. *Geld ist das, was wir daraus machen.* Nicht mehr und nicht weniger. Ich kann es einsetzen, um meine Vision zu erfüllen. Geld ist eine unterstützende Kraft. Wenn ich es so will. Darum verdient Geld meine Aufmerksamkeit."

Wenn alles möglich wäre ...

Angenommen, Geld würde in Ihrem Leben keine Rolle spielen, was würden Sie alles an Gutem tun? Stellen Sie sich vor, Sie seien eine Königin und hätten unermeßlich viel Geld. Was würden Sie mit diesem Geld tun? Was würden Sie in Ihrem Land ändern? Wem würden Sie helfen? Wie würden die Schulen aussehen? Unser Rentensystem? Was würden Sie mit dem Arbeitslosenproblem machen? Wo sehen Sie Mißstände, die Sie beseitigen oder wenigstens lindern würden? Bitte finden Sie mindestens zehn Antworten:

Wenn ich eine Königin wäre, würde ich ...

✍ ____

____

____

Fällt Ihnen auf, wie sinnvoll Geld sein kann? Und sehen Sie, wie wichtig Geld ist? Geld ist tatsächlich eine unterstützende Kraft in unserem Leben. Wir haben mit Geld soviel mehr Möglichkeiten. Geld eröffnet so viele neue Wege.

Und noch eins: *Sie sind eine Königin.* Vielleicht ist das Ihnen und auch anderen noch nicht so richtig bewußt. Aber Sie sind außergewöhnlich und einzigartig. Niemand ist wie Sie. Die Zukunft gehört Ihnen. *Denn die Zukunft ist nicht gleich der Vergangenheit.* Sie sind ab heute Designerin Ihres Lebens. Sie können Ihre Zukunft so gestalten, wie Sie es für richtig halten. Für sich, für die Menschen, die Sie lieben, und für die Aufgaben, die Sie erfüllen wollen.

Aber Sie müssen anfangen, Ihr Recht in Anspruch zu nehmen. Sehen Sie einfach Ihre nähere Umgebung als Ihr „Königreich". Hier sind Sie wesentlich mächtiger, als Sie es vielleicht bis jetzt erkannt haben. Hier können Sie viel mehr Verantwortung übernehmen und viel mehr tun. Handeln Sie. Beginnen Sie, darin etwas zu verändern. Und vor allen Dingen: *Leben Sie mit Würde!*

Geben macht glücklich

Wir leben von dem, was wir bekommen. Aber durch das, was wir weitergeben, machen wir aus unserem Leben ein Meisterstück. Wer anderen etwas gibt, hat selbst mehr. Mathematisch wird Ihnen das niemand beweisen können. Es scheint sogar unsinnig zu sein. Aber es stimmt.

Es handelt sich um ein Wunder. Und ich kann es Ihnen nicht erklären. Aber Sie wissen ja: Viele suchen nach Erklärungen, während andere einfach handeln. Geben Sie darum einfach etwas ab – und Sie werden selbst mehr haben.

Wir fühlen uns lebendig, wenn wir geben. Wenige Dinge vermitteln uns ein solches Gefühl der Lebendigkeit. Geben wir einfach aus Liebe zum Leben und zu den Menschen. Wir beweisen damit, daß wir Verantwortung übernehmen. Daß wir verstehen, daß wir in einer vernetzten Welt leben. Die Welt braucht Menschen, die dazu bereit sind. Vielleicht gibt sie aus diesem Grund diesen Menschen noch mehr Mittel. Damit sie noch mehr Gutes tun können.

Wir alle wissen: Was wir ausstrahlen, erhalten wir zurück. Das gilt für so einfache Dinge wie ein Lächeln und Freundlichkeit. Wer die Welt liebt, den liebt die Welt. *Wer der Welt Geld gibt, dem gibt die Welt Geld zurück.* Mannigfaltig.

Wenn Sie sich zum Geben nicht sicher genug fühlen, werden Sie Reichtum nie ganz auskosten können. Je mehr wir geben, desto mehr kann in unser Leben fließen. Geld zu spenden ist ein Beweis unseres Vertrauens in uns selbst und in das Universum. Wir „beweisen“, daß Geld bei uns gut aufgehoben ist. Wir erwarten dadurch mehr Geld. Und Sie wissen ja: Unsere Erwartungen bestimmen, was wir bekommen.

Wir signalisieren Überfluß. Und es gibt uns einfach ein gutes Gefühl.

Wenn Sie das alles lesen, dann könnte sich der Eindruck ergeben, daß ich Sie auffordern möchte, auch aus Egoismus zu geben – damit es Ihnen selbst besser geht. Halten Sie sich fest: Ja, genau das meine ich. Nicht nur. Aber auch. Einmal Hand aufs Herz: Helfen wir anderen nicht immer auch deshalb, weil wir uns selbst dadurch besser fühlen? Ist eine Spende für den Bedürftigen weniger wert, weil wir uns durch unsere Spende auch selber eine Freude gemacht haben? Sicherlich nicht.

Eine Spur von Egoismus ist gut. Auch wenn Sie Gutes tun.

Was könnten Sie im Moment tun? Hier ein ganz einfacher Tip:

Haben Sie schon den Spruch gehört: „Weniger ist mehr.“? Wir alle haben über die Jahre viele Dinge angesammelt, die wir nicht mehr brauchen. Das alleine ist nicht schlimm. Aber es hat zwei Auswirkungen, die uns schon nachdenklicher stimmen sollten: Erstens blockieren wir den Weg für mehr. Wir finden die Dinge nicht mehr, die wir suchen, wir wissen gar nicht mehr genau, was wir alles haben, wir können nicht feststellen, was uns wirklich am Herzen liegt, und bemerken nicht, wenn etwas fehlt. In einem Leben, in dem Klarheit und Ordnung herrscht, da ist immer Platz für mehr.

Zweitens können andere Menschen mit den Dingen viel mehr anfangen. Was bei uns in Schränken und Kisten langsam vor sich hin modert, kann für andere ein absoluter Traum sein.

Power-Tip

Entrümpeln Sie. Suchen Sie alle Dinge zusammen, die Sie nicht mehr wirklich brauchen.

- Ein Hinweis: Die meisten Klamotten, die Sie ein ganzes Jahr nicht ein einziges Mal mehr angezogen haben, kann jemand anders viel besser gebrauchen als Sie.
- Suchen Sie mindestens 25 Dinge zusammen, die andere besser gebrauchen könnten als Sie.

- Bringen Sie diese Dinge zu einer Hilfsorganisation. Lassen Sie es sich schriftlich geben, daß die Kleidung nicht verkauft wird, sondern wirklich gespendet.
- Andernfalls verkaufen Sie die Dinge in einem Secondhand-Laden und spenden das so erzielte Geld.
- Gehen Sie von den Klamotten zum Hausrat. Entrümpeln Sie. Nehmen Sie sich ein Wochenende Zeit dafür. Sie werden sich wundern, wie erleichtert Sie hinterher sein werden. Sie werden fühlen, wie eine Blockade beseitigt wurde.
- Jetzt sind Sie frei für Dinge, die Ihnen wirklich gefallen.

Übrigens: Wenn Sie alles zusammengetragen haben – die Kleidung in Säcke gesteckt, den überflüssigen Krempel in Kartons verpackt –, dann setzen Sie sich einen Moment. All Ihre Besitztümer repräsentieren Sie. All diese Dinge zeigen, wie Sie sind, was Ihnen wichtig ist und wie Sie sich darstellen wollen. Diese Dinge sind (oder waren) Ihr Geschmack und Ihr Wertesystem. Sehen Sie nun, wie sich die Werte ändern können?

Und überlegen Sie, ob in diesen Säcken und Kisten Dinge sind, die Sie einmal haben „mußten". Dinge, von denen Sie einmal gedacht haben, ohne sie nicht leben zu können. Wie oft haben Sie diese Dinge wirklich benutzt? Und was hat es Sie letztendlich wirklich gekostet? Vielleicht gibt es auch heute Dinge, von denen Sie denken, sie haben zu „müssen". Und vielleicht wird sich auch das im Laufe der Zeit relativieren.

Unsere Hilfe ist notwendig

Ich bekomme eine erhebliche Menge an Geschenken von Menschen, die sich für meine Seminare und Bücher bedanken wollen. Eines Tages lag ein Brief auf meinem Schreibtisch. Als ich ihn öffnete, hielt ich ein Wischtuch und ein offensichtlich selbst gebasteltes Lesezeichen in meinen Händen. Sicherlich waren das nicht unbedingt Geschenke, die unter der Vielzahl der anderen besonders hervorstachen. Aber das sollte sich ganz schnell ändern, als ich den beiliegenden Brief las.

Er war in krakeliger Schrift geschrieben, wie in einem fahrenden Auto. Aber es stellte sich heraus, daß die Person – eine alte Frau –

keineswegs in einem Auto saß, sondern durch schwere Krankheit an ihr Bett gefesselt ist. Nur mühsam konnte sie schreiben – immer nur zwischen zwei Schmerzanfällen. Sie ist ihr ganzes langes Leben krank gewesen. Hatte immer Schmerzen. Die glücklicheren Tage waren die mit etwas weniger Schmerzen. Dazu ist sie sehr arm. Und diese Frau schenkt *mir* etwas. Sie war von meinem Buch so angesprochen worden, daß sie sich bedanken wollte. Da sie aber buchstäblich nichts hatte, schenkte sie mir das Wischtuch und bastelte in monatelanger Arbeit das Lesezeichen.

Ich wurde sehr still. Was für eine Frau – und was für ein Leben! Ganz anders als alles, was meinen Tagesablauf auszeichnet. Nicht, daß ich mir einbilde, verstehen zu können, was diese Frau durchgemacht hat. Wahrscheinlich kann ich nicht mal einen Bruchteil von ihrem Leid erfassen.

Ich saß lange an meinem Schreibtisch und hielt einfach das Wischtuch in der Hand. Ich mußte an die Stiftung denken, die ich irgendwann einmal gründen wollte. Wann? Sie wissen schon: „Wenn die Zeit dafür reif ist." Wann ist das? Auf einmal wurde mir klar, daß ich mich nicht an meine eigene Lehre hielt. Der ideale Moment kommt nämlich nie. Es gilt, das für richtig Erkannte sofort zu beginnen. Der beste Moment, etwas Gutes zu beginnen, ist jetzt.

Also habe ich begonnen, die Stiftung zu gründen. Hier ist die Idee: Waisenkinder in der achten und neunten Klasse sollen von der Stiftung aufgenommen werden. Ihnen soll auf zweierlei Weise Hilfe zuteil werden. Einmal sollen sie finanziell unterstützt werden, so daß sie weiter zur Schule gehen können, später studieren können oder sich ihren Neigungen und Talenten entsprechend entwickeln können oder auch selbständig machen können. Zum anderen kenne ich durch meine Seminare viele Menschen, von denen ich mindestens ebensoviel gelernt habe wie sie von mir. Menschen, die erfolgreich im Leben stehen und die selber Mentoren sein könnten. Auf die Stiftung angesprochen, gaben viele ihre Bereitschaft zur Mithilfe zu erkennen.

Begonnen hat es mit dem Brief der alten, kranken Frau, die mir ein Geschenk gemacht hat, obwohl sie eigentlich dazu gar keine Mittel hatte.

Ich glaube, wir brauchen solche Anstöße, um uns bewußtzumachen, wie wohlhabend wir tatsächlich sind. Zwei Drittel der Weltbevölkerung würde sofort – finanziell gesehen – mit Ihnen tauschen.

Ganz gleich wieviel oder wie wenig Sie haben. Im Vergleich mit den meisten Menschen auf dieser Welt sind wir reich.

Halten Sie sich einmal folgende Zahlen vor Augen, die von dem Club-of-Rome-Mitglied, Manfred Max Naef, stammen: Stellen wir uns die Welt als einen kleinen Ort mit 1000 Einwohnern vor. Dann verfügen in diesem Ort 60 Menschen über 50 % der gesamten Einkünfte, die anderen 940 müssen die verbleibende Hälfte unter sich aufteilen. Aber was viel erschreckender ist: 700 von den 1000 können nicht lesen oder schreiben. 600 leben in Slums. Und 500 Einwohner leiden an Hunger. Immer noch!

Noch eine Zahl zum Schluß: Die 348 reichsten Familien der Welt besitzen mehr Vermögen als 2,6 Milliarden Menschen aus der ärmeren Bevölkerungsgruppe zusammen.

Diese Zahlen zitiere ich nicht, um gegen den Reichtum zu sprechen. Im Gegenteil. Ich schließe mich Abraham Lincoln an, wenn er sagt, daß „ihr den Armen nicht helft, indem ihr die Reichen ausmerzt".

Aber eines zeigen diese Überblickszahlen ganz deutlich: Wachsender Wohlstand bedeutet wachsende Verantwortung. Reichtum verpflichtet. Wenn die Welt ein Dorf ist, dann wird es in diesem unserem Dorf nur dann vollkommenes Glück geben, wenn wir, die Bewohner des Dorfes, einander helfen.

Mein Glückwunsch. Das war bis hierhin schon ein ganz schön langes und zeitaufwendiges Kapitel. Besonders wenn Sie die Übungen schriftlich durchgeführt haben und sich Zeit zum Nachdenken genommen haben. Wir haben die häufigsten Anti-Reichtumsprogramme und Armuts-Glaubenssätze behandelt. Ich habe Ihnen die logischen Argumente gegeben, die Ihnen klar aufzeigen, wie absurd die einzelnen Armutsprogramme sind.

Sie sehen das jetzt wahrscheinlich ein. Nur – *dadurch glauben Sie es noch nicht.* Denn wir können unsere Glaubenssätze nur verändern, wenn wir an unser Gefühl appellieren. Natürlich ist das, was wir in diesem Kapitel getan haben, die Voraussetzung dafür. Natürlich mußte zuerst das Bewußtsein geschaffen werden, indem wir uns damit auseinandergesetzt haben. Und dann folgte die Einsicht. Denn wenn wir nicht der Meinung sind, daß ein neuer Glaube hilfreicher wäre, dann würden wir den alten nicht ändern wollen.

Also hat es sich gelohnt. Denn jetzt wissen Sie, wie Geld Ihre Bedürfnisse erfüllen kann. Sie wissen, welche Glaubenssätze Sie annehmen sollten, damit Geld für Sie „notwendig“ und wichtig wird.

Solange Ihre Glaubenssätze nicht in Übereinstimmung mit Ihren Zielen und Träumen sind, so lange werden Sie Geld immer wieder abstoßen. Sie werden es immer aus Ihrem Leben vertreiben. Wenn Sie aber Ihre Glaubenssätze derart verändert haben, daß Sie glauben, daß Geld Ihre einzelnen Bedürfnisse erfüllt, dann ziehen Sie Geld magisch an.

Ist finanzieller Ehrgeiz trainierbar?

Nach einem Seminar kam eine Frau völlig aufgelöst zu mir: „Herr Schäfer, ich würde so gerne reich werden. Aber ich weiß, daß ich nicht den Ehrgeiz habe, um meine Vorsätze umzusetzen.“

Das scheint fatal. Immerhin behaupten die meisten Autoren von Erfolgsbüchern, daß man einem Menschen keinen Ehrgeiz beibringen kann. Ehrgeiz sei angeboren und wer ihn nicht hat, der habe eben Pech gehabt. – Ich widerspreche dem ganz entschieden. *Ich weiß, daß Sie Ehrgeiz trainieren können.*

Ehrgeiz – wie alles, was uns treibt – hat nur zwei Antriebe: Schmerz vermeiden und Freude erleben zu wollen. Das ist alles. Darunter können Sie jedes Motiv und jede Handlung einordnen. Im Grunde genommen ist unser Betriebssystem recht simpel aufgebaut. Alles hat damit zu tun, daß wir Schmerz vermeiden und Freude erleben wollen. Auch unser Umgang mit Geld.

Nun können wir Geld recht unterschiedlich bewerten. Für den einen macht es Spaß (Freude erleben), dem anderen bereitet es Pein (Schmerz vermeiden). Und so wird der eine das Thema – und das Geld selbst – möglichst vermeiden, während der andere sich mit Geld wohl fühlt und es dadurch anzieht.

Und da wir schon einmal dabei sind, unsere Glaubenssätze zu verändern, können wir nun auch verändern, wann wir Schmerz und wann wir Freude erleben. Mit anderen Worten: Sie können Ihr Geldprogramm ändern und mit Geld Freude, Spaß, Schönheit, Erfüllung, Frieden, Familienglück, Erotik, Freiheit, Sicherheit, Abenteuer, Gutes tun, Entwicklung Ihrer Persönlichkeit usw. verbinden. Sie können sich neu programmieren.

Und in dem Moment, in dem wir eine solche Veränderung vornehmen, hätten wir eine andere Motivation. Wir hätten „Ehrgeiz" entwickelt. Es gibt nämlich keinen Menschen, der absolut keinen Ehrgeiz hat. Es ist nur die Frage, wie sehr es uns Schmerzen bereiten würde, etwas nicht zu tun, und wie sehr wir Freude erleben würden, wenn wir es täten. Wir können alle ehrgeizig werden, wenn uns etwas richtig gefällt. Und wenn wir Schmerz empfinden würden, wenn wir es nicht täten. Der zwiefache Schlüssel ist also: Es muß uns nur richtig gefallen, und wir müssen nur genug Schmerz empfinden, wenn wir es unterlassen würden.

Ich habe sehr früh in meinem Leben reiche Menschen aus der Nähe betrachten können. Dabei habe ich zunehmend analysiert, was die Vermögenden mit Geld assoziieren. Und – genauso wichtig – was sie darunter verstehen, kein Geld zu haben. Mit den Jahren habe ich eine Übersicht erstellt. Sie werden klar sehen, *daß Geld für die Reichen zu einem absoluten Muß geworden ist.* Ohne Geld hätten sie im Leben an vielen Dingen keine rechte Freude. Sie würden sich als Versager sehen. Und zwar nicht nur im Umgang mit Geld, sondern insgesamt als Menschen. Kein Geld zu haben würde für sie unglaublichen Schmerz bedeuten.

Was bedeutet es für Reiche, kein Geld zu haben?

Reiche Menschen glauben, *kein* Geld zu haben bedeutet:

- Weniger Eindruck zu hinterlassen
- Weniger Möglichkeiten, Gutes zu tun und zu geben
- Weniger Möglichkeiten, Einfluß zu nehmen
- Streit
- Wut
- Verletztheit und Verletzlichkeit
- Gereizte Beziehung
- Führt zur Scheidung
- Einen Zustand, den ich unerträglich finden würde und den ich auf keinen Fall zulassen darf
- Ich kann meiner Bestimmung nicht folgen
- Etwas, mit dem ich nicht leben könnte – niemals
- Ergebnis von fortlaufender Dummheit

- Ich könnte auf dieser Welt nichts zum Besseren verändern
- Frustration
- Schmerz
- Selbstzweifel und niedriges Selbstbewußtsein
- Eine Möglichkeit, zu lernen, so daß mir das nie wieder passieren wird
- Trennung
- Einsamkeit
- Keinen Respekt von denen, die mir wichtig sind
- Gefühl des Mangels
- Gewißheit, daß das Leben an mir vorübergeht
- Fokussieren auf unwichtige Dinge
- Bringt in Menschen das Schlechte hervor
- Fördert Neid, Mißgunst und Kriminalität
- Meine Kinder wachsen heran, ohne die Möglichkeiten zu bekommen, die sie haben sollten
- Ich könnte nur ein ganz kleines Spiel spielen
- Opfer sein
- Kontrolliert werden nach den Regeln anderer Leute – nach dem Skript leben, das andere für mich schreiben
- Wenig Bedeutung
- Keine Leidenschaft in meinem Leben
- Keinen Hebeleffekt einsetzen können
- Das Leben ist langweilig und ohne jede Abwechslung – einfach öde
- Weniger Wahlmöglichkeiten
- Miserable Ausnutzung der Zeit
- Dinge tun müssen, die mir keinen Spaß machen
- Weniger Lebensqualität
- Tränen und Traurigkeit
- Eine Minimalexistenz führen
- Keine Sicherheit
- Das Gefühl, völlig unbedeutend zu sein
- Stehenzubleiben – ich könnte nicht wachsen

Diese Auflistung erhebt keinen Anspruch auf Richtigkeit oder darauf, „gut“ zu sein. Über viele Punkte könnten wir trefflich streiten – je nach unseren Werten und unseren Glaubenssätzen. Dies ist lediglich die Aufzählung, die ich aus unzähligen Gesprächen mit Reichen übernommen habe.

Viele Menschen wenden ein: „Aber Geld ist doch nicht alles." Natürlich haben sie recht. Aber wenn Sie die obige Aufstellung aufmerksam lesen, dann fällt Ihnen auf, daß ein Leben ohne Geld für die Reichen absolut miserabel wäre. Und daß sie glauben, selbst die Dinge, die man nicht mit Geld kaufen kann, ohne Geld nicht richtig genießen zu können.

Überlegen Sie einmal, welch einen Antrieb Ihnen eine solche Einstellung vermitteln würde. Ist es da ein Wunder, daß die Reichen reich sind?

Lesen Sie jetzt noch, was die Wohlhabenden mit Geld haben verbinden. Denn nur Schmerz vermeiden zu wollen ist zuwenig. Wir wollen auch Freude erleben.

Darum hier auch die Liste all dessen, was Reiche mit Geld haben verbinden.

Was bedeutet Geld für Reiche?

Reiche Menschen glauben, Geld zu haben bedeutet:

- Dankbarkeit
- Wunderbares Gefühl
- Ausdruck von Lebensstil
- Geprägte Freiheit
- Nach Menschen das Wichtigste in meinem Leben
- Eleganz
- Spaß pur
- Ein Privileg, mein Leben so zu gestalten, wie ich es wünsche
- Gelegenheiten
- Sicherheit
- Wahlmöglichkeit
- Abwechslung, Spannung
- Möglichkeit, interessante Menschen kennenzulernen
- Ein Vergrößerer von dem, was in mir ist
- Der Garant, Qualitätsentscheidungen treffen zu können
- Möglichkeit, in vielfältiger Weise zu geben
- Ermöglicht Produktivität
- Verändert die Sichtweise der Menschen, weil sie auf ein höheres Niveau gehoben werden und so eine bessere (Über-)Sicht haben
- Möglichkeit, vielfältige Resultate gleichzeitig zu erhalten

- Unterhaltung
- Erlaubt mir, eine Umgebung zu schaffen, die das Beste in mir hervorbringt
- Eindruck hinterlassen
- Einen wirklichen Unterschied ausmachen
- Die Möglichkeit, meine Zeit effektiver zu nutzen
- Zugang zu mehr Potential
- Die Möglichkeit, anderen Gelegenheiten zu bieten
- Chancen zu geben und zu helfen
- Eine unterstützende Kraft in unserem Leben
- Unser Recht – von Geburt an
- Verpflichtung und Verantwortung
- Sicherheit für meine Familie und mich
- Stellt meine Liebesbeziehung auf ein viel höheres Niveau
- Reflektiert, wie sehr wir uns fokussieren können
- Gradmesser unserer Leistung – zeigt, wieviel Nutzen wir anderen bringen
- Ein Spiegelbild unserer Glaubenssätze
- Eine Reflexion unserer Werte
- Kann Türen öffnen
- Bedeutet, daß ich mich mit bestimmten Sachen nicht beschäftigen muß
- Ein Hebel
- Die absolute Wahlmöglichkeit
- Verantwortung übernehmen
- Ein Turbo für alle anderen Lebensbereiche
- Gradmesser, wie sehr wir wachsen
- Die Möglichkeit, unser Leben auf höchstem Niveau zu leben
- Energie
- Lebensqualität

Auch hier könnten wir wieder diskutieren. Sollten wir aber nicht tun. Denn über den Glauben eines Menschen kann man nicht diskutieren. Wir sollten auch nicht werten (auch wenn wir es immer wieder tun). Bitte nehmen Sie die Listen einfach als das, was sie sind: ein Einblick in die Software der Wohlhabenden. *Reiche Menschen dienen nicht dem Geld, sondern sie haben erreicht, daß Geld in ihrem Leben zu einem Diener geworden ist.* Ein Helfer, der ihrem Leben mehr Schönheit und mehr Möglichkeiten verleiht.

Sie sehen, mit einer solchen Programmierung haben Sie gar keine andere Wahl. Sie müssen reich werden. Sie würden sonst ständig Schmerz empfinden. Andererseits ist die Aussicht auf die Belohnung – den Reichtum – so groß, daß Freude pur entsteht. So ziemlich jede Freude im Leben verbindet der Reiche mit Geld. Oder aber er findet, daß diese Freude mit Geld noch viel schöner, tiefer, intensiver und freier ist.

Und genau solch eine Einstellung macht reich. Sie macht ehrgeizig. Sie treibt Sie voran. Sie bewirkt, daß Sie sich mit Geld beschäftigen. Finanzieller Ehrgeiz ist erlernbar. Wir können uns programmieren, wie wir wollen – auch auf Reichtum hin.

Aber ich möchte es noch einmal deutlich sagen: Vorsicht! Durch die Erkenntnisse, die Sie nun gewonnen haben, haben Sie noch nicht Ihre Glaubenssätze verändert. Denn dazu müssen Sie an Ihr Gefühl appellieren. Wie das funktioniert, habe ich ausführlich in „Der Weg zur finanziellen Freiheit“ beschrieben (ab Seite 90).

Ich will ich es hier nicht noch einmal in aller Breite – was notwendig wäre für ein solch essentiell wichtiges Thema – aufschreiben. Ich möchte Wiederholungen möglichst vermeiden. Auch glaube ich, daß das Thema Geld so wichtig ist, daß wir vor einer Investition in uns nicht zurückschrecken sollten.

Wie Sie Ihre Glaubenssätze verändern

Wenn Sie das Buch aber bereits gelesen haben sollten, gebe ich Ihnen hier zur Erinnerung eine kurze Übersicht, wie Sie Ihre Glaubenssätze ändern können. (Einige Sätze werden Ihnen jedoch nur wirklich etwas sagen, wenn Sie damals die dazugehörigen Übungen gemacht haben.)

Bitte nehmen Sie die Auflistung als das, was sie sein soll: eine Erinnerung an eine Technik, die Sie bereits durchgeführt haben und von der Sie bereits erfahren haben, daß sie Ihr Leben verändern kann. Diese Erinnerung soll der letzte Anreiz sein, weiterhin mit dieser Technik zu arbeiten. So lange, bis sich in Ihrem Leben die Qualität einstellt, die Sie sich wünschen.

1. Erinnern Sie sich, daß unser Leben ein Spiegelbild unserer Glaubenssätze ist. Sollte Ihnen in Ihrem Leben irgend etwas nicht

richtig gefallen, so finden Sie heraus, welche Glaubenssätze in der Kausalkette dafür verantwortlich sind.

2. Vergegenwärtigen Sie sich, daß
   - wir nicht unser Glaube sind,
   - wir unsere Glaubenssätze ändern können (und das auch schon oft getan haben),
   - wir unsere eigene Realität schaffen,
   - unsere Glaubenssätze meist zufällig entstanden sind,
   - es kein „richtig“ und „falsch“ gibt. Allerdings gibt es Glaubenssätze, die hilfreich, und solche, die nicht hilfreich für das Erreichen Ihrer Lebensvision sind.
3. Trennen Sie die Beweise von der Meinung, indem Sie durch gezielte Fragen Zweifel an der alten Meinung streuen.
4. Formulieren Sie den neuen hilfreichen Glaubenssatz (oft das Gegenteil des alten).
5. Suchen Sie sich mindestens vier Beweise dazu. Sie können sich dazu ruhig Erlebnisse aus dem Leben anderer Menschen ausleihen.

Achtung: Wenn Sie den Prozeß durchführen und nicht die gewünschten Ergebnisse haben, dann liegt es daran, daß Sie sich mit logischen Argumenten überzeugen wollten. Sie wollten an Ihren Verstand appellieren und logische Argumente als Tischbeine verwenden. Das funktioniert nicht. Denken Sie bitte daran, daß es sich nicht um logische Argumente handeln darf. Denn damit erreichen Sie Ihr Unterbewußtsein nicht. Es muß sich vielmehr um Geschichten, um Beispiele handeln. Denn Beispiele sind Bilder, die unser Unterbewußtsein verstehen kann. Logische Argumente sind keine Bilder. Sie sind digital, und als solche kann unser Unterbewußtsein mit ihnen nichts anfangen.

Wir brauchen also Beispiele. Beispiele von Menschen, die der lebende Beweis für den Glaubenssatz sind, den Sie gerne annehmen würden. Und dafür müssen Sie solche Geschichten kennen. Sie müssen sich also mit erfolgreichen Menschen umgeben. Menschen, die Beweise für Ihre gewünschten Glaubenssätze sind. Die vorleben, was Sie einmal in Ihr Leben ziehen wollen. Und Sie sollten Biografien lesen. Wenigstens zwei pro Monat.

Ich erlebe immer wieder, daß eine Frau im Seminar sagt, daß sie glaubt, Geld zerstöre Familien. Der gegenteilige, hilfreichere Glaubenssatz wäre: „Mit Geld wird mein Familienleben noch schöner.“

Nachdem wir das festgestellt haben, suchen wir gemeinsam dafür Beweise. Sie wissen ja, wir benötigen vier Tischbeine, um den Glaubenssatz zu erzeugen. Manchmal suchen 300 Teilnehmer nach Beweisen für diesen Glaubenssatz – und finden minutenlang nicht einen einzigen! Liegt das daran, daß es erfolgreiche Frauen mit einem beglückenden Familienleben nicht gibt? Nein! Es gibt Tausende. Aber wir kennen sie oft nicht.

Ist es da ein Wunder, wenn es so schwerfällt, gegen alte Anti-Reichtumsprogramme vorzugehen? Also noch einmal: Lesen Sie Biografien. Gehen Sie in eine Buchhandlung, und fragen Sie gezielt nach Lebensgeschichten, die Ihnen bei Ihrem Glaubenssatz helfen können. Fragen Sie nach Frauen, die erfolgreich waren und eine glückliche Familie hatten. Und umgeben Sie sich mit Menschen, die so sind, wie Sie gerne sein würden.

Das gilt natürlich für jeden Glaubenssatz. Wenn Sie zum Beispiel krank sein sollten, dann besorgen Sie sich Bücher von Menschen, die behindert oder krank waren und trotzdem Großes geschafft haben. Die Literatur ist voll von solchen Beispielen.

6. Verankern Sie den neuen Glauben mit zusätzlichen emotionalen Beweisen.
7. Verfestigen Sie Ihren Glauben sofort durch Impulse an Ihr Nervensystem. Mit anderen Worten: Tun Sie den ersten Schritt sofort.

Der ganze Prozeß, den Sie unbedingt schriftlich durchführen sollten, dauert ungefähr 35 Minuten. Ganze 35 Minuten, die Ihre Einstellung zu einem Thema vollkommen verändern werden.

Funktioniert das immer? Ja! Jeden Glaubenssatz, der nicht Ihr Selbstwertgefühl betrifft, können Sie innerhalb von 35 Minuten ändern. Voraussetzung ist lediglich, daß Sie die vier Beweise zusammenbekommen.

Was Ihr Selbstbewußtsein angeht, da kann diese Technik Ihnen allerdings nicht helfen. Hier müssen Sie sich schon die Mühe machen, ein Erfolgsjournal zu führen.[3] *Dafür können Sie mit Hilfe des Erfolgsjournals jedoch innerhalb von nur drei Monaten 20 % mehr verdienen. Garantiert.*

Ich möchte Ihnen an dieser Stelle eine Frau vorstellen, mit der ich ein Interview geführt habe. Sie ist sehr erfolgreich und kann für viele Frauen in einigen Bereichen als Vorbild gelten:

Interview mit Frau Jahr

Als ich das Büro von Frau Jahr verließ, fand ich eine beeindruckende Szene vor: zehn bis zwölf Männer warteten geduldig auf ihren Besprechungstermin mit der Chefin. Sie schienen sich auf die anberaumte Sitzung zu freuen und es völlig normal zu finden, eine Frau als Chefin zu haben.

Frau Jahr hat eine Doppelfunktion inne. Sie arbeitet als Journalistin und als Kauffrau, sie ist Verlagsgeschäftsführerin, aber gleichzeitig auch verantwortliche Chefredakteurin von sieben Magazinen (unter anderem „Schöner wohnen"). Und das als Frau, Ehefrau und Mutter. Eine beachtliche Leistung.

Warum hat Frau Jahr sich nicht auf die Rolle der Hausfrau zurückgezogen, was sie sicherlich hätte tun können? Dafür war und ist sie zu ehrgeizig. Und dieser Ehrgeiz hat einen Grund. Ihr Vater war eine dominante Persönlichkeit, und er hat sie ungewollt sehr stark beeinflußt. Sie wollte aber nicht nach seiner Pfeife tanzen. So hat sie einen ungewöhnlich starken Drang, unabhängig zu sein, entwickelt.

Wie geht Frau Jahr mit der Tatsache um, daß ihre Kinder sie weniger gesehen haben als andere Mütter? Von Schuldgefühlen konnte ich ganz und gar keine Anzeichen entdecken. „Eine Mutter muß nicht ständig um ihre Kinder herumsein. Daß wir uns so sehr mögen, hat auch damit zu tun, daß wir uns nicht so oft gesehen haben. Die Organisation war nicht immer ganz einfach. Es war mir wichtig, daß meine Kinder nie darunter leiden würden. Darum habe ich hart gearbeitet, um in der Position einer Chefredakteurin meine Arbeitszeit selbst bestimmen zu können. Ich hatte ja keinen Chef mehr. Außerdem wollte ich gut verdienen, damit ich mir ein Kindermädchen leisten konnte. Selbstverständlich muß man das gut organisieren.

Vor allem aber ging es meinen Kinder auf keinen Fall schlechter, als wenn ich immer zu Hause gewesen wäre, aber mit mir selbst unzufrieden. So war immer ein ruhender Pol daheim. Jemand hat sich immer um meine Kinder gekümmert – mit mehr Aufmerksamkeit, als es eine Hausfrau und Mutter alleine schafft. Und ich war ausgeglichener. Darüber hinaus war ich für meine Kinder immer erreichbar. Sie wußten, daß sie die oberste Priorität für mich hatten. Wenn sie zum Beispiel krank waren, habe ich von zu Hause aus gearbeitet."

Frau Jahr ist in einem Männerhaushalt aufgewachsen mit drei älteren Brüdern. Das war nicht immer einfach, aber sie hat es immer als Vorteil empfunden. Früh mußte sie lernen, sich durchzusetzen.

Sie hat es auch nie als Nachteil angesehen, als Frau im Geschäftsleben Karriere zu machen. „Männer waren zu mir immer höflich. Zu einer Dame sind sie wenigstens immer ein bißchen Kavalier." Frau Jahr begrüßt es darum, Frauen und Männer im Team zu haben. „Ein Hauch von Flirt ist schön."

Wie geht Frau Jahr mit Geld um? Sie ist zur Sparsamkeit erzogen worden. Sie lernte frühzeitig, sorgsam mit Geld umzugehen. Dadurch hatte sie immer ein gutes Verhältnis zu Geld. Und dadurch hat sie nie Geldsorgen erleben müssen, die ja bekanntlich immer dann entstehen, wenn wir mehr ausgeben (oder gleich viel), als wir einnehmen. Wie zu Arbeit, Karriere und Leistung hat sie auch ein vollkommen natürliches Verhältnis zu Geld. Sie steht zu Geld. „Es ist schön, es zu haben." Aber sie hat auch festgelegt, daß sie sich nicht zu sehr darum kümmern möchte. Aus diesem Grund hat sie eine Anlageberaterin gefunden, die ihr Geld so anlegt, wie sie es sich wünscht.

So kann sie sich auf die für sie angenehmen Seiten des Geldes konzentrieren: „Ich benutze Geld, wenn ich Lust darauf habe. Aber in relativ kleinen Dosen." Frau Jahr hat sich erst jetzt das erste größere Haus auf Kampen gekauft. „Man muß nicht überall in der Welt ein Haus und eine Wohnung haben." Sie lebt offensichtlich sehr gut. Aber nicht verschwenderisch. Und das hat sie auch ihren Kindern weitergegeben.

Aus meiner Sicht hat Frau Jahr vor allem drei besondere Eigenschaften, die sie auf Erfolgskurs halten. Sie hat eine offene, direkte Art, mit Menschen umzugehen. Ich habe mich bei ihr sofort wohl gefühlt. Diese direkte Art ermöglicht es ihr, sofort auf den Punkt zu kommen. Sie kann Probleme schnell analysieren und dadurch schnell eine gute Lösung erkennen.

Zweitens ist sie sehr kreativ. So hat der Sitzungstisch in ihrem Büro zehn Stühle, von denen nicht einer dem anderen auch nur im entferntesten gleicht.

Ihre dritte und hervorstechende Eigenschaft ist ihr Selbstbewußtsein. Ihr Motto: „Wer mich nicht liebt, hat keinen Geschmack." Ihr Tip an die Frau von heute lautet darum: „Seid nicht so selbstkritisch. Zweifelt nicht an euch. Seid nicht unzufrieden, wenn ihr in den Spiegel schaut. Männer sind da viel selbstbewußter und finden sich toll. Destruktive Selbstkritik ist verflucht."

Ein guter Verdienst ergibt sich, weil wir gute Leistung bringen. Aber gute Leistung ist ohne Selbstbewußtsein nicht denkbar. Nur mit Selbstvertrauen gehen wir Ziele an und setzen sie um. Dieses Selbstbewußtsein spricht auch aus ihren Worten, als ich sie danach fragte, wie sie in Erinnerung gehalten werden will. „So wie ich bin. Selbstbewußt, optimistisch, liebevoll und kreativ." So spricht eine Frau, die mit sich selbst im reinen ist und die zu sich steht.

Tauschen Sie alle wenig hilfreichen Glaubenssätze aus

Ich weiß, Sie haben in dieses Kapitel schon viel Zeit investiert. Trotzdem möchte ich Sie auffordern, alle wenig hilfreichen Glaubenssätze, die Sie ermittelt haben, jetzt auszutauschen. Schieben Sie das nicht vor sich her. Tun Sie es jetzt gleich. Es lohnt sich. Sie machen sich damit zum Designer Ihres Lebens. Ein Leben in Reichtum ist die Belohnung dafür.

Eine letzte Frage: *Was ist Ihnen eigentlich wichtiger: Geld oder die Dinge, die Sie damit kaufen können?* Welches auch immer Ihre Anwort ist, sie entscheidet sehr stark über Ihren persönlichen Wohlstand. Und auch diese Frage hat etwas mit Ihrer Einstellung zu tun. Wir werden sie im nächsten Kapitel beantworten, wenn wir über Schulden sprechen.

Teil II

Wie Sie mehr Geld verdienen und behalten

- Schulden abbauen
- Mit Spaß sparen
- Einkommen erhöhen

Wir werden einen Weg finden, und wenn wir keinen finden, dann bauen wir einen.

Hannibal

Kapitel 4

Konsumschulden, Hypotheken und der Umgang mit Banken

Wer Konsumschulden hat, lebt eine Lüge.

Bodo Schäfer

So sinnvoll es sein kann, eine Hypothek für ein Haus aufzunehmen und mit Hilfe eines Kredits in die eigene Firma zu investieren, so dumm sind Konsumschulden. Konsumschulden verhindern, daß Sie reich werden. *Nichts sabotiert so sehr den Aufbau von Wohlstand wie Konsumschulden.* Nicht nur wegen des Betrages, mit dem man im Minus ist. Nein, viel schlimmer sind die Auswirkungen. Am verheerendsten aber ist die Einstellung, die sich dahinter verbirgt. Und damit schließen wir nahtlos an das vorherige Kapitel an.

Aber wir werden in diesem Kapitel auch einige andere wichtige Punkte besprechen, die inhaltlich zusammengehören. Hier ein Überblick:

1. In diesem Kapitel möchte ich zunächst die Gefahr von Konsumschulden aufdecken. Ich möchte Ihnen klar vor Augen führen, was sich wirklich dahinter verbirgt.
2. Dann besprechen wir, wie Sie die Einstellung, die für die Schulden verantwortlich ist, verändern können.
3. Und im nächsten Teil geht es um den praktischen Umgang mit Schulden. Sie erfahren, warum Sie immer die *niedrigste* Tilgungsrate wählen sollten.
4. Dann wollen wir uns Ihre Hypothek anschauen. Es wird Sie wahrscheinlich überraschen, zu erfahren, daß es klug sein kann, möglichst niedrig zu tilgen (1 %) oder sogar Ihr Haus höher zu beleihen. Es kann ein gewaltiger Fehler sein, Ihr Haus schnell abzubezahlen.
5. Zum Schluß gebe ich Ihnen einige wichtige Tips im Umgang mit Banken

Sollten Sie Schulden haben, so werden die folgenden Seiten geradezu einen Finger in Ihre Wunde legen. Vielleicht werden die Schulden noch mehr schmerzen, weil Sie erkennen, was sich alles dahinter verbirgt. Ich erlaube mir, die nächsten Sätze sehr, sehr deutlich zu formulieren. Sollten Sie sich getroffen fühlen, so ist das gut. Denn die meisten Menschen wollen sich nicht mehr treffen lassen. Freuen Sie sich, denn was Sie über Geld wissen, kann Ihnen niemals so sehr schaden wie das, was Sie nicht über Geld wissen.

Konsumschulden sind gefährlich

Aus zweierlei Gründen, möchte ich so deutlich werden. Einmal habe ich mir das Recht dazu „erworben", weil ich selbst einmal sehr stark verschuldet war. Alles was ich gegen die Einstellung sage, die sich hinter den Schulden verbirgt, sage ich auch zu dem, der ich selbst einmal war. Zum anderen erlebe ich jeden Tag, daß Schulden zu leicht genommen werden. Und ich muß immer wieder mit ansehen, was daraus resultiert.

Denn ich bekomme in unzähligen Gesprächen immer wieder geschildert, wie verheerend die Auswirkungen von Schulden sein können. Menschen sind nur ein Schatten ihrer selbst. Ohne Träume und mit nur kleinen Zielen. Mit wenig Selbstbewußtsein.

Das führt soweit, daß verschuldete Menschen glauben, keinen Spaß am Leben haben zu dürfen, solange die Schulden so drückend sind. Nach einer Studie haben verschuldete Menschen keine richtige Motivation, mehr zu arbeiten. Schließlich arbeiten sie überwiegend für die Ausgaben von gestern. Und sie glauben nicht, große Ziele erreichen zu können. Ihr Selbstvertrauen hat sich ihrem Kontostand angepaßt: Es ist unter Null. Kein Wunder: Wenn sie schon ihre privaten Finanzen nicht in den Griff bekommen, wie sollen sie dann große Dinge umsetzen?

Insbesondere aber glauben diese Menschen oft, wertlos und nutzlos zu sein. Sie meinen, sich in einem freien Fall zu befinden. Und tatsächlich: *Wer verschuldet ist, der ist im wahrsten Sinne des Wortes weniger wert, als er hat. Dadurch fühlt er sich weniger, als er ist.*

Die Einstellung hinter Schulden

Kommen wir zu der Einstellung, die sich dahinter verbirgt. Menschen, die mehr ausgeben, als sie haben, verschulden sich meist nicht, um mehr zu haben, sondern, um mehr zu sein. Je niedriger das Selbstvertrauen, um so mehr Schulden werden aufgenommen. *Eine Person, die Konsumschulden hat, fühlt, daß sie eine Lüge lebt.* Wenn Sie Schulden haben, sind Sie von Dingen umgeben, die Ihnen nicht gehören. Sie haben das komische Gefühl, daß Ihnen nichts gehört außer den Schulden. Sie verändern Ihre Identität. Schließlich werden Sie selbst Ihre Schulden. Eine Lüge. Eine Fassade. Weniger als Null. Denn – noch einmal – was sind Schulden? Weniger als Null. Und so fühlen Sie sich. Was für eine Identität. Finanziell und emotional fühlen Sie sich gefangen.

Eine der würdelosesten, kraftlosesten und respektlosesten Arten zu leben ist, eine Lüge zu leben. Und wer seine Wünsche nicht zügeln kann und sich Dinge, die er sich heute noch nicht leisten kann und sollte, auf Kredit kauft, der lebt eine Lüge. Ich muß es einmal so hart sagen. *Sie präsentieren sich der Welt mit Dingen, als wenn sie Ihnen gehören würden. Dinge, die Sie sich nicht leisten können. Sie wollen damit Anerkennung für etwas erhalten, das Sie gar nicht sind.*

Und wer sich dann „hoffnungslos" in seine Schulden verstrickt hat, der neigt dazu, die Schuld bei den anderen zu suchen. „Die Banken haben es mir aber auch zu leicht gemacht, indem sie mir das Geld praktisch aufgedrängt haben." „Der Leasingvertrag war betrügerisch." „Ich habe das Kleingedruckte nicht gelesen." „Ich mußte mich in meiner Not an einen Kredithai wenden, und der hat mich ausgepreßt wie eine Zitrone." Oder ganz banal: „Es hat mich einfach überkommen." Ich wüßte gerne, wer oder was dieses „Es" ist.

Bei diesen Anschuldigungen bleiben viele Menschen nicht stehen. Sie gehen weiter und behaupten, nun das Recht zu haben, auch andere zu übervorteilen – sozusagen als ausgleichende Gerechtigkeit. Sicherlich haben Sie auch schon solche Menschen kennengelernt.

Der Selbstbetrug

Wer Dinge kauft, die er sich noch gar nicht leisten kann, der betrügt andere. Er umgibt sich mit einem Schein, der nicht der Wahrheit entspricht. Das ist schon schlimm. Aber weit schlimmer: *Eine solche Person betrügt auch sich selbst.* Durch die Uhr, die sie trägt, und durch das Auto, das sie fährt, meint sie, wertvoll zu sein. Wertvoller als ihr wirkliches Selbst. *Sie versteckt gewissermaßen das, was sie wirklich ist, hinter äußerlichen Attributen, die ihr nicht gehören.* Damit ist eine solche Person falsch und respektlos sich selbst gegenüber und ihrer Zukunft gegenüber. Denn sie gefährdet ihre Zukunft.

Das beste Zeichen für unseren Konsumwahn ist das Auto. Autos sind für viele zum ultimativen Zeichen von Erfolg mutiert. Sie zeigen den Grad unseres Erfolgs auf. Oder – treffender ausgedrückt – den Grad von Erfolg, von dem andere glauben sollen, daß wir ihn erreicht haben. Und den Grad von Erfolg, den wir selber gerne bei uns sehen würden. Wir und andere halten uns damit für erfolgreicher, als wir in Wahrheit sind. Diesen Schein aufrechtzuerhalten kostet uns die Zukunft. Denn wir können dann nicht sparen. All unser Geld geht in das Auto – und außerdem auch Geld, das uns nicht gehört.

Natürlich brauchen die meisten von uns ein Auto. Aber brauchen wir auch ein teures Auto? Sie wissen die Antwort selbst am besten. Ich möchte Sie lediglich um etwas bitten. Lassen Sie nicht zu, daß das, womit Sie sich heute fortbewegen, der Auslöser ist, daß Sie morgen in Ihrer finanziellen Entwicklung stehenbleiben.

Im Kapitel über Sparen werde ich Ihnen einige Tips zum Autokauf gegeben. Kaufen Sie kein neues Auto. Bezahlen Sie es bar. Und kaufen Sie nie ein Auto, das mehr als Ihr doppeltes Monatseinkommen kostet. Hier noch ein Tip: Fahren Sie Ihr jetziges Auto einige Jahre länger als ursprünglich geplant. Das mag sich nicht besonders sexy anhören. Aber es erlaubt Ihnen, viel Geld zu sparen.

Was Ziele mit Konsumschulden zu tun haben

Meist haben die verschuldeten Menschen auch keine wirklichen Ziele. Keine Vision, der sie bereitwillig alles unterordnen. *Ohne Ziele haben sie nichts, wofür es sich lohnen würde, sich einzuschrän-*

ken, zu lernen und zu wachsen. Sie haben gewissermaßen keine Zukunft – darum können sie sie auch so bereitwillig opfern. *Wenn wir keine Visionen und Ziele haben, dann nehmen Konsumwünsche diesen Platz ein.*

So banal es sich anhört: Mit das Wirkungsvollste, was Sie tun können, um zukünftig Schulden zu vermeiden, ist, Ziele zu setzen und zu planen. Darum ist es ja so wichtig, daß wir Träume und Ziele haben. Aber es müssen Ziele sein, die uns mit Kraft erfüllen. Und wir müssen sie „richtig" festlegen.

Der Begriff „Ziel" ist zu einem Sammelbecken von vielen Ideen geworden, die ich darunter nicht verstehe. Lassen Sie mich erklären, was ich mit Zielen verbinde. Damit meine ich nicht irgendwelche schwachen Wünsche. Auch keine Konsumwünsche, auch nicht irgendwelche mickrigen Zielchen. Sondern Visionen – geplante Träume – Ziele, bei denen Geld eher nebensächlich ist.

Da geht es in erster Linie nicht darum, einen Traumwagen zu fahren oder in einem schönen Haus zu wohnen. Vielmehr sind Sie von einer Idee erfüllt. Sie haben eine Vision, die Sie mit Leidenschaft erfüllt. An dieser Idee arbeiten Sie mit aller Kraft und ganzem Einsatz. Dann kommt Geld übrigens automatisch.

Realistische und unrealistische Ziele

Wir haben zwei Möglichkeiten, wie wir Ziele setzen. Angenommen, Sie wollen festlegen, wo Sie in drei Jahren sind, was Sie tun und was Sie haben. *Die erste Möglichkeit: Sie schauen auf sich.* Dann sagen Sie, daß dies und jenes für Sie innerhalb von drei Jahren erreichbar ist, Sie denken also „realistisch".

Diesen Ansatz halte ich für völlig falsch. Warum sollten wir uns Ziele setzen, die sich an dem orientieren, was wir heute sind? Denn in drei Jahren können Sie doch eine ganz andere Frau sein. Stärker, reicher, selbstbewußter, einflußreicher. Wer seine Ziele an der Person ausrichtet, die er heute ist, der limitiert sich, der minimiert, der plant stehenzubleiben. Der spielt, um nicht zu verlieren.

Die zweite Möglichkeit: Wir träumen. Wir setzen uns einfach ein Ziel – völlig unabhängig davon, ob wir überhaupt in der Lage sind, es zu erreichen. Das ist eigentlich völlig „unrealistisch", weltfremd und versponnen. Und dann überlegen wir uns, wie wir zu der Person werden können, die dieses Ziel auch umsetzen kann. Uns ist dann klar, daß wir wachsen müssen – jeden Tag. Daß wir unser Äußerstes geben müssen, daß wir unsere Komfortzone verlassen müssen. Daß wir spielen müssen, um zu gewinnen.

Auf den Punkt gebracht besagen die beiden Möglichkeiten folgendes: *Wir können unsere Ziele an uns orientieren, dann bleiben wir stehen. Oder wir können uns an unseren Zielen orientieren, dann müssen wir wachsen.*

Am besten setzen wir uns also große Ziele. Dann ist uns klar, daß wir uns verändern müssen. Daß wir erst zu der Person werden müssen, die in der Lage ist, diese Ziele umzusetzen. Je mehr wir dieses Bewußtsein annehmen, desto weniger haben wir den Wunsch, uns durch äußere Attribute heute schon vorzugaukeln, bereits jemand zu sein, der wir nicht sind.

Wer seine Zukunft nicht plant, der muß in Kauf nehmen, ein Leben zu leben, das andere für ihn planen. Wir bekommen immer in etwa das, was wir planen. Darum ist es so wichtig, ständig zu planen. Wie? Sie wissen schon: groß!

Wer nicht plant, der wird von der Gesellschaft, von Werbung und unklaren Wünschen beeinflußt. Ein solcher Mensch wird gelebt. Er ist nicht mehr als eine Marionette.

Planen Sie Ihre Zukunft

Am besten setzten Sie dies gleich einmal in die Praxis um, indem Sie die folgende Übung machen. Fragen Sie dabei nicht danach, ob es realistisch ist. Sorgen Sie dafür, daß Sie sich an Ihren Zielen orientieren, anstatt der Gefahr zu erliegen, daß Sie Ihre Ziele an der Person ausrichten, die Sie heute sind. Limitieren Sie sich nicht! Tun Sie vielmehr so, als wenn Fehlschläge ausgeschlossen wären. Unterstellen Sie einfach, daß Sie alles erreichen können, was Sie sich ausdenken. Denn das können Sie.

Bitte beachten Sie auch die Reihenfolge: Sein – tun – haben. Die meisten Menschen planen völlig anders. Sie überlegen hauptsächlich, was sie haben wollen. Aber wie Erich Fromm in „Haben oder Sein“ ausführte, ergibt sich das, was wir haben, aus dem, was wir tun. Und das, was wir tun, ergibt sich aus dem, was wir sind.

Natürlich wird jemand, der „Haben“ über „Sein“ stellt, eher geneigt sein, Konsumschulden zu machen. Seine Wichtigkeit bezieht ein solcher Mensch ja aus den Dingen, die er besitzt. Im Grunde genommen handelt es sich dabei aber nur um eine Flucht. Wir wollen uns durch materielle Ziele davon ablenken, daß wir als Person nicht wachsen.

Viel klüger ist es, mit dem „Sein“ zu beginnen. Denn wer an seiner Persönlichkeit arbeitet, für den ergeben sich die anderen Dinge automatisch. Lassen Sie uns also mit dem beginnen, wie Sie sein wollen.

1. ***Sein.*** Wer wollen Sie in Zukunft sein? Wie soll ein Zeitungsartikel aussehen, der Sie beschreibt? Wie soll eine respektable Persönlichkeit über Sie reden – zum Beispiel in einer Laudatio?
   a. In drei Jahren
   b. In sieben Jahren
   c. In 20 Jahren
2. ***Tun.*** Was wollen Sie in Zukunft tun? Wie soll Ihr typischer Tagesablauf aussehen? Wie wollen Sie Ihr Jahr einteilen? Überlegen Sie auch, was Sie mit Sicherheit *nicht* mehr tun wollen.
   a. In drei Jahren
   b. In sieben Jahren
   c. In 20 Jahren
3. ***Haben.*** Was wollen Sie in Zukunft haben? Welche Dinge wollen Sie besitzen und weitergeben? Welches Haus, Auto, Personal?
   a. In drei Jahren
   b. In sieben Jahren
   c. In 20 Jahren

Vielleicht konnten Sie nicht viel schreiben. Das könnte damit zu tun haben, daß eine solche Übung für Sie unter Umständen ungewohnt ist. Je öfter Sie diese Übung machen – am besten mindestens wöchentlich –, desto eher wird es zu einer Gewohnheit. Ziele zu setzen ist wie ein Muskel, den Sie trainieren können. Vielleicht glauben Sie auch nicht, daß Sie jemals große Ziele erreichen können. Dann ist es Zeit, daß Sie an Ihrem Selbstvertrauen arbeiten.

Bitte machen Sie es sich zum festen Vorsatz, von heute an regelmäßig Ziele zu setzen und zu planen. Bescheidenheit und Zufriedenheit sind nämlich ein Konzept, das Sie um die Person betrügt, die Sie sein könnten. Erwarten Sie viel vom Leben. Seien Sie – im positiven Sinn – gierig. Denken Sie daran, daß es sich dabei um eines unserer Grundbedürfnisse handelt. Jonathan Swift äußerte sich dazu in seiner spöttischen Weise: „Selig sind die, die nichts erwarten, denn sie sollen nicht enttäuscht werden." Aber richten Sie diese Gier nicht auf den Konsum, sondern darauf, als Persönlichkeit zu wachsen. Alles andere ergibt sich dann von alleine.

Noch eine Frage: Finden Sie nicht auch, daß es sich lohnt, für solche Ziele zu arbeiten? Auch wenn das heißt, daß Sie jetzt auf das eine und andere verzichten? Denken Sie daran, nichts wird Sie so sehr davon abhalten, diese Ziele zu erreichen, wie Konsumschulden. *Denn Schulden fesseln Sie an die Vergangenheit.*

Und kaum etwas wird Sie so sehr davon abhalten, Konsumschulden zu machen, wie große Ziele.

Wie kann es so weit kommen?

Es gibt einen weiteren einstellungsbedingten Aspekt, warum Menschen sich verschulden. Der Gedankengang ist ganz einfach. Aber er hat ungeheure Folgen:

Wer Schulden macht, dem sind Dinge wichtiger als Geld.

Ob wir Konsumschulden haben, hängt stark davon ab, welche Bedeutung wir Menschen, Dingen und Geld zumessen.

Überlegen Sie einmal, wie das bei Ihnen ist. Was ist für Sie am wichtigsten, was am wenigsten wichtig? Hier einige Fragen, die Ihnen dabei helfen können. Was ist Ihnen wichtiger:

- Ihr Haus oder Geld?
- Ihre Partnerschaft oder Geld?
- Ein Leben in Sicherheit und Luxus oder Geld?
- Gesundheit oder Geld?
- Ein schönes Auto und eine phantastische Weltreise oder Geld?

Die meisten Menschen erstellen folgende Reihenfolge: Zuerst Menschen – dann die Dinge, an denen sie hängen – und dann Geld. Ich stimme vollkommen darin überein, daß Menschen immer zuerst kommen. Aber vor den Dingen sollte Geld stehen. Die Reihenfolge, die den Grundstein für einen klugen Umgang mit Geld legt, müßte demnach lauten:

1. Menschen
2. Geld
3. Dinge

Die meisten Menschen mögen Geld an sich nicht. Sie mögen, was sie mit dem Geld tun können. *Wenn wir aber Geld mehr lieben würden als Dinge, dann würden wir uns nicht so leicht davon trennen, um etwas zu kaufen.* Und erst recht würden wir keine Schulden machen. Wir hätten dann auch mehr Geld als Dinge. Wir hätten mehr Vergnügen daran, zuzusehen, wie unser Geld wächst.

Wie gesagt, sehr populär ist diese Einstellung nicht. Wir leben in einer Konsum-Kultur und sind eine Konsum-Gesellschaft. Es reicht längst nicht mehr, etwas zu besitzen. Denn es könnte das gleiche bereits in weiterentwickelter Form geben: größer und auffälliger, kleiner und leichter, verbessert und leistungsfähiger, leichter zu bedienen, neu und aktueller, schöner und zeitgemäßer, moderner – eben „in".

Wir werden davon natürlich beeinflußt. Wir wollen auch Dinge, die wir nicht wirklich brauchen. Und die leicht erhältlichen Kredite machen es uns einfach, viele Dinge zu besitzen, lange bevor wir sie bezahlt haben.

Wir sollten „Stop!" rufen. Wir müssen doch da nicht mitmachen. Nur weil es die anderen tun. Wir können und sollen uns Vorbilder suchen. *Aber niemals dürfen wir uns die Masse als Vorbild nehmen.* Denn die meisten Menschen sind nicht glücklich – ohne Leidenschaft und ohne wahre Lebensfreude.

Und Sie wissen ja: *Wer tut, was alle tun, der bekommt, was alle haben.* Reicht Ihnen das? Nein? Dann müssen Sie andere Sachen tun. Eben Geld höher bewerten als Dinge. Geld ist nicht nur ein Mittel zum Zweck, nicht nur der Zugang zu den Sachen, die Sie sich wünschen.

Ich weiß, daß viele Menschen das behaupten. Aber reich sind die in der Regel nicht. Und wir sollten uns nur von den Profis beeinflussen lassen. In bezug auf Geld sind die Profis nun mal die Reichen. Es hilft uns also gar nicht, auf Menschen zu hören, die kein Geld haben. Auch wenn deren Gedanken sich teilweise gut anhören mögen. Diese Gedanken könnten geradezu gefährlich sein. Denn vielleicht sind es ja gerade *die* Gedanken, die bewirken, daß der Betreffende sowenig hat.

Bei Reichen steht Geld in der Rangfolge höher. Das ist eigentlich auch ganz logisch. Denn mit Geld haben sie die Wahl. Sie können viele Dinge kaufen. Sie können es aber auch wachsen lassen. Geld ist ungebundene Energie.

Trainieren Sie, Geld zu lieben

Die Frage ist also: Was können Sie tun, damit Geld für Sie einen höheren Wert erhält als Dinge?

Die Antwort ist einfach: Beschäftigen Sie sich damit. Sparen Sie und investieren Sie. Auch dann, wenn Sie meinen, Sie hätten im Moment kein Geld dafür übrig.

Gründen Sie einen Investmentclub – weiter hinten im Buch finden Sie eine Anleitung dazu.

Tragen Sie immer einen 1000-DM-Schein mit sich herum, den Sie niemals ausgeben. So trainieren Sie, sich mit Geld wohl zu fühlen, Sie fühlen sich reich.

Kaufen Sie sich einen Safe für zu Hause, und mieten Sie einen Banksafe. Legen Sie Bargeld dort hinein. Kaufen Sie einige kleine Goldbarren, legen Sie diese zu dem Bargeld. Spielen Sie von Zeit zu Zeit mit dem Geld. Betrachten Sie es, und genießen Sie, es zu haben.

Und spenden Sie Geld. Wenn Sie Menschen Geld geben, die bedeutend weniger haben als Sie, dann erkennen Sie sehr schnell den Wert von Geld. Für uns sind 15 DM wahrscheinlich nicht viel Geld. In einigen afrikanischen Ländern reichen dieselben 15 DM, um einem Menschen einen grauen oder grünen Star zu entfernen, so daß er wieder sehen kann. Das müssen wir uns vergegenwärtigen: 15 DM entscheiden darüber, ob jemand wieder sehen kann oder blind bleibt.

Der praktische Umgang mit Schulden

Im „Weg zur finanziellen Freiheit“ habe ich bereits eine Fülle von Tips für den richtigen Umgang mit Schulden gegeben. Der wichtigste war die 50/50-Regel. Die besagt, daß Sie nur maximal 50 % von dem Geld, das Sie monatlich zur freien Verfügung haben, für die

Rückzahlung Ihrer Schulden verwenden sollten. Die anderen 50 % sollten Sie sparen.

Ich möchte hier noch deutlicher werden und gleichzeitig ein ganzes Stück weiter gehen:

Vereinbaren Sie, immer nur den kleinsten Betrag zu tilgen, der möglich ist.

Tilgen Sie immer nur die Mindestrate. Bei Konsumschulden und auch bei eigengenutzten Immobilien.

Vielleicht können Sie sich vorstellen, was ich alles zu hören bekomme, wenn ich diese Regel vorstelle:

- „Unverantwortlich und lächerlich."
- „Dann komme ich von meinen Schulden nie runter."
- „Dann zahle ich ein Vermögen an Zinsen."
- „Dann dauert es viel zu lange, bis ich meine Schulden getilgt habe. Ich will aber möglichst schnell schuldenfrei sein."

Lassen Sie mich Ihnen zuerst versichern, daß Ihr Wunsch, die Schulden zu eliminieren, ehrbar und gut ist. Im Idealfall würden Sie alles auf einmal tilgen. Ruckzuck wären Sie schuldenfrei. Hört sich toll an. Aber das Leben ist nicht ideal. Und was sich toll anhört, ist in Wirklichkeit oft nur eine Falle.

Wissen Sie, welches heute der Hauptgrund ist, warum Menschen Schulden aufnehmen? Sie werden es kaum erraten: Grund Nr. 1 sind alte Schulden. Vielfach werden neue Schulden aufgenommen, um die Raten der alten bezahlen zu können. Oder es wurde bei der Festlegung der Tilgungsrate so eng kalkuliert, daß kein Raum für notwendige Anschaffungen und Reparaturen bleibt. Es können keine Reserven gebildet werden. Wenn dann beispielsweise die Waschmaschine kaputtgeht, dann bleibt gar keine andere Wahl, als eine neue auf Pump zu kaufen.

Oftmals sind die Raten der alten Schulden sogar so hoch, daß neue aufgenommen werden müssen, um auch nur den Lebensunterhalt bestreiten zu können.

Es gibt ein einfaches Naturgesetz: *Konzentration bedeutet Wachstum*. Das, worauf wir uns konzentrieren, wird in unserem Leben wachsen. Auf Schulden übertragen heißt das: Wer sich nur auf seine Schulden konzentriert bzw. auf das Ziel, sie so schnell wie möglich loszuwerden, der läuft Gefahr, sich noch tiefer zu verschulden.

Zehntausende von verschuldeten Menschen können ein Lied davon singen. Trotz aller Anstrengung und allem redlichen Bemühen – und obwohl sie sich einschränken – sehen sie kein Land. Im Gegenteil: Mit jedem halben Jahr reiten sie sich tiefer in die Verschuldung hinein. Zumindest baut eine solche Person kein Vermögen auf.

Zehn Vorteile, wenn Sie nur den Mindestbetrag bezahlen

1. ***Es bleibt mehr Geld für Sie übrig.*** Zum Sparen, aber auch zum Ausgeben. Geld zu haben bedeutet, die Wahl zu haben. Sie erkennen neue Alternativen. Und nur mit Geld können Sie der Kreditfalle entkommen.
2. ***Nicht die Schulden haben mehr die erste Priorität, sondern Sie.*** Sie haben Geld, um sich selbst zu bezahlen. Ab dem Moment macht auch das Schuldentilgen Spaß. Denn jetzt gibt es einen aufmunternden Grund, zur Arbeit zu gehen. Die Schulden haben ihre Macht über Sie verloren.
3. ***Sie durchbrechen einen Teufelskreis.*** Die Zahlung von einem Mindestbetrag hält Sie davon ab, neue Schulden zu machen. Sie haben jetzt mehr Geld zur Verfügung und müssen nicht mehr auf Kredit kaufen. Sie können Rücklagen bilden für unvorhergesehene Dinge. Denn Sie wissen ja: Auf eines können wir uns immer verlassen, nämlich auf Unvorhergesehenes.
4. ***Gleichzeitig haben Sie sich eine Entschuldigung genommen.*** Nämlich die, daß Sie aufgrund Ihrer hohen Raten Schwierigkeiten haben. Sie können nicht mehr sagen: „Wenn ich erst diese ungeheure monatliche Belastung nicht mehr habe, dann ...“ Sie können jetzt gleich beweisen, daß Sie mit Geld umgehen können und die Tips aus diesem Buch umsetzen.
5. ***Sie verlagern Ihre Energie auf die Gegenwart.*** Sie verfügen über neue Energien, die es Ihnen ermöglichen, Ihre Träume zu verwirklichen. Schulden fesseln Sie an die Vergangenheit. Je höher die Rate, desto mehr leben Sie für die Vergangenheit. Das geht auf Kosten von Lebensqualität und Lebensfreude. Lassen Sie lieber die Schulden auf kleiner Flamme köcheln als Ihr Leben.
6. ***Sie durchbrechen ein altes Schuld-Programm.*** Die Konsumschulden aufzunehmen war nicht klug. Unter der Last hoher Raten zu tilgen mag nobel klingen, wird aber keinem helfen. Genaugenommen ist es dumm. Lassen Sie also nicht zu, daß die

Fehler der Vergangenheit die Macht über die Qualität Ihres nächsten Augenblicks erhalten.

7. ***Die positive Entscheidung, nicht zu hohe Raten zu zahlen, beseitigt viele der negativen Gefühle, die Sie in bezug auf Geld haben.*** Geld kann jetzt zu etwas Positivem für Sie werden. Es ist nicht mehr Ausdruck von Knechtschaft und Hoffnungslosigkeit. Geld wird vielmehr zu einem Symbol für Lebensqualität.
8. ***Sie können wieder träumen.*** Die meisten Menschen setzen ihre Träume nämlich regelrecht aus, bis sie ihre Schulden bezahlt haben. Das ist gefährlich, denn nichts wird Sie so sehr aus den Schulden herausführen wie Ihre Träume. Konzentrieren Sie sich also nicht so sehr auf Ihre monatlichen Ratenzahlungen als vielmehr auf das, was Ihr Leben in Schwung hält.
9. ***Sie besinnen sich wieder auf das Wesentliche.*** Ihre Schulden sind doch gar nicht das Problem. Das Problem ist doch in Wahrheit, daß Sie sich nicht Ihre Wünsche erfüllen können. Daß Sie nicht von den Zinsen Ihres Geldes leben können, das ist das Problem. Glauben Sie nicht? Überlegen Sie sich einmal, Sie hätten fünf Millionen Guthaben und 60.000 DM Schulden. Selbst wenn Sie die 60.000 DM jetzt nicht zurückzahlen würden – ein Problem hätten Sie nicht. Es sind nie die Schulden alleine, es ist das fehlende Vermögen. *Sobald wir über Erspartes verfügen, verlieren die Schulden ihre Macht.*
10. ***Sie entwickeln Wohlstandsbewußtsein, wenn Sie niedrig tilgen.*** Wie bereits gesagt, haben Sie ja dann mehr Geld übrig, um Vermögen aufzubauen. Hier möchte ich Sie aber noch auf einen zusätzlichen – und gleichzeitig den entscheidendsten – Punkt hinweisen: Dadurch, daß Sie sparen, entwickeln Sie Wohlstandsbewußtsein. Sie bekommen mehr Spaß am Geld. Sie fühlen sich reich. Und das neue Bewußtsein macht Sie letztendlich tatsächlich reich. Sie beginnen, Geld magisch anzuziehen. *Wenn Sie niedrig tilgen, werden Sie reicher.*

Muß ich dann nicht zuviel Zinsen zahlen?

„Aber was ist mit den Zinsen? Spare ich nicht eine ganz erhebliche Menge Zinsen, wenn ich möglichst schnell tilge?“ Die Antwort: Nein!

Lassen Sie mich es ganz klar ausdrücken: Trotz der höheren Zinszahlungen ist die Mindestrate angebracht. Aus zwei Gründen:

Erstens ist hier eine Erkenntnis wichtig: Sie sparen in Wahrheit keine Zinsen, wenn Sie Ihre Schulden so schnell wie möglich abbezahlen. Um wirklich Geld zu sparen, müßten Sie es auf ein Sparkonto zahlen und dann anlegen. Und es ist ja meistens *nicht* so, daß Sie die Zinsen, die Sie „sparen“, wenn Sie schnell tilgen, sofort nehmen und auf ein Sparkonto legen.

D.h., *Sie sparen gar nicht mehr, wenn Sie schnell tilgen.*

Aber Sie sparen mehr, wenn Sie langsam tilgen. Weil Sie dann aufgrund der niedrigeren Rate tatsächlich jeden Monat etwas auf Ihr Sparkonto legen können.

Zweitens geht auch die Zinsrechnung zu Ihren Gunsten aus. Zumindest in einer Niedrigzinsphase, wie wir sie im Moment erleben und wenn Sie das „Risiko“ einzugehen bereit sind, in Aktien oder Aktienfonds zu investieren

Wenn Sie 8 % Zinsen auf Ihre Darlehen zahlen, aber 12 % Guthabenzins in risikoarmen, breitgestreuten Fonds erzielen können, *dann bedeutet das 4 % zu Ihren Gunsten.* Allerdings sollten wir die 12 % nicht einfach blauäugig annehmen. Sie müssen dazu genau wissen, was Sie tun. Darum besprechen wir die einzelnen Anlageformen und die Chancen und Risiken weiter hinten im Buch.

Wenn Sie allerdings Ihr Geld absolut sicher anlegen wollen – sagen wir in festverzinsliche Wertpapiere – dann würde die Rechnung zu Ihren Ungunsten ausgehen.

Aber selbst wenn die Darlehenszinsen höher wären als die Gewinne, die Ihre Investitionen bringen, würde ich immer noch bei meinem Rat bleiben. Die zuvor genannten zehn Gründe, die dafür sprechen, sind zusammen wesentlich gewichtiger als eine geringe Zinsdifferenz zu Ihren Ungunsten. Am bedeutendsten ist der zehnte Punkt: Reich werden Sie, wenn Sie Wohlstandsbewußtsein entwickeln. Wenn Sie mehr Spaß am Geld bekommen. Und das erreichen Sie nicht durch schnelleres Tilgen.

Power-Tip

Schauen Sie sich alle Ihre Kreditverträge an. Überprüfen Sie, ob Sie nicht die Raten senken können.

- Dadurch, daß Sie niedrigere Raten zahlen, haben Sie mehr Geld übrig – zum Leben, aber vor allem auch zum Sparen.
- Wenn Sie eine Zeitlang etwas mehr gespart haben, entwickeln Sie Wohlstandsbewußtsein.
- Sie verdienen Ihr Geld dann nicht mehr hauptsächlich, um für Ausgaben in der Vergangenheit zu bezahlen, sondern Sie konzentrieren sich auf Ihre Zukunft und Ihre Träume.
- Sie durchbrechen den Teufelskreis. Denn wer zu hohe Raten zahlt, der muß oftmals neue Kredite aufnehmen, um leben zu können, um die Raten bezahlen zu können oder um auch nur die kleinste Reparatur oder Neuanschaffung finanzieren zu können.
- Sie lassen nicht mehr zu, daß Ihre Schulden Ihnen die Lebensqualität rauben. Ihre Fehler aus der Vergangenheit haben ihre Macht über Sie verloren.

Hypotheken

Vielleicht fragen Sie, ob diese Regel auch für Ihre Hypothek gilt. Sollten Sie auch hier lediglich die Mindesttilgung von 1 % wählen? Auch hier hat sich eine Sichtweise etabliert, die kaum mehr in Frage gestellt wird. So ziemlich alle, die Eltern, die Banker und auch viele Experten, raten dazu, so schnell wie möglich zu tilgen. Im wesentlichen werden dafür immer zwei Gründe angeführt:

Erstens haben Sie sicherlich schon gehört, daß Ihr Haus dann fast zweimal so teuer wird wie der Kaufpreis. Weil Sie so lange Zinsen zahlen müssen. Kostet Ihr Haus also 500.000 DM und Sie wollen es auf 30 Jahre tilgen, so müßten Sie insgesamt ca. 800.000 DM an Zinsen zahlen.

Ferner wird eingewandt: Außerdem gehört Ihr Haus ja gar nicht richtig Ihnen, solange es noch belastet ist. Viele Menschen erleben den Tag, an dem ihr Haus schuldenfrei ist, als einen er beglückendsten Tage ihres finanziellen Lebens.

Trotzdem: *Auch rein rechnerisch rate ich Ihnen zu der niedrigsten Tilgungsrate von 1 %*. Das hat zwei Vorteile:

Wie Sie gleich sehen werden, „frißt“ erstens die Inflation Ihre Hypothek. Das mehr an Zinsen wird durch die Inflation, die für Sie arbeitet, mehr als ausgeglichen. Denn so wie die Inflation Ihr Geld auffrißt, so frißt sie auch Ihre Schulden auf.

Achtung: Diese Rechnung gilt aber nur für einen Zinssatz von unter 8 %. Sollten wir wieder eine Zinsphase von über 8 % erleben, dann sind Sie besser beraten, eine höhere Tilgungsrate zu vereinbaren.

Und gleichzeitig können Sie zweitens mehr Geld anlegen und vermehren. Sie erzielen höhere Gewinne, wenn Sie Ihr Geld in Aktien oder Aktienfonds anlegen, als Sie Hypothekenzinsen zahlen müssen. Auch hier gilt eine Einschränkung. Sollten Sie sich nämlich davor fürchten, Ihr Geld der Börse anzuvertrauen, dann entfällt dieser Vorteil.

Ein Beispiel aus der Praxis

Nachdem wir auf unserem Drei-Tage-Seminar unser Musterportfolio vorgestellt haben – und nachgewiesen haben, daß zur Zeit auch 30 % Zinsen pro Jahr erzielbar sind, ärgern sich immer einige Teilnehmer, daß sie in der Vergangenheit nicht sparsamer gewesen sind.

So auch ein Ehepaar – sie Mutter und Hausfrau, er Zahnarzt, mittlerweile Ende 40 bzw. Anfang 50. Bei beiden kam zu dem Unmut noch Panik auf. Denn es war ihnen völlig unklar, wie sie bis zum Rentenalter noch zu einer stattlichen Summe Geldes kommen könnten. Einige meiner letzten Sätze hätten sie besonders getroffen. Ich hatte gesagt: „Wir leben in einem Zeitalter, das unter anderem durch Kapitalismus geprägt ist. Wenn wir aber kein Kapital haben, dann gehen die meisten Vorteile des Kapitalismus an uns vorüber. Wir leben dann zwar heute, finanziell gesehen aber befinden wir uns noch in der Steinzeit."

Fieberhaft hätten sie Bilanz gezogen. Und sie seien zu dem Ergebnis gekommen, daß sie auch nicht eine einzige Mark hätten, die sie investieren könnten.

Ich bat sie, mir Ihre Vermögensverhältnisse mitzuteilen. Das Ergebnis: 0 DM investiert. 8.000 DM Nettoverdienst monatlich. Ein Haus im Wert von einer Million, wovon noch ca. 300.000 DM abzubezahlen waren. Diese 300.000 DM waren über Bausparverträge finanziert. Durch die hohe monatliche Belastung ergab sich eine monatliche Rate von fast 4.000 DM. Die Hälfte des Verdienstes. Kein weiteres Vermögen.

Mein Rat hat die beiden zunächst sehr überrascht. Ich schlug ihnen vor, die Kredite umzuschulden. Die beiden hatten die Bausparvariante gewählt, um möglichst schnell schuldenfrei zu sein. Und um so insgesamt weniger Zinsen zahlen zu müssen.

In nur acht Jahren wäre es soweit gewesen. Dann aber hätten sie nur noch vier, fünf Jahre bis zum Rentenalter gehabt. In dieser Zeit hätten sie unmöglich noch eine Altersversorgung aufbauen können. Die vorhandene war in keiner Weise ausreichend.

Außerdem riet ich ihnen, eine neue Hypothek auf ihr Haus aufzunehmen. Über 500.000 Mark. Die umgeschuldeten 300.000 und die neu aufzunehmenden 500.000 DM – also zusammen 800.000 DM – sollten sie auf 30 Jahre tilgen. Dadurch war die monatliche Rate insgesamt auch nicht höher als die Rate, die sie zuvor durch die Bausparverträge hatten.

Die beiden sind relativ risikofreudig. Sonst hätte ich dazu nicht geraten. Denn was nützt der schönste finanzielle Vorteil, wenn man nachts vor Sorge nicht mehr schlafen kann.

Jedenfalls setzten sie den Plan um. So ganz wohl war ihnen zunächst nicht dabei. Aber schon nach sechs Monaten bekam ich einen Anruf: „Wir haben die 500.000 vorsichtig investiert – so wie Sie uns geraten haben."

Unter „vorsichtig investiert" meinen die beiden folgende Aufteilung – die ich im übrigen für recht risikoreich halte: 150.000 DM in Cash-Geld-Fonds und Rentenfonds. Das brachte Sicherheit und Barreserven in ihr Portfolio.

Weitere 150.000 DM in große, breitgestreute, internationale Aktienfonds. Die bilden eine relative Sicherheit, wenn man sein Geld fünf bis zehn Jahre entbehren kann, was bei den beiden ja der Fall war.

Und die restlichen 200.000 DM in Länder- und Branchenfonds. Diese Form der Anlage erfordert, daß der Anleger bereit ist, sich damit auseinanderzusetzen und up to date bleibt.

Da die beiden einen sehr guten Anlageberater gewählt hatten und außerdem Spaß daran hatten mitzudenken, war diese Form der Risikoaufteilung möglich. Wichtig war vor allem: Sie hatten diese Aufteilung während dem Seminar selbst vorgenommen, denn es entsprach genau ihrem Risikoverständnis. Das war ihnen nur vorher nie bewußt geworden, weil sie sich nie damit beschäftigt hatten. Warum auch, wenn sie kein Geld zum Anlegen hatten – so dachten sie.

Weiter teilten sie mir mit: „Zum ersten Mal in unserem Leben haben wir das Gefühl ‚mitzumachen'. Wir sind dabei. Wir können jetzt unser Geld für uns arbeiten lassen."

Die beiden haben innerhalb der ersten sechs Monate 26 % Zinsen erzielt. Auf Ihre 500.000 DM gerechnet ergab das 130.000 DM Gewinn. Das hat ihre Erwartungen für den Start bei weitem übertroffen.

Sie waren bereit gewesen, den Schritt zu tun, um nur eine durchschnittliche Jahresrendite von 12 % zu erzielen. Durch ihre risikoreich ausgerichteten Investitionen mußten sie mit gelegentlichen Verlusten rechnen. Ich habe sie ausdrücklich davor gewarnt. Auch im Rahmen dieses Telefonats habe ich sie noch einmal darauf hingewiesen. Unterm Strich aber sind sie sicher, im Durchschnitt mindestens 12 % zu erzielen. Und ich bin mir ebenfalls sicher.

Inzwischen ist etwas mehr Zeit vergangen. Der Crash im vergangen Oktober hat tatsächlich für einige Verluste gesorgt. Aber insgesamt liegen ihre Gewinne trotzdem weit über 12 % pro Jahr.

Wenn das so bleibt, dann hätten sie innerhalb der nächsten zwölf Jahre, die sie noch arbeiten wollten, ganze zwei Millionen gemacht. Sie würden dann mit einem Teil dieses Geldes ihr Haus abbezahlen. Danach würden sie trotzdem noch ca. 1,3 Millionen haben. Selbst sehr konservativ für nur 8 % netto angelegt, hätten sie dadurch eine mehr als ausreichende „Rente" von 8.000 DM netto.

Der dümmste Ort, um Ihr Geld aufzubewahren

Das Sparbuch ist der dümmste Ort, an dem ich mein Geld aufbewahren kann, werden Sie sagen. Denn dort bekommen Sie zur Zeit nur 1,5 bis 2,5 % Zinsen. Sie sparen sich also arm.

Was aber, wenn es einen noch dümmeren Ort geben würde? Einen Ort, der das Sparbuch noch übertrifft? Einen Ort, an dem Sie überhaupt keine Zinsen machen? Dieser Ort kann Ihre eigengenutzte Immobilie sein. Warum sage ich „kann sein"? Weil Menschen verschieden sind und insoweit eine derart absolute Aussage nicht für alle Menschen und für jede Situation getroffen werden kann. Denn neben einer Renditerechnung müssen noch drei weitere Faktoren berücksichtigt werden:

1. Ihre Risikobereitschaft,
2. Ihr monatlicher Verdienst und
3. Ihr emotionales Wohlbefinden.

Bevor wir auf diese drei Einschränkungen eingehen, lassen Sie uns überlegen, warum es dumm sein kann, sein Geld in der selbstgenutzten Immobilie zu belassen. Ihr Geld ist übrigens „in Ihrer Immobilie", wenn Sie viel Eigenkapital eingebracht haben oder sie gar ganz abbezahlt haben.

Ihr Haus ist keine Geldanlage

Die derzeitige Wertsteigerung von Immobilien in Deutschland beträgt ca. 3 %. Jetzt eine entscheidende Frage: Steigt der Wert Ihres Hauses nur, wenn Sie es vollkommen abbezahlt haben? Natürlich nicht. Selbst wenn es zu 100 % finanziert wäre, würde es trotzdem diese Wertsteigerung erleben.

Halten wir also fest: *Alles, was mit Ihrem Haus geschieht, geschieht, ob Sie es nun abbezahlt haben oder nicht.* Es steigert seinen Wert immer um 3 % – gleichgültig wieviel Sie vom Kaufpreis bezahlt haben und wieviel Fremdkapital Sie aufgenommen haben.

Manche Experten rechnen Ihnen vor, wieviel Miete Sie „sparen", wenn Sie im eigenen, abbezahlten Heim wohnen. Diese Ersparnis weisen sie als Gewinn aus. Dies ist zum einen fraglich, denn wenn ich etwas nicht ausgeben muß, so habe ich es deshalb noch nicht notwendig gespart. In der Theorie hört sich das schön an. In der Praxis wird das Geld aber oft für andere Dinge ausgegeben, die das Haus betreffen: Reparaturen, Einrichtungsgegenstände, Reinigungspersonal, Versicherungen, Schönheitsreparaturen, Erneuerung der Heizungsanlage, Grundbesitzsteuer, Gartenanlage …, auch wenn das vielleicht nicht immer nötig wäre.

Aber etwas anderes ist viel wesentlicher: *Diese „Mietersparnis" haben Sie doch immer – ganz gleich, ob Sie nun Ihr Haus abbezahlt haben oder nicht.*

Vergleichen wir Hypothekenzinsen und Investitionsgewinne

Bis jetzt gibt es also keinen Grund, sein Haus schnell abzubezahlen. Fraglich ist, ob wir bei diesem Ergebnis bleiben können, wenn wir die Zinszahlungen in Betracht ziehen.

Die Antwort ist **ja**! Vorausgesetzt, Sie sind bereit, Ihr Geld dem Aktienmarkt anzuvertrauen, indem Sie in Einzelwerte investieren oder in Aktienfonds. Am Aktienmarkt erzielen Sie langfristig durchschnittlich 12 % netto. Die Hypothekenzinsen betragen dagegen zur Zeit selbst bei einer zehnjährigen Bindung nur ca. 5 %. Dadurch ergibt sich für Sie ein rein rechnerischer Vorteil von 7 %.

Bei einer Hypothek von 700.000 DM macht das immerhin jährlich im Durchschnitt 49.000 DM zu Ihren Gunsten aus. 49.000 DM, die Sie nicht hätten, wenn Sie die 700.000 DM in Ihr Haus gesteckt hätten.

Wenn Sie dagegen – auch nachdem Sie weiter hinten im Buch die Kapitel über Geldanlagen gelesen haben – festverzinsliche Papiere vorziehen, dann können Sie freilich mit dem Geld auch genausogut Ihr Haus abbezahlen. Denn die Zinsen, die Sie auf diese Art erhalten, sind nicht (oder kaum) höher als die Hypothekenzinsen.

Investieren Sie niemals geliehenes Geld

Wenn Sie aber Vertrauen in Aktien haben, dann ergibt sich wie gesagt ein klarer Zinsvorteil. Hier könnte aber der Einwand kommen: „Man sollte doch niemals mit geliehenem Geld investieren." Dieser Einwand ist nicht nur berechtigt, sondern es handelt sich hier sogar um einen absoluten Grundsatz. Nie, nie, niemals sollten wir mit geliehenem Geld investieren.

Aber hier liegt ein ganz anderer Sachverhalt vor. Es handelt sich ja gar nicht um geliehenes Geld. Es ist Ihr Geld. Sie entscheiden nur, ob Sie das Geld in der Immobilie belassen oder ob Sie es am Aktienmarkt investieren. Sie ziehen also *Ihr* Geld aus dem Haus heraus und legen *Ihr* Geld beispielsweise statt dessen in Fonds an. Statt Ihr Geld im Haus zu belassen, wo es Ihnen keinerlei Gewinne bringt, investieren Sie es, wo Sie eine reelle Renditechance von 12 % haben.

Die Immobilie beleihen Sie. Somit steht ein Wert hinter Ihrer Hypothek. Die Hypothek ist also nicht für die Anlagen, sondern für die Immobilie.

Die Inflation frißt Ihre Hypothek

Der zweite Grund, warum eine lange Laufzeit Ihrer Hypothek klug sein kann, ist die Inflation. Je länger die Laufzeit, desto mehr frißt die Inflation von Ihrem Darlehen weg. Lassen Sie mich das an einem einfachen Rechenbeispiel verdeutlichen:

Angenommen, Sie verdienen (alleine oder zu zweit) 84.000 DM netto pro Jahr und verdienen durchschnittlich 4 % mehr pro Jahr. Sie kaufen ein Haus für 500.000 DM, das eine Wertsteigerung von 3 % pro Jahr erfährt. Sie bringen 50.000 DM Eigenkapital ein und finanzieren die restlichen 450.000 DM mit 5,3 % pro Jahr auf 15 Jahre fest. Das entspricht einer monatlichen Belastung von 2.362,50 DM.

Demnach beträgt die monatliche Zahlung genau 33,75 % vom Nettoverdienst. Ferner unterstellen wir die für die nächsten 30 Jahre die gleiche Inflationsrate der vergangenen 30 Jahre, also 4,5 %.

Tabellarisch sieht die Entwicklung dann folgendermaßen aus:

% Anteil der Hypothek vom Einkommen	
1999	33,75 %
2009	14,39 %
2019	6,13 %
2029	2,61 %

Sie können ganz einfach im Kopf ausrechnen, was die Inflation wirklich bedeutet. Nehmen Sie 72 und teilen Sie diese Zahl durch die angenommene Inflationsrate (zum Beispiel 4,5 %). Was Sie dann erhalten, ist die Anzahl der Jahre, bis sich der Geldwert halbiert hat. Das Beispiel sieht also folgendermaßen aus:

72 : 4,5 (%) = 16 Jahre

D.h., nach 16 Jahren können Sie bei einer Inflation von 4,5 % nur noch die Hälfte von dem mit Ihrem Geld kaufen, das Sie heute kaufen könnten. Ein Liter Milch würde dann beispielsweise nicht mehr 1 DM, sondern 2 DM kosten. Mit 1 DM könnten Sie dann nur noch einen halben Liter kaufen.

Für Ihre Hypothek aber heißt das, daß sie ebenfalls nach 16 Jahren zur Hälfte durch die Inflation aufgefressen wurde. Gemessen an Ihrem entsprechend gestiegenen Verdienst müssen Sie dann beispielsweise statt 30 % Ihres Monatseinkommens nur noch 15 % Ihres Monatseinkommens für die Hypothek aufbringen.

Kommen wir zurück zu unserem Beispiel. In der Tabelle oben sehen Sie, daß Sie nach 10 Jahren nur noch 14,39 % von Ihrem Monatseinkommen, nach 20 Jahren nur noch 6,13 % und nach 30 Jahren nur noch 2,61 % für die Hypothek aufwenden müssen.

Wenn Sie Ihr Geld in festverzinsliche Wertpapiere anlegen, dann erleben Sie die zerstörerische Kraft der Inflation. Wenn Sie zum Beispiel heute 40 Jahre alt sind und mit 65 Jahren monatlich 6.000 DM zur Verfügung haben wollen, bräuchten Sie – gemessen an der heutigen Kaufkraft – bereits 15.379 DM. (Eine durchschnittliche Inflation von 4 % gerechnet – was eine niedrigere Rate darstellt als die durchschnittliche Inflation in den vergangenen 30 Jahren.)

Hier hören die meisten Rechnungen auf. Aber möglicherweise wollen Sie ja noch weiterleben. Mit 75 Jahren müßten Sie dann schon 22.765 DM haben, um die gleiche Kaufkraft von heute 6.000 DM zu haben.

Und sollten Sie mit 85 Jahren immer noch rüstig sein und die Kaufkraft von 6.000 DM besitzen wollen, so müßten es schon 33.699 DM monatlich sein.

Sie sehen an diesem Beispiel deutlich, daß Sie gar nicht nur in festverzinsliche Wertpapiere investieren dürfen.

Inflation vernichtet also Geld. Diesen schädlichen Effekt der Inflation können Sie sich nun aber zunutze machen, indem Sie niedrig tilgen. Jetzt vernichtet die Inflation eben Ihre Hypothek.

Die drei Einschränkungen

Die erste Einschränkung zu dieser Empfehlung haben wir bereits behandelt: Eine Zinsdifferenz zu Ihren Gunsten ergibt sich nur, wenn Sie Ihr Geld am Aktienmarkt anlegen. Dazu müssen Sie eine gewisse Risikobereitschaft besitzen. Der Baseballspieler Frederick Wilcox sagte einmal: „*Fortschritt beinhaltet immer ein Risiko. Man kann nicht die zweite Base erreichen und einen Fuß gleichzeitig auf der ersten Base halten.*“

Absolute Sicherheit und gleichzeitig hohe Gewinne gibt es nicht. Wer so etwas behauptet, der lügt. Für hohe Renditen müssen wir einen Preis zahlen. Und dieser Preis heißt: Risikobereitschaft. Sie müssen hier Ihre eigene Entscheidung treffen.

Frauen tun sich erfahrungsgemäß etwas schwerer als Männer, wenn es darum geht, Risiken einzugehen. Andererseits aber hat das in erster Linie etwas damit zu tun, daß sie sich mit Geldanlagen mehrheitlich nicht besonders auseinandergesetzt haben. Mein Rat: Investieren Sie wenigstens einen Teil Ihres Geldes am Aktienmarkt – in Aktien oder in Fonds. Sie werden dann selber erleben, wie faszinierend das ist. Und wie gering das Risiko in Wirklichkeit ist.

Die zweite Einschränkung: *Sie sollten nur dann eine (höhere) Hypothek aufnehmen, wenn Sie die daraus resultierenden monatlichen Raten aus Ihrem Nettoeinkommen finanzieren können.* Niemals sollten Sie auf die Renditen Ihres investierten Geldes angewiesen sein, um die monatlichen Raten zu bezahlen. Denn bei den Gewinnen handelt es sich um Durchschnittszahlen. D.h., die Gewinne können in dem einem oder anderem Jahr auch einmal ausbleiben. Wenn Sie jetzt Ihre Raten nicht mehr bezahlen könnten, weil Ihr monatliches Einkommen ohne die Zinsgewinne das nicht hergibt, hätten Sie ein ernstes Problem und würden Ihr Haus gefährden.

Die dritte Einschränkung: Sie müssen sich dabei wohl fühlen. Wenn Sie nachts vor lauter Angst – auch wenn sie völlig unberechtigt sein mag – nicht mehr schlafen können, dann ist der Preis zu hoch. Ein einigermaßen leichtes Unwohlsein ist völlig normal und ist hiermit nicht gemeint. Von einem leichten Kribbeln im Bauch sollten Sie sich also nicht abhalten lassen, diesen Schritt zu tun.

Auch kann es sein, daß Sie einfach das Gefühl „brauchen", sagen zu können: „Das Haus ist abbezahlt und gehört mir alleine." Wenn Ihnen dieses Gefühl einige 10.000 DM im Jahr wert ist, dann kann man an dieser Stelle nicht mehr diskutieren.

Power-Tip

Überlegen Sie, ob Sie Ihr Haus höher beleihen können und sollten, um Ihr Geld am Aktienmarkt gewinnbringender zu investieren.

- Solange Ihr Geld in der Immobilie ist, bringt es Ihnen keinerlei Zinsen.

- Die möglichen Gewinne von durchschnittlich mindestens 12 % übersteigen die Kosten für die Hypothek (5 %) um 7 %. Selbst wenn Sie nur 8 % erzielen, so haben Sie immer noch einen Zinsvorteil von 3 %.
- Wenn Sie niedrig tilgen, frißt die Inflation im Laufe der Jahre Ihre Hypothek.
- Sie sind beweglicher. Sie haben mehr Wahlmöglichkeiten. Sie können zum Beispiel Ihr Geld auch wieder zurück in die Immobilie stecken.
- Stellen Sie aber sicher, daß Sie die Zinsen aus Ihrem laufenden Nettoeinkommen bezahlen können. Überprüfen Sie Ihre Risikobereitschaft. Denn das Ganze macht nur dann richtig Sinn, wenn Sie am Aktienmarkt investieren. Und überlegen Sie, inwieweit eine solche Maßnahme Ihr Wohlbefinden negativ beeinflussen könnte.
- Legen sie das auf diese Weise frei gewordene Geld nicht zu risikoreich an. Halten Sie Cash-Reserven von wenigstens 20 %, und legen Sie weitere 25 % in Rentenfonds und 25 % in breitgestreuten internationalen Aktienfonds an. Nur mit den verbleibenden 30 % sollten Sie in Einzelwerte oder Spezial-Fonds investieren.

Was können Sie tun, wenn Sie feste Kreditverträge haben?

Zu verstehen, daß Sie nur einen Mindestbetrag leisten sollten, ist das eine. Ihren Banker davon zu überzeugen, falls Sie bereits durch bestehende Kreditverträge an hohe Tilgungen gebunden sind, ist schon etwas anderes. Grundsätzlich müssen wir auch hier zwischen Konsumkrediten und Hypothekendarlehen unterscheiden.

Beginnen wir mit den Konsumschulden: Wichtigste Voraussetzung, um hier eine Änderung zu bewirken, ist, daß Sie zunächst einmal wild dazu entschlossen sind. Weil Sie wissen, daß es um Ihre Lebensqualität geht und um Ihre (finanzielle) Zukunft. Und die darf nicht gefährdet werden, weil Sie in der Vergangenheit nicht optimal gehandelt haben.

Nachdem Sie sich also entschlossen haben, nur einen gewissen Mindestbetrag monatlich zu tilgen, gehen Sie zu Ihrer Bank. Bitten

Sie höflich um eine niedrigere Ratenzahlung. Der Banker weiß besser als Sie, wie das zu bewerkstelligen ist. Allerdings sollten Sie nicht den wahren Grund für Ihr Verlangen angeben. Das würde auf wenig Verständnis stoßen.

Sie werden feststellen, daß Sie mit den meisten Bankern reden können. Die meisten sind verständige Leute. Der Banker wird Ihnen in der Regel Vorschläge machen, wie die Laufzeit zu strecken oder umzuschulden ist.

Es gibt aber auch noch Banker, die einfach nicht mit sich reden lassen wollen. Aber auch in so einem Fall sollten Sie sich nicht von Ihrem Vorsatz abhalten lassen. Wenn der Banker sich vollkommen störrisch erweisen sollte, dann können Sie immer noch mit seinem Vorgesetzen sprechen.

Und sollte das nicht helfen, so eröffnen Sie einfach bei einer anderen Bank Ihr Girokonto. Wenn Sie nun den Kreditvertrag bei der alten Bank zwei oder drei Monate nicht bedienen, dann wird auch der störrischste Banker gesprächsbereit. Vor einer solchen Maßnahme brauchen Sie auch keine Angst zu haben, denn innerhalb von drei Monaten geschieht rechtlich gesehen überhaupt nichts. Sie erhalten böse Anrufe und Briefe. Aber das braucht Sie nicht zu erschrecken, denn es ist ja Teil Ihres Plans. Und wie gesagt, passieren kann innerhalb von drei Monaten nichts.

Damit soll nicht gesagt sein, daß Sie sich leichtfertig über Ihre Verpflichtungen hinwegsetzen sollten. Wenn Sie Schulden gemacht haben, sollten Sie diese auch zurückzahlen. Aber Ihrer neuen Erkenntnis entsprechend in einer Weise, die nicht Ihre Lebensqualität und Ihre Zukunft zerstört.

Wie kann ich trotzdem Spaß haben?

Vor allem lassen Sie sich nie mehr durch Schulden den Tag vermiesen. Fragen Sie sich also: Wie kann ich trotz meiner Schulden Spaß haben?

Das Leben ist zu kurz, als daß wir es uns durch ein „paar" Schulden vermiesen lassen sollten.

Schulden haben auch ihr Gutes. Ein Holländer sagte dazu einmal: „Mit den Schulden ist es wie mit einem Pfannkuchen. Der hat immer zwei Seiten – eine dunklere und eine hellere." Wir müssen nur die hellere, die gute und lehrreiche Seite an unseren Schulden erkennen. Letztendlich sind unsere Schulden eine gewaltige Lektion.

Umschuldung einer Hypothek

Wenn Sie plötzlich aus einem Hypothekenvertrag herauskommen wollen, dann ist das schon etwas schwieriger. *Grundsätzlich aber gilt: Die Bank muß Sie aus dem Vertrag entlassen.*

Allerdings kann sie eine sogenannte Vorfälligkeitsentschädigung verlangen. Das hat folgenden Grund. Angenommen Sie haben Geld zu einem Prozentsatz von 9 % aufgenommen. Die Bank mußte dann ebenfalls teurer für das Geld bezahlen, das sie an Sie weitergegeben hat. Wenn Sie nun die Hypothek zurückzahlen wollen, weil Sie anderswo zum jetzigen Zeitpunkt billigeres Geld leihen können, würde die Bank Verluste machen. Von Ihnen stehen der Bank vertraglich 9 % zu. Wenn die Bank das Geld nun vor Fälligkeit von Ihnen zurückbekommt und dann für nur für 5 % verleihen kann, so entstehen ihr 4 % Verlust. Das sind für die Bank aber nicht 4 %, sondern 80 % weniger, als sie haben könnte. Diesen Verlust haben Sie zu tragen.

Lassen Sie sich von Ihrer Bank die Vorfälligkeitsentschädigung schriftlich geben. *Lassen Sie von einem Fachmann überprüfen, ob die Bank sich bei der Berechnung an die durch höchstrichterliche Rechtsprechung festgelegten Normen gehalten hat.* (Es gibt hier ein klares Urteil.) Denn die meisten Banken „versuchen es halt mal“. Wenn dann (leider meist erst im zweiten Anlauf) die Vorfälligkeitsentschädigung korrekt ermittelt wurde, dann ist es ein reines Rechenexempel. Auch hier sollten Sie einen Fachmann zu Hilfe holen, der Ihnen genau ausrechnet, ob die Zinsersparnis größer ist als die zu zahlende Entschädigung.

Der richtige Umgang mit Banken

Als wir eben darüber nachgedacht haben, wie Sie Ihre monatliche Rate senken können, haben wir nicht berücksichtigt, daß vieles wesentlich leichter ist, wenn wir wissen, wie wir mit Bankern umgehen sollten. Grund genug, darüber nachzudenken. Denn viele Frauen haben ganz und gar nicht das Gefühl, von den Bankern respektvoll behandelt zu werden. Viele haben nicht den Eindruck, als Kunde wie ein König behandelt zu werden.

Wir würden es uns aber zu leicht machen, wenn wir die Schuld auf die Banker schieben würden. Denn zum einen sind nicht alle Banker schlechte Dienstleister. Immer mehr haben gelernt umzudenken und machen den Gang zur Bank zu einem angenehmen Ereignis. Zum anderen würde eine solche Einstellung nicht dem Prinzip der Eigenverantwortlichkeit entsprechen. *Denken Sie daran: Wer die Schuld hat, hat die Macht.*

Und Sie wollen doch selber Macht über Ihr Leben haben, nicht wahr? Und gerade im Umgang mit Banken und Bankern gibt es einige grundlegende Dinge, die *Sie* tun können und sollten. Es liegt sehr stark an Ihnen selbst, ob ein Banker Sie zuvorkommend und freundlich behandelt.

Suchen Sie die richtige Bank

Es gibt einfach Banken, in denen Sie von vornherein nicht den Service bekommen, den Sie verdienen. Banken, die nicht Ihrem persönlichen Stil entsprechen.

Das erkennen Sie sehr schnell schon an „Äußerlichkeiten" wie der Einrichtung, den Menschen, die dort arbeiten, den Kunden, die diese Bank bereits hat. Wenn Sie in die Bank kommen und sich nicht sofort wohl fühlen, warum sollten Sie dann bleiben?

Dann gibt es Banken, die lieber Angestellte als Selbständige als Kunden sehen. Obwohl es sich um die klare Vorstellung der Bank handelt, ist dies leider oftmals nicht auf den ersten Blick erkennbar und wird nicht kommuniziert.

Wenn Sie selbständig sind, dann ist die Wahl der „passenden" Bank eine der wichtigsten finanziellen Entscheidungen, die Sie jemals treffen werden. Sie müssen darum Ihre Bank mit Bedacht auswählen. Lassen Sie sich hierfür Zeit. Finden Sie heraus, ob man Ihre Branche kennt. Sollte das nicht der Fall sein, rate ich Ihnen zu einer anderen Bank. Sie hätten andernfalls einfach zuviel zu erklären und zu „beweisen". Vor allem aber können Sie von einer Bank, die Ihre Bedürfnisse nicht kennt, kaum fachkundige Hilfe erwarten.

Stellen Sie ferner sicher, daß man Ihre Branche nicht nur kennt, sondern auch schätzt und mag. Warum das wichtig ist? Nun, wie sehr würden Sie einen Kunden fördern, den Sie nicht richtig mögen oder dessen Tätigkeit Ihnen suspekt ist?

Sollten Sie absehen können, daß Sie als Selbständige Kredite aufnehmen wollen, *so sollte die Bank möglichst nicht an ein zentralisiertes Büro angeschlossen sein.* Denn sonst sprechen Sie ja nicht mit dem Entscheider. Sie müssen lange Wege in Kauf nehmen und können das Ergebnis (ob Ihnen der Kredit wirklich gewährt wird) nur über nüchterne Zahlen beeinflussen. Es gibt wenig Frustrierenderes, als endlich einen Banker von Ihrem Projekt überzeugt zu haben, nur um dann Tage (oder auch Wochen) später von irgendeiner zentralen Stelle eine Absage zu erhalten.

Hier einige Fragen, die Sie stellen können, um einen Eindruck zu gewinnen, ob Sie bei der richtigen Bank sind:

- Wieviel Kapital hat die Bank? (Lassen Sie sich ruhig einmal die Bilanzen zeigen. Sie wirken dadurch nicht nur sehr kompetent, sondern Sie können daraus tatsächlich sehr viel ersehen.)
- Wer trifft die Entscheidungen: Ihr Ansprechpartner oder ein zentralisiertes Büro?
- Kennt man Ihre Branche? Wo sind – aus der Sicht des Bankers – die Chancen und die Risiken dieser Branche? Unter Umständen kann Ihnen der Banker – aufgrund der Erfahrung, die er mit ähnlichen Kunden hat – gute Tips geben: zu Beratern, für einen „Plan B", zur PR und zum Marketing. Ein aufgeweckter Banker denkt erstaunlich gut mit.
- Welchen besonderen Service kann man Ihnen bieten? Da Sie eine besondere Person sind, warum sollen Sie dann nicht auch besonders behandelt werden?
- Fragen Sie nach Empfehlungen von „ähnlichen" Kunden. Auf Grund des Datenschutzes wird man Ihnen die nicht sofort geben wollen. Aber der Banker kann ja die Kunden anrufen und fragen, ob er sie als Empfehlung nennen darf. Auf diese Weise können Sie nicht nur sehr wichtige Informationen über die Bank erhalten, sondern auch gewinnbringende Verbindungen knüpfen.

Der Banker ist wirklich entscheidend

Nachdem Sie sichergestellt haben, daß die Bank die grundsätzlichen Voraussetzungen für eine Zusammenarbeit erfüllt, kommen Sie zum wesentlichen Punkt. *Denn nicht die Bank ist das Wichtige, sondern der Banker.* Mit einer Bank können Sie keine Beziehung aufbauen – wohl aber mit einem Banker. Ein guter, Ihnen sympathischer und kompetenter Banker macht den Gang zur Bank zu einem angenehmen Ereignis. Wenn Sie selbständig sind, dann ist die Wahl einer solchen Person ein absolutes Muß. Ein Banker, den Sie in Ihrem Netzwerk von Experten integriert haben, kann zu einer absoluten Schlüsselperson für Ihr Unternehmen werden.

Wenn es Ihr Selbstbewußtsein erlaubt, dann würde ich immer empfehlen, daß Sie sich als Ihren Ansprechpartner einen Entscheider aussuchen. Den Chef. Ganz einfach deshalb, weil alles andere immer nur der indirekte Weg wäre. Denn alle wichtigen Entscheidungen werden von dieser Person getroffen.

Wie finden Sie aber in der Austernsammlung von Bankern eine solche Perle? Indem Sie Ihre Freunde und Bekannten, die in einer ähnlichen Situation sind wie Sie, nach einem fragen. Fragen Sie auch Ihren Steuerberater und Ihren Rechtsanwalt. Fragen Sie andere Selbständige.

Sammeln Sie solche Empfehlungen. Denn ich möchte Ihnen ans Herz legen, nicht den ersten besten Banker zu nehmen. *Interviewen Sie wenigstens drei Banker.* Malen Sie sich aus, wie Ihre Zusammenarbeit aussehen könnte.

Wollen Sie einen Tip, der Ihnen garantiert, daß Sie von Anfang an mit Respekt behandelt werden? Ganz einfach. Machen Sie den ersten Termin nicht selber aus. Wenn es sich um die Empfehlung Ihres Anwalts oder Steuerberaters handelt, so bitten Sie diesen, für Sie anzurufen. Wenn eine solche Person Sie mit einigen Vorschußlorbeeren ankündigt, so haben Sie gleich das beste Entree.

Ebenso kann natürlich auch Ihr Banker später zu einem guten Empfehlungsgeber werden. Auf jeden Fall wird es für Sie von Vorteil sein, einen Banker in Ihrem Beziehungsnetzwerk zu haben, der Sie und Ihr Unternehmen mag.

Bauen Sie eine Beziehung auf

Es kommt also nicht so sehr auf die Bank an (außer, daß einige Grundvoraussetzungen stimmen müssen) als auf den Banker. Nachdem Sie nun den geeigneten Banker gefunden haben, sollten Sie sich klar darüber sein, daß es sich um eine menschliche Beziehung handelt. Und wie in jeder Beziehung ist es ein Geben und Nehmen. Überlegen Sie also auch, was Sie für Ihren Banker tun können. Ob der Banker sich über seine Aufgabe hinaus für Sie engagieren wird, hängt von Ihrem Engagement ab.

Hier einige Vorschläge, wie Sie das bewerkstelligen können:

- Laden Sie zum Beispiel Ihren Banker mittags zum Essen ein. Sie werden feststellen, daß die meisten Banker außerhalb der Bank viel lockerer werden. Es ist dann ein bißchen so, als würden Sie sich zusammen gegen die Bank verbünden.
- Schicken Sie Ihrem Banker regelmäßig die Unterlagen, die er braucht. Aktualisieren Sie die Aufstellung Ihrer Vermögenswerte, und geben Sie ihm eine Kopie Ihrer Steuererklärung. Gestalten Sie die Zusammenarbeit für den Banker so angenehm wie möglich. Schicken Sie ruhig auch eine Ansichtskarte aus dem Urlaub.
- Sollten Sie einmal absehen können, daß Sie ein Zahlungsproblem haben werden, so rufen Sie Ihren Banker an, bevor er es merkt – und bevor er Sie anrufen will. Sollten Sie wissen, daß einige schwierige Monate vor Ihnen liegen, so kündigen Sie dies an. Bitten Sie um einen Überziehungskredit für drei Monate.
- Verlangen Sie ruhig auch mal einen Überziehungskredit, obwohl Sie ihn gar nicht brauchen. Auf diese Weise bauen Sie sich die Historie eines kreditwürdigen Menschen auf.

In einem unterscheidet sich aber die Beziehung zu Ihrem Banker von den anderen Freundschaften: Sollten Sie in einer Krise sein oder Zweifel an Ihrem Unternehmen haben, so kommt es schon mal vor, daß Sie darüber mit Ihren Freundinnen und Freunden sprechen. Das dürfen Sie niemals mit dem Banker tun. Die eiserne Regel lautet: *Teilen Sie niemals Ihrem Banker Ihre Zweifel mit.* Wirklich niemals.

Wenn Sie die oben genannten Tips beherzigen, dann werden Sie nicht nur eine gewinnbringende Beziehung zu einem Banker haben, sondern Sie können auch im Falle einer gewünschten Umschuldung auf tatkräftige Hilfe bauen.

Kapitel 5

Wie sparen Spaß machen kann

Die anderen wollen Ihr Geld. Sie müssen Ihr Geld mehr haben wollen als die anderen. Oder die anderen werden es bekommen.

Suze Orman, „The nine steps to financial freedom“

Können Sie sich vorstellen, daß es Menschen gibt, die nicht wirklich vermögend werden möchten? Nun, die Mehrzahl der Frauen will gar nicht reich werden. Zumindest ist das nicht eins ihrer primären Ziele. Das war das überraschende Ergebnis unserer Umfrage bei mehreren tausend Frauen. Eine Frau will keine finanziellen Sorgen haben. Sie will sich einiges leisten können und ein angenehmes Leben haben. Aber den speziellen Wunsch nach viel Geld hat sie eher nicht.

Und die überwiegende Mehrzahl der Frauen tut demzufolge auch recht wenig, um vermögend zu werden. Der Grundstein für jeden Vermögensaufbau heißt nun einmal: Sparen. *Nicht was wir verdienen, macht uns reich, sondern was wir behalten.* Wer nichts hat, dem nützen die besten Anlagen und die tollsten Möglichkeiten nichts. In bezug auf das Sparverhalten der Frauen gibt es eine gute und eine schlechte Nachricht.

Die gute: Frauen sind sparsamer als Männer. Die schlechte: Sie sparen aber nicht hauptsächlich, um wohlhabend zu werden, sondern haben ganz andere Motive. Sie sparen für Notfälle, für größere Anschaffungen (Möbel, Urlaub, Auto), für das Haus oder für die eigenen Kinder. An sich selbst und an den Aufbau von Vermögen denken die meisten Frauen viel zuwenig.

Das hat damit zu tun, daß viele Frauen eher familienorientiert sind. Sie legen Wert auf eine gute Versorgung der Kinder und ein gemütliches Heim. Männer dagegen sind eher statusorientiert. Sie wollen mit dem Geld repräsentieren. Das führt dazu, daß häufig mit dem Geld der Frau Anschaffungen finanziert werden, die im Laufe der Jahre stark an Wert verlieren.

Mit seinem Geld werden dagegen Sparverträge und Lebensversicherungsbeiträge finanziert. Die sind „natürlich“ auf seinen Namen abgeschlossen. Das heißt: Die Frau steht mit so gut wie nichts da, während der Mann Wohlstand aufbaut. Sollte es dann zu einer Trennung kommen, so sind alle Gesetze, die Frauen schützen sollen, viel zu schwach, um diesen Nachteil aufzufangen.

Zudem hören wir sehr oft einen Zweckoptimismus: „Es wird schon alles gutgehen. Ich kann mich auf meinen Partner verlassen.“ Die meisten Frauen haben immer noch zuwenig Lust, sich um ihr Geld zu kümmern. Und so kommt es ihnen gerade recht, daß der Mann das übernimmt.

Selbst wenn er viel schlechter mit Geld umgehen kann. Und das ist nur allzuoft der Fall.

Kaufrausch

Vielleicht sagen Sie schon beim Lesen der Überschrift: „Kaufrausch? Damit habe ich nicht im entferntesten etwas zu tun!“ Wirklich nicht? Oftmals verfallen wir diesem Phänomen schneller, als wir denken. Aus Frust, Langeweile, Einsamkeit, aus zwanghaftem Geltungsbedürfnis oder einfach nur als Freizeitbeschäftigung. Kaufsucht, die gesteigerte Form des Kaufrauschs, ist fast unbemerkt zu einem klassischen Krankheitsbild geworden.

Pro Haushalt fallen in Deutschland ca. 10.500 DM Konsumschulden an. Das scheint nicht viel zu sein. Wie so oft birgt die Durchschnittszahl Gefahren der Verharmlosung. Tatsächlich aber sind zwei von drei Haushalten gar nicht betroffen. Damit ergibt sich für jeden Betroffenen ein Konsumschuldenberg von über 31.000 DM. Zwei Millionen Haushalte sind „hoffnungslos“ überschuldet. Oberflächlich betrachtet verbirgt sich dahinter die Gesetzmäßigkeit des Konsums ohne Grenzen: Wer zu leben versteht, der kauft, und wer kauft, der versteht zu leben. 5 % sind noch schlimmer dran: Sie sind kaufsüchtig.

Nun hat der Sozialwissenschaftler Dr. Rolf Haubl herausgefunden, daß vor allem Frauen im Alter zwischen 25 und 40 Jahren unter Kaufsucht leiden.[1] Fast alle Betroffenen sind berufstätig, verdienen ihr eigenes Geld und erscheinen selbstbewußt und unabhängig. Doch spielt sich hinter dieser Fassade ein Drama ab: Wenn es sie überkommt, dann müssen sie kaufen, kaufen, kaufen. Kleider, Kosmetika, irgendwas.

Warum trifft dieser Kaufrausch fast nur Frauen? Vielfach ist Kaufen an die Frau nur delegiert worden. Das Geld verwaltet der Mann. Ein eigenes Bankkonto dürfen Frauen überhaupt erst seit Beginn dieses Jahrhunderts haben. So kann es vorkommen, daß Frauen im Beruf kompetent Entscheidungen treffen, zu Hause aber nicht auf einer gleichberechtigten Partnerschaft bestehen. Sie spielen Weibchen und überlassen dem Mann die Regelung der finanziellen Angelegenheiten. Oftmals laden sie ihn geradezu ein, auch über ihr Einkommen zu verfügen.

Die Suchtkäufe folgen also keiner Notwendigkeit, sondern sind eine Strafe für den Partner, der die Selbständigkeit verhindert. Und zugleich eine Strafe für die Schwäche, sich selbst nicht durchsetzen zu können.

Die Wut über diese Ohnmacht sucht sich anfallartig ein Ventil: kaufen, kaufen, kaufen. Das Herz klopft schneller. Ein Zustand höchster Erregung stellt sich ein. Man fühlt sich immer besser, gerät von einem Hoch ins nächste. Man kauft und kauft. Bis man schließlich, mit Tüten beladen, den Heimweg antritt. Und dann kippt das Glücksgefühl um in eine schwere Depression. Man schämt sich, fühlt sich schuldig und würde am liebsten alles wegschmeißen. Aufgrund von Kaufsucht zerbrechen Partnerschaften, verelenden ganze Familien. Dabei ist ein solcher Kaufanfall ein Schrei der Verzweiflung, ein Flehen um Hilfe. Aber niemand scheint zuzuhören.

Die beruflich stark eingespannte Single-Frau mit wenig Zeit für Geselligkeit und Freunde macht sich nur selten bewußt, daß sie auch aus Einsamkeit einkauft. Die Zuwendung der Verkäuferin, die der „guten Kundin" einen Cappuchino oder ein Glas Sekt anbietet, wird zu einem Ersatz für andere Aufmerksamkeiten. Solange sie kauft, wird sie geschätzt und bewundert. Später schlägt die Einsamkeit um so stärker zu. Die neuen Klamotten sind am Ende auch nur leblose Artikel, die den Schrank verstopfen. Die daraus entstehende Depression scheint sie nur mit neuen Käufen bekämpfen zu können. Ein Teufelskreis schließt sich.

Ein weiterer Hauptgrund für den Kaufrausch scheint niedriges Selbstbewußtsein zu sein. Ein bekannter Designer hatte unter die ganzseitige Anzeige seiner Werbung geschrieben: „Leider teuer". Die Botschaft dieser und ähnlicher Anzeigen lautet: Wer solche

„ausgewählten Teile" besitzt, der gehört zu den Feinen und Edlen. Unsichere Menschen werden von solchen unterschwelligen Versprechungen angezogen. Sie erhoffen sich von exklusiven Artikeln eine Steigerung ihres Selbstwertgefühls. Jedes Teil verspricht den sozialen Aufstieg, die Anerkennung der anderen.

Allzuoft ist dies jedoch eine trügerische Hoffnung. Denn meist schlägt die anfängliche Bewunderung bald in Spott und Mißtrauen um. „Was will sie beweisen mit all den teuren Klamotten?" „Woher hat sie all das Geld? Da stimmt doch was nicht!" Statt Anerkennung zu erzielen, driftet die „Geschmückte" in die Isolation ab. Denn die kostspieligen Klamotten schaffen eine Distanz zwischen ihr und ihrem Umfeld.

Das moderne Marketing hat erkannt: Kaufen ist weiblich. Und es macht sich auf, die Welt zu verweiblichen. Die Frau scheint zum Einkaufen verdammt.

Wie ist das Kaufverhalten der Reichen?

Wer Geld nicht festhalten kann, der hat es nicht verdient, reich zu werden.

Auf meinen Geldseminaren finden sich auch sehr viele Wohlhabende ein. Ich habe die Kaufgewohnheiten von einigen tausend Teilnehmern untersuchen können, die zwischen einer und fünf Millionen besitzen. Meine Beobachtungen decken sich mit einer breit angelegten Studie aus den USA.[2]

Schauen wir uns zuerst an, wieviel Geld Millionäre für ein Auto ausgeben. 50 % der Befragten geben nicht mehr als 44.680 DM für ihren Wagen aus. Und nur 5 % leisten sich ein Auto, das mehr als 103.000 DM kostet. Insgesamt geben die befragten Millionäre nur 7,6 % ihres Jahreseinkommens für ein Auto aus. Und nur 0,68 % von ihrem Vermögen. Oftmals leisten sich Menschen, die viel weniger Geld besitzen, ein wesentlich teureres Auto. Der Schein von Wohlstand ist vielen wichtiger als der Wohlstand selbst. Schon Altmeister Goethe sagte dazu: *„Zu viele wollen etwas sein. Nur wenige wollen etwas werden."*

Power-Tip

Kaufen Sie sich kein Auto, das mehr als ein zweifaches Monatseinkommen kostet. Zumindest so lange nicht, bis Sie Ihre finanzielle Sicherheit erreicht haben. (Siehe dazu Kapitel 4.)

- So stellen Sie sicher, daß Sie nicht nur für Ihr Auto arbeiten.
- Sollte Sie das Auto ärgern, das Sie sich nach dieser Formel leisten können, so haben Sie einen Anreiz, mehr zu verdienen.
- Wenn Sie sich dagegen jetzt schon das Auto leisten, das Ihnen gefällt, und es dann über einen teuren Ratenvertrag oder einen Leasingvertrag finanzieren, dann haben Sie sich Ihre „Belohnung" schon im voraus gegeben. Warum sollten Sie sich dann noch anstrengen?
- Sie gewährleisten, daß Sie nicht heute schon ausgeben, was Sie morgen erst verdienen. Denn eines können wir immer erwarten: unerwartete Umstände. Das Geld, mit dem Sie fest rechnen, kann unter Umständen ausbleiben.
- Es bleibt Ihnen genug übrig, um Vermögen aufzubauen.

Hier noch zwei zusätzliche Tips zum Thema Autokauf: *Kaufen Sie keinen Neuwagen, solange Sie nicht ein ansehnliches Vermögen zusammenhaben.* Manche Menschen meinen, den „Geruch des Neuen" zu brauchen. Dieser Geruch kostet richtig Geld. Denn viele Autos verlieren während der ersten zwei Jahre über 50 % an Wert. Ein zwei Jahre altes Auto ist einem Neuwagen nicht unterlegen. Es fährt genauso gut und sieht genauso gut aus. Warum also das Doppelte bezahlen?

Und *kaufen Sie jeden Wagen bar.* Wenn Sie die Scheine bar auf den Tisch zählen müssen, dann wird es ein viel kleineres Auto, als wenn Sie einfach einen Scheck ausfüllen oder einen Kreditvertrag abschließen. Bar zu bezahlen hilft, sich das Ausmaß der Ausgaben bewußtzumachen.

Die gleiche Studie hat übrigens zutage gebracht, daß 50 % der befragten Millionäre niemals mehr als 718 DM für ihr teuerstes Kleidungsstück ausgegeben haben. Und nur 252 DM für das teuerste Paar Schuhe und nur 423 DM für ihre Armbanduhr.

Rechnen Sie Anschaffungen „schön“?

Ein reicher Mann ging einmal einkaufen. Dabei sah er ein Auto, das um die 100.000 DM kostete. Sein Begleiter drängte den reichen Mann, den Wagen zu kaufen. Dessen Antwort: „Eine Million gebe ich nicht für ein Auto aus.“ „Es kostet keine Million“, berichtigte ihn sein Begleiter, „es handelt sich um 100.000 DM.“ Die Erklärung des reichen Mannes ist interessant: „Für mich ist es eine Million. Wenn ich die 100.000 DM jetzt nicht für den Wagen ausgebe, sondern anlege, dann werde ich innerhalb von 10 Jahren daraus eine Million gemacht haben.“

Wir sehen immer wieder, daß reiche Menschen sich eine Kaufsumme „großrechnen“. Sie überlegen sich, was aus dem Geld werden könnte, wenn sie es nicht ausgeben, sondern anlegen würden. Selbst bei einem Zinssatz von nur 12 % würde sich das Geld innerhalb von 18 Jahren verachtfachen.

Im Gegensatz dazu neigen nichtvermögende Menschen eher dazu, sich „glücklich zu rechnen“, indem sie die Summe „klein machen“. So sind es dann nicht mehr 50.000 DM, sondern „nur“ 1.635 DM Leasingrate. Wovon gut die Hälfte ansonsten ans Finanzamt gegangen wäre. Also kostet das Auto nur 817,50 DM monatlich ... Auf diese Weise kann jede noch so teure Anschaffung schöngerechnet werden.

Viele Frauen haben eine starke Eigenschaft: eine positive Einstellung. Diese bewirkt aber leider auch oft, daß die private Finanzplanung nicht ausreichend durchdacht wird. Schließlich ist die Frau davon überzeugt, daß sie in Zukunft mehr verdienen wird und sich dadurch alles positiv verändert. Oder sie verläßt sich einfach darauf, daß Ihr Partner zukünftig besser verdienen wird.

Wir können manches schönreden, aber bei Zahlen geht das nicht. Kontostände sprechen eine klare Sprache. Bilden aber unsere Finanzen ständig ein Problem, dann kann sich unser Selbstbewußtsein nicht aufbauen. Wenn aber das Selbstbewußtsein stagniert, dann stagniert auch das Einkommen. Dabei ist es relativ leicht, ein gewisses Vermögen aufzubauen. Nur leider praktizieren das zu wenige Frauen. Da man sich aber finanziell ständig – gewollt oder ungewollt – mit anderen vergleicht, liegt die Gefahr nahe, sich als finanzielle Nichtkönnerin einzustufen. Leider erfolgt dann oft auch der Rückschluß auf die gesamte Persönlichkeit. Wer finanziell nicht zufrieden ist, der ordnet sich ganz persönlich der Kategorie „nicht erfolgreich“ zu.

Lassen Sie nicht zu, daß Finanzen Ihr Selbstvertrauen sabotieren. Delegieren Sie die Verantwortung für Ihr Geld nicht an andere. Denn es ist in der Tat sehr leicht, ein gesundes Vermögen aufzubauen – gerade für Frauen.

Ein effizientes System

Würde Sie ein System interessieren, das Ihnen die Disziplin und die Konsequenz, die das Sparen nun einmal voraussetzt, abnimmt? Ein System, das nur einmal eingerichtet werden muß und dann automatisch läuft? Und vor allem ein System, das garantiert, daß Sie Spaß haben *und* gleichzeitig Wohlstand aufbauen? Ein solches System können Sie sich mit Leichtigkeit einrichten.

Die meisten Menschen unterhalten ein normales Girokonto, auf dem das Gehalt eingeht und von dem die Ausgaben, Daueraufträge, Versicherungsbeiträge und Sparbeträge abgehen. Der Nachteil: Es mangelt an Transparenz. Eine gesunde Finanzplanung ist so nur schwerlich möglich.

Oftmals wird auch versucht, nach dem alten untauglichen Modell zu sparen: Was am Monatsende übrigbleibt, das soll „konsequent“ gespart werden. Manchmal bleibt dann auch tatsächlich etwas übrig – oft aber auch nicht. Von einem System kann man da wahrlich nicht sprechen. Außerdem steht dann jede Mark gewissermaßen in einem Interessenkonflikt. Sie könnten sie ausgeben – dann haben Sie aber nicht gespart. Andererseits könnten Sie die Mark sparen – dann haben Sie weniger für Ausgaben zur Verfügung, die Ihnen Spaß machen würden. Wie Sie es auch machen, irgendwie scheint es nie richtig befriedigend zu sein.

Wir brauchen also eine Lösung, die dieses Chaos in eine vernünftige Struktur verwandelt. Hier ist das System:

Richten Sie ein Unterkonto unter Ihr Girokonto ein. Ein Sparkonto. Auf das Sparkonto überweisen Sie sofort am Anfang des Monats 10 % von Ihrem Einkommen bzw. Haushaltsgeld. Am besten per Dauerauftrag. So zwingen Sie sich zur Disziplin. Mit den verbleibenden 90 % kommen Sie genauso gut (oder auch genauso schlecht) durch den Monat wie mit den vollen 100 %. Schwer zu glauben? Bitte probieren Sie es aus. Sie werden überrascht sein.

Wenn Sie die 10 % am Ende eines Monats sparen wollten, dann klappt das übrigens oft nicht. Denn dann sind die 10 % ja unter Umständen alles, was Sie noch haben, und der Monat ist noch nicht zu Ende. Außerdem würden Sie wahrscheinlich nicht so unbeschwert durch den Monat gehen. Schließlich hätten Sie immer im Hinterkopf, daß Sie ja noch Geld übrigbehalten müssen, um zu sparen.

Mit diesen 10 % bezahlen Sie sich gewissermaßen selbst. Mit all dem anderen Geld bezahlen Sie immer nur die anderen. Wenn Sie einen Liter Milch kaufen, einige Kiwis, Ihr Auto tanken ... Immer bezahlen Sie andere. Wer bezahlt Sie? Niemand – wenn Sie es nicht selbst tun. Wenn Ihnen also schon das Wort „sparen" nicht gefällt, dann nennen Sie es eben zukünftig „mich selbst bezahlen". Bezahlen Sie sich also selbst, indem Sie mindestens 10 % auf Ihr separates Sparkonto überweisen.

Mit dem Geld dieses Kontos bauen Sie Ihre finanzielle Unabhängigkeit auf. Das Geld, das sich hier sammelt, investieren Sie. Natürlich könnten Sie diese Investitionen auch von Ihrem normalen Girokonto aus vornehmen. Die meisten Menschen tun auch genau das – mehr oder weniger erfolgreich. Aber das separate Sparkonto hat einige klare Vorteile:

1. Sie zwingen sich gewissermaßen zur Disziplin. Jeden Monat sparen Sie genau den Betrag, den Sie sich vorgenommen haben zu sparen. Und da Sie den gesparten Betrag noch nicht einmal vermissen werden, macht Ihnen Sparen auf diese Weise Spaß.
2. Sie sparen genauso viel, wie Sie wollen. Sie behalten den Überblick. So ist Ihnen eine Finanzplanung leichter möglich. Ihre Finanzen werden transparenter. Sie können nun auch für die Zukunft hochrechnen.
3. Wenn Sie einmal eine Anlage verkaufen, dann vermischt sich das Geld nicht mit dem Geld auf Ihrem Girokonto. Vielmehr fließt es wieder auf Ihr Sparkonto. Und immer wenn sich dort eine gewisse Geldsumme angehäuft hat, dann wissen Sie: Jetzt kann ich wieder etwas anlegen.

Aber ich lebe doch jetzt!

Der Einwand, den wir in bezug auf Sparen immer wieder hören, lautet: „Aber ich lebe doch jetzt! Ich will nicht reich sein, wenn ich alt und grau bin. Ich will mein Geld jetzt ausgeben. Ich will mein Leben jetzt genießen."

Der Einwand ist berechtigt. Es macht keinen Sinn, sich sein ganzes Leben lang nur auf das Alter vorzubereiten. Was aber, wenn wir Spaß haben können und gleichzeitig Wohlstand aufbauen können? Das würde doch Sinn machen. Die Lösung ist einfach: Richten Sie nicht nur ein Unterkonto (Sparkonto), sondern noch ein zweites Unterkonto (Spaßkonto) ein. Das sieht dann folgendermaßen aus:

Die Drei-Konten-Regel:

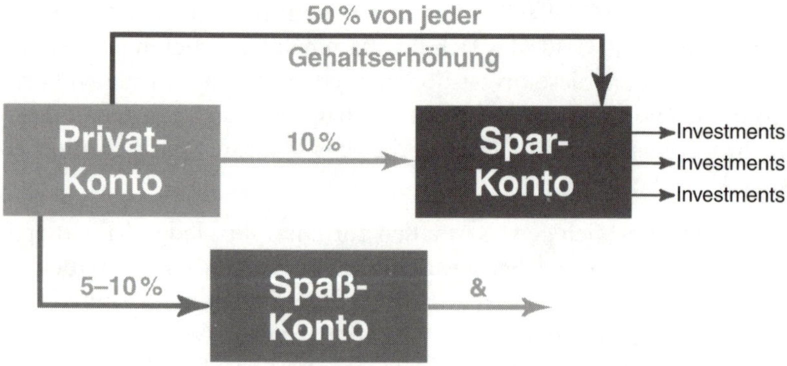

Auf das Spaßkonto überweisen Sie monatlich 5 bis 10 % von Ihrem Girokonto. Am besten ebenfalls gleich am Anfang des Monats. Und alles, was sich auf dem Spaßkonto befindet, können und sollen Sie ausgeben. Sie haben richtig gelesen. Ausgeben! Wir leben jetzt und sollten uns Freuden machen. Uns und den Menschen, die uns etwas bedeuten. Gönnen wir uns ruhig etwas. Damit wir Spaß am Geld haben. Damit wir sehen, wie schön Geld ist.

Es gibt viele Frauen, die zuviel Geld ausgeben (siehe Kaufsucht). Auf der anderen Seite gibt es aber auch ebenso viele, die nicht gelernt haben, sich selbst ein Geschenk zu machen. Irgendwie scheinen sie sich schuldig zu fühlen, sich selber zu verwöhnen. Wer auf solche Weise sparsam ist, der hat damit nicht den Beweis erbracht, ein besonders wertvoller Mensch zu sein. Unter Umständen hat eine solche Frau nur ein distanziertes Verhältnis zu sich selbst. Vielleicht hält sie sich nicht für wertvoll genug, um sich selbst zu beschenken.

Unseres Erachtens kann eine Frau, die gelernt hat, sich selbst zu verwöhnen, die sich selber liebt, anderen erst richtig viel geben. Wir machen uns seit Jahren selber Geschenke. Wir arbeiten hart. Und wir glauben, daß wir das verdient haben. Und wir genießen es. Keine Schuldgefühle. Es ist unsere „gerechte Belohnung".

Natürlich würden Sie unter Umständen reicher, wenn Sie alles sparen würden. Aber kann es des Lebens einziges Ziel sein, zu sparen und reicher und reicher zu werden? Wohl kaum. Erlauben Sie uns den bekannten Spruch „carpe diem" (nutze den Tag) abzuwandeln. Nutzen Sie den Tag, um wohlhabender zu werden. Und nehmen Sie sich Zeit und Geld für sich. Nutzen Sie auch den Tag, um sich selbst zu verwöhnen.

Hilfe, ich habe kein eigenes Einkommen!

Was sollten Sie aber tun, wenn Sie kein eigenes Einkommen haben, sondern von Ihrem Partner Haushaltsgeld bekommen? Unserer Meinung nach ist eine solche Situation *nicht* treffend mit „kein eigenes Einkommen" beschrieben. Auch wenn wir diesen Ausspruch immer wieder von Hausfrauen hören. Hausfrau zu sein ist nicht nur harte Arbeit, sondern ein Beruf wie jeder andere auch. Aber wie soll diesem Beruf die Anerkennung zuteil werden, wenn noch nicht einmal die Frauen selbst dieses Berufsbild mit Stolz und Würde etablieren.

Wenn Hausfrau sein ein Beruf ist, dann muß es dafür auch eine Bezahlung geben. Einen Betrag, der über das Haushaltsgeld hinausgeht. Einen Betrag, der einen Spielraum für den eigenverantwortlichen Umgang mit Finanzen zuläßt.

Jede Frau braucht ihren Intimbereich. Ihre absolute Privatsphäre, die ihr alleine gehört. Dazu gehört auch eine finanzielle Intimzone. *Jede Frau sollte sich eine Position schaffen, in der sie weitgehend unabhängig ist von ihrem Partner.* Aus unserer Sicht ist das nicht nur für sie wünschenswert und absolute Voraussetzung für ein erfülltes

Leben. Sondern darüber hinaus wird ein reifer Mann es seinerseits ebenfalls begrüßen, eine finanziell unabhängige Frau an seiner Seite zu haben. Nur ein an sich selbst zweifelndes Überbleibsel aus einer längst vergessenen Zeit wird bestrebt sein, seine Partnerin abhängig zu halten. Solch ein unwürdiger Zustand soll dem Männlein dann das vermitteln, was er selbst nicht hat: Sicherheit. Und es soll ihm geben, was er nicht besitzt: Wichtigkeit.

Inwieweit ein solches Fossil ein erstrebenswerter Partner sein kann, sei dahingestellt. Aus unserer Erfahrung jedenfalls genügt meist ein klärendes Gespräch mit dem Partner, um auf den Umstand aufmerksam zu machen, daß es Ihnen jetzt wichtig ist, finanzielle Unabhängigkeit für sich selbst zu erreichen. Unter Umständen hilft es Ihnen, wenn Ihr Partner Teile dieses Buches liest (wahrscheinlich liest er es dann ganz). Vielleicht denken Sie, dies sei sehr schwierig oder sogar in Ihrem Fall unmöglich. Falsch. Es geht. Das haben wir immer wieder an den Beispielen unzähliger Frauen erlebt. Und es geht leichter, als die meisten denken. Wir beschreiben es ausführlich im Kapitel 6. Hier wollen wir – als Grundlage – aber bereits festhalten, daß Sparen das Fundament bildet, auf dem Sie Ihre finanzielle Unabhängigkeit aufbauen.

Auf jeden Fall können Sie das Drei-Konten-Modell bereits mit Ihrem Haushaltsgeld durchführen. Sparen Sie vom Haushaltsgeld 10 %. Selbst wenn dieses knapp bemessen sein sollte, so wird es Ihnen gelingen, wenn Sie sich sofort am Anfang des Monats selbst bezahlen. Sie wissen ja: Wenn Sie es nicht tun, dann wird es keiner tun. Und wenn Sie es nicht als erstes tun, dann werden Sie es höchstwahrscheinlich nie tun.

Power-Tip

Richten Sie innerhalb von 72 Stunden Ihr Drei-Konten-Modell ein.

- Richten Sie unter Ihrem Girokonto ein Sparkonto und ein Spaßkonto ein. So haben Sie ein optimales System. Sparen wird Ihnen Spaß machen.
- Verhandeln Sie mit Ihrer Bank. Denn Kontoführungsgebühren sollten Ihnen für die zwei neuen Konten nicht berechnet werden. Wenn das Ihr Banker nicht einsieht, so können Sie immer noch die Bank wechseln oder eine Direktbank wählen.

- Legen Sie einen Prozentsatz fest, den Sie monatlich – gleich zu Anfang des Monats – per Dauerauftrag auf dieses Konto überweisen.
- Auf das Sparkonto sollten Sie mindestens 10 % fließen lassen. Natürlich kann der Betrag auch höher sein.
- Geben Sie niemals mehr für sich selbst aus, als auf dem Spaßkonto vorhanden ist. Aber was da ist, das geben Sie auch aus. Ohne Schuldgefühle. Weil Sie es wert sind. Und weil es Spaß macht.

Jede Gehaltserhöhung ist eine Chance, richtig zu sparen

Die alten Babylonier haben etwas Interessantes festgestellt: „Deine Ausgaben werden immer wachsen bis zu dem Niveau deines Einkommens." Wahrscheinlich haben Sie irgendwann weniger verdient als heute. Und trotzdem sind Sie damals auch zurechtgekommen. Nun verdienen Sie mehr, geben aber auch mehr aus. Und das geht immer so weiter. Je mehr wir verdienen, desto mehr geben wir auch aus.

Dabei können Sie diesen Teufelskreis mit einem ganz einfachen Trick durchbrechen: Indem Sie konsequent von jeder Gehaltserhöhung 50 % sparen. Sie überweisen es einfach auf Ihr Sparkonto zusammen mit den 10 %. Natürlich per Dauerauftrag am Anfang des Monats.

Überlegen Sie einmal, wieviel Sie monatlich sparen würden, wenn Sie das immer getan hätten. Nun, die Vergangenheit können wir nicht ändern. Aber in Zukunft können Sie es so halten. Das hätte einige Vorteile:

- Sie könnten so ziemlich „schmerzlos" sparen. Denn Ihr Lebensstandard ist noch nicht mit der Gehaltserhöhung mitgewachsen.
- Gehaltserhöhungen machen so mehr Spaß und Sinn. Sie heizen nicht mehr die Überkonsumspirale an.
- Sie sind stolz auf sich. Denn Sie beweisen sich selbst, daß Sie gut mit Geld umgehen können.
- Mit jeder Gehaltserhöhung rücken Ihre finanziellen Ziele ein gutes Stück näher.

Wenn Sie selbständig sind, dann geben Sie sich eben von Zeit zu Zeit selber eine Gehaltserhöhung. Und sparen natürlich davon konsequent 50 %.

Was aber, wenn Ihr Einkommen schwankt?

Von Selbständigen und Freiberuflern hören wir immer wieder: „Ich habe gar kein festes Einkommen. Meine Einnahmen schwanken. So kann ich gar nicht einen gewissen fixen Betrag pro Monat sparen."

Übrigens erleben wir immer wieder, daß insbesondere Freiberufler ihre privaten und geschäftlichen Finanzen nicht voneinander getrennt haben. Oftmals wird auch nur ein einziges Konto unterhalten. Erlauben Sie uns, dies ganz deutlich zu sagen: Ein solches Kuddelmuddel ist tödlich. Sie brauchen zwei getrennte Konten. Eines für Ihre Firma und eins für Ihre privaten Finanzen. Manchmal ist es gar nicht so einfach, die beiden Konten voneinander zu trennen – wenn Sie zum Beispiel ein Auto fahren, das Sie sowohl geschäftlich als auch privat nutzen. Am besten setzen Sie sich so schnell wie möglich mit Ihrem Steuerberater zusammen, um die Trennung zu vollziehen.

Wichtig ist nun, daß es Ihnen gelingt, in Ihrem Kopf Firma und Angestellte in einer Person zu sein. D.h., sie, die Firma, muß Ihnen, der Angestellten, ein festes Gehalt zahlen. Sie überweisen sich also von Ihrem Firmenkonto jeden Monat einen gleichbleibenden Betrag auf Ihr Privatkonto. Das sieht dann folgendermaßen aus:

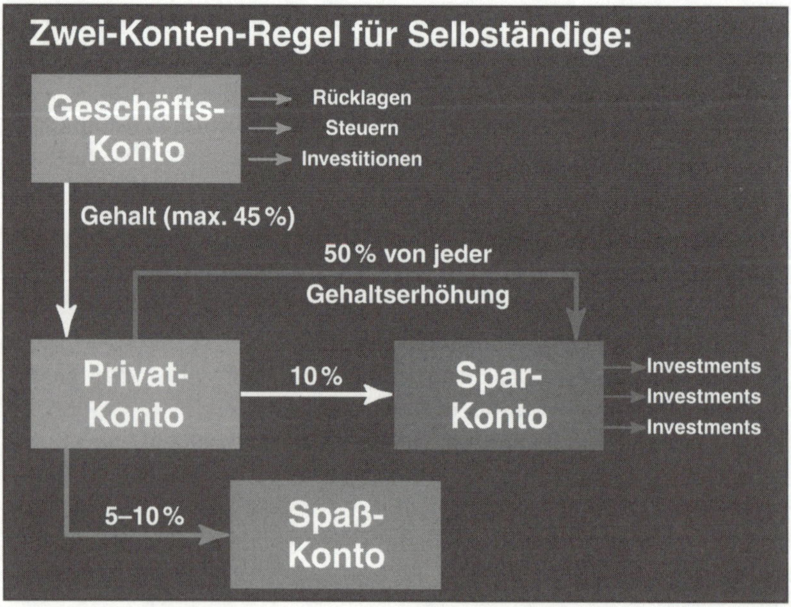

Die Frage ist nur: Wie hoch sollte das Gehalt sein, das Sie sich selber bezahlen? Unser Vorschlag: Nicht mehr als 45 % vom Profit des Vorjahres. Maximal 45 %, denn Sie müssen mit den verbleibenden 55 % noch Steuern zahlen, investieren und Rücklagen für die Firma bilden. Wenn Sie also 120.000 DM Profit gemacht haben, dann sind 45 % davon 54.000 DM. Das entspricht einem monatlichen Gehalt von 4.500 DM. Diese 4.500 überweisen Sie sich. Von diesem Geld leben Sie, als wenn Sie in einem normalen Angestelltenverhältnis wären. Oder als wenn Sie eine GmbH hätten und sich ein Geschäftsführergehalt bezahlen. So lernen Sie, mit einem bestimmten Betrag pro Monat zurechtzukommen. So können Sie planen. Und so können Sie Rücklagen innerhalb Ihrer Firma bilden.

Daß wir uns nicht falsch verstehen: 45 % ist bereits die äußerste Grenze. Besser wäre es natürlich, wenn Sie mit 15 % zurechtkämen. Aber mehr als 45 % vom Profit des letzten Jahres darf es auf keinen Fall sein.

Machen Sie niemals Konsumschulden

Also lernen Sie auch, sich selbst zu verwöhnen. Aber mit System. Nehmen Sie dafür nur das Geld, das sich auf dem Spaßkonto befindet. Wenn Sie also einen Wunsch haben – und auf dem Spaßkonto befindet sich nicht genügend Geld dafür, dann warten Sie eben einige Wochen oder Monate. Leisten Sie sich nur etwas, wofür Sie das Geld bereits haben. Kaufen Sie niemals irgend etwas für den privaten Gebrauch auf Kredit.

Sie erreichen dadurch einen mehrfachen Effekt: Erstens belohnen Sie sich nicht schon im voraus, sondern erst dann, wenn Sie es auch wirklich „verdient" haben. Zweitens stärken Sie durch diese Disziplin Ihr Selbstbewußtsein ganz enorm. Drittens bleiben Sie motiviert. Denn wer sich seine Belohnung vorwegnimmt, der muß sich ja nicht mehr so anstrengen. Viertens macht es einfach keinen Spaß, für Ausgaben von gestern zu arbeiten. Wir arbeiten dann nur für die Vergangenheit. Wer dagegen keine Konsumschulden macht, der arbeitet für seine Ziele.

Natürlich fällt es nicht immer leicht, auf etwas zu warten, das man sich sehnlich wünscht. Insbesondere wenn man die Kreditraten dafür ohne weiteres aufbringen könnte. Ob es sich um eine neue

Einrichtung oder ein Auto handelt – es reizt. Aber es wäre einfach sehr, sehr dumm. Eine sehr erfolgreiche Geschäftsfrau sagt dazu: „Jemanden, der Konsumschulden macht, kann ich nicht ernst nehmen. Eine solche Person wird höchstwahrscheinlich im Geschäftsleben Schiffbruch erleiden."

Können Sie mehr sparen?

Es gibt zwei Wege, falls Sie mehr sparen wollten. Erstens können Sie natürlich jederzeit einen größeren Prozentsatz auf die Seite legen als die genannten 10 %. Zweitens könnten Sie aber auch versuchen, von dem Geld, mit dem Sie alle Ihre Ausgaben bestreiten, noch etwas sparen. Das nennt man dann budgetieren.

Einen vernünftigen Budgetplan können Sie ganz leicht erstellen. Zuerst listen Sie alle Ihre Ausgaben auf. Alles, wofür Sie monatlich Geld ausgeben.

Vergessen Sie nicht, Zahlungen, die vierteljährlich, halbjährlich oder jährlich geleistet werden, ebenfalls mit in das Monatsbudget einzubeziehen. In dem Fall müßten Sie die Zahlungen eben durch die entsprechenden Monate teilen. Beispiel: Wenn Ihre Grundsteuer vierteljährlich fällig wird, dann teilen Sie den Betrag durch drei. Wird der Beitrag für Ihre Kfz-Versicherung jährlich abgezogen, so teilen Sie diese Summe durch 12. Das gleiche gilt für einmalige Leistungen wie die Aufnahmegebühr in einen Club oder ein Fitneßcenter und für den Jahresurlaub.

Power-Tip

Listen Sie mindestens einmal pro Jahr alle Ihre Ausgaben auf.

- Sie werden überrascht sein, wofür Sie alles Geld ausgeben.
- Sie erhalten einen Überblick, auf dessen Grundlage Sie das nächste Jahr planen können.
- Möglicherweise können Sie nun sogar einen Budgetplan erstellen.
- Am besten tun Sie es gleich. Vielleicht hilft es Ihnen auch, sich damit regelmäßig um den Jahreswechsel herum zu befassen.
- Sie werden erstaunt sein, wieviel Geld Ihnen eine solch einfache Übung spart!

Warum die meisten Budgetpläne nicht korrekt sind

Die meisten Planungen berücksichtigen nicht, daß es viele Zahlungen gibt, die nicht regelmäßig jeden Monat auftauchen. So werden zum Beispiel saisonbedingte Zahlungen und Beträge mit jährlicher Zahlweise gerne vergessen.

Dieses Problem dürfen wir nicht zu leicht nehmen. Denn es bildet die Grundlage für die Überschuldung vieler Menschen. Darum sollten Sie Ihren Budgetplan noch einmal auf solche „versteckten Zahlungen" hin überprüfen. Es gibt keinen Weg, sich vor vielen unvorhergesehenen Ereignissen zu schützen. Aber wir können sie abschätzen und in unsere Planung einbauen.

Nachfolgend eine Liste, die einige typische Zahlungen enthält, die allzuleicht vergessen werden:

- Besondere Feierlichkeiten: Wissen Sie, wieviel Sie jedes Jahr für Weihnachts- und Geburtstagsgeschenke ausgeben?
- Zahnersatz, der noch nicht einmal jedes Jahr, aber doch alle paar Jahre anfällt. Ein großer Teil davon wird möglicherweise nicht von der Versicherung getragen.
- Aufnahmegebühren für einen Club – die jährliche Gebühr.
- Versicherungsbeiträge mit jährlicher oder halb- und vierteljährlicher Zahlungsweise.
- Die Ferien. Wieviel ist das auf den Monat umgerechnet?
- Die Steuern: Grunderwerbsteuern, Kapitalertragsteuern …
- Falls Sie ein eigenes Haus haben: Überdenken Sie auch die Kosten, die dafür anfallen. Öllieferungen, Feuerholz, Elektrizitätsrechnung, die Gartenhilfe im Sommer, die Reparaturen …
- Haustiere: Anschaffungskosten, Unterbringung, Impfung, Verletzungen und andere Gründe, warum Sie den Tierarzt aufsuchen müssen …
- Kleidung für Sie selbst und mögliche Kinder
- Haarschnitt, die Dauerwelle und Tönung alle paar Monate.

Rechnen Sie solche Beträge auf den einzelnen Monat um. Obendrein sollten Sie noch einen Fonds für „Unvorhergesehenes" einrichten. Unter Umständen benutzen Sie dafür ein zusätzliches Unterkonto. Auch hierfür sollten Sie monatlich einen bestimmten Betrag zurücklegen. Denn es wird auch in Zukunft Reparaturen geben, und Geräte werden den Geist aufgeben.

Der Budgetplan

Jetzt haben Sie natürlich noch keinen Budgetplan. Bisher haben Sie lediglich Ihre Ausgaben aufgelistet. Aber Sie haben sich die Grundlage für einen Plan geschaffen. Sie wissen jetzt, wohin Ihr Geld fließt. Wahrscheinlich wird es Ihnen so gehen wie den meisten Menschen: Sie werden erstaunt sein, wenn Sie feststellen, was und wieviel wohin geht.

Eine sinnvolle Methode, einen Budgetplan zu erstellen, kann sein, daß Sie jetzt alle Punkte auf Ihrer Ausgabenliste durchgehen. Natürlich könnten Sie sich bei jeder Ausgabe fragen: Wie kann ich hier weniger ausgeben? Unseres Erachtens kommt dann aber der Spaßfaktor zu kurz. Wieviel Lebensqualität hat jemand, der sein ganzes Sinnen und Trachten darauf ausrichtet, möglichst wenig auszugeben? Sollten Sie aber zu diesem Thema mehr wissen wollen, erhalten Sie von uns gerne die entsprechenden Literaturhinweise im Anhang.[3]

Unseres Erachtens gibt es eine viel elegantere Methode zu budgetieren. Eine Methode, die nicht an Ihrem Lebensspaß frißt. Fragen Sie sich bei jedem einzelnen Posten:

- Ist diese Position notwendig? Oder zahle ich hier aus Gewohnheit für etwas, das mir gar nicht so wichtig ist?
- Wie kann ich für diese Position weniger ausgeben, ohne mich in meiner Lebensqualität einzuschränken? Mit anderen Worten: Wie kann ich es schaffen, für die gleiche Leistung wesentlich weniger zu zahlen?

Hier einige Beispiele:

- Wenn Sie einen Gebrauchtwagen anstatt eines Neuwagens fahren, dann sparen Sie oft über 50 % des Anschaffungspreises.
- Kaufen Sie Ihr Telefon, anstatt es zu mieten. Über die Jahre zahlen Sie sonst ein Vielfaches der wirklichen Kosten.
- Handeln Sie in Hotels. Wir bekommen selbst in erstklassigen Häusern oftmals 40 % Rabatt.
- Wenn Sie sich privat krankenversichert haben, dann sollten Sie sich nur gegen die großen Risiken absichern. (Siehe Kapitel 13.)
- Oftmals sparen Sie viel Geld, wenn Sie überhaupt einmal alle Ihre Versicherungen von einem unabhängigen Makler durchsehen lassen.
- Kaufen Sie Bürogegenstände aus Konkursmasse.

Auch hierzu gibt es ausgezeichnete Literatur. Oft glauben wir, an der einen oder anderen Ausgabe gar nicht herumzukommen. Und es fehlt uns nur die Idee. Lesenswert hierzu ist das Buch von Susanne Westphal.[4]

Was wir in diesem Kapitel gesagt haben, ist nicht gerade neu. Schon die alten Babylonier wußten: „Derjenige, der mehr ausgibt, als er verdient, sät die Winde der Verwöhnung und des Frönens der Genußsucht, mit denen er sicherlich die Wirbelwinde des Kummers und der Erniedrigung ernten wird."

Es ist auch nicht besonders populär. Sparen ist nicht in. Die Gesellschaft regt zum Überkonsum an. Die Werbung animiert. Im Elternhaus und in der Schule haben die meisten von uns den Umgang mit Geld nicht optimal beigebracht bekommen. Der Staat geht mit schlechtem Beispiel voran. Durch die ständigen Debatten der Neuverschuldung scheint es außer Frage zu stehen, daß Verschuldung unumgänglich ist. Ein Beispiel: Angenommen, Sie hätten sich im letzten Jahr um 10.000 DM verschuldet. Und dieses Jahr hätten Sie erneut 8.000 DM aufgenommen. Dann hätten Sie insgesamt 18.000 DM Schulden. Eigentlich eine ganz klare Sache. Nicht so bei der Regierung. Die würde sich in einem solchen Fall damit brüsten, daß die Neuverschuldung um 20 % gesenkt werden konnte. So kann man aber auch alles schönreden.

Zumindest machen sich die wenigsten darüber Gedanken, daß Wohlstand durch Sparen entsteht. Vergessen Sie bitte nicht: „Wenn wir tun, was alle tun, werden wir bekommen, was alle haben."

Viele denken auch, daß sie irgendwann einmal soviel verdienen, daß sie jetzt nicht zu sparen brauchen. Warum sollte man sich also heute einschränken, wenn man morgen ohnehin im Geld schwimmen wird? Das ist eine schwachsinnige Hoffnung. Unser zukünftiges Einkommen soll dann die Zauberlösung für das sein, was wir nicht zustande bringen. Es soll uns vermögend machen. Das wird nicht funktionieren. Denn Reichtum kommt nicht von alleine. Wir müssen unseren Umgang mit Geld ändern. Es wird sich nichts ändern, wenn wir uns nicht ändern. *Wenn wir bessere Umstände haben wollen, dann müssen zuerst wir uns ändern. Wenn wir mehr Geld haben wollen, dann müssen wir die Art und Weise verändern, wie wir mit Geld umgehen.* Für mehr Geld müssen wir uns qualifizieren. Indem wir lernen, mit dem Geld umzugehen, das wir jetzt zur Verfügung haben. Wann? Jetzt gleich.

Es ist nun einmal so, daß unsere weisen Handlungen uns durch unser Leben begleiten, um uns zu erfreuen und um uns zu helfen. Sparen ist eine solche „weise“ Handlung. Genauso sicher werden unsere unklugen Handlungen uns verfolgen, um uns zu plagen und zu quälen. Geld mit beiden Händen auszugeben hat nichts mit Freiheit zu tun. Denn wie können wir uns freie Menschen nennen, wenn unsere Schwäche uns in eine mißliche Situation bringt? Eine Situation, die uns schwächt, statt uns zu unterstützen. Eine Situation, die alles andere als motivierend ist.

Wir können uns nicht im Umgang mit Geld völlig danebenbenehmen und annehmen, daß später alles wieder gutgemacht wird, wenn wir viel verdienen. Die Hoffnung auf den zukünftigen großen Verdienst ist dann gewissermaßen die Absolution für einen naiven sorglosen Umgang mit den Finanzen. Geld heute auszugeben, das wir erst morgen verdienen wollen, birgt immer ein Risiko.

Nehmen Sie die Zahnärzte. Dieser Berufsstand ist von den Ministern Seehofer und Fischer arg gebeutelt worden. Sagen sie. Stimmt auch – aber nur bedingt. Denn das ist nur die eine Seite der Medaille. Denn kein Seehofer und Fischer dieser Welt hat die Macht, jemanden davon abzuhalten, klug mit Geld umzugehen. Was aber war geschehen? Die Zahnärzte haben sich während der „goldenen Zeiten“ eine Praxis zugelegt, die einfach sehr teuer war, in der Hoffnung, daß alles so bleiben würde wie bisher. Und jetzt ist alles anders. Die Gesetze wurden willkürlich verändert. Ein unglaublicher Eingriff in den Betrieb eines Selbständigen. Stimmt. Nur: Daraus sind die Probleme, die viele Zahnärzte heute haben, nicht entstanden. Die sind entstanden, weil zu eng und zu optimistisch kalkuliert wurde. Ich weiß von vielen, daß sie heute anders kalkulieren würden. Die Praxis würde heute ganz anders eingerichtet werden.

Wir haben eben gesagt, daß sich nichts ändert, wenn wir uns nicht ändern. Selbst ein höherer Verdienst ändert nichts. Warum ist das so? Weil trotz eines höheren Verdienstes zwei Dinge immer gleich bleiben: Erstens: Wir haben uns nicht verändert. Das heißt, wir werden nicht plötzlich zu einem Finanzexperten, nur weil wir mehr verdienen. Tatsächlich kann der höhere Verdienst wie ein Katalysator auf unsere Finanzen wirken. Hatten wir bei geringem Verdienst Probleme, so haben wir bei höherem Verdienst nur noch größere Probleme.

Und zweitens bleiben die Prozentsätze gleich. Jemand, der es sich angewöhnt hat, 5 % mehr auszugeben, als er verdient, wird diese

Gewohnheit nicht ändern, nur weil der Verdienst geklettert ist. Auch seine Überziehungen und Kredite werden größer. Also nimmt das Problem insgesamt zu. Wenn jetzt nämlich der Verdienst ausbleibt – aus welchem Grund auch immer –, dann ist der Schuldenberg schwerer abzutragen. Ein Nachteil des größeren Verdienstes ist nämlich, daß man nun noch „kreditwürdiger“ geworden ist.

Geld ist für diejenigen reserviert, welche die Gesetze des Geldes kennen und einhalten. Und das unumstößliche Gesetz für den Aufbau von Wohlstand lautet nun einmal: Sparen. Nur das Geld, das wir behalten, macht uns reich.

Und es lohnt sich, wie Sie in Kapitel 6 sehen werden.

Kapitel 6

Wie Sie Ihr Einkommen erhöhen

Wir werden nicht nach unserem Wert bezahlt, sondern danach, wieviel wir denken, wert zu sein. Unser Einkommen erhöht sich in dem Maße, wie unser Selbstbewußtsein zunimmt.

Bodo Schäfer

Was tun die meisten Menschen, wenn sie mehr Geld brauchen? Einige borgen sich etwas und erhöhen somit ihren Schuldenberg. Andere schnallen den Gürtel enger und passen ihre Bedürfnisse dem vorhandenen, oftmals mageren Einkommen an.

Anstatt die Komfortzone zu verlassen und Herausforderungen anzunehmen, begrenzen die meisten Menschen ihre Träume. Sie begrenzen sie durch das, was sie subjektiv als Grenze und Limitation erleben. Sie ergeben sich in ihre Umstände. Und so verharren sie passiv in einer „Mal-abwarten-was-passiert-Einstellung". Aber worauf warten sie? Auf ein Wunder? Meistens ereignet sich dieses Wunder nicht.

Natürlich gibt es Wunder. Aber nur, wenn wir uns darauf vorbereiten und unseren Teil dazu beitragen. *Entweder besorgen Sie sich, was Sie lieben, oder Sie müssen „lieben", was Sie haben.* Der Weg, sich schnell Ihre Träume zu erfüllen, ist Ihr Einkommen.

Ich möchte Sie in diesem Kapitel dazu einladen, Ihr Einkommenswunder selbst zu bewerkstelligen – indem Sie sich das Ziel setzen, Ihr Einkommen innerhalb von drei Monaten um 20 % zu steigern und es von da ab jedes Jahr um weitere 20 % zu steigern. Mindestens.

Es gibt viele Frauen, die dies geschafft haben. Ich will damit nicht andeuten, daß alle die gleichen Voraussetzungen für ein hohes Einkommen haben. Vielleicht hatten einige wenige Frauen mehr Talente als Sie und bessere Startbedingungen. Aber sicherlich hatten viele auch schlechtere Voraussetzungen und weniger Talente. Dennoch haben sie einen sehr hohen Verdienst. Wieso? Weil diese Frauen sich auf die Punkte konzentriert haben, auf die es wirklich ankommt, wenn ein hoher Verdienst entstehen soll. Welche Voraussetzungen sie hatten, welche Erziehung sie genossen haben und in welcher Situation sie sich befanden, war dabei eher nebensächlich.

Meine Bitte: Nehmen Sie diese Tips sehr ernst. Sagen Sie niemals: „Das funktioniert für mich nicht" – solange Sie es nicht ausprobiert haben. Denn nun ist längst überfällig, daß der Mißstand ausgeräumt wird, den ich im ersten Kapitel beschrieben habe. Frauen dürfen nicht länger weniger verdienen als Männer.

Der erste Schritt

Wenn Sie mit diesem Kapitel arbeiten und die Tips darin umsetzen, werden Sie diese Ziele erreichen. Sie werden 20 % mehr innerhalb von drei Monaten verdienen und zusätzlich jedes Jahr 20 % mehr. Garantiert.

Vielleicht wollen Sie aber auch mehr. Bitte legen Sie jetzt einfach fest, wieviel Sie innerhalb von drei Monaten mehr verdienen wollen.

Das ist immer der erste Schritt, wenn wir ein Ziel erreichen wollen. Wir müssen es definieren und aufschreiben. *Denn wir bekommen im Leben immer das, was wir erwarten.* Nicht weniger, aber auch nicht mehr.

Bitte überlegen Sie auch zum jetzigen Zeitpunkt noch nicht, ob das realistisch ist. Nehmen Sie jetzt nur Kontakt zu Ihren Wünschen auf. Bitte notieren Sie:

Ich will innerhalb von drei Monaten ____% mehr verdienen. Mein Monatseinkommen beträgt dann _______DM.

Warum verdienen Frauen weniger?

Es darf den Mißstand nicht länger geben, daß Frauen weniger verdienen als Männer.

Allerdings wird es nicht einfach sein, diesen Mißstand abzustellen. Denn die Arbeitswelt ist stark männlich. Überall gibt es männliche Rituale, männliche Rangordnungen, männliche Losungsworte und männliche Regeln. Das Maß der Welt scheint männlich zu sein. Darin steckt die Aufforderung, das eigene, das weibliche Potential abzuwerten.

Manche Frauen versuchen, den männlichen Erfolgsstil zu kopieren. Damit verstärken sie aber nur das männliche System. Gleichzeitig verunsichern sie viele Männer, die sie darum als Feind empfinden. Denn Männer neigen dazu, ihre Wahrnehmung erheblich zu reduzieren – auf Kampf. Der Mann ist Kämpfer und bestimmt die Regeln. Denn er betrachtet die Welt als seine Welt. Frauen, die in seine Welt eindringen, betrachtet er zunächst einmal als Feind.

Die große Gefahr für die Frauen besteht in der Konfrontation und dem daraus entstehenden Vergleich mit Männern. Denn wer sich mit anderen vergleicht, der wird immer unterliegen. Zumindest irgendwann. Minderwertigkeitsgefühle entspringen dem Vergleich mit anderen Menschen. Eigentlich vergleichen wir uns, um zu „gewinnen.“ *Aber leider ist es nur allzuoft der Fall, daß wir in dem Vergleich unterliegen und uns folglich minderwertig fühlen.* Durch den Vergleich mit Männern fühlen sich viele Frauen minderwertig. Weil sie versuchen, sie in ihrem Spiel zu schlagen und dabei auch noch nach ihren Regeln spielen. In einem Vergleich unter solchen Bedingungen muß die Frau unterliegen.

Je eher wir damit aufhören, uns mit anderen zu vergleichen, desto eher erkennen wir unsere Einzigartigkeit und desto eher steigt unser Selbstbewußtsein. Wir werden gleich sehen, warum das so wichtig ist.

Männer kultivieren eine gewisse Selbstüberschätzung. Es fehlt ihnen an Selbstkritik – deshalb behaupten sie sich besser. Weil viele Frauen nicht so sehr darstellen, was sie zu bieten haben, sind sie oft auch dort im Nachteil, wo sie eindeutig besser sind. Die Frau wartet auf Entdeckung, der Mann entdeckt sich selbst.

Das optimistische Selbstbild der Männer erweist sich geradezu als Instrument für Erfolg. Selbst Zufallsergebnisse wird der Mann als geplante Erfolge verbuchen. Erfolge, die durch glückliche Umstände zustande gekommen sind, heftet er sich wie einen Orden an die Brust. Er sieht darin eine weitere Bestätigung seiner Kompetenz. Mißerfolge sind für ihn lediglich Zufälle oder schlicht und einfach Pech.

Die Frau geht da oft ganz anders vor. Für Mißerfolge macht sie sich selbst verantwortlich, Erfolge tut sie als Glück ab. Ist sie damit

„realistischer"? Nein. Denn wie wir seit Einstein wissen, gibt es keine objektive Realität. Der Betrachter schafft sich selbst seine Realität. Auf den Job bezogen heißt das: *Ob wir glauben, daß wir gut sind, oder ob wir glauben, daß wir schlecht sind – in beiden Fällen haben wir recht.* Denn in beiden Fällen werden wir Beweise dafür suchen und finden, daß unsere Meinung richtig ist. Und durch selektive Wahrnehmung können wir für alles Beweise finden.

Männer sind auch im Job keinesfalls besser, sie glauben aber, es zu sein – und dadurch sind sie oft dann letztlich tatsächlich besser. Denn leider macht genau das den Unterschied in der Bezahlung aus. Wir werden nicht nach unserem Wert bezahlt, sondern danach, was wir denken, wert zu sein.

Durch das hohe Selbstwertgefühl der Männer ziehen diese Erfolge noch stärker an. Auf der anderen Seite ziehen Frauen durch das geringere Selbstvertrauen Mißerfolge stärker an. In der hohen Einschätzung der eigenen Möglichkeiten liegt auch der Grund, warum der Mann den männlichen Weg zum Maß aller Dinge erhoben hat. Der Mann selbst hat einfach eine Hochschätzung des eigenen Geschlechts vorgenommen.

Es beginnt in der Kindheit

Das fängt schon in frühester Jugend an. Kleine Jungen riskieren mehr, fallen stärker auf, geben an und machen sich wichtig. Sie verstehen es, sich zur Geltung zu bringen. Selbst um absolute Selbstverständlichkeiten machen sie großes Aufheben. Kleine Gefälligkeiten werden zu einem Akt genialer Selbstinzenierung. Insgesamt gelingt es ihnen, von den Personen, die sie erziehen, mehr Beachtung zu erhalten. Dabei handelt es sich nicht immer um Lob. Oft werden sie auch getadelt. Aber in jedem Fall werden sie beachtet. Und durch diese Beachtung – ganz gleich, ob sie in Form von Lob oder Tadel erfolgt – sagt sich der kleine Junge: „Ich bin wichtig."

Kleine Mädchen geben sich bescheidener. Was sie tun, findet man bald selbstverständlich. Denn das Mädchen selbst empfindet es als selbstverständlich. Auf diese Weise bleibt das erhoffte und verdiente Lob aus. Auch weil Mädchen weniger Widerstände zeigen, erfolgt weniger Zuwendung. Statt nun die Strategie zu ändern, verstärken die Mädchen noch mehr die gleiche Vorgehensweise. Sie helfen mehr und hoffen, auf diese Weise die ihnen zustehende Bewunderung und Aufmerksamkeit zu erhalten. Eine solche Strategie kann sich dann zur Opferrolle verdichten.

Durch diese Opferhaltung ändert sich natürlich nichts zum Besseren. Im Gegenteil, die Benachteiligung ist jetzt manifestiert. Ein Lebensunrecht ist akzeptiert.

Während die Männer nach vorne rücken durch Angeberei und Imponiergehabe, wartet die Frau auf den Entdecker ihrer guten Taten. Das Betätigungsfeld der Männer scheint wie eine fremde Bühne, für die sie keinerlei Qualifikation mitbringt. Es fehlen ihr das männliche Kostüm und die männlichen Strategien.

Männer holen sich ihre Selbstachtung kurzerhand aus ihrer Tätigkeit. Was sie machen, ist wichtig, weil sie es für wichtig halten. Dabei ist wichtig, daß die Frau nicht versucht, in Konkurrenz zu den Männern zu treten. Denn dann müßte sie nach den Spielregeln der Männer arbeiten und würde zwangsläufig unterliegen.

Vielmehr sollte sie sich auf ihre Vorteile konzentrieren. Vorteile, die heute in der Wirtschaft zu einem knappen Wirtschaftsgut geworden sind: zuhören. Zuerst zuhören und dann sprechen. Kommunikation. Entscheidungen treffen. Intuitives Handeln. Ganzheitliches Denken, Planen und Handeln. Die gesamte Dienstleistungskultur mit Imagepflege und Kundenkommunikation. Bindungen zu schaffen und Bindungen zu erhalten.[1]

Frauen sind am stärksten, wenn sie weiblich agieren. Wenn sie sich auf ihre Vorteile und ihre Einzigartigkeit besinnen. Auf keinen Fall dürfen sie sich vergleichen. Sie müssen lernen, sich selbst zu achten und zu beachten. Nur dann werden sie von anderen geachtet und beachtet.

Die wichtigste Voraussetzung für mehr Einkommen

Wenn wir uns die Frage stellen, welche Voraussetzungen die bedeutendsten sind, wenn wir unser Einkommen steigern wollen, so kommen uns viele Qualitäten in den Sinn: Ausdauer, Disziplin, Visionen haben, Fleiß, Leidenschaft und Ehrgeiz ... All dies ist sicherlich sehr wichtig. Vieles sogar unentbehrlich. Aber es gibt eine Qualität, die sich von den anderen abhebt, weil sie die Grundbedingung der anderen ist.

Aus dem zuvor Gesagten geht diese Eigenschaft klar hervor: Es handelt sich um das Selbstbewußtsein. *Ihr Einkommen steigt (und fällt) parallel zu Ihrem Selbstbewußtsein.* Warum ist das so? Nun, Geld zu verlangen ist oft eine Frage des Selbstbewußtseins. Ob Sie Ihre Zeit und Ihre Leistung für wertvoll halten, richtet sich danach, für wie wertvoll Sie sich selbst einschätzen. Wenn Sie der Meinung sind, daß Sie eine Gehaltserhöhung verdienen, so werden Sie anfangen, nach Gelegenheiten zu suchen, die Ihnen zu dieser Gehaltserhöhung verhelfen.

Um Gelegenheiten erkennen und nutzen zu können, müssen Sie selbstbewußt sein. Ram Dass sagt dazu: *„Der Regen kann nur so vom Himmel gießen, aber wenn du nur eine Untertasse hinaushältst, wirst du auch nur eine Untertasse voll empfangen."*

Das Problem ist nicht so sehr Ihr tatsächlicher Wert, sondern der von Ihnen angenommene Wert. Sie bekommen nicht, was Sie verdienen, sondern Sie bekommen nicht mehr und nicht weniger, als Sie denken, daß Sie verdienen.

Angeborenes Selbstbewußtsein ist ein Mythos

Forscher sind sich weitgehend darin einig, daß alle Menschen mit gleich viel oder gleich wenig Selbstvertrauen geboren werden. Selbstvertrauen ist demnach nicht vererblich. Wir müssen es aufbauen. In unserer Kindheit und auch als Erwachsene – täglich. Als Kinder waren wir unserer Umgebung willkürlich ausgesetzt. Aber irgendwann waren wir alt genug, um eigenverantwortlich unsere Umwelt selbst zu bestimmen. Vor allem aber können wir selbst bestimmen, wie wir die Ereignisse unseres Lebens interpretieren und welche Erlebnisse wir verstärken wollen: unsere Niederlagen oder unsere Erfolge.

Hier bedingt das Selbstbewußtsein das Selbstvertrauen. Wir benötigen zunächst einmal das Bewußtsein von uns selbst. Die Erkenntnis, wie wir wirklich sind. *Wir können nur jemandem trauen, den wir kennen – das gilt natürlich auch für uns selbst.* Wenn man sich selbst nicht kennt, kann man sich selbst auch nicht mögen.

Je besser wir uns kennenlernen, desto stärker erkennen wir die Mechanismen unseres eigenen Handelns. Je klarer uns diese Mechanismen werden, um so mehr Kontrolle können wir über unser eigenes Leben ausüben. Das Problem der meisten Menschen ist, daß sie nicht erkennen, was sie nicht kennen. Sie erkennen die Mechanismen nicht, die ihr Leben bestimmen. Darum haben sie nur wenig Kontrolle über ihr Schicksal.

Anders als die Tiere haben wir die Möglichkeit der Wahl. Somit haben wir die Chance, unsere Aktion und Reaktion frei zu wählen. Das setzt aber voraus, daß wir uns dieser Wahlmöglichkeit zunächst einmal überhaupt bewußt werden (Selbstbewußtsein).

Selbstvertrauen ist die Fähigkeit, sich selbst zu vertrauen. *Ob wir zu einem solchen Vertrauen zu uns selbst Anlaß haben, hängt zu einem großen Teil davon ab, ob wir die geeigneten Beweise dazu in unserer Vergangenheit finden.* Je mehr wir uns damit beschäftigen, daß wir uns selbst vertrauen können, desto mehr Selbstvertrauen entwickeln wir. Denn Beachtung schafft Verstärkung. Je stärker wir uns auf den Bereich konzentrieren, der unserer Kontrolle unterliegt, desto stärker fühlen wir uns.

Machen Sie sich bewußt, daß alle wichtigen Bestandteile für Ihr Lebensglück vollständig Ihrer Kontrolle unterliegen: Sie entscheiden, mit wem Sie sich umgeben. Sie entscheiden, wie Sie sich selbst und Ihre Welt sehen wollen. Sie entscheiden, wie Sie die Situation, in der Sie sich gerade befinden, interpretieren und wie Sie auf die Situation reagieren wollen. Je mehr Selbstvertrauen Sie aufbauen, um so mehr sehen Sie Chancen und Gestaltungsspielräume in Ihrem Weltbild. Sie sind dann viel mehr Täter als Opfer.

Hiermit ist nicht „positives Denken“ gemeint. Positives Denken alleine hat schon manchen verwirrten Geist erzeugt, weil es als Ersatz für Selbstbewußtsein gehandelt wird. Autosuggestive Formeln senken – mangels Beweisen – allenfalls noch das Selbstvertrauen. Die Symphonie des Lebens besteht nicht nur aus einer Aneinanderreihung von hohen Noten. Es gibt auch tiefe und häßliche Noten.

Positives Denken meint, das ganze Leben sei ein einziges Fest – wenn man es nur richtig betrachtet. Wer Selbstvertrauen hat, weiß, es gibt auch schwarze Momente und wirkliche Probleme – hat aber das Selbstvertrauen, mit diesen Problemen umgehen zu können.

Hier soll nicht gegen positives Denken gesprochen werden. Im Gegenteil. Wenig ist verantwortungsloser als Pessimismus. Aber positives Denken alleine ist gefährlich. Es muß ergänzt werden um Beweise. Diese Beweise müssen von innen kommen. Formeln und Motivation von außen sind hier nicht ausreichend und machen abhängig. Selbstvertrauen bedeutet die Fähigkeit, zu sich selbst Vertrauen zu haben.

Ob wir zu solchem Vertrauen in die eigene Person Anlaß haben, hängt von vier Faktoren ab:

1. Welche Erfahrungen wir in der Vergangenheit gemacht haben.
2. Ob wir uns diese Erfahrungen bewußtgemacht haben (Selbstbewußtsein).
3. Wie wir diese Erfahrungen bewerten.
4. Welche Art Erinnerungsmanagement wir betreiben – also inwieweit diese Erfahrungen verfügbar und abrufbar sind.

Kein Mensch ist ständig und immer ein Spitzenkönner oder dauernd ein Versager. Jeder von uns wächst von Zeit zu Zeit weit über sein durchschnittliches Leistungsniveau hinaus, während wir bei anderen Gelegenheiten erheblich unter unseren Möglichkeiten bleiben. Entscheidend ist nun aber, welche Erfahrungen wir uns bewußtmachen, wie wir sie bewerten und inwieweit sie uns zur Verfügung stehen. Mit anderen Worten, es kommt darauf an, welchen „Erinnerungschip" Sie ziehen, wenn Sie vor einer neuen Situation stehen. Welche Referenzerfahrung verbinden Sie mit dem aktuellen Sachverhalt, und wie bringen Sie diese Erfahrung in Ihren internen Dialog ein?

Wir wurden negativ programmiert

Nun heißt der Chip, den die meisten ziehen: „Ich weiß, daß ich das nicht kann." Denn wir alle haben ein viel zu kleines Selbstbewußtsein im Vergleich zu dem, wozu wir wirklich in der Lage wären.

Unsere Erziehung hat leider oft nicht dazu beigetragen, daß wir so selbstbewußt sind, wie wir sein könnten. Ein durchschnittliches Kind hat bis zu seinem zwölften Lebensjahr für jedes Ja, das es gehört hat, 17mal ein Nein gehört.

Die anderen Kinder haben nicht dazu beigetragen. Oft haben wir Sätze gehört wie: „Du kannst nicht mitspielen, du bist noch zu klein."

Die Schule auch nicht – denn da wurden Fehler gesucht. Ein dreiseitiges Diktat wurde anhand von drei bis fünf Fehlern bewertet. Und damit die Bedeutung von Fehlern deutlich hervorgehoben wurde, nahm der Lehrer rote Tinte. Wir lernten, uns auf unsere Schwächen zu konzentrieren.

Und die Medien auch nicht – denn über 80 % aller Medienmeldungen sind negativ.

Auch die Spielfilme und Serien nicht. Denn da sehen wir reihenweise attraktive und coole Typen, die vor dem Frühstück mehr Heldentaten vollbringen als zwei Dutzend Normalsterbliche im ganzen Leben.

Und auch unser eigenes Gehirn nicht, denn wir behalten negative Erlebnisse und Momente, in denen wir in ein Fettnäpfchen treten, elfmal leichter als unsere Erfolge.

Auch die Werbung nicht, denn die teilt uns mit, was eine Frau trägt, fährt und benutzt. Unterschwellig wird vermittelt: „Hast du das nicht, dann bist du nicht ‚in'." Und die Frau kann nie alles haben.

Auch die Kirche nicht. Denn die erklärt dem Menschen, daß er in erster Linie ein Sünder ist. Und selbst wenn er gerade einmal nichts Schlechtes getan hat, so unterliegt er doch immer noch der „Erbsünde" – was ihn einfach zu einem grundschlechten Wesen macht. Die „Erkenntnis", durch und durch schlecht zu sein, trägt auch nicht gerade dazu bei, Selbstbewußtsein aufzubauen.

Das alles bedeutet: Wir haben kaum eine Chance. Die allermeisten 14jährigen Kinder haben bereits ein dermaßen negatives Selbstbild, daß sie ihren Körper hassen. Sie fühlen sich unsicher und untauglich.

Menschen ohne Selbstbewußtsein leiden. Sie leiden unter dem Leben, das unter ihrem Potential, unter ihren Möglichkeiten und unter ihrer Würde liegt. Das Leiden mündet schließlich in ein stumpfes Sich-seinem-Schicksal-Ergeben. Für viele scheint es leichter, zu leiden, als zu handeln. Und so haben sie verdrängt, daß wir jeden Moment die Wahlfreiheit haben. Wir haben es auch in der Hand, unser Selbstbewußtsein auf dem Stand zu belassen, auf dem es sich jetzt befindet oder es aufzubauen.

Das Erfolgsjournal

Es ist also dringend notwendig, das Bild „geradezurücken", das wir von uns selbst haben. Es gibt eine einfache, aber sehr wirkungsvolle Möglichkeit, wie Sie Ihr Selbstbewußtsein aufbauen können. Indem Sie in einem leeren Buch täglich fünf Dinge notieren, die Ihnen gut gelungen sind. Dabei muß es sich nicht nur um berufliche Erfolge handeln. Es kann auch sein, daß Sie ein Lob von Ihrem Partner bekommen haben, jemanden für einen Moment glücklich gemacht haben oder endlich etwas erledigt haben, das Sie sich schon lange vorgenommen hatten.

Haben Sie auf Ihre Gesundheit geachtet? Sich verwöhnt? Hatten Sie eine gute Idee? Haben Sie jemanden zum Lächeln gebracht? Erinnern Sie sich auch an die angeblich so „selbstverständlichen" Dinge, die oft leider erst dann besonders bedeutsam werden, wenn sie uns fehlen bzw. wenn wir sie nicht mehr können. Man sagt so leicht: „Ich tue doch nur, was alle anderen auch tun würden." Entscheidend aber ist: *Sie haben es getan.*

Es kommt nicht auf die Größe der Tat an, sondern auf die Vielzahl der Notierungen. Indem Sie die Dinge aufschreiben, die Ihnen gut gelungen sind, lernen Sie, sich auf Ihre Stärken zu konzentrieren. Sie betreiben ein positives Erinnerungsmanagement.

Dadurch, daß wir selektiv aufschreiben – nämlich nur unsere Erfolge –, bestimmen wir, welchen Teilen von uns und unserem Erleben wir in der Zukunft verstärkt wieder begegnen wollen. Wir verlängern gewissermaßen unsere Erlebnisse, indem wir sie aufschreiben. Konzentration auf Erfolge gebiert neue Erfolge. Neue Erfolge erfolgen leichter, wenn wir uns die alten Erfolge bewußtmachen. Denn dann erwarten wir Erfolge. Und wenn wir Erfolge erwarten, dann halten wir Ausschau nach ihnen. Dadurch erkennen wir Möglichkeiten und Chancen. Und wir trauen uns, nach ihnen zu greifen.

Power-Tip

Nehmen Sie ein leeres Buch, nennen Sie es Ihr „Erfolgsjournal", und notieren Sie dort täglich fünf Dinge, die Ihnen gut gelungen sind.

- Dadurch wird Ihnen bewußt, wie gut Sie sind. Sie entwickeln Selbstbewußtsein.
- Sie lernen, sich auf Ihre Vorteile zu konzentrieren.
- Selbstbewußtsein ist das entscheidende Element für eine Einkommenssteigerung. Wenn Sie Ihr Selbstbewußtsein verdoppeln, verdoppeln Sie auch Ihr Einkommen.

- Sie erkennen Möglichkeiten und trauen sich zu, diese auch tatsächlich zu ergreifen.
- Sie erkennen Ihre Einzigartigkeit als Mensch und als Frau. So müssen Sie nicht mit Männern konkurrieren, sondern setzen gezielt Ihre Vorteile ein.

Wie reagieren Sie auf bestimmte Sätze in diesem Buch? Was geht in Ihnen vor, wenn Sie lesen: „Wohlstand ist Ihr Geburtsrecht“? Nicken Sie und sagen sich: „Stimmt, es ist nur eine Frage von wenigen Jahren, bis ich meine finanziellen Ziele erreiche.“? Oder kommen da Zweifel in Ihnen auf?

Ganz gleich wie Ihre Antwort aussieht: Erkennen Sie, daß alles letztlich eine Frage Ihres Selbstbewußtseins ist? Der Satz „Wohlstand ist Ihr Geburtsrecht“ ist weder falsch noch richtig. Wenn Sie nicht glauben, daß er für Sie stimmt, dann haben Sie recht. Wenn Sie aber glauben, daß er stimmt, dann wird es für Sie so kommen.

So verhält es sich auch mit einer Gehaltserhöhung. *Ob Sie glauben, daß Sie mehr Geld verdienen, gibt den Ausschlag.* Vielleicht wenden Sie ein: Das kann gar nicht sein. Ich möchte Sie bitten, es einfach auszuprobieren. Sie werden sehen, daß es funktioniert. Probieren Sie den folgenden Power-Tip einfach aus. Sie werden durch ihn 20 % mehr verdienen.

Power-Tip

Legen Sie fest, daß Sie innerhalb von drei Monaten 20 % mehr verdienen wollen. Zur Umsetzung gehen Sie folgendermaßen vor:

- Führen Sie drei Monate Ihr Erfolgsjournal. Notieren Sie täglich mindestens fünf Dinge, die Ihnen gut gelungen sind.
- Schreiben Sie auf, was Sie mit einer Gehaltserhöhung von 20 % machen werden. Ein Vorschlag: Sparen Sie 50 % der Gehaltserhöhung.
- Nach drei Monaten lesen Sie noch einmal Ihre Aufzeichnungen im Erfolgsjournal. Finden Sie heraus, welche Fähigkeiten Sie eingesetzt haben, um die einzelnen Erfolge zu erzielen. Sie erkennen dann, welche Stärken und Fähigkeiten von Ihnen regelmäßig eingesetzt werden. Dadurch werden Sie persönliche Erfolge zukünftig nicht mehr als „glückliche Umstände“ abtun, sondern als das würdigen, was sie sind: das Ergebnis Ihrer Stärken. Außerdem

können Sie auf diese Weise zukünftig stärker und bewußter Ihr persönliches Erfolgssystem einsetzen.

- Fertigen Sie eine Liste von mindestens 15 Gründen an, warum Sie eine Gehaltserhöhung verdienen. Eine solche Liste zu erstellen würde Ihnen jetzt unter Umständen sehr schwerfallen. Aber nachdem Sie das Erfolgsjournal drei Monate lang geführt haben, wird es Ihnen leicht gelingen.
- Notieren Sie auf einem separaten Blatt, was Sie in der Vergangenheit alles für Ihre Firma getan haben. Wo haben Sie ihr Geld gespart oder verdient. Welche Ideen haben Sie eingebracht. Der Hintergrund: Oftmals wissen die entscheidenden Leute in Ihrer Firma nicht einmal annähernd von Ihrer wahren Leistung. Sorgen Sie dafür, daß sie es erfahren.
- Schauen Sie sich mit dem neuen Selbstbewußtsein auf dem Markt um. Wo könnten Sie noch arbeiten? Wie wären die Arbeitsbedingungen, und was wäre einem anderen Arbeitgeber Ihre Arbeit wert? Das gibt Ihnen Sicherheit für das entscheidende Gespräch mit Ihrem jetzigen Arbeitgeber. Sie haben eine Position der Stärke, weil Sie erkennen, daß Sie nicht abhängig sind von Ihrem derzeitigen Job.
- Terminieren Sie ein Gespräch mit dem Entscheider in Ihrer Firma. Sagen Sie ihm, daß Sie über den Wert sprechen wollen, den Sie für die Firma darstellen. Üben Sie das Gespräch, das Sie führen wollen, vor dem Spiegel oder mit einer Bekannten.
- Zeigen Sie während des Gesprächs auf, warum Sie eine Gehaltserhöhung verdienen. Vergessen Sie nicht: Nicht was Sie *brauchen,* interessiert Ihre Firma, sondern was Sie *verdienen.* Der Wert, den Sie für die Firma darstellen. Stellen Sie Ihr Licht nicht unter den Scheffel. Oftmals weiß der Entscheider gar nicht von Ihren Leistungen und Ihren Verdiensten um die Firma.
- Bescheidenheit ist keine Zier, wenn es darum geht, eine Gehaltserhöhung zu erhalten. Sie müssen lernen, Geld zu fordern. Auch wenn Ihnen das schwerfallen sollte. Ein kluger Entscheider wird es sogar an Ihnen schätzen, wenn Sie Ihre Gehaltsvorstellung mit Überzeugung und Selbstbewußtsein vortragen und vertreten.
- Lassen Sie je nach Gesprächsverlauf den Entscheider zuerst einen Vorschlag machen. Der fällt nämlich nach einer guten Gesprächsführung durch Sie oft höher aus als das, was Sie gefordert hätten. Aber lassen Sie sich nicht auf weniger als 20 % ein.

Von meinen Seminaren her kenne ich die Einwände, die Sie jetzt möglicherweise haben. Vielleicht läßt die Struktur Ihrer Firma eine solche Vorgehensweise nicht zu. Vielleicht gibt es eine starre Regel, nach der Gehaltserhöhungen vorgenommen werden.

Bitte bedenken Sie dabei folgendes: Erstens müssen Sie nicht in Ihrem jetzigen Job bleiben. Zweitens könnten Sie etwas nebenher verdienen. Drittens haben sich viele gewundert, was doch alles möglich war, nachdem sie eine Lösung energisch verlangt hatten.

Vielleicht wenden Sie auch ein: „So einfach kann das doch nicht sein. Es kann doch nicht alleine am Selbstbewußtsein liegen."

Dazu möchte ich Ihnen versichern, daß es nicht einfach sein wird. Es ist zwar leicht zu verstehen, aber nicht einfach umzusetzen. Denn es erfordert Disziplin, jeden morgen fünf Minuten früher aufzustehen und fünf Eintragungen in das Erfolgsjournal vorzunehmen.

Auch liegt es nicht *alleine* am Selbstbewußtsein. Denn Ihr Selbstbewußtsein ist nur der *Auslöser* für eine ganze Kette von Dingen, die letztendlich die Gehaltserhöhung bewirken. Aber es ist eben der Auslöser.

Was können Selbständige tun?

Als Selbständige können Sie genau das gleiche tun. *Fordern Sie ab morgen 20 % mehr.*

Sie werden dann zwar einige Kunden verlieren, aber das sind höchstwahrscheinlich nicht mehr als 3 bis 4 %. Und es sind mit großer Wahrscheinlichkeit nicht Ihre besten Kunden.

Wenn Sie von den verbleibenden 96 % aber nun 20 % mehr erhalten, so haben Sie keineswegs nur 20 % mehr Profit. Ihr Profit ist tatsächlich viel höher. Um den genauen Betrag ausrechnen zu können, müssen Sie wissen, wieviel Profit Sie generell von Ihrem Umsatz machen. Angenommen Sie würden 10 % Profit machen. Wenn Sie nun Ihren Umsatz um 20 % erhöhen – weil Sie eben 20 % mehr fordern – so erhöht sich Ihr Profit auf ... Ein weiteres Beispiel: Wenn Ihr Profit 20 % ausmacht, dann bringt Ihnen eine Umsatzsteigerung von 20 % sogar ... mehr Profit.

Sie sehen: Es lohnt sich.

Natürlich geht das nicht, wenn Sie sich über den Preiswettbewerb im Markt halten. Falls das bei Ihnen der Fall ist, sollten Sie einmal die Chance nutzen und sich kritisch fragen, ob das auf Dauer ein befriedigender Zustand ist. Vielfach ist nämlich jemand, der sich über den niedrigen Preis im Wettbewerb hält, aufgrund von Geldmangel nicht in der Lage, die Leistung anzubieten, die er gerne anbieten würde. Und er kann nicht expandieren und investieren. Insgesamt entwickelt sich ein solches Geschäft oft zu einem Teufelskreis.

Welches ist die Alternative? Ganz einfach: Werden Sie Experte. Lassen Sie los, und spezialisieren Sie sich. Versuchen Sie nicht, besser oder billiger zu sein, sondern anders.

Seien Sie einzigartig. Unverwechselbar. Finden Sie einen Weg, wie Sie aus der Masse herausragen können. Der Weg, um Kunden zu finden und zu halten, ist der, nicht breit in den Markt einzudringen, sondern spitz. Je mehr Sie sich spezialisieren, desto „spitzer“ sind Sie. Besetzen Sie eine Nische, die noch vakant ist. Sollten Sie eine solche Nische nicht finden können, so erfinden Sie eine neue Kategorie. Unternehmer müssen ihre Kunden akquirieren und suchen. Experten werden von den Kunden angerufen.

Arbeiten Sie an Ihrem Expertenstatus. Lesen Sie Marketingbücher, die sich mit Positionierung beschäftigen. Mindestens jeden Monat eines. Denken Sie täglich mindestens eine Stunde darüber nach, wie Sie sich positionieren können. Bilden Sie Brainstorming-Sessions mit Ihren Mitarbeitern. Treffen Sie sich mit anderen Unternehmern.

Stellen Sie sich ständig Fragen wie die folgenden:

- Was macht Sie einzigartig?
- Welches ist Ihr USP (Unique Selling Proposition – Ihr einzigartiges Kaufangebot)?
- Welches ist Ihr Mission-Statement – ein Satz, durch den ein Interessent auf einen Blick erkennt, welchen Nutzen Sie ihm bieten?
- Was unterschiedet Sie von den anderen? Wie können Sie dies kommunizieren?
- Welchen Nutzen hat der Kunde von Ihrem einzigartigen Produkt oder Ihrer einzigartigen Dienstleistung? Geraten Sie hier nicht in die Falle, beschreiben zu wollen, was Ihr Produkt oder Ihre Dienstleistung alles kann. Fragen Sie sich vielmehr konkret: „Was hat mein Kunde davon?“ Und schildern Sie nur diese Nutzen.
  Ermitteln Sie auch den Nutzen des Nutzen. Fragen Sie sich – nachdem Sie den Nutzen ermittelt haben – weiter: „Und was hat er davon?“

Legen Sie Ihren idealen Kundenkreis fest. Bestimmen Sie Alter, Einkommen, Vorlieben, Wohnort – eben alles, was Sie in Erfahrung bringen können.

Fragen Sie sich, wer schon solche Kunden hat, die Sie gerne hätten. Können Sie kooperieren?

Experten können auch den Preis bestimmen. Denn sie sind ja die einzigen, die genau diese Leistung anbieten. Solange das Preis-Leistungs-Verhältnis stimmt, können Sie als Experte die Preise selbst festlegen.

Sehr wenige Unternehmer schaffen den Absprung zum Experten. Denn sie begehen den Fehler, daß sie sich ihre Kunden anschauen und dann ihr Geschäft so gestalten, daß es die Bedürfnisse ihrer Kunden befriedigt.

Dabei wird selten kritisch in Frage gestellt, ob sie diese Kunden überhaupt wollen. Statt Ihr Geschäft um die Kunden herum auszubauen, die Sie haben, sollten Sie sich fragen, welche Kunden Sie wollen, um dann Ihr Geschäft so aufzubauen, daß Sie solche Kunden anziehen.

Gedanken und Tips

Die nachfolgende Liste von Tips und Gedanken setzt sich aus Aussprüchen von erfolgreichen Frauen zusammen. Verinnerlichen Sie diejenigen, die Sie besonders ansprechen.

- Zeigen Sie Stärke. Niemand kann erreichen, daß Sie sich minderwertig fühlen, ohne daß Sie damit einverstanden sind.
- Unternehmen Sie jeden Tag irgend etwas, um Ihre Verdienstfähigkeit zu erhöhen.
- Starke, überlegene Frauen bewahren eine Haltung, als wenn alle sie beobachten würden – wenn niemand sie beobachtet.
- Lernen Sie zu sparen. Denn dadurch beweisen Sie, daß Größe in Ihnen ist.
- Wenn Sie um Ihr Gehalt verhandeln, verlangen Sie immer mehr, als Sie zu erhalten erwarten.
- Bereiten Sie sich darauf vor, die Firma zu verlassen, wenn eine (Gehalts-)Situation für Sie unannehmbar ist. Das ist Ihr ultimatives Verhandlungswerkzeug.

- Entwickeln Sie Kreativität. Suchen Sie ständig nach besseren, schnelleren, neueren und effizienteren Möglichkeiten, einen Job zu erledigen oder ein Problem zu lösen.
- Weichen Sie Problemen nicht aus. Ersetzen Sie jedes gelöste Problem sofort durch ein neues, größeres. Menschen werden oft befördert aufgrund ihrer Fähigkeit, mit Problemen umzugehen.
- Frauen, die ein Projekt schnell erledigen, hält man für besser und kompetenter.
- Versenden Sie nach jedem Vorstellungsgespräch einen kurzen Dankesbrief. Oft gibt ein solches Detail den Ausschlag.
- Setzen Sie mehr Zeit und Energie ein als irgend jemand sonst. Geben Sie mehr, als irgend jemand von Ihnen erwarten könnte. Die Schlüsselpersonen beobachten Sie.
- Wenn Sie nie mehr tun, als wofür Sie bezahlt werden, dann werden Sie auch nie für mehr bezahlt werden als für das, was Sie heute tun.
- Ihr Boß ist Ihr wichtigster und erster Kunde. Fragen Sie sich öfter: Was braucht mein Boß, um zufrieden zu sein?
- Kleiden Sie sich für den Job, den Sie haben wollen. Und nicht für den Job, den Sie haben. Chefs neigen dazu, Menschen zu befördern, die sich so kleiden wie sie selbst.
- Benutzen Sie niemals Ihr Geschlecht als eine Entschuldigung für ein schlechtes Ergebnis. Nicht vor anderen und auch nicht vor sich selbst.
- Seien Sie immer loyal zu Ihrem Boß, Ihren Kollegen, Ihrer Firma und Ihren Produkten. Denn irgend jemand hört immer zu.
- All diese Punkte kann man natürlich nur einhalten, wenn man seinen Job liebt. Suchen Sie sich eine Tätigkeit, die Sie lieben.

Vergessen Sie nicht: Wenn Sie sich in dem unterbewerten, was Sie tun, dann wird die Welt Sie unterbewerten in dem, wer Sie sind.

TEIL III

GELD UND FAMILIE

- Wie Sie Ihren Kindern den Umgang mit Geld vermitteln
- Ehevertrag und Scheidung
- Testament: richtig vererben und erben

Der Pessimist sieht Schwierigkeiten in jeder Gelegenheit.
Der Optimist sieht Gelegenheiten in jeder Schwierigkeit.

Winston Churchill

Kapitel 7

Wie bringen Sie Kindern den Umgang mit Geld bei?

Feiern Sie das, wovon Sie mehr sehen wollen.

Thomas J. Peters

Immer wieder werde ich auf Seminaren gefragt: Wie kann ich erreichen, daß meine Kinder nicht genauso mühsam den Umgang mit Geld lernen müssen wie ich? Wie kann ich sicherstellen, daß meine Kinder den Umgang mit Geld mühelos lernen?

Dazu gibt es tatsächlich eine ganze Reihe von Tips, die in diesem Kapitel behandelt werden. Bei diesen Tips geht es aber nicht nur um den Umgang mit Geld. Denn hinter diesen Fragen stehen fast noch größere Herausforderungen: Welches sind die Wertmaßstäbe, auf die Sie stolz sind, und wie können Sie diese Ihren Kindern weitergeben? Unsere Werte sind gewissermaßen die Software unserer Persönlichkeit. Unsere Werte entscheiden, wie wir funktionieren. Die Fragen nach den Werten sind darum die alles entscheidenden Fragen: Wie wichtig ist mir Geld? Ist mir Geld wichtiger oder Ehrlichkeit? Kann ich trotz Geld ein integrer Mensch sein, oder muß ich über „Leichen gehen"?

Die nächste Herausforderung lautet: Wie können Sie Ihren Kindern ein Vorbild sein? Wie können Sie Ihre Kinder auf die sich immer schneller wandelnde Zeit einstellen? Wie können Sie vermeiden, daß Ihre Ratschläge zu Rechtfertigungen der eigenen Situation werden, so daß Sie Ihre Kinder wirklich wirkungsvoll auf die Zukunft vorbereiten?

Diese Fragen sind so eng mit denen über den Umgang mit Geld verknüpft, daß wir sie zusammen untersuchen wollen.

Vorbild sein

Erlauben Sie mir aber vorweg zwei Bemerkungen:

Erstens: Nichts ist wichtiger als Ihre Vorbildwirkung. Kein Tip ist so gut und so wichtig wie der Einfluß, den Sie alleine dadurch ausüben, daß Sie selber wohlhabend sind. Und glücklich. Damit erfährt das Kind Geld als etwas Angenehmes. Etwas, das zum Glück beiträgt. Es erfährt Geld nicht als Sorgenthema.

Durch unser Vorbild erziehen wir mehr als durch „kluge pädagogische Maßnahmen". Nichts prägt so sehr. Nichts ist so beeindruckend. Kinder „normaler" Eltern haben eine Chance von 1 zu 500, Millionär zu werden, Kinder von Millionären dagegen eine Chance von 1 zu 5. Das heißt, *Ihr Kind hat eine 100mal größere Chance, vermögend zu werden, wenn Sie es selbst sind.* Sie kennen den Satz: „Über Geld spricht man nicht." Wie wird bei Ihnen über Geld geredet? Wie oft werden positive Anker gesetzt?

Wann haben Sie das letzte Mal am Essenstisch einen 1000-DM-Schein hervorgeholt, liebevoll mit ihm gespielt und Ihrem Kind die Symbolik des Sterntalermädchens, des abgebildeten Wörterbuchs (aufgeschlagen unter dem Begriff „Freiheit"!) und die Bedeutung der Gebrüder Grimm erklärt? (Die beiden sind die Begründer der deutschen Sprachkultur und stehen somit für den Zusammenhang zwischen Kultur und Geld.) Oder haben Sie vielleicht auch schon einmal zu Ihrem Kind gesagt: „Wasch' dir die Hände, Geld ist schmutzig?" Überlegen Sie einmal, wie schnell wir junge Menschen mit einem Anti-Reichtumsprogramm belasten.

Die meisten Eltern sind sich ihrer Vorbildrolle nicht ausreichend bewußt. Es gibt zum Beispiel Familien, die ihr Wohnzimmer nicht bewohnen. Nur wenn Besuch kommt, darf es benutzt werden. In einem solchen Fall wird dem Kind signalisiert, daß der Besuch wichtiger ist als die Familie.

Wenn Eltern sich sehr darüber erregen, daß ein wertvolles Teil zufällig zerbrochen ist, so deuten sie damit an, daß Sachen wichtiger sind als Menschen. Hätte dagegen ein Gast dieses Teil versehentlich zerbrochen, so würde er wahrscheinlich zuerst gefragt, ob er sich nicht verletzt habe. Und dann würden die Eltern wahrscheinlich sagen: „Das ist nicht so schlimm. So etwas kann passieren."

Noch ein Beispiel: Angenommen, Sie sagen: „Komm, wir holen Geld aus dem Geldautomaten", dann dürfen Sie sich nicht wundern, wenn Ihr Kind endlos Wünsche anmeldet. Schließlich braucht man doch nur wieder zum Geldautomaten zu gehen, um neues Geld zu holen. Früher erklärten Eltern ihren Kindern, daß Geld nicht auf Bäumen wächst, heute lernen unsere Kinder, daß Geld aus Maschinen kommt, wenn man auf Knöpfe drückt.

Die zweite Vorbemerkung: Selbst wenn Sie keine Kinder haben, möchten wir Ihnen vorschlagen, wenigstens die Power Tips zu überfliegen. Denn hin und wieder machen Sie anderen Kindern Geschenke. Manchmal vielleicht auch Geldgeschenke. Dann ist es wichtig, daß es sich um verantwortungsvolle Geschenke handelt.

Warum sollte man überhaupt Taschengeld zahlen?

Hin und wieder hören wir: „Wenn mein Kind Geld braucht, so muß er nur darum bitten. Wofür braucht es also Taschengeld?"

Taschengeld ist aus vier Gründen von großer Bedeutung:

1. Wir haben durch das Taschengeld die Möglichkeit, den Umgang mit Geld zu vermitteln.
2. Wir beteiligen unsere Kinder am Familieneinkommen. Das sollten wir natürlich auch entsprechend erklären.
3. Das Kind lernt, eigenverantwortlich Entscheidungen zu treffen. Wenn es nur die Eltern um Geld fragen muß, so treffen ja diese die Entscheidung. Wenn Kinder dagegen Taschengeld haben, müssen sie wählen: Soll ich diese DM ausgeben, oder sollte ich sie sparen? Usw.
4. Mit Taschengeld ermöglichen wir unseren Kindern, mit wenig Geld kleine Fehler zu machen – in der Hoffnung, daß sie diesen Fehlern lernen. So daß sie später mit viel Geld keine großen Fehler machen.

Ab wann macht Taschengeld Sinn?

Schauen wir uns den Umgang mit Geld an. Zunächst stellt sich die Frage, wieviel Taschengeld angebracht ist. Und ab wann macht es Sinn? Folgende Übersicht vermittelt einen Eindruck der Entwicklungsstadien unserer Kinder. Sie sehen dabei auch, ab wann eine bestimmte Maßnahme Sinn machen kann.[1] Jede Phase birgt gewisse

Schwierigkeiten. Dennoch ist jede Phase gut. Jede ist in sich perfekt. Es liegt nur an unserer Sichtweise. Und hier sind wir angehalten, das Positive in jeder Phase zu erkennen. Jede Schwierigkeit in der Entwicklung und jede Herausforderung bietet nämlich gleichzeitig eine einmalige Chance, Ihrem Kind etwas Grundlegendes zu vermitteln. Schwierigkeiten und Probleme sind außergewöhnliche Chancen zum Wachstum, auch in der Erziehung – wenn wir bereit sind, diese Sichtweise anzunehmen.

Natürlich hört sich das in der Theorie leichter an, als es sich in die Praxis umsetzen läßt. Immer hat es in der Praxis damit zu tun, daß wir uns tatsächlich um unsere Kinder kümmern. Sie wissen ja, wie Kinder Liebe buchstabieren: Z-E-I-T. Unseren Kindern das Thema „Geld“ nahezubringen ist zeitaufwendig. Aber es lohnt sich.

Bei den folgenden Altersangaben handelt es sich lediglich um einen Leitfaden, der nur ungefähr die Entwicklungsstufen wiedergeben kann. Machen Sie sich also keine Sorgen, wenn Ihr Kind ein Stadium früher oder später durchläuft als andere Kinder.

Sie lesen auch, wieviel Taschengeld Eltern normalerweise ihren Kindern geben. Bedenken Sie dabei bitte, daß die Hälfte der Schüler auch unter der Woche Geld zugesteckt bekommt. Zusätzlich bekommen zwei Drittel zu besonderen Anlässen, wie Weihnachten und Geburtstage, Geldgeschenke.

Diese Praxis ist fragwürdig und zumindest kritisch zu hinterfragen. Denn so lernt ein Kind schwerlich, mit dem Geld zurechtzukommen, das es wöchentlich zur Verfügung hat. Für die außergewöhnlichen Geldgeschenke sollten Sie eine Lösung finden. Beispielsweise könnte dieses Geld fast oder ganz gespart werden, indem es für bestimmte Ziele aufgeteilt wird, die das Kind selbst festlegt. Nur dann kann Ihr Kind eine ordentliche Finanzplanung lernen.

Übersicht über die einzelnen Entwicklungsstufen

5 bis 6 Jahre: Geben Sie noch kein Taschengeld

Taschengeld zu geben macht in der Regel noch keinen Sinn. Denn das Kind hat noch kein ausgeprägtes Interesse an Geld. Geld ist maximal wichtig für das, was man damit kaufen kann. Der Umgang mit Geld ist dementsprechend sorglos. Das Kind verliert Geld. Gibt es gedankenlos aus. Hat noch kein Gefühl fürs Sparen. Hier bereits zur Sparsamkeit erziehen zu wollen ist wenig sinnvoll.

Wenn Sie daran auch nur den geringsten Zweifel haben, so geben Sie Ihrem Kind einmal ein paar Süßigkeiten, und bieten Sie ihm etwas sehr Verlockendes für den Fall an, daß es diese Süßigkeiten bis zum Abend nicht verzehrt hat. Die Süßigkeiten werden höchstwahrscheinlich die Nachmittagsstunden nicht überleben.

7 Jahre: Geben Sie erstmals Taschengeld – zum Ausgeben

Jetzt sollten Sie Taschengeld geben. Denn das Kind hat nun ein gesteigertes Interesse an Geld. Es will jetzt Taschengeld und ist auch bereit, sich etwas dazuzuverdienen.

Sechs- bis Neunjährige bekommen übrigens durchschnittlich 18 DM monatlich. 4 bis 5 DM pro Woche könnten eine vernünftige Größenordnung sein. Das Kind bereits zum Sparen anleiten zu wollen macht in dieser Phase noch keinen Sinn. Es würde es einfach noch nicht verstehen. Und Maßnahmen, für die Kinder noch kein Verständnis haben, können leicht eine gegenteilige Wirkung als die beabsichtigte erzielen.

8 Jahre: Lehren Sie Ihr Kind, Geld zu mögen

In dieser Phase können Sie einige der wichtigsten Grundlagen für den Umgang mit Geld, aber auch für späteren Ehrgeiz, Besitz und kaufmännisches Geschick legen. Denn jetzt will das Kind ausdrücklich Geld. Es ist geradezu verrückt nach Geld und darauf, sich Geld zu verdienen.

Es verschwendet kaum Geld für triviale Dinge. Vielmehr spart es für teure Artikel. Es erwirbt und besitzt gerne Dinge und kann gut tauschen und feilschen.

Jetzt können Sie die Grundlagen zu einem gesunden Verhältnis zu Geld legen. Sie wissen ja: Je mehr wir Geld als etwas Angenehmes und Erstrebenswertes erleben, um so mehr Geld ziehen wir in unser Leben.

Noch etwas: Das Haben-Wollen ist in dieser Phase so stark ausgeprägt, daß Grenzen verschwimmen und überschritten werden. Wenn das Kind in dieser Phase etwas nicht bekommt, nimmt es sich dies möglicherweise einfach. Einige Eltern dramatisieren solche Vorgänge. Sie sehen in ihrem Kind dann schon den zukünftigen Kriminellen. Dabei handelt es sich lediglich um ein typisches Erscheinungsbild: Das Kind hat das Gefühl, das, was es will, wirklich zu „brauchen". Es läßt unter Umständen auch im Laden gelegentlich etwas mitgehen. Oder es „borgt" sich von seiner Mutter einige DM aus deren Portemonnaie und „vergißt", ihr das zu sagen. Das ist zwar nicht schön, aber es ist auch kein Verbrechen. Sonst wären wir alle von straffälligen Kindern und Jugendlichen umgeben.

Wir haben schließlich auch einmal aus der Geldbörse unseres Vaters oder der Handtasche unserer Mutter ein bißchen Geld genommen. Sie nicht? Ich schon. Wir sollten das nicht vergessen, wenn wir feststellen, daß unsere Kinder nicht anders sind. Das ist vielleicht nicht beglückend, aber wir brauchen auch kein großes Drama daraus zu machen. Vielleicht sind diese „Geldkrankheiten" wie die Masern: Man muß sie einmal gehabt haben.

9 Jahre: Bringen Sie Ihrem Kind bei, zu sparen

Nun können (und sollten) Sie Ihrem Kind ein eigenes Konto eröffnen. Wenn Sie Ihrem Sprößling ein Sparschwein kaufen, um damit das Thema „Vermögensaufbau und Finanzen" abzuhandeln, so ist das sicherlich reichlich antiquiert. Ein Sparschwein alleine kann niemals ausreichen. Übrigens: Wenn schon ein Sparschwein, dann wenigstens eines, das aus Glas ist und das einen Deckel hat, der sich öffnen läßt. (Ich möchte einmal wissen, welcher Geist sich ein Schweinchen ausgedacht hat, das undurchsichtig ist, so daß man nur ja keinen Erfolg sieht, und das man zerschlagen, also zerstören (!) muß, um an sein Geld zu kommen.)

Sie können und sollten Ihr Kind zu subtileren Formen der Geldverwaltung anregen. Es beherrscht nämlich jetzt einfache Kontoführung. Es verbringt viel Zeit mit Katalogisieren von Sammlungen und Besitztümern. Es verfügt nun erstmals gerne über große Summen von Geld. Es kann jetzt Geld als Ziel verstehen. Es will jetzt Geld zählen, anschauen, vorzeigen und auch darüber reden. Es kann kleine Beträge sparen, um sich Dinge zu kaufen, die etwas teurer sind. In dieser Phase können Sie sehr gut planmäßiges Vorgehen und Zielplanung vermitteln. Das Kind lernt dann fast spielerisch, sich Ziele zu setzen. Es lernt, Pläne zu erstellen. Und vor allem lernt es, diesen Plänen zu trauen, weil es deren Umsetzung als Erfolgserlebnis erfährt. Darüber hinaus lernt es, sich selbst zu trauen. Jedes erreichte Ziel baut das kindliche Selbstvertrauen auf.

Großes Interesse an Taschengeld hat das Kind in dieser Phase nicht.

Darum eignet sich diese Phase hervorragend dafür, mit dem Kind einen Deal zu machen. Angenommen, es erhält monatlich 20 DM Taschengeld. In diesem Fall könnten Sie mit Ihrem Kind zusammen eine Einteilung vornehmen. Sie könnten es zum Beispiel anregen, einen bestimmten Teil zu sparen, sagen wir 10 DM. Dieser Teil könnte wiederum unterteilt werden. 4 DM könnten gespart werden, um Vermögen zu bilden. Vorsicht: Das sollten Sie Ihrem Kind gründlich erklären, weil Vermögen an sich noch kein verständliches Ziel darstellt. Ein Weg dazu kann das Buch für Kinder und Jugendliche von Bodo Schäfer sein, das auch Erwachsenen sehr geholfen hat: „Ein Hund namens Money". Hier kann Ihr Kind anhand einer Geschichte für sich den klugen Umgang mit Geld entdecken.[2]

Die anderen 6 DM könnten für ein mittelfristiges Ziel wie ein Fahrrad gespart werden. Wenn Sie solche Maßnahmen etablieren wollen, dann bietet dieses Alter eine hervorragende Möglichkeit. Aber es geht nicht „zwischen Vorspeise und Hauptgericht". Sie müssen sich einige Stunden Zeit nehmen, um Begehrlichkeiten zu wecken und um Wege gemeinsam umzusetzen.

Power-Tip

Bauen Sie mit Ihrem Kind eine Traumdose.

Ermitteln Sie ein Ziel, einen Wunsch, den das Kind von ganzem Herzen hat. Sehen Sie diesen Wunsch nicht als Last, sondern als Chance, Ihrem Kind etwas ganz Entscheidendes zu vermitteln.

- Besprechen Sie, wie teuer die Anschaffung sein wird. Rechnen Sie durch, wie lange es dauern wird (bzw. wieviel Sie „dazutun", wenn das Kind selbst einen bestimmten Betrag zusammengespart hat).
- Treiben Sie mit Ihrem Kind zusammen eine Dose auf, die Sie als Spardose verwenden können.
- Suchen Sie ein Bild von dem begehrten Objekt, und kleben Sie es auf die Dose.
- Legen Sie einen Betrag fest, den Ihr Kind regelmäßig von seinem Taschengeld spart.

- Sorgen Sie dafür, daß dieser Betrag dann sofort in die Traumdose eingelegt wird, wenn das Taschengeld ausgezahlt wurde.
- Diesen Gedanken können Sie noch fester in Ihrem Kind verankern, wenn Sie selber vor den Augen Ihres Kindes ebenfalls mit einer eigenen Traumdose für ein Ziel sparen. Sie könnten all Ihr Kleingeld, das Sie in Ihren Taschen finden, dort einlegen. Auf diese Weise erreichen Sie das eine oder andere Ziel – so nebenher.

10 bis 11 Jahre: Helfen Sie Ihrem Kind, einen Job zu finden

Das Kind wird „geschäftstüchtig". Es kann ein Wochenbudget erstellen und kann für größere Ausgaben planen und sparen. Es verdient sich gerne zusätzlich Geld, indem es im Haushalt Aufgaben oder Jobs „außerhalb" übernimmt. Die Bedürfnisse sind gewachsen, und das Kind verlangt häufiger „Taschengeldanpassungen". Viele Eltern stöhnen aufgrund der ständigen Forderungen ihrer Kinder. Dabei bietet sich jetzt eine große Chance. Jetzt können Sie etwas ganz Entscheidendes vermitteln: den Wert von Arbeit. Eigenverantwortlichkeit. Das Zusammenspiel von Wünschen und Leistung. Statt jetzt Geld in die Hände Ihres Kindes zu stopfen, sollten Sie die Chance nutzen, Ihr Kind gezielt darin unterstützen, Jobs zu übernehmen.

Dazu sollten Sie mit ihm analysieren, wo seine Stärken liegen und woran es Spaß hat. Verkneifen Sie sich die „Weisheit", daß Geld hart erarbeitet werden muß und daß disziplinierte Pflichterfüllung höchste menschliche Werte sind. Sie wollen doch Ihr Kind zu einem glücklichen Menschen erziehen. Jetzt haben Sie die Chance, Ihrem Kind begreiflich zu machen, daß Arbeit Spaß machen sollte. Und daß wir nur wirklich gut in den Dingen sind, die wir gerne tun. Und nur mit diesen Dingen verdienen wir richtig gut Geld. Helfen Sie Ihrem Kind, mit seinem liebsten Hobby Geld zu verdienen.

Achtung: Wenn Sie allerdings selbst keinen Spaß an Ihrer Arbeit haben und frustriert oder genervt nach Hause kommen, dann können Sie wahrscheinlich nicht sehr glaubhaft „Spaß an der Arbeit" vermitteln.

Darüber hinaus kann es in diesem Alter bereits viele Aufgaben lösen, bei denen es um Geld geht. Außerdem entwickelt es ein gutes Gefühl für Besitz und Privatsphäre. So möchte es zum Beispiel nicht, daß Eltern ohne Ankündigung und Erlaubnis sein Zimmer betreten oder seine privaten Besitztümer anfassen.

Durchschnittlich erhalten 10- bis 13jährige 33 DM Taschengeld.

Power-Tip

Fertigen Sie mit Ihrem Kind eine Liste seiner Stärken und der Dinge an, die es gerne tut.

- Fördern Sie die Stärken, indem Sie gemeinsam nach Möglichkeiten suchen, um diese Stärken auszubauen und zu entwickeln.
- Ermitteln Sie das liebste Hobby Ihres Kindes, und überlegen Sie gemeinsam, wie es damit Geld verdienen kann.
- Konzentrieren Sie sich nicht auf die Schwächen Ihres Kindes, suchen Sie vielmehr dafür Lösungen.
- Ermöglichen Sie es Ihrem Kind, weitgehend die Aufgaben im Haus zu übernehmen, die seinen Stärken entsprechen.
- Erzählen Sie ihrem Kind Geschichten von Frauen und Männern, die berühmt geworden sind, weil sie genau *die* Stärke entwickelt haben.
- Sehen Sie Ihr Kind so, als ob es schon Hervorragendes auf seinem Lieblingsgebiet geleistet hätte. Ihre Sicht wird dann zu einer sich selbst erfüllenden Prophezeiung.

12 bis 14 Jahre: Lehren Sie Eigenverantwortlichkeit

Das Bedürfnis nach Geld nimmt in dem gleichen Maße zu, wie die Wünsche größer werden. Das Interesse an elektronischen Geräten und Kleidung wird immer ausgeprägter. Ihr Kind geht gerne einkaufen und hält sich gerne in Shopping-Centern auf. Der Druck gleichaltriger Kinder ist in diesem Stadium stark. Auch sind Kinder sehr geschickt darin, ihre Eltern bei den Gefühlen zu packen. Sie erzeugen sehr klug Schuldgefühle, wenn sie solche Dinge sagen wie: „Alle meine Freunde haben das ... Wollt ihr mich etwa zum Außenseiter machen ... Das brauche ich für die Schule ...“

Das funktioniert so gut, weil die Eltern sich oftmals ohnehin latent schuldig fühlen. Weil sie ständig arbeiten. Weil sie sich haben scheiden lassen. Weil sie nicht genug verdienen. Weil sie sich zuwenig Zeit für ihre Kinder nehmen. Aber den Mangel an Zeit kann man nicht mit Geldgeschenken kompensieren.

Jetzt muß das Kind vor allem lernen, eigenverantwortlich zu handeln. Will es mehr, so muß es eben neue Einkommenswege finden. Denn irgendwann werden die Eltern nicht mehr da sein, die man bei jedem Wunsch um Geld „anhauen“ kann.

In dieser Phase entstehen Konflikte mit Eltern, denn das Kind will unter Umständen wesentlich mehr haben, als es braucht. Es neigt dazu, sich etwas zu „borgen“, ohne vorher die Erlaubnis eingeholt zu haben. Überhaupt kann es zu Unehrlichkeit kommen – insbesondere dann, wenn in früheren Jahren kein Vertrauensgefühl etabliert wurde. Bei einer guten Vertrauensbasis besteht wenig Neigung zu Unehrlichkeit oder Lüge.

Das Kind kann jetzt Gewinn und Verlust verstehen und vor allem Zinsen und Zinseszinsen auf das Ersparte berechnen.

Jetzt einfach ständig das Taschengeld zu erhöhen ist sicherlich nicht die Lösung. Vielmehr können Sie nun auf die Fundamente bauen, die sie in den vorhergehenden Phasen gelegt haben. Sicherlich ist dieses Alter ein sehr kritisches. Andererseits bieten sich gerade hier die Chancen, Gewohnheiten zu festigen, die ein Leben lang halten können. Sie brauchen Zeit für gute Gespräche. Zwischen Tür und Angel können Sie sicherlich nicht die Grundlagen über Wohlstand und Umgang mit Geld erklären.

Vor allem wird Ihr Kind Sie in diesem Alter sehr kritisch unter die Lupe nehmen. Es wird nur Dinge akzeptieren, die Sie auch vorleben.

15 bis 19 Jahre: Weniger ist mehr

Je länger wir den Augenblick wirtschaftlicher und finanzieller Unabhängigkeit hinausziehen, desto unzufriedener und desto teurer werden unsere Kinder. Sie haben jetzt sehr wohl die Möglichkeit, Geld zu verdienen. Und zwar regelmäßig.

Andererseits ist es leichter, einfach die Eltern zu fragen. Erst wenn es dort nichts zu holen gibt, beginnen sich die Kinder Gedanken über Jobs zu machen. Was soll man auch in die Ferne schweifen, wenn das Gute doch so nahe ist. Wer jetzt seinen Kindern jeden Wunsch erfüllt – weil ihm dadurch das Gefühl vermittelt wird, geliebt zu werden –, der nimmt ihnen die entscheidende Chance, sich auf das Erwachsenenalter vorzubereiten.

Ein Taschengeld von monatlich 50 DM ist mehr als genug. Aufgaben, die das Kind regelmäßig im Haus übernimmt (und übernehmen sollte), sollten nicht vergütet werden. Sie berechnen Ihrem Kind ja auch nicht, was Sie alles für es tun. Außergewöhnliche Arbeiten können Sie ruhig vergüten. Dann aber auch so, als wenn Sie eine externe Arbeitskraft verpflichtet hätten.

Wer in dieser Phase Freigiebigkeit mit Liebe verwechselt, der erzieht sich einen Schmarotzer und einen lebensuntauglichen Menschen. Wer sein Kind liebt, der versucht nicht, alle Schwierigkeiten von ihm fernzuhalten. Denn das Leben ist nicht immer nur angenehm. Es gibt ständig Herausforderungen und Probleme. Irgend etwas Unangenehmes scheint immer aufzutauchen. Diese Dinge von unseren Kindern fernhalten zu wollen hieße, ihre Abhängigkeit zu fördern. Unsere Kinder sollten nicht nach unserer Hilfe, sondern nach mehr Stärke fragen. Sie sollten nicht nach einer Geldspritze, sondern nach mehr Kreativität fragen, um selber Geld zu verdienen. Sie sollten nicht nach einem einfachen Leben fragen, sondern sie sollten ihre Fähigkeiten ausbauen.

Statt dessen schenken die allermeisten Eltern ihren Kindern Geld. Immer wieder. Es scheint ihnen zu schmeicheln. Es gibt ihnen das Gefühl, gebraucht zu werden. Und es gibt ihnen das Gefühl, geliebt zu werden.

Und sie meinen es gut. Sie wollen, daß es ihre Kinder einmal besser haben, und wollen finanzielle Sorgen von ihnen fernhalten. Tatsächlich aber erreichen sie genau das Gegenteil. Die Kinder werden nämlich von der Wirklichkeit abgeschirmt und zu völlig lebensuntauglichen Menschen erzogen. Weil solche Kinder es nie gelernt haben, mit Problemen umzugehen, haben sie kein Selbstvertrauen und leben in ständiger Angst vor dem Morgen.

Einmal unterwerfen sich Eltern dieser finanziellen Tyrannei aufgrund der Schuldgefühle, die sie mit sich herumtragen. Zum anderen aber tun sie das, weil sich eine gänzlich neue Idee durchgesetzt hat: der leidenschaftliche Wunsch westlicher Eltern, ihre Kinder glücklich zu machen. Sie wollen sie nicht so sehr erziehen zu Gesundheit und Erfolg. Nicht Bildung und Wissen ist so wichtig. Nicht sie abzuhärten und auf das Leben vorzubereiten ist noch entscheidend. Das Ziel ist nicht mehr, aus ihnen die Frauen und Männer von morgen zu machen. Nein, sie sollen glücklich sein. Hier, jetzt und sofort. Und ständig. Immer glücklich.

Und dabei verwechseln wir immer häufiger Geld und Glück miteinander. Und wir meinen, daß Glück das ist, was entsteht, wenn es keine Probleme gibt. Das einzige, was in Wahrheit entsteht, wenn Probleme von uns ferngehalten werden, ist Langeweile. Und wir stagnieren. Wir entwickeln uns nicht mehr. Mit anderen Worten: ein Zustand, der alles andere als beglückend und erfüllend ist.

20 bis ... Jahre: Fördern Sie die wirtschaftliche Unabhängigkeit

In der Bibel gibt es die Geschichte vom „verlorenen Sohn". Der läßt sich sein Erbe frühzeitig auszahlen, geht auf eine Reise und verpraßt das Geld. Am Ende ist er pleite und kehrt reumütig nach Hause zurück. Seine Eltern nehmen ihn mit offenen Armen wieder auf.

Dieses Gleichnis ist heute nicht mehr aktuell. Zwar wimmelt es in der zivilisierten Welt von nichtsnutzigen Exemplaren wie dem verlorenen Sohn, aber ihre Eltern warten nicht auf ihre Rückkehr. Aus dem einfachen Grund, weil die meisten gar nicht fortgegangen sind.

Sie bleiben zu Hause, weil das angenehm, bequem und erstrebenswert ist. Im elterlichen Nest ist es so herrlich weich, und alles ist so schön geregelt. Sie machen sich einen Lenz und zelebrieren auf diese Weise ihre Faulheit.

Aber wie sollen diese Twens eines Tages völlig selbständig werden, wenn sie es nicht gelernt haben, ihren Lebensunterhalt selbst zu bestreiten? Sicherlich hat die freigiebige Erziehung erheblich mit dazu beigetragen, daß sich heute so viele Menschen in Konsumschulden verstrickt haben. Freigiebigkeit erzeugt Abhängigkeiten. Auch wenn alles immer nur gut gemeint war.

Einmal wird gebürgt, dann eine Anzahlung für das Auto vorgenommen, hier eine Dürreperiode zwischen zwei Jobs überbrückt, dort eine Reise mitfinanziert ... Natürlich sind das alles nur Darlehen. Aber genauso natürlich werden diese Darlehen niemals zurückgezahlt.

So schön es auch sein mag, wenn die Kinder lange zu Hause wohnen. Es fördert sicherlich nicht ihre Unabhängigkeit. Es macht sie auch nicht zu wohlhabenden Menschen. Kinder leben heute oft noch bei ihren Eltern, obwohl sie bereits 27 Jahre alt sind.

Leider werden die Abhängigkeiten, die auf diese Weise geschaffen wurden, auch dann noch fortgesetzt, wenn die Kinder endlich ausgezogen sind. Die Eltern setzen ihre Rolle als Geldinstitut fort. Sie leisten regelmäßige Überweisungen, greifen bei größeren Anschaffungen in die Tasche, helfen den Kindern in Zeiten der Not. In Europa kann man heute davon ausgehen, daß etwa 50 % aller jungen Haushalte mit Partnern unter 35 Jahren auf die eine oder andere Weise von den Eltern unterstützt werden.[3]

Thomas J. Stanley und William D. Danko haben zu den gutgemeinten Unterstützungen durch die Eltern interessante Zahlen zusammengetragen. Ca. 50 % der wohlhabenden amerikanischen Eltern geben wenigstens 15.000 $ jährlich an ihre Kinder weiter. Diese Kinder werden als „Empfänger" bezeichnet (Receivers). Die Kinder, die keine oder nur sehr selten Geldgeschenke empfangen, als „Nicht-Empfänger".[4]

- Die Empfänger haben nicht gelernt zu sparen.
- Sie können nicht mehr zwischen ihrem Geld und dem Geld der Eltern unterscheiden. Sie glauben demzufolge, ein Anrecht auf das Vermögen der Eltern zu haben.
- Die Empfänger sind erheblich mehr auf Kredite angewiesen. Sie sind demzufolge auch wesentlich höher verschuldet.
- Empfänger investieren weniger als 65 % von dem, was Nicht-Empfänger (Kinder, die von ihren Eltern kaum Geld bekommen haben) investieren.
- Obwohl die Empfänger wesentlich mehr Geld aufgrund der Geldgeschenke zur Verfügung haben, liegt ihr Jahreseinkommen wesentlich unter dem von Nicht-Empfängern. Bei Ingenieuren, Architekten und Wissenschaftlern zum Beispiel liegt es bei nur 74 % gemessen an dem, was die Nicht-Empfänger verdienen.
- Das Vermögen der Empfänger ist auch deutlich kleiner als das der Nicht-Empfänger. Bei Buchhaltern beträgt es beispielsweise nur 57 %.
- Insgesamt verdienen Empfänger ca. 10 % weniger als Nicht-Empfänger und besitzen über 20 % weniger Vermögen.

Sparen Sie außerdem für Ihr Kind

Wie wäre es, wenn Sie nicht nur Ihr Kind anleiten zu sparen, sondern zusätzlich auch selber einen Sparvertrag für es abschließen? Aus relativ wenig Geld wird sehr viel, wenn Sie früh genug beginnen. Auf diese Weise würde die Finanzierung eines Führerscheins, eines Autos, eines Studiums oder selbst das Eigenkapital für ein

Haus in den Bereich des Möglichen gerückt, ohne daß Sie dafür selber vermögend sein müßten.

Ein Beispiel: Wenn Sie gleich nach der Geburt Ihres Kindes einen Sparvertrag über 150 DM monatlich abschließen, so ergibt sich daraus:

- Wenn Ihr Kind 20 Jahre alt ist: 87.703 DM
- Wenn es 25 Jahre alt ist: 162.186 DM
- Und wenn es 30 Jahre alt ist: 293.451 DM

Sollten Sie das Geld niemals angreifen müssen, so würde Ihr Kind mit 35 Jahren über ein Vermögen von 524.785 DM verfügen. Für 150 DM monatlich. Angelegt mit nur 12 %. Sie werden in Kapitel 11 sehen, daß dies alles andere als utopisch ist.

Allerdings möchte ich Ihnen ans Herz legen, das Geld auf Ihren Namen anzulegen und nicht auf den Namen Ihres Kindes. Der Hauptgrund dafür ist der, daß Sie nicht wissen, ob sich Peter Engelchen nicht in Peter Wildes Ding verwandelt.

Welche Werte Sie für sich festlegen sollten

Beim Umgang mit Geld können Sie viele Akzente setzen. Eine Gelegenheit, die leider viele Eltern verstreichen lassen, weil sie niemals Klarheit über ihre eigenen Werte erlangt haben. Wenn Sie als Elternteil Ihre Werte nicht klar festgelegt haben, dann werden Sie Ihrem Kind widersprüchliche Signale senden. Das Kind würde Sie in diesem Fall als inkongruent erleben.

Wir alle haben ein Bedürfnis nach Sicherheit. Und das hat nicht nur damit zu tun, daß wir genug zu essen und zu trinken haben und einen Platz, wo wir schlafen können. Vielmehr wollen wir auch Sicherheit über unsere Werte haben. Hierbei ist es nicht nur wichtig, daß wir unsere Werte kennen. Sondern wir müssen uns auch klar darüber sein, in welcher Reihenfolge die Werte geordnet sein sollen. So wie Telefonnummern einen ganz anderen Sinn ergeben, wenn die einzelnen Zahlen ausgetauscht würden, so verändert sich viel von dem, wofür wir stehen, wenn wir die Reihenfolge unserer Werte vertauschen. Unsere Werte und deren Rangfolge nach Wichtigkeit bilden gewissermaßen unser Betriebssystem, unsere Software. Unsere Werte entscheiden darüber, wie wir funktionieren.

Viele werden zum Beispiel sagen, daß sowohl Geld zu haben als auch Ehrlichkeit wichtige Werte sind. Aber je nachdem, was Sie von beidem als höher und wichtiger einstufen, können Sie in einer bestimmten Situation völlig anders entscheiden. Wenn Sie in einem Restaurant zuviel Wechselgeld zurückbekommen, dann könnten Sie das Geld wortlos einstecken – Geld wäre dann der höhere Wert. Oder aber Sie könnten die Gelegenheit nutzen und Ihrem Kind eine wichtige Lehre über „ehrlich verdientes Geld" erteilen. Voraussetzung ist aber, daß Sie diese Dinge für sich klar entschieden haben. Wer die Prioritäten seiner Werte kennt, dem fallen Entscheidungen leicht.

Oder anders ausgedrückt: Wenn eine Person sich nicht leicht entscheiden kann, dann in erster Linie deshalb, weil sie keine Klarheit über ihre Werte hat. Um also unsere Kinder zu sicheren und entscheidungsfreudigen Menschen zu erziehen, müssen wir unsere Software, unsere Werte, klar festlegen. Und wir müssen unsere Werte vermitteln.

Hier einige Fragen, an denen Sie Ihre Werte ermitteln können. Wie würden Sie sich wünschen, daß Ihr Kind entscheidet?

- Es könnte 3.000 DM mehr für sein Auto bekommen, wenn es den Kilometerstand seines Autos zurückstellen würde. Niemand könnte ihm das jemals beweisen. Sollte es das tun?
- Sollte es um jeden Preis zusehen, daß es gute Noten bekommt? Und dafür auch mogeln?
- Sollte es sein Pausenbrot an einen Obdachlosen weitergeben? Auch wenn es dann selbst nichts mehr zu essen hätte? Oder sollte es sich besser fragen, warum diese Person nicht arbeitet?
- Dürfte es beim Einstellungsgespräch für einen begehrten Ferienjob ruhig schwindeln, wenn es anderenfalls keine Chance hätte, den Job zu bekommen?
- Was sollte Ihrem Kind wichtiger sein: Befriedigung im Job oder ein höheres Gehalt?
- Im Restaurant sind alle Tische besetzt. Einige Familien warten bereits länger als Sie. Durch ein Versehen weist der Kellner Ihnen den nächsten freien Tisch zu. Sollten Sie sich gedulden und warten, bis Sie „an der Reihe" sind?
- Sollte Ihr Kind Markenprodukte kaufen, z.B. Designerkleidung?
- Würden Sie es begrüßen, wenn es seine Freunde im Restaurant hin und wieder zum Essen einlädt. Oder sollte es darauf achten, daß jeder für sich zahlt?

- Sollte Ihr Kind über einen Dispositionskredit verfügen bzw. sein erstes Auto auf Raten kaufen (die es leicht bezahlen könnte)?
- Angenommen, es findet nicht die gewünschte Arbeitsstelle. Sollte es dann einen Job annehmen, den es nicht richtig mag, der aber gut bezahlt wird. Oder sollte es weitersuchen?

Wahrscheinlich hat die eine oder andere Frage Sie nachdenklich gemacht. Vielleicht müssen Sie auch über einige Werte nachdenken. Ansonsten können Sie niemals eine schlüssige, konsequente Erziehung in bezug auf Geld (und in bezug auf die anderen Aspekte des Lebens) liefern.

Lassen Sie mich im folgenden auf einige Fragen eingehen, die mir immer wieder in bezug auf Taschengeld und Umgang mit Geld von Kindern gestellt werden:

Taschengeldkürzung ist keine gute Strafe

Was versprochen ist, schulden Sie auch. Wenn Sie Ihr Kind bestrafen, indem Sie ihm vom Taschengeld etwas abziehen, brechen Sie Ihr Versprechen. Das Taschengeld sollte überhaupt nichts mit Arbeiten im Haushalt, Liebe, Anerkennung, Bestrafung oder Belohnung zu tun haben.

Wenn Sie Ihrem Kind das Taschengeld kürzen, könnte es daraus schließen, daß es mit der Nichterfüllung seiner Aufgaben „durchkommt", indem es einfach dafür bezahlt.

Auch lernt es auf diese Weise nichts über eine Einstellung, die Sie vermitteln wollen: Jeder muß innerhalb einer Familie Verantwortung übernehmen.

Ein Mädchen sollte sein Zimmer aufräumen. Da das immer und immer wieder versäumt wurde, kündigte die Mutter eine Kürzung des Taschengeldes an, wenn es sich nicht bessern würde. Am nächsten Tag sah es schlimmer aus als je zuvor. Die Mutter machte ihrem Ärger Luft. Das Mädchen erwiderte daraufhin: „Das Geld interessiert mich eigentlich gar nicht. Warum sollte ich also etwas dafür tun?"

Als letztes Argument: Stellen Sie sich vor, Ihr Chef würde Ihnen jedesmal etwas vom Gehalt abziehen, wenn Sie etwas nicht optimal erledigen oder etwas vergessen.

Übrigens rate ich auch davon ab, Geld als Belohnung einzusetzen. (Wir alle tun es von Zeit zu Zeit. Achten Sie aber darauf, es nicht zu oft zu tun.) Sie wollen ja nicht ein Kind mit einem berechnenden Charakter großziehen.

Vor allem sollten Sie keine Verbindung zwischen Geld und Liebe aufkommen lassen. Sagen Sie nie solche Sachen wie: „Ich liebe dich, darum gebe ich dir mehr Taschengeld." Das Kind könnte sonst die Meinung annehmen, daß man mit Geld auch Liebe und Freundschaft kaufen kann.

Was, wenn mein Kind mit dem Taschengeld nicht auskommt?

Zuviel auszugeben ist die Krankheit hochentwickelter Regierungen. Darum brauchen Sie nicht schockiert zu sein, wenn Ihr Kind bereits wenige Tage, nachdem es Geld erhalten hat, alles ausgegeben hat.

James Barrie sagte einmal: „Gott gab uns ein Gedächtnis, damit wir als Erwachsene besser mit Geld umgehen können als in der Kindheit." Wir sollten von unseren Kindern einfach nicht zuviel Vernunft im Umgang mit Geld erwarten.

Aber helfen Sie Ihrem Kind in solchen Fällen nur in absoluten Ausnahmen aus. Wenn Sie ihm nämlich helfen, so signalisieren Sie: Erstens, daß Sie immer da sind, um zu helfen. Zweitens, daß es gar nicht so wichtig ist, sorgfältig und intelligent mit Geld umzugehen.

Geben Sie Ihrem Kind auch möglichst keinen Vorschuß. Ansonsten könnte es ein zu großes Geschick beim „Kauf auf Kredit" entwickeln.

Sprechen Sie darüber, wie man das Geld einteilen kann. Überlegen Sie gemeinsam, wo Geld eingespart werden könnte.

Zeigen Sie Ihrem Kind in dem Zusammenhang auch den Wert von Geld. Streichen Sie die Scheine liebevoll glatt. Ordnen Sie die Scheine immer so, daß die Gesichter nach vorne schauen. Alle in eine Richtung.

Wenn Ihr Kind bettelt und weint

Angenommen, Ihr Kind bettelt und weint oder schmollt, wenn Sie ihm etwas Gewünschtes nicht kaufen. Zu diskutieren bringt nichts. Die Absage zu wiederholen auch nicht. Denn damit würden Sie nur ausdrücken, daß Sie etwas mehrmals sagen müssen (und werden), um sich Gehör zu verschaffen. Lehnen Sie es darum endgültig ab. Sollte das Kind weiterbetteln, so sagen Sie nur: „Hast du gehört, was ich gerade gesagt habe? Gut, dann ist das Thema ja erledigt."

Sollten Sie kapitulieren und nachgeben, so lernt Ihr Kind, daß Sie früher oder später nachgeben werden.

Manchmal neigen Frauen dazu, den Vater um Hilfe zu bitten. Dadurch würde das Kind aber lernen, daß seine Mutter keine Entscheidung treffen kann und daher keine Diskussionspartnerin in wichtigen Fragen ist.

Sollten Hausarbeiten bezahlt werden?

Routinearbeiten im Haushalt sollten Kinder übernehmen, ohne dafür bezahlt zu werden. Allerdings ist es gut, wenn wir dem Kind die Möglichkeit geben, einige Aufgaben zu erledigen, die ihm Spaß machen. Wenn dann Aufgaben übrig sind, die keiner gerne tut, so kann man diese unter den Familienangehörigen aufteilen.

Darüber hinaus wäre es hilfreich, wenn Sie gewisse Arbeiten an Ihr Kind vergeben und es dafür angemessen bezahlen. Das heißt, Sie bezahlen genausoviel, wie Sie einem angeheuerten Helfer bezahlen müßten.

Das fördert die Unabhängigkeit des Kindes. Auch wird sein Selbstbewußtsein in bezug auf seine Fähigkeiten gestärkt.

Bezahlen Sie aber nicht nach Stunden, sondern nach Aufgabe. Der Grund ist das sehr unterschiedliche Arbeitstempo der Kinder.

Zum Schluß dieses Kapitels noch eines: Zeigen Sie Ihrem Kind, daß Geld glücklich machen kann. Erklären Sie ihm, daß wir mit dem Geld aber nur glücklich sind und es genießen, wenn wir etwas davon abgeben, also wenn wir Geld spenden. Erklären Sie Ihrem Kind die Gedanken, die dahinterstehen. Dies macht bei Kindern ab zehn Jahren Sinn. Ab dann interessieren sie sich nämlich für soziale Probleme. Das ist auch die Zeit, in der Sie ein Überflußdenken erzeugen können. Denn wer kann schon etwas von seinem Geld abgeben, ohne im Überfluß zu leben.

Kapitel 8

Scheiden tut weh

Immer wenn Sie ein erfolgreiches Unternehmen sehen, hat irgend jemand eine mutige Entscheidung getroffen.

Peter Drucker

Träumen Sie nicht auch von einer Hochzeit in Weiß und dem ewigen Glück in einer funktionierenden Ehe?

Egal wie selbständig und unabhängig die Frau heute auch immer ist, die romantische Vorstellung des Prinzen auf dem Schimmel, der uns mit auf sein Schloß nimmt, ist in unseren Köpfen verankert, seit wir kleine Mädchen waren und die Märchen von Aschenputtel und Dornröschen in uns aufgesogen haben.

Falls Sie sich jetzt aber nicht angesprochen fühlen, dann haben Sie entweder schon schlechte Erfahrungen gemacht oder die Statistik gelesen! Denn die Realität sieht alles andere als berauschend aus. Nach dem Traum in Weiß folgt häufig das böse Erwachen. Fast jede dritte Ehe wird heute schon geschieden. In Amerika ist es sogar die Hälfte. Dabei ist es nicht etwa das verflixte siebte Jahr, das den Ehepaaren zu schaffen macht. Die meisten Scheidungen werden nach dem dritten und vierten Ehejahr eingereicht – wenn sich die Verliebtheit davongemacht hat und das normale Leben Einzug gehalten hat. Wenn man bei aller Liebe die Augen nicht mehr verschließen kann vor den Marotten und Gewohnheiten des Partners. Wenn das erste Kind die Beziehung auf eine harte Probe gestellt hat.

Immer häufiger sind es übrigens die Ehefrauen, denen der Kragen platzt und die die Trennung wollen. Ein Fortschritt, möchte man meinen. Es gab nämlich Zeiten, in denen die Frau nicht einmal das Recht hatte, die Scheidung zu fordern.

Heute ist das anders. Das Thema „Scheidung" wird in der Gesellschaft offen diskutiert. Der Bund fürs Leben wird eben für solange geschlossen, wie er hält. Es ist kein Makel mehr, als Geschiedene durchs Leben zu gehen. Ganz im Gegenteil, könnte man meinen, wenn man einige „gut" geschiedene Damen der Society sieht.

Ivana Trump beispielsweise, die Ex-Frau des Immobilien-Unternehmers Donald Trump, ließ sich ihren Abgang versilbern und tingelt nun als selbstbewußte Geschäftsfrau durch Talkshows und schreibt Bücher über ihr Jet-set-Leben mit Donald.

Nicht jede Scheidung endet mit einem „goldenen Handschlag“. Und in jedem Einzelfall sind die Reaktionen der Umwelt unterschiedlich. In der Anonymität der Großstädte lebt es sich wahrscheinlich leichter mit einer Scheidung als in der persönlichen Nähe auf dem Land.

Egal wo Sie leben, egal wie lange Sie zusammenwaren. In vielen Fällen liefern sich die ehemaligen Partner erbitterte Schlachten um Hab und Gut. Leider werden diese, sofern Kinder da sind, meist auf Kosten der Kleinen ausgetragen.

Wenn Sie sich scheiden lassen, brechen Sie Ihren Eid. Aber Sie sollen sich trotzdem an Ihr Versprechen halten: „... wie in schlechten Tagen.“ Und wenn Sie es nur um Ihrer selbst willen tun. Denn mit Ihren Handlungen, Gedanken und Gefühlen bestimmen Sie *Ihren* zukünftigen Weg. Wie Sie sich jetzt verhalten, wird sich noch auswirken, lange nachdem der Schmerz über die Trennung vergangen ist. Vielleicht haben Sie das Gefühl, wenig zurückbekommen zu haben im Vergleich zu dem, was Sie gegeben haben. Sie sehen, wie Ihre Kinder leiden. Vielleicht verlieren Sie Freunde und Ihre gewohnte Umgebung. Wie leicht ist es, wütend zu werden. Trotzdem: Alles, was Sie jetzt tun, wird eine Auswirkung auf Ihre Zukunft haben. Ihr Leben von diesem Punkt der Unausgewogenheit neu aufzubauen wird viel Mut erfordern. Fangen Sie darum vom höchstmöglichen Punkt an – um Ihrer selbst willen.

Wir wollen hier nicht bewerten, wer die Schuldigen und die Leidtragenden einer Scheidung sind. Sicherlich macht es sich kein einigermaßen verantwortungsvoller Mensch leicht, eine Familie zu zerbrechen. Es ist immer eine schwere Entscheidung, ob ein Ende mit Schrecken besser für ein Kind ist als der Schrecken einer zerrütteten Beziehung ohne Ende.

Dies sind Überlegungen, die Sie erst dann anstellen müssen, wenn es soweit ist. Es gibt aber andere Punkte, die Sie schon viel früher beachten sollten. Und zwar gleich zu Beginn einer Ehe.

Sie finden vielleicht, es sei unsinnig, beim Gang zum Altar bereits an die Trennung zu denken. Wenn man auf Wolke sieben schwebt, hat man Besseres zu tun, als die Scheidungsformalitäten zu diskutieren! Vollkommen richtig! Aber fragen Sie sich doch einmal, warum Sie überhaupt heiraten wollen!

Sie wollen sich gemeinsam etwas aufbauen, ein Haus, ein Geschäft. Sie wollen Kinder in die Welt setzen. Sie wollen zusammen ein schönes Leben führen, wollen reisen, essen gehen, angenehm wohnen.

Wie Sie sehen, haben all Ihre Wünsche etwas mit Geld zu tun. Geld muß reinkommen und wird investiert. Wie in einem ganz normalen Unternehmen. *Wir könnten die Ehe also als Ihr gemeinsames Unternehmen ansehen.* Der Geschäftszweck ist Ihr Leben, die Erziehung der Kinder, der Aufbau eines „Nestes“.

Wenn Sie diese Herausforderung annehmen, dann sollten Sie wie eine Geschäftsfrau vorgehen und die wichtigsten Dinge regeln. Wenn Sie mit Ihrem Partner die Zukunft in wunderbaren Farben malen, dann sollten Sie auch über die Finanzierung Ihres Traums sprechen. Wer trägt was dazu bei? Wie teilen Sie das Ganze untereinander auf?

Solche Dinge können Sie am besten besprechen, wenn Sie so richtig verliebt sind.

Denken Sie daran, daß Sie in diesem Moment nicht nur Ihre gemeinsame Zukunft, sondern auch Ihre eigene und die Ihrer Kinder bestimmen. Sie sollen dabei immer davon ausgehen, daß Ihre Ehe ewig hält.

Das wird sie möglicherweise genau dann, wenn Sie unseren Gedanken von der finanziellen Unabhängigkeit verinnerlichen. Als gleichberechtigter Partner sind Sie selbstbewußt und stark. Wahre Liebe ohne Respekt vor dem anderen ist nicht möglich. Andererseits zerstört Abhängigkeit Respekt und damit auch die Liebe. Finanzielle Unabhängigkeit von beiden Partnern erhöht darum die Chance für eine dauerhafte Partnerschaft. Indem Sie finanziell unabhängig sind, haben Sie die Möglichkeit, aktiver an der Gestaltung Ihrer Ehe mitzuwirken.

Wie kommen Sie dahin? Das wollen wir auf den nächsten Seiten klären.

Alles halbe-halbe

Wenn Sie ohne Ehevertrag geheiratet haben, dann leben Sie automatisch im Güterstand einer Zugewinngemeinschaft. Das bedeutet, alles, was Sie oder Ihr Partner während der Ehe einnehmen, muß im Falle einer Scheidung geteilt werden. Das, was jeder vor der Ehe besessen hat, bleibt in dessen Besitz. Aber auch das, was jeder während der Ehe allein angeschafft hat, bliebt dessen Eigentum. Gemeinsame Anschaffungen gehen in den Zugewinn ein.

Juristisch gesprochen wird am Ende der Ehe ein Zugewinnausgleich gemacht. Das setzt voraus, daß die Vermögenswerte der Ehegatten zunächst einmal entflochten werden.

Ihr Hausrat und die gemeinsame Wohnung bleiben dabei außen vor. Im Idealfall wird man sich bemühen, alles einigermaßen gerecht aufzuteilen. Als Musikliebhaber bekommt er die Stereo-Anlage, sie dafür den Fernseher. Was sich hier so einfach anhört, führt in der Praxis leider häufig schon zu heftigen Auseinandersetzungen.

Viel komplexer und komplizierter wird das Ganze dann aber beim Zugewinnausgleich. Hierfür müssen neben materiellen Dingen, wie Häusern, Wohnungen, Aktienpaketen usw., auch immaterielle Dinge wie beispielsweise Kapitallebensversicherungen oder-Firmenwerte beurteilt werden. Wichtig ist dabei, daß immer nur der Wert in die Berechnung eingeht, der während der Ehe entstanden ist. Bei einem Haus, das Ihnen schon vor der Ehe gehört hat, ist es beispielsweise nur der Wertzuwachs, den das Haus während der Ehe erfahren hat. Bei einem Aktienpaket, das Ihr Mann in die Ehe eingebracht hat, der Kursgewinn und die Dividenden aus der Ehezeit.

Wenn die Eheleute sich nicht einigen können oder das notwendige Geld für einen finanziellen Ausgleich nicht vorhanden ist, bleibt häufig nichts anderes übrig, als Immobilien zwangszuversteigern und Aktien zu verkaufen.

Zusätzlich werden im sogenannten Versorgungsausgleich auch Rentenansprüche, die bis zu diesem Zeitpunkt erworben wurden, zwischen beiden Ehepartnern aufgeteilt.

Die Zugewinngemeinschaft soll sicherstellen, daß beide Partner am Ende einer Ehe gleichgestellt werden. Wenn Sie z.B. wegen der Erziehung der Kinder Ihren Job aufgegeben und kein eigenes Ein kommen mehr erzielt haben, dann partizipieren Sie trotzdem an dem, was Ihr Mann in dieser Zeit verdient hat. Theoretisch wird hierzu das Anfangsvermögen und das Endvermögen jedes Partners ermittelt.

Idealerweise sollte das Endvermögen natürlich größer sein als der Anfangsbestand. Die Summe des Zugewinns von Ehemann und Ehefrau wird einfach geteilt, jeder bekommt die Hälfte.

Das hört sich einfach an.

In der Praxis sieht das leider häufig ganz anders aus. Da wird gelogen und gemogelt, daß sich die Balken biegen. Nur um nicht teilen zu müssen.

Da stört es offenbar auch nicht sonderlich, daß man im schlimmsten Fall an die Staatsanwaltschaft geraten kann. Um den Zugewinnausgleich machen zu können, muß ja zunächst einmal festgestellt werden, was in der Ehe eigentlich an Vermögen entstanden ist. Hierzu muß ein genaues Verzeichnis angelegt werden. Mit allen Vermögensteilen, aber auch Schulden.

Weigert sich der eine Ehepartner, diese Liste zu erstellen, dann geht es nur mit härteren Bandagen, und man kann eine Auskunftsklage erheben.

Wenn das Verzeichnis, juristisch gesprochen, nicht mit der notwendigen Sorgfalt erstellt worden ist, was im Klartext nichts anderes heißt, als daß anzunehmen ist, daß einige Vermögensteile vergessen oder falsch angegeben worden sind, dann kann man darauf drängen, daß der Ehepartner eine eidesstattliche Versicherung abgeben muß.

Kommt dann später heraus, daß doch etwas nicht stimmt, dann wird die Staatsanwaltschaft hellhörig und kann ein Verfahren gegen den vergeßlichen Ex-Ehepartner einleiten.

Teilen Sie Tisch und Bett – und Informationen

Soweit muß es nicht kommen, wenn man in einer Ehe von vornherein einige Spielregeln im Umgang mit finanziellen Dingen einhält.

Häufig ist immer noch der Mann der Verwalter des Geldes und Entscheider, wenn es um Geldanlagen geht. Das Thema „Geld“ wird nicht selten wie ein Geheimnis behandelt. Wissen Sie auf 10 DM genau, was Ihr Mann verdient? Kennen Sie alle seine Konten? Können Sie genau sagen, was er in Ihre Altersvorsorge investiert?

Konnten Sie nicht alle Fragen mit Ja beantworten? Willkommen im Club! Fast ein Drittel der Ehefrauen hat nach Umfragen keinen blassen Schimmer, was ihr Ehemann verdient.

Nun können Sie sich vorstellen, wie einfach es im Falle einer Scheidung für Ihren Mann sein wird, Sie auch weiterhin über Ihre finanziellen Verhältnisse im unklaren zu lassen. Darum raten wir Ihnen, von Anfang an mit offenen Karten zu spielen. *Bitten Sie Ihren Partner, Sie über Ihre Finanzen auf dem laufenden zu halten.* Sprechen Sie offen über das Thema „Geld“. Versuchen Sie, es zu entmystifizieren.

Dafür ist es natürlich auch wichtig, daß Sie sich selbst mit dem Thema „Geld“ auseinandersetzen. Viele Frauen verdrehen die Augen, wenn es darum geht, über die Beitragserhöhung einer Versicherung oder die Anlage des Weihnachtsgeldes zu sprechen. Kein Wunder, wenn er dann beim nächsten Mal die Entscheidung dann gleich alleine trifft. *Wenn Sie aber selber Ideen beisteuern können über interessante neue Anlagemöglichkeiten oder günstige Versicherungstarife, dann wird Ihr Mann Sie bald als enge Vertraute in Geldsachen ansehen.* Immerhin bleiben die sensiblen Informationen dann ja „in der Familie“.

Wenn Sie mit Ihren Bemühungen überhaupt keinen Erfolg haben und Ihr Mann keine Informationen zu finanziellen Dingen herausgibt, dann versuchen Sie es doch mal mit diesem Argument: Wissen Sie, daß pro Jahr viele Millionen auf Konten vergammeln, weil niemand von ihrer Existenz weiß? Der Kontoinhaber ist verstorben, und seine Erben ahnen nicht einmal, daß es da noch irgend etwas gibt.

Um zu vermeiden, daß sein Geld irgendwann einmal futsch sein könnte, sollten Sie alle Depots und Konten kennen. Oder Sie machen Ihren Mann auf dieses Buch neugierig.

Sie können aber in vielen Fällen auch selbst dafür sorgen, daß Sie in Gelddingen immer auf dem laufenden sind. Dabei müssen Sie nicht in den Unterlagen Ihres Mannes nachforschen. Die Berliner Anwältin und Scheidungsexpertin Elke Heide rät allen Frauen, die gemeinsam mit ihrem Mann zur Steuer veranlagt werden: „Lesen Sie die gemeinsame Steuererklärung, bevor Sie Ihre Unterschrift daruntersetzen. Und machen Sie sich eine Kopie. Das hat nichts mit fehlendem Vertrauen zu tun, sondern ist Ihr gutes Recht – immerhin ist es auch Ihre Steuererklärung. Im Notfall haben Sie dann Unterlagen griffbereit, mit denen Sie Ihre gemeinsame Vermögenslage darlegen können."

Verabreden Sie außerdem mit Ihrem Mann einen „Tag des Geldes"! Bitten Sie ihn, regelmäßig über die familiären Finanzen Auskunft zu geben.

Vielleicht haben Sie bis dahin selber einige Informationen gesammelt. Gibt es eine Bank, die Ihnen bessere Konditionen bei Ihren Gehaltskonten einräumt? Haben Sie einen Last-Minute-Reiseanbieter entdeckt, der Ihren Sommerurlaub 25 % günstiger anbietet?

Machen Sie Geld zu einer Familienangelegenheit! Sie teilen nicht nur Tisch und Bett, sondern auch die Zukunft mit Ihrem Partner. Und zu dieser Zukunft gehört auch Geld. Sie können an einer gemeinsamen finanziellen Freiheit arbeiten – auch wenn Sie Ihre eigene Unabhängigkeit niemals aus dem Auge verlieren sollten. Beides ist möglich – und eine Partnerschaft wächst und gedeiht durch beide Aspekte. Die Gemeinsamkeiten schaffen großes Vertrauen in Ihre Partnerschaft, Ihr eigener finanzieller Intimbereich gibt Ihnen die Möglichkeit, gleichberechtigt in der Beziehung zu sein.

Tücken des Zugewinnausgleichs

Auch wenn sich die gleichmäßige Teilung des Zugewinns im ersten Moment gerecht anhört, in der Praxis ist das leider nicht der Fall. Der „einfachste" Fall ist wohl der, daß der Mann plötzlich nicht mehr über ein Vermögen verfügt, das man ausgleichen könnte. Sie rechnet also möglicherweise mit der Hälfte einer Summe Geldes. Und er gibt es einfach aus. Wenn zum Zeitpunkt des Scheidungsantrags noch ein Vermögen da war, dies aber bis zur endgültigen Scheidung aufgebraucht ist, dann haben Sie keinen Anspruch auf Zugewinnausgleich. Nur was am Ende tatsächlich da ist, kann ausgeglichen werden.[1]

Es gibt aber noch weitere Schwachstellen des Zugewinnausgleichs.

Simone W. erbt eine 100-qm-Wohnung in einer guten Münchner Lage. Der Marktwert liegt bei 250.000 DM. Zwei Jahre später heiratet sie Klaus. Beide vereinbaren nichts Weiteres und leben somit in der Zugewinngemeinschatft. Die Immobilie bleibt Simones Eigentum. Nach 10 Jahren lassen sich die beiden scheiden. Die Wohnung ist inzwischen das Doppelte wert. Simone müßte Klaus nun 125.000 DM Zugewinnausgleich auf die Wertsteigerung der Wohnung bezahlen. Beide verrechnen Simones Ansprüche gegen Klaus. Am Ende muß Simone „nur" 30.000 DM an Klaus zahlen.

Ein anderes Beispiel verdeutlicht die Problematik beim Anfangsbestand:

Als Sabine und Frank heiraten, hat er Schulden von 40.000 DM. Beide arbeiten, und Sabine hilft ihrem Mann mit 25.000 DM, diese Schulden abzuzahlen. Nach zwei Jahren kaufen sie gemeinsam eine Wohnung. Nach vier Jahren reicht Sabine die Scheidung ein. Die Wohnung wird verkauft, und jeder bekommt die halbe Summe. Die 25.000 DM, die Sabine für die Schulden ihres Mannes aufgebracht hat, werden nicht berücksichtigt. Der Anfangsbestand kann nicht negativ sein. Im Falle von Frank war der Anfangsbestand 0.

Einige Nachteile des Zugewinnausgleichs lassen sich durchaus vermeiden. Man muß nur alle Möglichkeiten kennen.

Nehmen wir an dieser Stelle nur das Beispiel der Kapitallebensversicherung. Fast jeder hat irgendwann in seinem Leben eine derartige Versicherung abgeschlossen. Daß das nicht die optimale Form der Altersvorsorge ist, klären wir im Kapitel Kapitallebensversicherung. Hier wollen wir uns anschauen, wie Sie im Falle einer Scheidung dastehen, wenn Ihr Mann der Versicherungsnehmer ist. Der erste Reflex ist möglicherweise ein Verkauf der Lebensversicherung, um reinen Tisch machen zu können. Dies ist die schlechteste Variante. Denn dann wird der Zugewinn aus dem Rückkaufswert der Versicherung berechnet. Und dieser Rückkaufswert ist immer mager. Das heißt: Sie bekommen wirklich wenig Geld. Der Mann bekommt am Ende die Versicherung voll ausbezahlt mit allen Gewinnen und Boni. Von all dem sehen Sie nichts.

Woran das liegt, erfahren Sie ebenfalls im Kapitel KLV. Besser ist es in diesem Fall, möglicherweise die Versicherung weiterlaufen zu lassen.

Mein Tip: Lassen Sie sich ein unwiderrufliches Bezugsrecht über diese Summe einräumen. Das heißt: Solange die Versicherung läuft, passiert gar nichts. Sie bekommen auch kein Geld. Aber wenn am Ende der Laufzeit die Versicherung ausgezahlt wird, bekommen Sie die Hälfte, und zwar von allem: nicht nur von den eingezahlten Geldern, sondern auch die halben Gewinne und Boni.

„Was mein ist, ist auch dein" – die Gütergemeinschaft

Diesen Güterstand gibt es heute nur noch selten. Hier gehört alles beiden Ehepartnern gemeinsam. Das hört sich zunächst vielleicht ganz verlockend an – vor allem wenn der Partner mehr besitzt als Sie. Wenn Sie bereits in einer Gütergemeinschaft leben, wird im Falle der Scheidung das Vermögen gleichmäßig auf beide Partner verteilt.

Aber Vorsicht! Vielleicht fällt Ihnen während der Ehe unerwartet eine Erbschaft zu. Alles gehört dann zum ehelichen Gemeingut. Sie können nicht allein entscheiden, was Sie mit der Erbschaft machen. Besonders schwierig kann das im Falle des Todes Ihres Partners sein (siehe Kapitel Erben). Außerdem haften Sie für Ihren Ehepartner voll. Sie haben keine Möglichkeit, einen Teil des Geldes zu schützen.

Aus den obigen Gründen raten wir von dieser Form des Ehestandes ab.

Jedem das Seine – die Gütertrennung

Sehr häufig wird inzwischen die Gütertrennung als Ehestand vereinbart. Die Gütertrennung bedeutet nichts anderes, als daß alles, was Ihnen gehört, auch während der Ehe Ihr Eigentum bleibt. Ihr Einkommen, Ihr Vermögen, Ihr Besitz. Entsprechend gehört es Ihnen auch weiterhin, wenn Sie sich scheiden lassen. Umgekehrt haben Sie keinen Anspruch auf den Besitz Ihres Mannes.

Es ist nicht unbedingt notwendig, daß Sie zum Zeitpunkt der Eheschließung bereits die Gütertrennung vereinbaren. Das ist auch später möglich. In jedem Fall müssen Sie eine Vereinbarung über den Ehestand aber notariell beurkunden lassen. Und beide Ehepartner müssen natürlich einverstanden sein.

Von jedem ein bißchen – die modifizierte Zugewinngemeinschaft

Dies ist eine Mischung aus Gütertrennung und Zugewinngemeinschaft. Bestimmte Vermögensteile können von vornherein aus dem Zugewinn ausgeschlossen werden.

Hätte Simone im Beispiel oben die geerbte Wohnung aus dem Zugewinn herausgenommen, dann hätte sie bei der Scheidung von Klaus die Wertsteigerung der Immobilie nicht mit ihm teilen müssen. Genauso hätte Klaus beispielsweise von vornherein einen Firmenanteil vom Zugewinn ausschließen können.

Diese Besonderheiten müssen wieder vom Notar beurkundet werden. Alle anderen Vermögenszuwächse während der Ehe gehen uneingeschränkt in den Zugewinnausgleich ein.

Der Ehevertrag

Die oben vorgestellten Güterstände bilden eigentlich nur ein Gerüst für einen Ehevertrag. Mit dem können Sie vollkommen frei entscheiden, wie Ihre Ehe geregelt sein soll, solange diese Vereinbarungen nicht gegen die guten Sitten verstoßen.

Allerdings wird ein Notar nur Regelungen beurkunden, die auch vor Gericht durchsetzbar wären. Eine Vereinbarung über das Bügeln von Oberhemden oder das Kochen des sonntäglichen Mittagessens hat somit wenig Chancen, eingeklagt zu werden. Ein Gerichtsvollzieher hätte seine liebe Not, ein Urteil darüber zu vollstrecken!

Aber der Scheidungsfall kann in einem Ehevertrag geregelt werden. Das hört sich zwar im ersten Moment vollkommen unromantisch an. Wenn es aber zu einer Scheidung kommen sollte, erspart Ihnen der Vertrag möglicherweise eine Menge Ärger. Denn wichtige Punkte sind von Ihnen beiden in guten Zeiten festgelegt worden. Und dann ist es sicherlich wesentlich einfacher, sich zu einigen, als während oder nach einer Trennung.

Es ist nicht unbedingt notwendig, vor der Eheschließung alles zu regeln, aber die Erfahrung zeigt, daß ein späterer Zeitpunkt nicht unbedingt besser geeignet ist. Denn dann können sich die Fronten schon verhärtet haben, und ein Kompromiß rückt in weite Ferne.[2]

Unser Tip – auch wenn Sie bereits einige Jahre verheiratet sind: Setzen Sie so schnell wie möglich einen Ehevertrag auf.

Wichtige Fragen, die in einem Ehevertrag geregelt werden können, sind beispielsweise:

Wer soll die Erziehung der Kinder übernehmen?

In vielen Fällen ist das noch immer die Frau. Sie geben dafür möglicherweise ihren Beruf auf oder beenden ihre Ausbildung nicht.

Ihr Partner kann demgegenüber weiterhin eigenes Vermögen bilden und staatliche oder private Versorgungsansprüche aufbauen. Mit einem Ehevertrag können Sie dieses Ungleichgewicht beseitigen.

Wenn Sie Hausfrau sind, haben Sie kein eigenes Einkommen. Sie können nun vertraglich regeln, daß Ihr Mann einen Teil – vielleicht 10 % seines Netto-Einkommens – auf ein Konto überweist, das Ihnen ganz allein gehört. Damit können Sie für Ihre Altersvorsorge einen eigenen Sparplan anlegen oder zur Vorsorge für Ihre Kinder eine eigene Risikolebensversicherung abschließen.

Wenn Sie Ihre Ausbildung abgebrochen haben, können Sie im Ehevertrag vereinbaren, daß Sie nach einigen Jahren wieder weiterlernen werden. Ihr Mann sollte sich verpflichten, die Kosten hierfür zu übernehmen.

Achtung bei Verzicht auf Unterhalt und Versorgungsausgleich!

Im Überschwang der Gefühle läßt man sich am Anfang einer Ehe vielleicht dazu hinreißen, dies und jenes zu unterschreiben. Solange beide ihr eigenes Geld verdienen und wirtschaftlich unabhängig sind, ist dies ja auch in Ordnung. Möglicherweise gehen Sie heute noch davon aus, daß diese Situation immer so bleiben wird. Das ist auch der Grund, warum viele Paare gegenseitig auf Unterhalt und Versorgungsausgleich verzichten.

Häufig genug übersehen Frauen diese Regelung in einem Ehevertrag regelrecht oder wissen nichts damit anzufangen.

„Eine Vereinbarung über den Verzicht auf nachehelichen Unterhalt bedarf keiner Form“, warnt die Scheidungsexpertin Elke Heide, „Sie müssen nicht extra zum Notar, es reicht aus, wenn Sie irgendwann ein handgeschriebenes Stück Papier unterschreiben!“

Bevor Sie unüberlegt handeln, sollten Sie darüber nachdenken, ob Sie in jeder Situation auf die Unterstützung Ihres Ex-Partners verzichten können.

Dabei geht es nicht um die Frage des Kinderunterhalts oder des Unterhalts in der Trennungszeit. Beides kann auch in einem Ehevertrag nicht ausgeschlossen werden. Wenn Sie für die Kinder sorgen, muß Ihr Mann Kindesunterhalt zahlen. Wenn Sie wenig oder nichts verdienen, muß er während der Trennungszeit ebenfalls Unterhalt für Sie zahlen.

Darüber hinaus müssen Sie aber überlegen, ob Sie nach der Scheidung die Möglichkeit haben, Ihren Lebensstandard allein aufrechtzuerhalten.

Wie ändert sich die Situation, wenn Sie ein behindertes Kind haben? Wie steht es um Ihre Chancen, wenn Sie einige Jahre aus Ihrem Beruf ausgestiegen sind?

Die Berechnung des nachehelichen Unterhalts ist kompliziert. Alle Einkunftsarten müssen erfaßt werden. Danach werden verschiedene Positionen, wie Kindesunterhalt oder Aufwendungen für die Berufstätigkeit, abgezogen. Was danach übrigbleibt, steht Ihnen zu drei Siebteln zu. In der Praxis ist diese Berechnung sehr umfangreich und immer wieder Anlaß zu erbitterten Streitereien vor dem Scheidungsrichter.

Verträge kurz vor Toresschluß

Möglicherweise werden Sie erst dann mit einem Ehevertrag konfrontiert, wenn Sie bereits über die Scheidung nachdenken. Viele Paare wollen die Trennung möglichst „geräuschlos" über die Bühne bringen. Dafür bietet es sich an, Vereinbarungen über Gütertrennung oder Aufteilung des Vermögens vom Notar beurkunden zu lassen, bevor man die Scheidung einreicht.

Nicht selten wird bei dieser Gelegenheit auch der Verzicht auf nachehelichen Unterhalt und auf den Versorgungsausgleich festgeschrieben.

Häufig führen die emotionalen Probleme mit einer Scheidung dazu, daß Frauen unüberlegt auf den Versorgungsausgleich verzichten. Sie haben aber möglicherweise die Chance, den Vertrag für unwirksam zu erklären. Vielfach wird nämlich die Scheidung eingereicht, wenn die Tinte unter dem Ehevertrag noch nicht trocken ist. Um den Versorgungsaugleich wirksam ausschließen zu können, muß aber zwischen der Vereinbarung und dem Scheidungsantrag mindestens ein Jahr vergangen sein. Ist das nicht der Fall, so haben Sie die Chance, den gesamten Ehevertrag zu kippen.

Sorgen Sie für sich vor

Egal ob Sie sich für Gütertrennung entscheiden oder Ihren Anspruch auf Unterhalt aufgeben – Sie sollten im Laufe Ihrer Ehe Vorsorge treffen und sich ein eigenes finanzielles Polster zulegen.

Sie müssen dafür nicht einmal den schlimmsten Fall einer Scheidung in Betracht ziehen. Sorgen Sie für Ihre eigene finanzielle Unabhängigkeit, denn dann sind Sie auch in einer Ehe gleichberechtigt und können eine selbstbewußte Partnerschaft führen.

Wenn Sie beide verdienen, dann sollten Sie eine gerechte Verteilung der Lebenshaltungskosten und der Vorsorgekosten finden. Verdient Ihr Mann beispielsweise 30 % mehr, so sollte er auch 30 % mehr zu den Kosten beitragen. Geben Sie nicht Ihr ganzes Geld in die Haushaltskasse! Sparen Sie einen Teil für Ihr eigenes Vermögen!

Als Hausfrau halten Sie Ihrem Mann den Rücken frei, so daß er Karriere machen kann. Sie erziehen die Kinder und kümmern sich um den Haushalt wie Ihr Mann um sein Unternehmen. Dafür sollte er neben den Haushaltskosten etwa 10 % an Sie bezahlen. Mit dem Geld bauen Sie ein eigenes finanzielles Polster (s.o.).

Bauen Sie Ihre eigene Vorsorge auf! Wenn Sie Kinder haben, können Sie diese mit einer Risikolebensversicherung absichern. Zumindest ein Sparplan sollte auf Ihren Namen laufen. Auch wenn es nur kleine Beträge sind, die Sie sparen können, schaffen Sie sich eine finanzielle Intimsphäre. Überlegen Sie sich, wieviel Bargeld Sie brauchen, um einige Monate davon leben zu können. Dieses Geld sollten Sie auf einem eigenen Konto aufbewahren oder in einen Banksafe einlegen – nicht in Büchern oder im Kleiderschrank verstecken!

Wenn Sie Ihre eigenen Finanzen im Griff haben, dann erwartet Sie im Falle einer Scheidung auch kein böses Erwachen. Und vielleicht kommt es dann gar nicht zur Trennung, weil Sie von vornherein eine gleichberechtigte Beziehung führen.

Power-Tip

Denken Sie über Ihre Partnerschaft anhand der folgenden Punkte nach. Zuerst alleine und später mit Ihrem Partner gemeinsam:

- Vergessen Sie bei aller Romantik nicht, daß eine Ehe ein gemeinsames Unternehmen ist, das gut geführt sein will!

- Überlegen Sie, welche Pläne und Wünsche Sie mit einer Heirat verbinden. Sollten Sie bereits verheiratet sein: Was wollen Sie in Ihrer Ehe erreichen?
- Machen Sie sich Gedanken über den Güterstand, in dem Sie leben möchten.
- Gehen Sie in einer Partnerschaft offen mit dem Thema Geld um: Fordern Sie Informationen zu den gemeinsamen Finanzen.
- Sammeln Sie selber Informationen: Kopieren Sie eine Steuererklärung, die Sie unterschreiben.
- Beachten Sie die Tücken des Zugewinnausgleichs.
- Bei der Gütergemeinschaft kann der Todesfall des Partners zu großen Schwierigkeiten führen.
- Schließen Sie Ihr Eigentum aus dem Zugewinnausgleich aus.
- Regeln Sie die Scheidungsfolgen in einem Ehevertrag.
- Bedenken Sie die Nachteile, wenn Sie auf Unterhalt und Versorgungsausgleich verzichten wollen.
- Sorgen Sie während der Ehe für Ihre eigene finanzielle Unabhängigkeit vor!

Kapitel 9

Vererben

Es ist Zeit, damit zu beginnen, das Leben zu leben, das wir uns vorgestellt haben.

Henry James

Mit der Trauer leben

Wenn wir erben, setzt das voraus, daß jemand gestorben ist. Der Verlust eines geliebten Menschen ist mit das Schlimmste, was uns im Leben zustoßen kann. Es braucht seine Zeit, um mit dem Schmerz zu leben. Eine entsetzliche Leere entsteht. Ein Gefühl der Sinnlosigkeit kann sich ausbreiten. Und angesichts des ungeheuren Schmerzes erscheint alles andere banal und belanglos.

Dementsprechend scheint vielen Menschen nichts weiter entfernt, als sich in solchen Momenten um den schnöde Mammon und andere „irdischen" Belange zu kümmern.

Oft entstehen ausweglose Situationen, die hätten vermieden werden können.

Können Sie sich vorstellen, wie furchtbar es ist, wenn neben der Trauer auch noch Unsicherheit und Angst über die Zukunft dazukommen? Wenn die Hinterbliebenen in ihrem Schockzustand Entscheidungen treffen, Fragen beantworten müssen, mit denen sie total überfordert sind.

Der Todesfall eines geliebten Menschen ist eine Katastrophe – aber gleichzeitig auch ein Neubeginn, so oder so. Es beginnt ein neuer Abschnitt. Und da ist es wichtig, daß die Weichen klug gestellt werden. Denn die ersten Schritte, die wir tun – und die Entscheidungen, die wir in einer solchen Situation treffen –, haben unter Umständen Auswirkung auf unser gesamtes weiteres Leben. Wie gut, daß wir entscheidende Weichen frühzeitig stellen können – lange bevor eine Katastrophe eintritt. Dies auch wirklich zu tun heißt, verantwortungsvoll zu leben. Wer wirklich liebt, übernimmt Verantwortung – weil ihm das Wohl des/der anderen wirklich am Herzen liegt.

Wir müssen verantwortungsvoll mit denen umgehen, die wir lieben, und dürfen sie im Falle unseres Todes nicht mit zusätzlichen Sorgen belasten. Und diese Verantwortung umfaßt natürlich auch finanzielle Dinge. Denn das ist das letzte, womit man sich im Falle eines Todes beschäftigen will. Aber es ist unerläßlich. Denn für alle anderen geht das ganz normale Leben weiter. Sie wollen und müssen ihre Arbeit tun. Und dazu gehört eine Reihe von Formalitäten.

Gut, wenn die Entscheidungen bereits getroffen wurden, lange bevor der schlimmste Fall eintritt.

Sie sollten versuchen, auch in Ihrer Partnerschaft offen über das Thema „Tod“ zu sprechen. Klären Sie einige wichtige Fragen, damit Sie in Zeiten des Schmerzes und der Trauer nicht von anderen mit diesen Fragen gequält werden.

Schreiben Sie die wichtigsten Punkte auf, und verwahren Sie sie an einem sicheren Ort:

- Wo möchte ich/mein Partner beigesetzt werden?
- Möchte ich/mein Partner eine Erd- oder Feuerbestattung?
- Wer muß sofort informiert werden (Verwandte, Freunde, Kirche etc.)?
- Welche Aufgaben sollen weitergeführt werden – und durch wen?
- Wer kann sofort einspringen, um wichtige Dinge zu regeln, wozu die Hinterbliebenen nicht in der Lage sind?
- Was geschieht mit dem Vermögen?
- Wie kann sichergestellt werden, daß in den ersten Monaten alles seinen ordentlichen Gang nimmt?

Die ersten Schritte

Niemand kann in den ersten Tagen wirklich helfen, die Trauer erträglicher zu machen. Wenn Sie schon einmal versucht haben, einen trauernden Menschen zu trösten, dann wissen Sie, was ich meine.

Aber ein Freund oder eine Freundin an der Seite ist eine Stütze, wenn man den Schmerz nicht mehr zu ertragen glaubt. Aber auch – und das ist besonders wichtig – wenn die vielen organisatorischen Dinge, die mit dem Tod zu tun haben, unsere Kraft einfach übersteigen. Denn das Leben nimmt häufig einfach keine Rücksicht auf unsere Trauer.

Viele Menschen denken in dieser Situation, daß es sowieso nicht weitergeht. Das eigene Leben scheint sinnlos und leer. Man befindet sich in einem Schockzustand, der keinen klaren Gedanken mehr zuläßt. Besonders dann, wenn der Tod plötzlich und ohne Vorbereitung in unser Leben tritt, beispielsweise durch einen Autounfall oder eine plötzliche schwere Krankheit.

Trotzdem werden von uns in dieser Phase Entscheidungen erwartet, die mit Geld zu tun haben. Wichtige Entscheidungen. Was darf die Beerdigung kosten? Wie werden die laufenden Kosten gedeckt? Wieviel Geld haben Sie für die nächsten Tage und Wochen? Laufende Rechnungen müssen bezahlt werden.

Sie können sich nicht vorstellen, wie viele Hinterbliebene plötzlich in finanzielle Schwierigkeiten kommen.

Franziska ist 32 und lebt mit ihrem Mann und den zwei Kindern auf dem Land. Die junge Familie hat sich vor einem halben Jahr ein Häuschen gekauft. Hierfür hat Sebastian eine Lebensversicherung abgeschlossen.

Franziska hat schon vor vier Jahren ihren Beruf aufgegeben, um sich der Erziehung der beiden Kleinen zu widmen

Sebastian arbeitet in der Stadt. Auf dem Weg dorthin verunglückt er tödlich.

Die Lebensversicherung zahlt zunächst nicht, sondern überprüft langwierig, ob Sebastian Selbstmord begangen haben könnte. Denn dann müßte die Versicherung nicht zahlen. In der Zwischenzeit weiß Franziska nicht, wovon sie die Raten für das Haus zahlen soll. Ihre Eltern unterstützen sie in den ersten Monaten und helfen ihr mit den Kindern. Erst nach einem halben Jahr bekommt sie das Geld aus der Lebensversicherung.

Denken Sie bitte nie, daß es Sie nicht plötzlich treffen könnte. Wir verdrängen das Thema „Tod“ nur zu gern. Es ist aber ein Teil unseres Lebens. Sichern Sie sich schon früh genug ab, indem Sie in Ihrer Partnerschaft darüber sprechen.

Bedenken Sie, daß es nicht alleine um Sie geht. Es geht um die Hinterbliebenen. Zu häufig kommt es vor, daß der andere gar nicht weiß, welche Konten es gibt, wo die Versicherungspolicen aufbewahrt werden usw.

Machen Sie bitte auch hier eine Liste mit allen wichtigen Einzelheiten. Wenn Sie mit Ihrem Partner nicht über Details sprechen wollen, dann bewahren Sie die Papiere an einem Ort auf, an dem er sie im Notfall finden wird.

Wenn der Tod scheidet …

Nach dem Verlust des Partners kann es lange dauern, bis man sich wieder gefangen hat. Alles im Leben hat sich geändert. Sie stehen nach vielen Jahren der Ehe oder Partnerschaft plötzlich vor einem totalen Neuanfang. Ein Neuanfang, bei dem Sie von nun an für alles verantwortlich sind, für Ihre Anschaffungen, für Ihre Ausgaben und für die Anlage Ihres Geldes.

Viel mehr Frauen überleben ihren Ehemann, als dies umgekehrt der Fall ist. Auch wenn man das Leben nicht allein aus Statistiken erklären kann – die Lebenserwartung von Frauen ist eben sieben Jahre höher als bei Männern.

Auch wenn Sie sich in der ersten Zeit überfordert fühlen und noch Ihre Trauer verarbeiten müssen. Es ist immer früh genug, sich mit Geldthemen auseinanderzusetzen. Sie müssen es nun aber wirklich tun! Jetzt gleich.

Leider läßt Ihnen die Wirklichkeit keine Zeit, mit dem Schmerz umzugehen. Schon nach wenigen Tagen stehen Sie vor Entscheidungen, die Sie – und nur Sie allein – treffen können.

Es spricht natürlich nichts dagegen, eine Vertrauensperson zu Rate zu ziehen. Ganz im Gegenteil ist es sogar sehr gut, jemanden in der Nähe zu haben, der Ihrer Trauer verständnisvoll begegnet und gleichzeitig einen kühlen Kopf behält, um die wichtigen Dinge zu klären. Legen Sie frühzeitig fest, wer das sein kann.

Das Lebenswerk des anderen

Wenn Ihr Partner verstorben ist, stellt sich Ihnen nach einigen Tagen die Frage, wie Sie mit Ihrer Erbschaft umgehen wollen. Und da dürfen Sie nicht leichtfertig vorgehen. Immerhin handelt es sich um das Lebenswerk des anderen. Und es gibt unterschiedliche Möglichkeiten, auf eine solche Situation zu reagieren.

So gibt es zum Beispiel gute Gründe, eine Erbschaft möglicherweise auszuschlagen. Das bedeutet ganz und gar nicht, daß Sie dann nichts bekommen, sondern ganz im Gegenteil, möglicherweise erben Sie mehr, als Sie zunächst gedacht haben.

Wenn Sie nichts anderes vereinbart haben, haben Sie mit Ihrem Mann in einer *Zugewinngemeinschaft* gelebt. Bei einer Scheidung müßte alles penibel berechnet und aufgeteilt werden. Wenn einer der Ehepartner stirbt, wird diese Methode vereinfacht.

Beim erbrechtlichen Gewinnausgleich erhöht sich Ihr gesetzlich festgelegtes Erbteil pauschal um ein Viertel. Es spielt also keine Rolle, ob während der Ehe ein tatsächlicher Zugewinn entstanden ist oder nicht. Wenn Sie zum Beispiel ein gemeinsames Kind haben, so bekommt jeder sein gesetzliches Erbteil von einem Viertel. Durch den erblichen Gewinnausgleich bekommen Sie noch ein Viertel dazu. Insgesamt also die Hälfte des Erbes.

Möglicherweise kann es für Sie aber von Vorteil sein, wenn Sie die Erbschaft ausschlagen. Das macht zum Beispiel dann Sinn, wenn das Vermögen während der Ehe erworben wurde, also der Zugewinn gleichbedeutend mit der gesamten Erbschaft ist.

Denn dann können Sie den errechneten Zugewinn fordern, in diesem Fall die Hälfte des Erbes plus einen Pflichtteil. Der Pflichtteil macht noch einmal die Hälfte des gesetzlichen Anspruchs aus, in unserem Fall also ein Achtel der Gesamtsumme.

Grundsätzlich können Sie natürlich ein Erbe ebenfalls ausschlagen, wenn Sie feststellen, daß es völlig überschuldet ist. Dafür müssen Sie das Vermögen gegen alle Verbindlichkeiten rechnen. Hierbei sollte Ihnen auch ein Fachmann behilflich sein, da es oftmals nicht ganz einfach ist, alle Gläubiger ausfindig zu machen. Wenn Sie sicher sind, daß Sie mehr Schulden erben als Vermögen, dann schlagen Sie das Erbe aus.

Achtung! Diese Entscheidung müssen Sie aber bereits wenige Wochen nach dem Tod Ihres Partners treffen. Die Erbschaft kann nur innerhalb von sechs Wochen durch eine Erklärung vor dem Notar ausgeschlagen werden. Danach haben Sie dieses Wahlrecht nicht mehr.

Versuchen Sie also, sobald es Ihnen in Ihrer Trauer möglich ist, einen Anwalt hinzuzuziehen. Der kann Ihre Angelegenheiten für Sie regeln und Sie vor möglichen Fehlern bewahren.

Haben Sie bei der Heirat *Gütertrennung* vereinbart, dann bekommen Sie Ihren gesetzlichen Erbteil. Sie können allerdings auch etwas anderes vereinbaren; das geht aber nur in einem Testament.

Da es im Fall der Gütertrennung weder einen Zugewinnausgleich noch eine pauschale Erhöhung des Erbteils gibt, werden alle Erben absolut gleich behandelt. Haben Sie also ein Kind, dann erbt jeder von Ihnen die Hälfte des Vermögens. Bei zwei Kindern erbt jeder ein Drittel.

Bei der *Gütergemeinschaft* erben Sie zunächst alles.

Aber Vorsicht! Dieser Ehestand kann im Erbfall unangenehme Nebenwirkungen haben. In der Gütergemeinschaft gehört beiden Partnern alles zusammen, daß heißt im Umkehrschluß aber auch, daß weitere Erben Anspruch auf Teile des Vermögens erheben können, die vorher nur Ihnen allein gehört haben, z.B. die Immobilie, die Sie mit in die Ehe eingebracht haben.

Um Problemen von vornherein aus dem Weg zu gehen, können Sie auch bei der Gütergemeinschaft festlegen, was Ihnen allein gehören soll. Wertgegenstände, die Sie schon vor der Ehe besessen haben oder während der Ehe bekommen, können per Vertrag in Ihrem Eigentum bleiben. Diese Gegenstände fallen dann nicht in die Erbmasse.

Geschiedene gehen leer aus, egal welchen Güterstand sie während ihrer Ehe innehatten. Sie sind von der Erbfolge ausgeschlossen. Das gilt übrigens auch dann, wenn die Scheidung gerade erst eingereicht wurde.

Der letzte Wille

Mit einem Testament kann man seinen Besitz so verteilen, wie es einem gefällt. Sie haben die Möglichkeit, denen, die Ihnen etwas bedeuten, einen Teil zu hinterlassen, auch wenn sie nicht erbberechtigt sind. Sie können also einer lieben Nichte ein Schmuckstück zukommen lassen oder einem guten Freund ihr gesamtes Vermögen vermachen.

Eines können Sie aber auch mit einem Testament nicht verhindern: Ihrem Ehepartner, Ihren Kindern und Ihren nahen Verwandten steht nach der Erbfolge immer der Pflichtteil zu, auch wenn Sie diese Personen vom Testament ausgeschlossen haben.

Erst ein Drittel aller Deutschen macht überhaupt ein Testament. Viele vergessen es einfach oder schieben den Gedenken an den Tod beiseite.

Das Verfassen eines Testaments setzt allerdings voraus, daß Sie darüber nachdenken, was passiert, wenn Sie nicht mehr sind. Kein schöner Gedanke, aber Sie können denen, die weiterleben, in ihrem Schmerz helfen, indem Sie Ihren Willen klar kommunizieren, so daß Ihre Angehörigen sicher sein können, daß alles in Ihrem Interesse geschieht. Denn in einem Testament können Sie nicht nur regeln, wer was bekommt, sondern auch, wie Sie sich Ihren letzten Weg vorgestellt haben.

So können Sie sicher sein …

Allein das Schreiben eines Testaments ist aber leider noch keine Garantie, daß auch wirklich alles so geschieht, wie Sie das wollen. Denn viele Testamente werden nie gefunden. Oder sie werden von Angehörigen vernichtet, die davon ausgehen, nichts vom Erbe abzubekommen.[1]

Wenn Sie sichergehen wollen, daß Ihre Wünsche an die Nachwelt weitergegeben werden, dann sollten Sie sich Gedanken machen, wo Sie ein Testament aufbewahren. Wenn Sie es so gut verstecken, daß niemand es mehr findet oder als letzten Willen identifizieren kann, dann ist Ihnen nicht gedient. Wenn Sie befürchten, daß jemand Interesse an der Vernichtung Ihres Testaments hat, dann sollten Sie es auf jeden Fall bei einem Amtsgericht hinterlegen. Das kostet wenig Geld und stellt sicher, daß Ihrem letzten Willen Genüge getan wird.

Sie haben grundsätzlich zwei Möglichkeiten:

Sie können *ohne die Hilfe eines Notars* zu Hause Ihren letzten Willen aufschreiben. Wichtig dabei ist aber, daß der gesamte Text mit der Hand geschrieben ist. Ein Computerausdruck mit Unterschrift wird später keine Gültigkeit haben. Außerdem gehören Vor- und Zuname sowie das Datum und eine Ortsangabe dazu.

Sie können jederzeit Änderungen an Ihrem Testament vornehmen. Aber dann vernichten Sie bitte sofort die alte Version! Oder machen Sie ganz deutlich, daß es alle vorherigen Versionen ersetzt.

Wenn Sie das *Testament bei einem Notar aufsetzen lassen*, sich also für das *öffentliche* Testament entscheiden, dann können Sie sich dort auch gleich beraten lassen. Das kostet nicht mehr als das Aufsetzen des Schriftstücks, aber hilft Ihnen vielleicht bei der ein oder anderen Frage weiter.[2] Außerdem wird Ihr Testament vom Notar automatisch an ein Amtsgericht weitergegeben und dort aufbewahrt.

Als Ehepaar können Sie sich gegenseitig zum Erben einsetzen. In diesem Fall steht anderen Erbberechtigten nur noch der Pflichtteil zu. Es genügt hierzu, daß einer von Ihnen den Text handschriftlich verfaßt und beide unterschreiben.

Aber Vorsicht: Wenn Sie ein gemeinsames Testament aufsetzen, dann können Sie es alleine nicht mehr ändern! Sie müssen es auf jeden Fall gemeinsam aufheben oder ändern.

Erbvertrag

Neben dem Testament können Sie auch einen Erbvertrag abschließen. Auch hiermit kann die Erbfolge bis auf das Pflichtteil außer Kraft gesetzt werden. Ein Erbvertrag bietet sich bei unverheirateten oder gleichgeschlechtlichen Beziehungen an, da der Gesetzgeber in beiden Fällen kein gemeinschaftliches Testament vorsieht.

Allerdings kann ein Erbvertrag nur vom Notar geschlossen werden. Ein Erbvertrag unterscheidet sich in einem wesentlichen Aspekt vom Testament. Ein Erbvertrag kann nicht von einem Partner allein geändert werden. Auch hier ist immer die Mitwirkung des zweiten notwendig.

Steuern sparen

Egal welchen Weg Sie wählen, irgendwann klopft immer das Finanzamt an Ihre Tür. Denn alles, was bei der Erbschaft über Ihren persönlichen Freibetrag hinausgeht, muß versteuert werden.

Dieser Freibetrag gilt bei der Zugewinngemeinschaft aber erst über den Betrag des Zugewinnausgleichs hinaus. Also für den pauschalen Zugewinnausgleich oder den Pflichtteil.

Bei der Gütertrennung sieht es für Sie als Erbin schlechter aus. Hier beginnt schon mit der ersten Mark der Freibetrag, da das Vermögen direkt zuzuordnen ist.

Für Ehepartner liegt diese Grenze, bis zu der sie ihr Erbe nicht versteuern müssen, bei 600.000 DM. Mit jeder weiteren DM fließt ein Teil an den Staat. Bei größeren Vermögen kann das 30 bis 50 %

des Erbes ausmachen. Grundsätzlich sind Sie als Ehepartnerin in der Steuerklasse 1, auch wenn Sie von Ihren Eltern erben, gelten Sie in der gesetzlichen Erbfolge als Erbin erster Ordnung. In diesem Fall unterliegen sie zwar der geringsten Besteuerung, aber auch bei Ihnen fordert das Finanzamt je nach Höhe des Erbes zwischen 7 und 30 %.

Aus diesem Grund macht es Sinn, sich schon frühzeitig mit Formen der Vermögensübertragung zu beschäftigen, bei denen das Finanzamt keinen Zugriff hat. Gemeint ist hier zum Beispiel die Schenkung. Der Gesetzgeber hat die Möglichkeit eingeräumt, bestimmte Beträge in festgelegten Zeiträumen zu verschenken, ohne dafür Steuern zahlen zu müssen.

Alle 10 Jahre können Sie sich bestimmte Summen schenken lassen oder selber verschenken, ohne daß dafür Steuern anfallen. Die Freibeträge sind die gleichen wie bei der Erbschaftsteuer. Der Ehepartner kann 600.000 DM als Geschenk verbuchen, die Kinder dürfen sich im Zehnjahresrhythmus jeweils über ein Geschenk von 400.000 DM steuerfrei freuen.

Durch eine Lebensversicherung können Sie ebenfalls die Erbschaftsteuer umgehen. Denn im Todesfall des anderen bekommen Sie die Versicherungssumme erbschaftsteuerfrei ausgezahlt.

Bis vor einigen Jahren boten sich Immobilien als leicht zu vererbendes Vermögen an. Hier wurde in die Steuerberechnung nicht der tatsächliche Marktpreis, sondern ein Einheitswert aus den 60er Jahren angesetzt. Hier hat der Gesetzgeber aber inzwischen einen Riegel vorgeschoben. Auch bei einer geerbten Immobilie wird inzwischen ein Wert zur Berechnung der Erbschaftsteuer herangezogen, der in etwa dem heutigen Verkehrswert entspricht.

Die Last mit dem Erbe

Wenn Sie die vorherigen Seiten gelesen haben, dann können Sie sich vorstellen, wie viele Einzelheiten beim Thema „Erbe“ zu beachten sind. Wenn Sie sich weiter informieren wollen, dann haben wir am Ende des Kapitels eine Liste mit empfehlenswerten Titeln.

Ein wichtiger Punkt wird aber nur selten angesprochen, ja er ist geradezu ein Tabuthema. Die Last mit der Erbschaft. Sie wird um so größer, je mehr man geerbt hat! Vielleicht denken Sie jetzt verwundert: „Wie kann man Probleme haben, wenn man gerade eine Menge Geld geerbt hat?"

Aber es ist so: Je mehr man erbt, desto größer sind die Probleme!

Erben und insbesondere Frauen fühlen sich häufig völlig überfordert, wenn sie feststellen, wieviel Vermögen sie plötzlich besitzen. Wer sich bisher kaum oder nie mit der Verwaltung und Vermehrung von Geld beschäftigt hat, bekommt regelrecht Angst. Es ist nicht alleine die Frage, ob man sich ein neues Auto oder ein Haus kaufen kann, es ist auch die Verantwortung für die Lebensarbeit eines anderen.

Eine ganze Generation hat den Aufbau unseres Landes vorangebracht und dabei ein Vermögen angesammelt. Dieses Geld, man geht von 2,5 Billionen DM in den nächsten vier Jahren aus, fällt an die Kinder der Gründer.[3]

Darunter sind viele Frauen. Und die sind mehrheitlich nicht ausreichend vorbereitet. Wenn sie ihre Gefühle schildern, die sie mit der Erbschaft verbinden, hört sich das häufig an, als wäre es eine Schande. Keiner soll wissen, daß man eine Erbschaft gemacht hat. Einige Frauen haben Angst, nicht mehr als Mensch, sondern als wandelndes Dollarzeichen angesehen zu werden. Freunde sind nur noch nett, weil sie sich etwas versprechen. Auf diese Weise wird die Erbschaft zu einer ungeheuren Belastung.

Während viele Männer Geld als ein Mittel zur Selbstverwirklichung ansehen, definieren sich viele Frauen noch immer darüber, wie gut sie mit *wenig* Geld umgehen können.

Eine Erbschaft kann darum den Verlust des Selbstbildes bedeuten: Eine andere Identität muß angenommen werden. Ein Identitätsverlust bedeutet höchste Unsicherheit. Diese Unsicherheit steigert sich, wenn mit großen Beträgen „jongliert" werden soll.

Das ist auch der Grund, warum es wieder die Männer sind, die Brüder oder Ehepartner der Erbinnen, die als Berater in Gelddingen herangezogen werden. Dabei können es die Frauen besser. Sie müssen sich nur damit befassen.

Frischer Wind

Langsam erst beginnt sich etwas zu ändern. Vielleicht liegt es daran, daß es immer mehr Erbinnen gibt.

In Amerika begann alles mal wieder etwas früher. Bereits in den 80er Jahren haben sich dort Erbinnen zusammengetan, um selbstbewußt und eigenverantwortlich mit ihrem Geld umzugehen. Sie haben Stiftungen gegründet und unterstützen mit ihrem geerbten Geld Projekte, die ihnen am Herzen liegen.

Ob es nun um Frauenhilfe in der Dritten Welt oder Wahlkampfunterstützung geht. In jedem Fall wissen die Erbinnen genau, wo ihr Geld angelegt ist und was damit geschieht.

Mit viel Eigeninitiative werden derartige Netzwerke auch in Europa aufgebaut.

In Deutschland veranstalten Frauen Erbinnen-Kongresse. Das Motto: „Mut zum Vermögen – Frauen erben anders". Nicht allzuviel sickert davon an die Öffentlichkeit. Der Veranstaltungsort wird geheimgehalten. Die Frauen wollen nicht mit Anlageberatern und Heiratskandidaten plaudern, sondern Themen diskutieren, die ihnen am Herzen liegen.

Natürlich wollen die Erbinnen erfahren, wie sie das Beste aus ihrem Geld machen können. Die Initiatorinnen des Kongresses stellen aber fest, daß es nicht immer nur um die maximale Rendite geht, sondern häufig auch um die Sozial- oder Umweltverträglichkeit der Projekte.

Sicherlich ist ein Netzwerk von Gleichgesinnten ein guter Start ins selbstbewußte Erbinnenleben.

Aber bleiben Sie immer wachsam! Vergleichen Sie auch hier alle Angebote, die man Ihnen macht. Überprüfen Sie Projekte auf ihre Tauglichkeit. Gerade in diesen Anlagebereichen verbirgt sich hinter dem ehrenwerten Deckmäntelchen „grün", „umweltfreundlich" und „Ethikprodukte" häufig eine nutzlose Investition oder eine billige Geschäftemacherei.

„Hilfe, ich habe mehr als er …"

Wenn man einmal gelernt hat, selbstbewußt Entscheidungen in seinen Geldsachen zu treffen, dann sind aber lange nicht alle Probleme vom Tisch. Denn plötzlich stellen die Erbinnen fest, daß sie ihre Umwelt nicht so einfach wieder in den Griff bekommen.

Der plötzliche Geldsegen führt nicht selten auch zu Problemen in der Partnerschaft. Plötzlich haben Sie zum Beispiel mehr Geld als Ihr

Partner. Sie sind unabhängig und könnten sich vieles leisten, von dem Sie bisher nur geträumt haben. Eigentlich müßte es also besser gehen. Doch das Gegenteil ist nur allzuoft der Fall.

Verunsicherung auf beiden Seiten ist das Ergebnis. Denn auch wenn es schon lange so ist, daß Frauen arbeiten und ihren Anteil zum Familieneinkommen dazuverdienen, in vielen Partnerschaften verdient der Mann entweder allein oder zumindest mehr als die Frau.

Und trotz aller Beteuerungen von allen Seiten: Geld wird von vielen Männern noch immer als Machtmittel eingesetzt. Und es verleiht ein Gefühl der Macht. Und andersherum: Wer kein Geld hat, ist abhängig vom anderen. Diese Abhängigkeit ist durch eine Erbschaft der Frau „zerstört". Und damit werden viele Männer nicht fertig. Eine reife Persönlichkeit wird aber weder Abhängigkeit erdulden noch sie dulden.

Auch aus diesem Grund ist es so wichtig, als Frau finanzielle Unabhängigkeit zu erreichen. Als Erbin schaffen Sie dies, ohne selbst etwas dazuzutun.

Und dieser Umstand führt nicht selten zu regelrechten Schuldgefühlen. Um dem Partner zu zeigen, daß man sich nicht verändert hat, gehen die wohlhabenden Erbinnen geradezu in eine devote Demutshaltung und verhalten sich so, als könnten sie überhaupt keine Entscheidungen allein treffen. Nur um dem Partner das Gefühl zu vermitteln, daß er gebraucht wird.

In einer unabhängigen Partnerschaft sollten Sie diesen Teufelskreis durchbrechen. Sprechen Sie offen über das Thema „Geld". Egal ob Sie mehr haben als er oder umgekehrt. Egal ob es selbstverdientes oder geerbtes Geld ist.

Zeigen Sie ihm, daß es so viele andere Dinge gibt, die liebenswert an ihm sind. Daß diese inneren Werte nichts mit Geld zu tun haben.

Umgekehrt ist es für Sie genauso wichtig, die Angst davor zu verlieren, daß man Sie nur noch wegen Ihres Geldes lieben könnte.

Machen Sie sich immer wieder klar, daß Ihr Erbe ein Geschenk ist, mit dem Sie sich eine Zukunft aufbauen sollen. Derjenige, der in seinem Leben den Grundstein für Ihre finanzielle Unabhängigkeit gelegt hat, wollte damit für Sie keine Probleme schaffen. Ganz im Gegenteil! Sehen Sie die Erbschaft als Chance zum inneren Wachstum. Sie haben die einmalige Möglichkeit, völlig frei zu entscheiden, wie Sie Ihr Leben gestalten möchten.

Beziehen Sie Ihren Partner in diesen Prozeß mit ein!

Power-Tips

- Gehen Sie verantwortungsvoll mit dem Thema „Tod“ um. Sprechen Sie in Ihrer Partnerschaft offen über Ihre Wünsche im Falle Ihres Todes.
- Nehmen Sie die Hilfe eins Freundes an, wenn Sie einen geliebten Menschen verloren haben. Er kann sich um die Formalitäten kümmern.
- Prüfen Sie, ob Sie eine Erbschaft annehmen wollen. Holen Sie den Rat eines Anwalts ein.
- Setzen Sie ein eigenes Testament auf, damit Sie sicher sein können, daß Ihre Wünsche beachtet werden.
- Verwahren Sie das Testament an einem sichern Ort, am besten beim Amtsgericht.
- Machen Sie einen Erbvertrag, wenn Sie nicht verheiratet sind oder in einer gleichgeschlechtlichen Beziehung leben.
- Verschenken Sie Teile Ihres Vermögens früh genug, um Steuern zu sparen.
- Stehen Sie als Frau zu Ihrem Erbe, gehen Sie mit Stolz an die neuen Aufgaben heran, die jetzt auf Sie warten.
- Nehmen Sie Kontakt zu anderen Erbinnen auf.
- Sprechen Sie mit Ihrem Partner über Ihr Erbe. Lassen Sie von Anfang an keine Barrieren zwischen sich entstehen.

Teil IV

Geldanlagen

- Aktien, Wertpapiere, Anleihen und Optionen
- Investieren leicht gemacht: Investmentclubs und Fonds
- Die Fallen der Betrüger
- Versicherungen: Welche sind notwendig? Hier können Sie Geld sparen
- Immobilien

Gelegenheiten tanzen mit denen,
die sich bereits auf dem Tanzboden befinden.

H. Jackson Brown Jr.

KAPITEL 10

FASZINATION BÖRSE

Das Leben schrumpft oder dehnt sich aus –
in direktem Verhältnis zu unserem Mut.

Anaïs Nin

Im Fernsehen oder in Zeitschriften werden uns immer wieder Menschen vorgestellt, die finanzielle Unabhängigkeit bereits erreicht haben. Was können diese Erfolgreichen, was haben sie getan, um an den Punkt zu gelangen? Sind sie besonders intelligent oder besonders rücksichtslos? Es gibt Hunderte von Zufällen, die Menschen zu dem gemacht haben, was sie heute sind.

Aber auch ohne besondere Zufälle und ohne Erbschaft kann jede Frau finanziell unabhängig werden. Denn es gibt Türen, die jedem von uns offenstehen, um finanziell unabhängig zu werden. Die Tür, welche die meisten Menschen in diesem Jahrhundert reich gemacht hat, ist die Aktie. Um es klar zu sagen: Seit es Aktien gibt, ist es jedem Menschen aus den Industrieländern möglich, Millionär zu werden. Bevor es Aktien gab, war das nicht so. Wer vor 400 Jahren arm geboren wurde, der starb auch arm. Nicht so heute:

Wenn Sie wohlhabende Zeitgenossen fragen, wie sie zu ihrem Geld gekommen sind, dann hören Sie ganz häufig, daß sie ihr Geld mit Aktien gemacht haben. Sie haben das, was sie verdient haben, an die Börse gebracht, und dort hat es sich vermehrt. Auch wenn Sie kein Unternehmertyp sind: Indem Sie Aktien kaufen, beteiligen Sie sich an Firmen. Sie bekommen einen Teil der Firmengewinne, und wenn die Firma wächst, wächst in der Regel auch der Wert Ihrer Aktie mit. Und das, ohne daß Sie aktiv mitarbeiten.

Hört sich das für Sie unglaublich und wie ein Märchen an? Nachdem Sie dieses Kapitel gelesen haben, ist es für Sie Realität. Das Schöne an der Sache ist nämlich, daß auch Sie ab sofort zu denen gehören können, die an der Börse Geld verdienen.

Es ist einfacher, als Sie glauben!

Der erste Schritt ins Unbekannte

Wieso machen Sie so etwas Langweiliges und Trockenes wie Börse? Das ist eine Frage, die mir häufig gestellt wird. Das zeigt mir, daß viele Menschen noch nie etwas mit der Börse zu tun hatten. Aus meiner Sicht gibt es nichts Spannenderes und Faszinierenderes als das Leben an den Märkten.

Leider haben das viele noch nicht verstanden. Zu viele Vorurteile geistern durch die Welt.

Ich bin sicher, daß auch Sie vom Aktienfieber angesteckt werden, sobald Sie nur 1 DM investiert haben.

Seit dem Börsengang der Telekom vor einigen Jahren haben immer mehr Anleger die Faszination und die Chancen von Aktien entdeckt. Und der Einstieg beim größten deutschen Telekommunikationsunternehmen hat sich gelohnt. Innerhalb von drei Jahren konnten sie ihr Geld mit der Telekom mehr als verdoppeln.

Susanne K. erbt im Sommer 1996 von einer Großtante 10.000 DM. Während ihres Studiums war Geld immer Mangelware. In den Semesterferien hat sie darum gejobt und konnte einige Jahre nicht in den Urlaub fahren. Ihr erster Gedanke ist darum, mit dem geerbten Geld ausgiebig zu verreisen.

Auf dem Weg zum nächsten Reisebüro fallen ihr die Plakate der Telekom auf. Der Ex-Monopolist hat die gesamte Republik mit magentafarbenen Plakaten überzogen, um für seinen Börsengang zu werben. Die Kampagne zeigt ihre Wirkung, auch bei Susanne. Anstelle einer teuren Urlaubsreise kauft sie 300 Aktien der Telekom zu je 29 DM. Insgesamt bezahlt sie 8.700 DM. Mit dem Rest des Geldes fährt sie für ein Wochenende nach Rom.

Im April 1999 notieren die Aktien der Telekom bei etwa 38 Euro. Das sind ca. 76 DM! Susannes 300 Aktien sind 22.800 DM wert.

Trotz dieser beeindruckenden Rechnung haben in Deutschland gerade einmal 6 % der Bevölkerung Aktien. Zwei Drittel davon sind nach Auskunft des Deutschen Aktieninstituts Männer. Dieses Ungleichgewicht kommt mit daher, daß in Haushalten häufig die Männer das Geld verwalten. Wertpapierdepots laufen auf den Namen des Mannes. Sie beschäftigen sich eher mit Aktien, haben vielleicht auch im Beruf mit dem Thema „Geld“ zu tun.

Bei Frauen ist das häufig anders. Die Unsicherheit beginnt schon mit dem Gefühl, einfach nichts über das Thema Aktien und Geldanlage zu wissen. Da ist eine Stimme im Innern, die ganz laut vor dem Unbekannten warnt. Hat man nicht schon mal irgendwo gehört, daß jemand sein ganzes Geld mit Aktien verloren hat? Warum soll mir das nicht auch passieren?

Vielleicht ist die Aktienanlage auch für Sie im Moment noch ein Buch mit sieben Siegeln. Das liegt daran, daß Sie vielleicht auch in eine der fünf häufigsten Denkfallen geraten sind, die über Aktien existieren.

Fünf Denkfallen, die bewirken, daß Frauen keine Aktien haben:

1. Es lohnt sich nicht, weil ich zuwenig Geld verdiene.
2. Ich verstehe zuwenig von Aktien.
3. Ich muß mich den ganzen Tag mit meinen Aktien beschäftigen.
4. Man muß eine Spielernatur sein, um Aktien zu kaufen.
5. Ich kann mein ganzes Geld verlieren.

Und dies sind nur die häufigsten Denkfallen und Mythen. Tatsächlich sind über kaum ein Thema so viele Irrmeinungen im Umlauf wie über Aktien. Der Chef der Deutschen Börse, Werner Seifert, drückt es in einem Satz aus: „In Deutschland glauben doppelt so viele Leute an Ufos wie an die Bedeutung der Aktie als Altersvorsorge."

Ich möchte Ihnen auf den nächsten Seiten zeigen, daß diese Vorbehalte unnötig sind und Sie u.U. daran hindern, ein Vermögen zu machen. Das Vermögen, das Ihnen zusteht. Aber Sie müssen erkennen, daß jeder, wirklich jeder mit Aktien wohlhabend werden kann. Auch Sie!

Manchmal braucht man nur einen Anstoß wie dieses Buch, ein erstes Erfolgserlebnis, so wie Susanne mit den Telekom-Aktien oder ich während meines Studiums.

Von der Werbung an die Börse

Meine ersten Erfahrungen mit Aktien machte ich während der Uni-Zeit in Hamburg. Die Stadt an der Elbe ist wahrlich kein günstiges Pflaster, und deshalb verdiente ich nebenbei Geld beim Film und in der Werbung. Das hört sich immer so bombastisch an. Als ob man gleich den Oscar bekommen würde. Meist waren es aber nur kleine Nebenrollen in Vorabendserien. Die einzige „Hauptrolle", an die ich mich erinnere, war die junge frische Hausfrau in einem Waschmittelspot.

Nichtsdestotrotz verdiente ich mit dieser Arbeit das Geld für mein Studium, und nebenbei blieb noch ein bißchen übrig für das Studentenleben.

Bis dato hatte ich mein Geld auf dem Sparbuch geparkt oder maximal in Sparbriefen angelegt. Vor etwa 15 Jahren war das keine so schlechte Entscheidung. Die Zinsen lagen deutlich über dem heutigen Niveau. 7 bis 10 % gab es mit Glück auf langlaufende Sparbriefe.

Eines Abend saß ich mit einem Studienfreund zusammen. Ich erzählte ihm von meinen Nebenjobs und wir lachten über die täglichen Verwandlungen, die ich dabei vollführte. Irgendwann meinte er, daß ich doch recht hart für mein Leben arbeiten würde, warum ich nicht mein Geld genauso hart für mich arbeiten lassen würde. Ich hatte noch nie darüber nachgedacht, daß meine Strategie nicht optimal sein könnte. Immerhin sparte ich ja einen Teil meiner Einnahmen. „Du verlierst auf Dauer Geld, wenn du es auf dem Sparbuch liegen läßt", meinte mein Freund. „Die Inflation knabbert heimlich, still und leise an deinem Ersparten! Investiere in Aktien, dann wächst dein Geld!"

Wir diskutierten an diesem Abend noch lange, und am nächsten Tag nutzte ich den Aufenthalt in der Bibliothek, um das ein oder andere über Aktien zu erfahren. Natürlich graute mir vor den Zahlen und Daten. Wie langweilig, dachte ich bei mir. Aber andererseits hatte mein Studienfreund mir einen Floh ins Ohr gesetzt. Ich war begeistert von dem Gedanken, daß mein Geld auch hart für mich arbeiten könnte.

Also wagte ich den Schritt und investierte einen Teil meiner Ersparnisse in Aktien. Es war allerdings so wenig, daß ich meine Aktien mehr oder weniger vergaß.

Welch ein Glück! Als ich einige Jahre später meine Zelte in Hamburg abbrach, um nach Berlin zu gehen, bekam ich die Abrechnung meiner Bank. Und der kleine Betrag hatte sich zu einem schönen Sümmchen gemausert. Ich gebe zu, daß ich das Geld für meinen Start in Berlin gut gebrauchen konnte und in Möbel und Kleinkram investierte. Aber schon bald darauf investierte ich neu. Und seitdem habe ich es verstanden: Ich arbeite hart für mein Geld und lasse mein Geld hart für mich arbeiten.

Die drei Arten der Geldvermehrung

Sie haben vereinfacht ausgedrückt drei Möglichkeiten, Ihr Geld anzulegen:

1. Sie können in Sachwerten investieren, dazu gehören Immobilien. Wie der Name sagt, sind das unbewegliche Gegenstände, Häuser oder Wohnungen. Im Kapitel 4 erfahren Sie, wie Sie zu den eigenen vier Wänden kommen. Aber auch Aktien sind nichts anderes als Sachwerte: Warum das so ist, erfahren Sie gleich.
2. Sie können Ihr Geld aber auch in Geldwerten anlegen (festverzinsliche Wertpapiere, Lebensversicherungen, Anleihen). Denn wenn Sie Geld auf das Sparbuch legen oder Bundesschatzbriefe kaufen, dann tun Sie genau das: Sie leihen der Bank oder dem Bund Ihr Geld. Dafür bekommen Sie Zinsen. Diese Zinsen müssen Sie aber versteuern. Der nächste Nachteil: Alles, was Sie in Geldwert anlegen, „frißt" die Inflation. Sachwerte sind dagegen inflationsunempfindlich.
3. Oder Sie können Wetten abschließen (Optionsscheine, Optionen, Futures). Das ist so risikoreich, daß Sie auch ins Spielkasino gehen könnten – außer Sie wissen genau, was Sie tun.

Zu allen drei Möglichkeiten stellen wir Ihnen im folgenden einige Instrumente vor. Für welche Sie sich am Ende entscheiden, hängt ganz von Ihrem Geschmack ab.

Soviel aber vorweg: Zum sinnvollen Vermögensaufbau gehören nur Sach- und Geldwerte. Wetten können Sie zunächst getrost den Spielernaturen überlassen.

Sachwerte
Kaufen Sie sich eine Firma!

Was genau ist eine Aktie?

Eine Aktie ist vereinfacht gesagt ein kleines Stück an einem Unternehmen. Dieser Anteil hat einen bestimmten Preis, der täglich an der Börse durch Angebot und Nachfrage ermittelt wird. Irgend jemand will also seine Aktien zu einem bestimmten Preis verkaufen, ein anderer möchte gerade dieses Papier erwerben. Ein Börsenmakler bringt beide zusammen und macht den Deal perfekt.

Der Preis für eine Aktie hängt von vielen Faktoren ab. Natürlich spielt es eine Rolle, ob das Unternehmen erfolgreich wirtschaftet. Das kann man aus der Bilanz herauslesen. Und diese dicken Zahlenwälzer haben nun tatsächlich den Charme eines Telefonbuchs.

Insofern ist es vielleicht sogar verständlich, daß viele Frauen sich vor Aktien fürchten. Aber nur Mut: Sie werden am Ende dieses Kapitels wissen, welche Zahlen in einer Bilanz für Sie von Bedeutung sind, und können den Rest getrost den hochbezahlten Experten überlassen.

Die Börse ist aber soviel mehr als nackte Zahlen. Hier werden Emotionen gehandelt. Phantasie spielt eine entscheidende Rolle für die Entwicklung eines Aktienkurses. Und das sind doch typisch weibliche Eigenschaften. Ich habe mich lange gefragt, warum Frauen im Schnitt an der Börse 5 % mehr erzielen als Männer. Die Antwort ist einfach: *Die Börse ist weiblich*. Denn Frauen können mit Emotionen oftmals besser umgehen als Männer. Und sie haben oftmals eine ausgeprägte Intuition.

Himmelhoch jauchzend, zu Tode betrübt – manchmal etwas launisch und fast immer unberechenbar – so ist die Börse. Man(n) kann sie nie wirklich ergründen. Wer könnte das nicht besser verstehen als eine Frau!

Ein Beispiel: Die Aktien eines Softwareherstellers verlieren seit Monaten an Wert. Denn vor kurzem mußte das Unternehmen bekanntgeben, daß die Ergebnisse im abgelaufenen Geschäftsjahr schlechter als erwartet ausgefallen sind.

Nun meldete ein Konkurrent des Unternehmens vor wenigen Tagen, daß das laufende Geschäftsjahr alles andere als rosig ausfallen würde. Wie reagierte die Aktie? Sie fiel weiter. Wenn es der Konkurrenz schlechter geht, so kann es auch bei unserem Unternehmen zu negativen Überraschungen kommen, sagte man sich an der Börse. Die Erklärung klingt logisch.

Aber manchmal kommt es auch zur entgegengesetzten Reaktion. Der Kurs hätte nämlich genausogut steigen können. Auch dafür gäbe es eine Erklärung. Wenn es der Konkurrenz nämlich schlechter geht, so kann unser Unternehmen möglicherweise davon profitieren und den ein oder anderen Kunden dazugewinnen. Auch diese Erklärung ist logisch.

Ein Ereignis kann also an der Börse vollkommen unterschiedlich aufgenommen werden. „Wie soll man damit umgehen?" werden Sie fragen. Mein Rat: Verlassen Sie sich wie im richtigen Leben auf Ihren Bauch. An der Börse spielt Psychologie eine große Rolle. Frauen haben, wie gesagt, intuitiv einen besseren Zugang zu dieser Ebene. Mit der Zeit werden Sie sehen, daß Sie einen siebten Sinn für die Börse entwickeln können. Auch wenn es nicht auf Anhieb klappt. Das Potential ist da: Damit haben wir den Aktienmarkt schon fast entzaubert.

Aber wenn die Sache so typisch weiblich ist, warum legen dann nicht viel mehr Frauen ihr Geld in Aktien an?

Das Interesse ist offenbar da. Das beweisen auch die vielen Anruferinnen, die am Freitag in meiner Call-in-Sendung mitmachen. Möglicherweise ist genau das ein Indiz dafür, daß ihnen die Information zu Aktien einfach zu dürftig ist. Wer will schon haufenweise Finanzmagazine und Wirtschaftsbücher lesen! Einfache und klare Informationen zu Aktien sind Mangelware.

Bei der Hausbank wird ihnen dann häufig auch nicht weitergeholfen. Ganz im Gegenteil.

Als Marianne H. bei ihrer Bank ein Depot eröffnen will und nach einer Aktie fragt, bekommt sie statt einer Antwort einen erhobenen Zeigefinger. Ob sie sich über die Risiken eigentlich im klaren sei. Das ganze Geld könnte möglicherweise schon bald futsch sein. Besser sei es doch, so riet man Marianne H., das Gesparte in sicheren Sparbriefen anzulegen.

Lassen Sie sich bei Ihrer Bank nicht für dumm verkaufen! Sagen Sie Ihrem Berater beim nächsten Besuch, daß Sie ein gutes Angebot von der Konkurrenz auf dem Tisch haben. Sie werden sehen, plötzlich überschlägt sich der Banker. Und Sie bekommen die Informationen, die Sie wollen.

Die Gebrauchsanweisung für Ihren Aktienerfolg

Sicher gibt es Risiken beim Aktienkauf. Niemand kann Ihnen garantieren, daß Sie morgen mehr Geld auf dem Konto haben. Die Börse ist keine Einbahnstraße. Das heißt, Sie werden nicht nur in Richtung Gewinn investieren. Die Kursentwicklung kann auch über längere Phasen in die falsche Richtung gehen. Aber deshalb sollten Sie sich auf keinen Fall davon abhalten lassen, in Aktien zu investieren. Denn Sie sollten diese Anlage langfristig sehen. Im Zehnjahresvergleich schneiden Aktien immer besser ab als irgendwelche anderen Anlageformen. Das war bis jetzt immer so in der Vergangenheit. Und ich bin fest davon überzeugt, daß es auch in Zukunft so sein wird.

Außerdem: Sie haben erst dann wirklich einen Verlust gemacht, wenn Sie die Aktien verkauft haben! Vorher handelt es sich „nur" um einen Verlust auf dem Papier.

Es gibt einige einfache Grundregeln, die Sie kennen sollten, um Ihr persönliches Risiko so gering wie möglich zu halten.

Regel 1: Sammeln Sie Informationen

Wenn Sie sich bisher nicht für Wirtschaft und Börse interessiert haben: kein Problem. Beginnen Sie in einem Bereich, in dem Sie sich auskennen. Fangen Sie morgen beim Einkaufen an. Welches Waschmittel bevorzugen Sie, welcher Joghurt schmeckt Ihren Kindern am besten? Weiten Sie Ihre Beobachtungen aus. Viele Ihrer Bekannten haben Handys – welche Marke? Im Frühling beginnt die Cabrio-Saison. Welche Autos sehen Sie am meisten?

Wenn Sie nun eine Tageszeitung mit Börsenteil zur Hand nehmen, können Sie sehen, welche Unternehmen an der Börse gehandelt werden. Sie werden überrascht sein, wo Sie sich überall „einkaufen" können.

Suchen Sie sich zwei oder drei Lieblinge aus. Schreiben Sie diese Werte auf ein Blatt Papier, und verfolgen Sie die Entwicklung der Aktien über einen gewissen Zeitraum. Notieren Sie täglich die Kursveränderungen. Sie können immer gleich sehen, was Sie aus Ihrem Geld gemacht hätten, wenn Sie die Aktien tatsächlich gekauft hätten. Die Kurse finden Sie entweder in der Zeitung oder auf dem n-tv-Laufband.

Wie wirken sich Meldungen oder neue Produkte auf den Aktienkurs aus? Nach einiger Zeit werden Sie merken, wie spannend diese Beobachtungen sind. Die Börse ist das Thermometer der realen Welt. Erfolge und Mißerfolge werden in Euro und Cent gemessen.

Nehmen Sie sich Zeit, und lassen Sie sich von der Faszination anstecken! Sie werden sehen, daß sich die nüchternen Zahlen und Fakten in die spannendste Story verwandeln. Über kurz oder lang macht es Ihnen Spaß, sich mit anderen Bereichen der Wirtschaft auseinanderzusetzen. Alles, was Sie in den Nachrichten hören oder im Leben aufschnappen, können Sie dann in bare Münze umwandeln.

Regel 2: Kaufen Sie Ihre ersten Aktien von dem Geld, das Sie für eine längere Zeit entbehren können.

Das heißt nicht, daß Sie diese Summe gleich abschreiben sollen, aber Sie sollten auch eine Durststrecke entspannt durchstehen können. Viel Geld wird an der Börse dadurch verloren, daß Anleger die Nerven verlieren und bei niedrigen Kursen verkaufen. Der Börsenaltmeister Kostolany hat den schönen Spruch geprägt: „Aktien kaufen, eine Schlaftablette nehmen – und wenn man aufwacht, hat man ein Vermögen gemacht!" Genauso sollten Sie den Grundstock für Ihr Depot legen. Ein sinnvoller Anlagezeitraum sind 10 bis 15 Jahre. Denn dann gleichen Sie kurzfristige Schwankungen auf jeden Fall wieder aus. Geduld zahlt sich an der Börse eben aus.

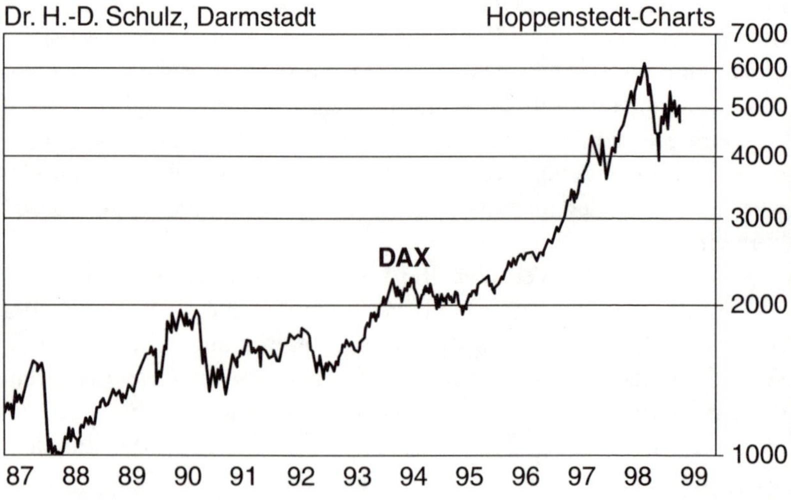

Regel 3: Schauen Sie auf die zusätzlichen Chancen

Neben Kursgewinnen können Sie auch auf eine andere Art an der Börse Geld verdienen: mit den Dividenden. Die sind quasi die Prämie oder die Zinsen, die man Ihnen zahlt, damit Sie Ihr Geld einem Unternehmen zur Verfügung stellen. Damit werden Sie am Erfolg beteiligt. Das Unternehmen bezahlt die Dividende aus dem erwirtschafteten Gewinn.

Um die Ausschüttungen der Unternehmen untereinander vergleichbar zu machen, können Sie ganz einfach die Dividendenrendite ausrechnen. Sie müssen nur den Aktienkurs durch die Dividende teilen.

Vielleicht wenden Sie ein: „Soviel bekomme ich auch auf meinem Sparbuch." Das stimmt, wenn Sie die Dividende alleine betrachten. Aber bei einer Aktie setzen Sie neben der Dividende natürlich hauptsächlich auch auf die Kurssteigerung. Die Dividende ist nur das Bonbon.

In Zukunft werden die Großunternehmen ihre Aktionäre aber wohl noch etwas großzügiger am Erfolg beteiligen. In Amerika erwarten das die Anleger. Die Konzerne, die in den USA um die Gunst der Börse buhlen, haben bereits damit begonnen.

Regel 4: Setzen Sie nicht alles auf eine Karte

Nicht alle Bereiche in der Wirtschaft laufen gleich, und nicht alle Unternehmen sind gleich erfolgreich. Außerdem gibt es immer Aktien, die gerade „in" sind. Sie werden sehr schnell merken, welche Werte das sind. Einmal sind es die Internet-Werte, dann liebt die Börse für eine Weile alles, was mit Medien oder Pharmazie zu tun hat.

Vielleicht gelingt es Ihnen nach einer Weile, mit weiblicher Intuition den ein oder anderen Trend vorherzusehen. Versuchen Sie aber bitte nicht, auf den fahrenden Zug aufzuspringen. Wenn alle „Experten" nur noch über das „Eine" reden, ist es für Sie meist zu spät. Dann sollten Sie lieber Ihre Augen und Ohren offen halten, um zu erkennen, wo es die nächste gute Gelegenheit gibt.

Auf jeden Fall fahren Sie mit Ihrem Depot besser, wenn Sie mehrere Aktien von verschiedenen Unternehmen und aus unterschiedlichen Branchen haben. Dann ist die Chance groß, daß die gutlaufenden Aktien den ein oder anderen Fehlgriff ausgleichen können.

Welche Aktien kommen hierfür in Frage?

Grundsätzlich kann man sagen, daß die großen europäischen oder weltweit agierenden Unternehmen langfristig aussichtsreich sind. Mit diesen Aktien machen Sie nicht unbedingt großen Sprünge, aber auf lange Sicht gute Gewinne. Denn der Kurs spiegelt eben auch die Entwicklung und das Wachstum eines Unternehmens wider. Und Gewinn und Wachstum sind auch die Ziele des Managements.

Die Aktien der großen Unternehmen wie Daimler-Chrysler oder Nestlé kann man an der Börse im amtlichen Handel kaufen. Hier können Sie sicher sein, daß Sie während der Börsenzeit immer kaufen oder verkaufen können. Pro Tag werden große Stückzahlen gehandelt. Ein Anruf bei Ihrer Bank genügt, und Sie haben den Wert im Depot.

Alles hat seine Ordnung – auch an der Börse

In Deutschland werden die 30 größten Aktiengesellschaften im DAX zusammengefaßt. Der Name hat nichts mit den possierlichen Tierchen im Wald zu tun, sondern bedeutet ganz einfach Deutscher Aktienindex. An ihm kann man täglich ablesen, ob die Stimmung an der Börse eher gut oder schlecht war. Einzelne Aktien können dabei durchaus in eine andere Richtung als der Gesamtmarkt marschiert sein. Sie müssen sich also Ihren eigenen Wert noch mal genau anschauen.

Der Dow Jones

Der berühmte Bruder unseres DAX heißt Dow. Das ist allerdings auch nur eine Kurzform. Ausgeschrieben handelt es sich dabei um den Dow Jones Index. Der Name rührt von den beiden Begründern des Index Mr. Dow und Mr. Jones.

Die beiden Herren überlegten sich bereits 1896, wie man das Börsengeschehen auf einen Blick zusammenfassen könnte. Sie nahmen also die Kurse von elf repräsentativen amerikanischen Industrieaktien, rechneten täglich die Schlußkurse zusammen und teilten sie durch elf. Daraus zeichneten sie eine Kurve. Das ist das, was wir heute als Dow Jones Index kennen. Neun der elf Firmen, die in die Berechnung einflossen, waren damals Eisenbahngesellschaften. Die Zusammensetzung hat sich in den mehr als 100 Jahren seines Bestehens grundlegend geändert. Viele Unternehmen, die zu Beginn der Indexberechnung riesige Giganten waren, existieren heute nicht einmal mehr. Inzwischen besteht der Index aus 30 Unternehmen, von der Schnellimbißkette bis zum Automobilkonzern. Der Dow Jones Index ist der weltweit führende Index. Wenn man nach der Entwicklung des Marktes fragt, so wird diese einfach mit dem Auf und Ab des Index beschrieben.

Andere Indizes

Jedes Land mit einer eigenen Börse hat einen eigenen Index. Auf den ist auch jeder Börsianer mehr oder weniger stolz. Auch auf europäischer Ebene gibt es einzelne Länderindizes. Durch die Europäische Währungsunion verlieren sie aber immer mehr an Bedeutung. Größere Beachtung findet inzwischen der Euro-Stoxx-50-Index, in dem wiederum die 50 größten europäischen Unternehmen zusammengefaßt werden.

Neben den großen Indizes gibt es weitere Marktsegmente. In Deutschland sind die 70 Unternehmen, die hinter den 30 DAX-Werten rangieren, im M-DAX zusammengefaßt. Ein neues Segment mit den kleinen Werten des deutschen Aktienmarktes, den sogenannten Small-Caps, bildet der SMAX.

Power-Tip

Fangen Sie mit den großen Werten an. Investieren Sie zunächst nur in den großen Standardwerten, die werden auch Blue Chips genannt. Wenn Sie etwas mehr Übung haben, können Sie sich auch den einen oder anderen Wert aus der „zweiten Reihe“ anschauen.

Sie werden aber schnell merken, daß es etwas komplizierter ist, hier zuverlässige Informationen zu sammeln.

Der geregelte Markt

Außer dem amtlichen Handel gibt es den geregelten Markt. Um hier aufgenommen zu werden, muß ein Unternehmen weniger strenge Auflagen erfüllen. Wenn Sie sich für Aktien eines Unternehmens aus diesem Segment interessieren, sollten Sie immer bedenken, daß Ihr Anteilsverkauf etwas schwieriger sein könnte. Es werden täglich nicht so viele Aktien jedes Unternehmens im geregelten Markt gehandelt.

Der Freiverkehr

Kurz noch ein Wort zum Freiverkehr: Hier werden Werte gehandelt, die die Aufnahme in den geregelten Markt nicht schaffen. Häufig sind dies auch ausländische Unternehmen. Anfängerinnen ist von einem Engagement in Freiverkehrswerten abzuraten. Es ist bei vielen Werten schwierig, Informationen zu bekommen, und die Kursbewegungen sind manchmal nicht einfach nachzuvollziehen.

Alles neu macht der Neue Markt?

Vor zwei Jahren startete mit großem Erfolg der Neue Markt. Vielleicht haben Sie schon von den traumhaften Kursgewinnen gehört, die Anleger mit Werten aus diesem Marktsegment innerhalb kürzester Zeit erzielt haben. Aber ich möchte eine deutliche Warnung aussprechen: Auch wenn das alles verlockend klingen mag, der Neue Markt ist nichts für Anfängerinnen. Sammeln Sie auf jeden Fall zunächst Erfahrungen mit Aktien ohne Turbomotor.

Was macht den Neuen Markt so anders? Der Neue Markt ist ein Wachstumssegment. Das heißt, Unternehmen aus Wachstumsbranchen, wie Software, Telekommunikation oder Internet, finden hier ein Zuhause.

Die Kurssteigerungen erklären sich nun aber nicht nur aus der Tatsache, daß die Unternehmen zum Teil mit Wachstumsraten glänzen, die alles andere in den Schatten stellen. Vielmehr ist es eine andere Tatsache, die diese rasante Entwicklung erklärt. Von den Unternehmen werden häufig nur einige 100.000 Aktien an der Börse gehandelt. Es sind also, wie man in der Börsensprache sagt, sehr enge Werte. Wenn nun viele Anleger aufgrund einer Empfehlung oder eines „heißen Tips" einen bestimmten Wert kaufen wollen, davon aber nur wenige Stücke zu haben sind, so steigt der Kurse rasant an. Ebenso schnell geht es aber auch in die andere Richtung.

Der oben beschriebene Sachverhalt beinhaltet also eine deutliche Gefahr: Anders als bei Standardwerten geben die Kurse nicht unbedingt den wahren Wert des Unternehmens wieder. Wenn Sie trotz meiner Warnung der Versuchung des Neuen Marktes nicht widerstehen können, so investieren Sie maximal 10 bis 20 % von Ihrem Geld dort. Dies gilt auch für erfahrene Anlegerinnen!

Jede Woche gehen inzwischen mehrere Unternehmen an den Neuen Markt. Es ist das am schnellsten wachsende Marktsegment der Deutschen Börse. Aber es bietet nicht nur die Sonnenseite der unglaublichen Kurssteigerungen, sondern auch reichlich Grund zu Kritik. Und die beginnt schon vor der ersten Notierung an der Börse.

Als Anlegerin haben Sie die Möglichkeit, eine Aktie zu zeichnen. Das heißt, Sie bestellen das Papier bereits vor dem Börsendebut. Bei den Neulingen des Neuen Marktes liegen die Bestellungen nun aber immer deutlich über der Anzahl der Aktien, die überhaupt verkauft werden sollen. Im Fachjargon sind die Emissionen regelmäßig um das 20- bis 100fache überzeichnet. Das Unternehmen könnte also 20- bis 100mal so viele Aktien verkaufen. Das muß Auswirkungen auf den Preis der Aktie haben. Und es regen sich berechtigte Zweifel, ob der Preis gerechtfertigt ist oder ob er aufgrund des Engpasses entsteht. Das heißt für Sie als Anlegerin, daß Ihre Chancen auf eine Zuteilung äußerst gering sind.

Wenn Sie bei der Zuteilungslotterie mitmachen wollen, dann wenden Sie sich an Ihren Bankberater, wenn Sie aber garantiert von Neuemissionen profitieren wollen, dann sollten Sie einen anderen Weg wählen. Hier bietet sich ein Fonds an, der auf Neuemissionen spezialisiert ist, oder ein Indexzertifikat, das die Neuemissionen gleich mit einrechnet. Was sich dahinter verbirgt, erfahren Sie im Kapitel 11.

Nochmals aber der Hinweis: Investieren Sie erst in Werten des Neuen Marktes, wenn Sie bereits Erfahrung mit Aktien gesammelt haben. Und dann immer auch nur einen kleinen Teil Ihres Geldes.

Von Banken und Basaren

Sie haben jetzt ein paar theoretische Tips, wie Sie Ihre ersten Schritte auf dem Aktienparkett machen können. Kommen wir jetzt zur praktischen Umsetzung. Da ergibt sich sofort die Frage: Wie kommen Sie an die Aktien dran? Ganz einfach: Sie eröffnen bei Ihrer Bank ein Depot und sagen dem Bankmitarbeiter, welche Aktie er Ihnen kaufen soll. Nun haben wir schon besprochen, daß Banker Frauen gegenüber manchmal eine ganz „besondere“ Haltung an den Tag legen. Mit den Tips aus diesem Buch sollten Sie in der Lage sein, selbstbewußt aufzutreten und die Angebote aus dem eigenen Haus zu vergleichen oder auszuschlagen. Denken Sie daran, was wir über den Umgang mit Bankern gesagt haben. Die Kosten für Wertpapiertransaktionen sind in den vergangenen Jahren ins Rutschen gekommen. 1 % hin und her waren bisher üblich, das heißt, Sie bezahlen beim Ankauf von Aktien 1 % des Gesamtpreises als Gebühr an die Bank. Beim Verkauf wird nochmal das gleiche fällig. Außerdem bezahlen Sie noch die sogenannte Depotgebühr, die sich nach der Höhe Ihres Wertpapierdepots richtet.

Die Banken bekommen heute aber deutlich die gestiegene Konkurrenz zu spüren. Konkurrenz ist gut für Sie. Sie können inzwischen über Gebühren verhandeln wie auf dem Basar. 0,5 % und darunter pro Transaktion sind auch bei Banken mit Beratung durchaus drin.

Mein Tip: Handeln Sie. Zahlen Sie nicht jeden Preis! Sie sind Kundin. Und wenn die Bank Sie als Kundin will, dann soll sie das auch deutlich zeigen.

Limitieren Sie

Wenn Sie den Kaufauftrag für eine Aktie geben, werden Sie möglicherweise gefragt, ob Sie limitieren wollen. Dahinter verbirgt sich folgendes: Der Preis einer Aktie kann sich in jedem Moment ändern.

Und wenn Sie einfach nur sagen, daß Sie die Aktie XY kaufen wollen, die gestern bei 75 DM stand, dann kann es sein, daß XY „über Nacht“ auf 90 DM steigt und Sie viel zu teuer einkaufen. Denn wenn Sie nur sagen „kaufen“, dann kauft die Bank zu jedem Preis, der gerade gilt.
Wenn Sie verhindern wollen, daß Sie zu einem höheren Preis kaufen, als Sie vorhaben, dann setzen Sie ein Limit. Sagen Sie, bis zu welchem Preis Sie bereit sind, die Aktie zu kaufen. Damit verhindern Sie, daß Sie mehr ausgeben als geplant. Unter Umständen bekommen Sie die Aktie dann aber auch nicht, weil Ihr maximaler Kaufpreis unter dem Börsenkurs lag. Umgekehrt funktioniert das Ganze auch beim Verkauf von Aktien. Damit geben Sie an, welches der niedrigste Preis ist, zu dem Sie Ihre Aktie verkaufen wollen. Hier verhindern Sie, daß Sie weniger Geld bekommen, als Sie wollen. Auf der anderen Seite kann es passieren, daß Sie die Aktie an diesem Tag nicht verkaufen können.

Die Direkt-Bank

Wenn Sie sich sicher fühlen in der Aktienanlage, dann können Sie auch ein Depot bei einer sogenannten Direkt-Bank einrichten. Diese Institute haben keine Filialen und beraten Sie nicht in Ihrer Anlageentscheidung. Dafür bezahlen Sie weniger Gebühren für den Kauf und den Verkauf von Aktien. Dieser Aspekt sollte aber für Sie niemals allein ausschlaggebend sein. Gerade als Einsteigerin macht es Sinn, die ein oder andere Frage mit einem Berater zu klären oder eine Meinung zu einer Aktie einzuholen. Entscheiden sollten Sie dann aber auf jeden Fall selbst.

Vorsicht vor professionellen Verwaltern

Von einer professionellen Verwaltung Ihres Depots sollten Sie sowieso absehen. Denn dann haben Sie keinen Einfluß mehr auf die Anlageentscheidungen, die mit Ihrem Geld getroffen werden. Und die professionellen Verwalter haben möglicherweise etwas ganz anderes im Sinn, wenn sie mit Ihrem Geld an die Börse gehen. Die wollen nämlich Geld verdienen. Da sie an jeder einzelnen Transaktionen

Geld verdienen, kann es Ihnen passieren, daß Ihr ganzes Depot pro Jahr mehrmals durchgehandelt wird. Ihre Aktien werden also mehrfach verkauft und neue wieder eingekauft. Das macht dann aber nur den Verwalter reich, auch wenn er Ihnen weismachen will, daß alles zu Ihrem Besten geschah. Selbst wenn die Kursgewinne etwas höher ausgefallen sein sollten. Die Kosten fressen diesen Vorteil wieder auf. Und diese Kosten zahlen Sie.

Das ist übrigens auch statistisch erwiesen. Das Deutsche Aktieninstitut hat einmal untersucht, welches Depot erfolgreicher gewesen wäre. Das, in dem man immer wieder neue aussichtsreiche Aktien eingesammelt hätte, oder das, bei dem man mit den einmal gekauften Aktien einfach nichts mehr gemacht hätte. Herausgekommen ist folgendes. Über einen Zeitraum von 25 Jahren betrachtet hätte man mit beiden Depots etwa die gleiche Rendite erwirtschaftet. Die geringeren Kursgewinne im „ruhigen“ Depot werden durch die geringeren Kosten ausgeglichen.

Und noch etwas, das nachdenklich stimmen kann: In einer Langzeitstudie sind Affen gegen Experten angetreten. Sie haben richtig gelesen: Affen! Die haben nämlich mit Darts nach den Aktien geworfen. Wo der Dart steckenblieb, hat man eine Kaufentscheidung angenommen. Auf der anderen Seite haben kluge Experten allerlei Theorien zufolge nach langem Abwägen gekauft. Das Resultat: Affen und Experten erzielten das gleiche Ergebnis. Wir wollen das Ergebnis nicht interpretieren …

Auch der Fiskus will seinen Teil

Auch aus steuerlicher Sicht macht es wenig Sinn, Aktien zu kaufen und gleich wieder abzustoßen. Denn der Fiskus kassiert jedes Mal mit. Es gilt jetzt eine Spekulationsfrist von einem Jahr. Das heißt, alle Kursgewinne, die innerhalb eines Jahres erzielt worden sind und über 999 DM liegen, müssen mit dem persönlichen Satz versteuert werden. Ab 1000 DM muß dann übrigens der Gesamtbetrag versteuert werden.

Nun sollten Sie Ihre Anlageentscheidungen nicht von der Steuer abhängig machen und einen schönen Gewinn auch mal mitnehmen. „Vergessen“ sollten Sie ihn dann bei der Steuererklärung aber besser nicht.

Sie haben aber eine Möglichkeit, Kursgewinne steuerfrei mitzunehmen. Allerdings brauchen Sie dazu auf der anderen Seite auch Kursverluste. Die können Sie nämlich gegen die Gewinne rechnen und so Ihren Kursgewinn unter die 1000-DM-Grenze drücken. Mit der Steuerreform soll es sogar möglich werden, Verluste aus einem Jahr ins nächste mitzunehmen. Spätestens am Ende eines jeden Jahres können Sie also in Ihrem Depot etwas aufräumen, auch wenn Sie mit einigen Aktien noch in der Spekulationsfrist sind.

Abrakadabra an der Börse – was Sie über die Geheimsprache des Marktes wissen sollten

Vielleicht glauben Sie aber immer noch, daß Sie sich im Finanzdschungel nicht zurechtfinden können. Das liegt natürlich auch daran, daß diejenigen, die professionell mit dem Geschäft zu tun haben, sich nicht so gern in die Karten schauen lassen. Aber auch an der Börse wird nur mit Wasser gekocht. Das gibt allerdings niemand gerne zu.

Viele „Geheimnisse" entpuppen sich bei näherer Betrachtung als einfache Zusammenhänge. Einen davon haben Sie bereits oben gesehen. Geduld zahlt sich an der Börse aus.

Ein weiteres: Häufig werden Sie auch hören, daß steigende Zinsen Gift für die Börse sind. Vereinfacht heißt das nichts anderes, als daß Aktien in dem Moment als Anlage uninteressanter werden, in dem man für Anleihen höhere Zinsen bekommt. Denn hier geht der Anleger ein kleineres Risiko ein, als wenn er einem Unternehmen Geld zur Verfügung stellt.

Das dritte: Gehen Sie nicht mit der Masse.

Warum ist es an der Börse ein gutes Zeichen, wenn alle negativ gestimmt sind? Ganz einfach: Wenn viele damit rechnen, daß die Kurse fallen, dann haben sie auch keine Aktien. Die müssen sie dann kaufen, wenn die Kurse wieder steigen. Besonders wenn die Kurse immer weiter steigen. Das gilt natürlich nicht so für Sie als Kleinanleger. Aber bei den großen Investoren, die tagtäglich kaufen und verkaufen, spielen diese Aspekte eine Rolle.

Mit dem gleichen Argument läßt sich auch der Umstand erklären, daß die Hausse (Aktien steigen) die Hausse nährt. Die Profis müssen auf den fahrenden Zug aufspringen, wenn er sich einmal in Gang gesetzt hat. Gerade die Fondsmanager müssen, wie oben beschrieben, ihren Kunden eine Kursentwicklung präsentieren, die mindestens der Marktentwicklung entspricht. Wenn nun alles steigt und die Fondsmanager sind nicht dabei, dann geraten sie in Erklärungsnotstand bei den Anteilseignern.

Mit dem Besen an die Börse

Nicht mehr allzu zeitgemäß ist der Begriff der „Dienstmädchen-Hausse". Dahinter verbirgt sich der Gedanke, daß zunächst alle (männlichen?) Experten an die Börse gehen, zuletzt kommen dann die Dienstmädchen mit ihrem Ersparten und treiben die Kurse weiter nach oben. Da der Mann nun einem Dienstmädchen nicht allzuviel Sachverstand in Sachen Aktien zugesteht, wird das arme Ding sofort Hals über Kopf alles wieder verkaufen, wenn es mal ein wenig wackelig zugeht an der Börse. Wenn nun viele Dienstmädchen das gleiche tun, dann bricht die Börse zusammen. So die Theorie.

In der Praxis sieht das häufig aber ganz anders aus. Mit den Dienstmädchen sind nämlich auch die zahlreichen Kleinanleger gemeint, die ihr schwer zusammengespartes Geld nun auch endlich an der Börse mehren wollen. Aber die haben sich entgegen der Theorie ganz anders verhalten. Vielfach waren sie es, die in der jüngsten Vergangenheit Schwächephasen zum Einstieg genutzt haben und ganz und gar nicht holterdipolter ihre Aktien verkauft haben.

Achtung! Tiere auf dem Parkett

Was hat es mit den Bullen und Bären auf sich, die immer wieder an der Börse zitiert werden? Börsianer sind nicht etwa tierlieb – wobei man das im Einzelfall nicht ausschließen kann. Warum haben sich nun aber die Börsianer gerade diese Maskottchen ausgesucht, um damit ihre Stimmung und Erwartung auszudrücken?

Am einfachsten erklärt man es mit den Charakterzügen, die man Bullen und Bären allgemein zuordnet. Der Bulle mit starkem Willen und ungebändigter Kraft steht für den Aufschwung und für steigende Kurse. Der Bär, als ruhiger, gemächlicher Geselle ist demnach das Sinnbild für fallende Kurse.

Diese Erklärung hinkt vielleicht ein wenig. Die Börsianer stört das aber wenig. Brutaler geht es demgegenüber bei der Kampftheorie zu. Demnach hat man in früheren Zeiten Bullen und Bären aufeinander losgehetzt und miteinander kämpfen lassen. So ähnlich also, wie sich heute die Optimisten an der Börse mit den Pessimisten in den Haaren liegen.

Verleihen und kassieren – festverzinsliche Papiere

Im Unterschied zur Aktienanlage können Sie Ihr Geld auch in festverzinslichen Wertpapieren anlegen. Im Unterschied zur Aktie kaufen Sie hier nicht ein Stück eines Unternehmen, sondern Sie verleihen Ihr Geld. Dabei können Sie sich aussuchen, ob Sie lieber einen Staat oder ein Unternehmen als Schuldner haben wollen.

Eine beliebte Form sind Deutsche Bundesanleihen. Wie der Name schon sagt, leihen Sie hier dem Staat Geld. Daneben besorgen sich auch die Post und die Bahn sowie die Bundesländer und die Kommunen Geld bei Anlegern und geben Anleihen heraus.

Als Kundin einer Bank wird man Ihnen möglicherweise zuerst eine Anleihe aus dem eigenen Haus anbieten, denn auch Sparkassen und Geschäftsbanken haben eigene Anleihen. Die nennen sich dann Bankschuldverschreibungen. Lassen Sie sich nicht davon abbringen, auch die Zinssätze für andere Anleihen von Ihrer Bank zu erfahren, auch wenn man Ihnen das eigene Produkt als das beste offerieren möchte.

Anleihen von Hypothekenbanken nennen sich wiederum anders, Sie heißen Pfandbriefe. Die Sicherheit für die Anlegerin wird hier durch die Eintragung von Grundpfandrechten gewährleistet.

Bei Kommunalobligationen haben Sie nun noch die Möglichkeit, einer Kommune Geld in Form von Krediten zur Verfügung zu stellen. Die Obligationen werden zwar von Banken aufgelegt, für Zins- und Rückzahlung steht aber die jeweilige Kommune gerade.

Sind Anleihen wirklich hundertprozent sicher?

Alle diese Anlageformen haben eins gemeinsam: Von vornherein wissen Sie hier, welchen Zins Sie bekommen. Und Sie wissen, wann Sie Ihr eingesetztes Geld zurückbekommen. Das sagt Ihnen die Laufzeit der Anleihe. Am Ende dieser Laufzeit bekommen Sie garantiert 100 % von Ihrem Einsatz zurück. Wenn Sie schon vor Ende der Laufzeit Ihr Geld zurückhaben wollen, können Sie eine Anleihe, genau wie eine Aktie, täglich an der Börse verkaufen.

Aber Achtung: Der Preis Ihrer Anleihe ändert sich täglich. Wenn Sie also vor Ende der Laufzeit Ihre Anleihen verkaufen wollen, bekommen Sie unter Umständen erheblich weniger als Ihren Einsatz heraus. Der Verkaufspreis der Anleihe hängt nämlich davon ab, wie sich die Zinsen verändern. Der Zusammenhang ist vereinfacht dargestellt folgender:

Sie haben eine Anleihe für 100 DM mit einer Laufzeit von 10 Jahren gekauft, die Ihnen jährlich 6 % Zinsen zusichert.

In den folgenden Monaten steigt der Marktzins. Das kann zum Beispiel dann der Fall sein, wenn die Wirtschaft eines Landes nicht mehr so gut läuft. Um sich mit Anleihen Geld zu besorgen, muß dann dieses Land den Anleger mit einer höheren Prämie locken. Neue Papiere kommen also mit einem höheren Zins auf den Markt.

Der Preis für Ihre Anleihe sinkt, denn hier gibt es weiterhin nur 6 %. Mit der neuen Anleihe verdient man mehr. Um also nun Käufer zu finden, die Ihre Anleihe kaufen, obwohl sie mit einer aktuellen Anleihe höhere Zinsen bekommen könnten, müssen Sie den Verkaufspreis so weit senken, daß es dennoch für den Käufer interessant ist, das Papier zu kaufen. Sollte beispielsweise der Zinssatz auf 8 % steigen, dann müßten Sie die Anleihe erheblich billiger verkaufen, um den Nachteil wettzumachen. Konkret heißt das: Da noch eine Restlaufzeit von neun Jahren vorliegt, hat der Käufer einen Nachteil von 180 DM. (Bei 8 % würde er 80 DM Zinsen pro Jahr erhalten. Wenn er Ihre Anleihe mit 6 % kauft, erhält er nur 60 DM. Er erhält also 20 DM pro Jahr weniger. Auf die verbleibenden neun Jahre gerechnet macht das 180 DM aus. Um diesen Nachteil auszugleichen, müßten Sie die Anleihe also 180 DM billiger anbieten. Das Papier, das Sie vor kurzem 1000 DM gekostet hat, müßten Sie also für 820 DM verkaufen.)

Umgekehrt funktioniert das genauso. Sinken die Marktzinsen, dann steigt der Preis Ihrer Anleihe, mit der man ja weiterhin die höheren Zinsen bekommt. Je länger die Laufzeit Ihrer Anleihe in so einem Fall, desto höher der Verkaufspreis. Weil Sie ja für längere Zeit die garantierten höheren Zinsen erhalten.

Anleihen werden immer als sichere Anlage dargestellt. Wenn Sie eine Anleihe des deutschen Staates kaufen, dann trifft das auch zu. Es ist doch sehr unwahrscheinlich, daß er seine Schulden nicht zurückzahlt. Anders sieht das aber bei Staatsanleihen oder Unternehmensanleihen aus, bei denen der Schuldner nicht so einen solventen Ruf genießt. Logischerweise locken diese mit höheren Zinsen. Denn das Risiko für Sie als Käufer ist weitaus höher.

Bei Euro-Anleihen droht zwar kein Währungsrisiko, denn die Zinsen werden immer in Euro gezahlt. Wenn ein Staat oder ein Unternehmen aber pleite geht, dann können Sie mit Anleihen Ihr angelegtes Geld verlieren. Außerdem haben Sie das oben beschriebene Risiko, wenn Sie frühzeitig wieder verkaufen wollen.

Bestnoten für Ihr Geld

Wenn Sie sich also für Anleihen interessieren, dann sollten Sie nach der Bewertung des jeweiligen Schuldners fragen. In der Praxis übernehmen diese Bewertung die sogenannten Rating-Agenturen. Vielleicht haben Sie Namen wie Moody's oder Standard & Poor's schon mal gehört oder gelesen. Diese Agenturen vergeben Noten für die Kreditwürdigkeit von Ländern und Unternehmen. Länder mit einer guten Note müssen dann bei den Gläubigern weniger Zinsen für Kredite bezahlen. Länder oder Unternehmen mit einer schlechten Note können nur Geld einsammeln, wenn sie dafür einen höheren Zins zahlen. Es handelt sich da gewissermaßen um einen „Risikozuschlag", um für das Papier Käufer zu finden. Die Benotung ändert sich übrigens. An der Börse wird das natürlich mit großem Interesse verfolgt.

Von jedem ein bißchen – die Aktienanleihe

Momentan sind die sogenannten Aktienanleihen groß in Mode gekommen. Dahinter verbirgt sich eine Anleihe, die entweder in Geld oder in einer bestimmten Aktie zurückgezahlt wird.

Achtung, ganz wichtig! Anlegerinnen, die mit Aktien eigentlich nichts am Hut haben, sollten auf jeden Fall die Finger von Aktienanleihen lassen.

Auch hier wird ein Zins festgesetzt, der aber deutlich über dem aktuellen Marktzins liegt. Auch die Laufzeit wird festgelegt und beträgt häufig nicht mehr als ein Jahr. Am Ende der Laufzeit sieht man dann aber die Besonderheit der Aktienanleihe. Der Verkäufer der Anleihe, meist eine Bank, hat das Recht, Ihnen entweder die 100 % Ihres eingesetzten Kapitals oder eine vorher festgesetzte Anzahl von Aktien zu geben.

Wo ist der Haken?

Gehen wir davon aus, Sie kaufen eine Aktienanleihe auf die Aktie des fiktiven Unternehmens Musterschuh mit einer Laufzeit von einem Jahr. Die Musterschuh-Aktie notiert heute bei 50 DM. Der Verkäufer Ihrer Anleihe garantiert Ihnen einen Zins von 10 % für das eine Jahr, das sind pro Aktienanleihe in unserem Beispiel 5 DM. Am Ende des Jahres ist die Musterschuh-Aktie auf 75 DM gestiegen. Der Verkäufer wird Ihnen Ihr eingesetztes Kapital plus 10 % Zinsen auszahlen. Damit haben Sie in dem einen Jahr 10 % verdient. Mit der Aktie selbst wären es aber 50 % gewesen.

Im umgekehrten Fall, wenn die Musterschuh-Aktie am Laufzeitende Ihrer Aktienanleihe bei 25 DM notiert, bekommen Sie vom Verkäufer die Aktien ins Depot plus die 10 % Zinsen. Denn der Verkäufer hat ja das Wahlrecht: Er kann Sie in Aktien bezahlen statt mit Geld. Damit haben Sie in dem einen Jahr zwar Geld verloren, Sie stehen aber besser da, als wenn Sie die Aktie gekauft hätten. Und außerdem sind die Verluste zunächst nur auf dem Papier entstanden. Mit etwas Geduld holen Sie den Verlust vielleicht wieder auf. Da Sie ja jetzt wirklich Besitzer der Aktie sind, können Sie sie halten und hoffen, daß sich die Kurse wieder erholen.

In diesen beiden Fällen haben wir gesehen, daß Sie mit einer Aktienanleihe:

1. nicht voll am Gewinn teilhaben und
2. den Verlust nur zu einem Teil auffangen, die Aktie dann aber trotzdem in Ihrem Depot haben.

Eine Aktienanleihe lohnt sich nur, wenn Sie davon ausgehen, daß sich die zugrundeliegende Aktie während der Laufzeit möglichst wenig bewegt. Denn dann bekommen Sie 100 % Ihres Einsatzes plus Zinsen zurück. Die Aktie im Depot hätte Ihnen aber im Beispielfall nicht mal einen Buchgewinn beschert.

Sie sehen schon, daß man eine ganz genaue Meinung zur Entwicklung einer Aktie oder des Marktes haben muß, um mit Aktienanleihen Geld zu verdienen. Diese Instrumente sind also auch eher etwas für fortgeschrittene Anlegerinnen.

Auch Sie können wählen: die Wandelanleihe

Ähnlich wie die Aktienanleihe funktioniert die Wandelanleihe. Einige Unterschiede gibt es aber doch: Zum einen wird die Wandelanleihe von Unternehmen begeben. Außerdem – der wichtigste Unterschied: *Sie als Anleger haben das Wahlrecht, ob Sie lieber Geld oder Aktien haben wollen.* Bei der Aktienanleihe entschied das der Emittent. Bei der Wandelanleihe entscheiden Sie es. Dafür ist der Zinssatz bei weitem nicht so hoch. Während Sie bei einer Aktienanleihe häufig deutlich mehr als 10 % Zinsen bekommen, sind es bei der Wandelanleihe eher 3 bis 5 % pro Jahr.

Wann lohnt sich das Wandeln in Aktien? Ganz klar: Wenn Sie davon ausgehen, daß die Aktie deutlich steigen wird. Denn dann macht es mehr Sinn, von den Kursgewinnen zu profitieren als von den mäßigen Zinsen. Leider ist es nicht so einfach, Kurssteigerungen vorherzusagen. Daran scheitern regelmäßig alle möglichen Experten. Und wenn Sie so sicher sind, daß eine Aktie steigt, dann können Sie sie auch direkt kaufen. Wenn Sie dagegen auf Nummer Sicher gehen wollen, kaufen Sie festverzinsliche Wertpapiere.

Ohne Börse geht es auch – aber sicher

Wenn Sie auf Kursschwankungen gänzlich verzichten und auf jeden Fall Ihr eingesetztes Kapital rausbekommen wollen, dann sollten Sie festverzinsliche Wertpapiere ins Auge fassen, die nicht an der Börse gehandelt werden. Ein Beispiel hierfür sind Bundesschatzbriefe. Sie leihen auch hier dem Bund Ihr Geld, und Vater Staat verspricht Ihnen dafür pro Jahr einen steigenden Zinssatz. Da diese von vornherein festgelegt werden, wissen Sie genau, was Sie bei einem Bundeschatzbrief herausbekommen. Der Vorteil für Anlegerinnen mit weniger Geld ist die Stückelung der Schatzbriefe. Bereits ab 100 DM können Sie einsteigen.

Hier ändert sich wegen der fehlenden Börsennotierung zwar über die gesamte Laufzeit nichts am Preis, dafür können Sie den Schatzbrief aber erst nach einem Jahr wieder versilbern, bis dahin gilt eine Sperrfrist. Und auch dann müssen Sie bestimmte Obergrenzen einhalten, Alleinstehende können pro Monat Schatzbriefe bis zu 10.000 DM verkaufen, Verheiratete bis zu 20.000 DM.

A oder B

Es gibt zwei Arten von Bundesschatzbriefen. Sie unterscheiden sich grundsätzlich in der Laufzeit und in der Art, wie die Zinsen gezahlt werden.

Beim Bundesschatzbrief Typ A liegt die Laufzeit bei sechs Jahren, und die Zinsen werden jährlich ausgezahlt. Frauen, die Typ A wählen, wollen die Zinsen zur Verfügung haben.

Beim Typ B ist die Laufzeit auf sieben Jahre festgelegt, und die angesammelten Zinsen werden erst am Ende der Laufzeit ausgezahlt. Wenn Sie sich für Typ B entscheiden, so hat das den Vorteil, daß Ihre Zinsen wieder angelegt werden. Sie genießen den Zinseszinseffekt.

Hier muß wieder die steuerliche Seite beachtet werden. Auch für Zinserträge gibt es eine Steuerfreigrenze. Sie liegt bei Ledigen noch bei 6100 DM, bei Verheirateten bei 12.200 DM. Auch an dieser Stelle soll mit der Steuerreform der Rotstift angesetzt werden. Künftig gelten nur noch die halben Sätze als steuerfrei. Darum sollten Sie um so mehr prüfen, ob Sie mit der jährlichen Zinszahlung (Typ A) nicht besser fahren, weil Sie damit in den steuerfreien Grenzen bleiben.

Bei Typ B werden ja alle Zinszahlungen von sieben Jahren auf einmal fällig und müssen darum auch auf einmal versteuert werden.

Kaufen Sie sich ein Schätzchen!

Wenn Sie genau wissen, daß Sie Ihr Geld für ein bis zwei Jahre nicht brauchen, dann können Sie neben den Bundesschatzbriefen auch Finanzierungsschätze des Bundes kaufen. Seit 1975 gibt es diese Anlageform, mit der sich der Staat kurzfristig Geld leiht. Eine vorzeitige Rückgabe ist hier nicht möglich. Ihr Geld liegt also fest.

Bei den Finanzierungsschätzen handelt es sich um sogenannte abgezinste Papiere. Das heißt, es werden keine Zinsen ausgezahlt, sondern sie werden gleich vom Kaufpreis abgezogen. Das heißt, Sie bezahlen nicht 1000 DM, sondern 1000 DM minus die Zinsen. Am Ende der Laufzeit bekommt man dann aber 100 % ausgezahlt.

„Fort Knox“ für Ihre Wertpapiere

Auch für festverzinsliche Wertpapiere benötigen Sie einen Ort, an dem Sie sie verwahren. Ihre Bank wird Ihnen wahrscheinlich ein Depot im eigenen Hause anbieten, denn daran verdient sie ja. Sie können aber festverzinsliche Wertpapiere des Bundes kostenlos bei der Bundesschuldenverwaltung in Bad Homburg aufbewahren lassen. Diese Institution gibt es bereits seit 1820. Damals hieß sie noch Preußische Hauptverwaltung für Staatsschulden. Die Verwahrung kostet Sie keinen Pfennig und ist genauso sicher wie bei Ihrer Bank, das Bankgeheimnis gilt auch hier. Die Zinsen und das eingesetzte Kapital werden Ihnen bei Fälligkeit überwiesen. Wenn Sie Ihre Papiere vorzeitig verkaufen wollen, so geht das auch. Allerdings muß man sich mit einer eher langsamen Gangart abfinden. Sie müssen Ihren Wunsch nämlich der Bundesschuldenverwaltung schriftlich mitteilen.

Lassen Sie sich nicht beirren, falls man bei Ihrer Hausbank nicht gerade begeistert ist, wenn Sie dieses Thema ansprechen. Normalerweise halten Banken Formulare bereit, mit denen Sie ein Schuldbuchkonto eröffnen können.

Weniger bezahlen für die Null

Nach dem gleichen Prinzip wie Finanzierungsschätze funktionieren auch die sogenannten Null-Kupon-Anleihen. Auch hier wird der Zins bereits vom Kaufpreis abgezogen. Da Null-Kupon-Anleihen aber eine längere Laufzeit von 10, 20 oder 30 Jahren haben, ist der Preis, den Sie heute für einen Anteil zahlen müssen, entsprechend gering. Bei dieser Anlage dürfen Sie wieder den spekulativen Aspekt nicht aus dem Auge verlieren. Bei steigenden Zinsen sinkt der Kurs Ihrer Anleihe. Erst am Ende der langen Laufzeit gibt es den vollen Betrag raus. Die Zinserträge sind dann ebenfalls zu versteuern.

Vielleicht haben Sie in 10 oder 20 Jahren aber einen deutlich niedrigeren Steuersatz als heute. Dann kann es sich lohnen, mit Null-Kupon-Anleihen die Zinszahlung aufzuschieben. Wer will aber heute sagen, wie die Steuersätze in einigen Jahren aussehen, wenn man nicht mal genau weiß, wie sich die Regierung in den nächsten Monaten in Steuerfragen einigen wird!

Das Spiel der Spiele: Termingeschäfte

Es gibt an der Börse viele Möglichkeiten, auf die Zukunft zu wetten. In Magazinen und Werbefilmen soll uns immer wieder weisgemacht werden, wie einfach es ist, mit Geschick an das schnelle Geld zu kommen. Leider überschätzen sich dabei viele. Sie glauben, den Trick rauszuhaben, und verspielen ihr Geld. Mein Tip, wie Sie Termingeschäfte sehen sollten: Wenn Sie Geld übrig haben, mit dem Sie ins Spielkasino gehen würden, dann können Sie Ihr Glück auch mit Terminwetten probieren. Als ernsthaftes Instrument zur Vermögensbildung scheiden diese Anlageformen aber aus.

Sie haben vielleicht von dem LTCM-Debakel gehört. Dabei handelte es sich um einen sogenannten Hedge-Fonds, der mit großen Summen professioneller Anleger hantierte. Die Vorstände dieses Fonds waren angesehene Finanzmarktexperten. Zwei von ihnen waren für ihre mathematischen Modelle sogar mit dem Nobelpreis ausgezeichnet worden. Und diese Experten glaubten, den Stein des Weisen gefunden zu haben: Mathematisch „wiesen sie nach", daß sie nicht verlieren könnten. Aber sogar diese klugen Männer lagen schief. Auch sie hatten riesige Summen in Termingeschäften investiert. Leider entwickelte sich der Markt nicht so, wie von den Profis erwartet. Nicht weil die Herren falsch gerechnet hatten, sondern weil die wirtschaftliche Entwicklung ihnen einen Strich durch die Rechnung gemacht hat. Obwohl sie theoretisch genau zu wissen glaubten, wie Märkte funktionieren, entwickelte sich die Welt einfach anders. Riesige Geldsummen wurden vernichtet, und das Weltfinanzsystem erhielt einen ernsthaften Knacks.

Optionen

Eine Spielwiese, auf der sich all die tummeln, die zwar nicht „das große Rad drehen", aber dennoch den Kick der Termingeschäfte erleben möchten, sind die Optionsscheine. Die Banken entsprechen natürlich dem Wunsch der Anleger und legen immer neue Optionsscheine auf. Letztendlich sind sie ja auch die Gewinner, denn sie verdienen an den Scheinen in jedem Fall.

Mit Optionsscheinen können Sie ebenfalls auf die Zukunft wetten. Das Ganze funktioniert vereinfacht gesagt so: Der Kurs einer Aktie steht heute bei 100 DM. Sie glauben, daß diese Aktie in den nächsten Monaten steigt. Nun haben Sie die Möglichkeit, mit einem Optionsschein das Recht zu kaufen, diese Aktie in einem Jahr zum Kurs von 100 DM zu kaufen, Sie erwerben einen sogenannten Call. Für dieses Recht zahlen Sie beispielsweise 10 DM. Nehmen wir an, daß die Aktie nach einem Jahr bei 150 DM notiert. Sie hätten nun wie vereinbart das Recht, dieses Papier für 100 DM vom Ermittenten des Optionsscheins zu beziehen. Wenn Sie es dann sofort verkaufen, hätten Sie 50 DM Gewinn gemacht, abzüglich des gezahlten Optionsscheinpreises von 10 DM blieben Ihnen also 40 DM als Reingewinn übrig.

In der Praxis spart man sich aber die Zwischenschritte und regelt das Ganze über einen sogenannten Barausgleich. Das bedeutet, daß der Emittent Ihnen gleich den Differenzbetrag zwischen vereinbartem Kaufkurs und tatsächlichem Kurs abzüglich des Optionsscheinpreises zahlt.

Der Vorteil zum direkten Aktienkauf liegt auf der Hand. Sie müssen weniger Geld einsetzen. Durch den sogenannten Hebel profitieren Sie überproportional am Anstieg einer Aktie. Beim direkten Kauf hätten Sie aus 100 DM 150 gemacht, also ein Plus von 50 %. Mit dem Optionsschein haben Sie aus 10 DM 40 DM gemacht, ein Plus von 300 %.

Achtung: Anders als bei Aktien, wo ein Totalverlust sehr unwahrscheinlich ist, können Sie hier alles verlieren. Wenn sich der Kurs der Aktie in dem Jahr aber nicht in die gewünschte Richtung entwickelt, dann sind Ihre 10 DM weg. Sie können dann zwar immer noch die Aktie zu 100 DM beziehen, dann bezahlen Sie aber mehr, als wenn Sie das Papier an der Börse gekauft hätten.

Die andere Spielform des Optionsscheins ist der Put. Hier erwarten Sie, daß die Aktie, die heute 100 DM kostet, in einem Jahr weniger wert ist. Nun können Sie das Recht erwerben, diese Aktie in einem Jahr zu 100 DM zu verkaufen. Auch hierfür zahlen sie eine Prämie, sagen wir 10 DM. Nach zwölf Monaten kostet die Aktie nur noch 50 DM. Sie könnten die Aktie also für 50 DM an der Börse kaufen und für 100 DM an Ihren Vertragspartner, den Emittenten des Put, weiterverkaufen. Auch hier wird das Geschäft meist über den Barausgleich gemacht, so daß Sie 50 DM Gewinn abzüglich Ihrer Prämie von 10 DM, also 40 DM ausgezahlt bekommen.

Auch hier gilt das gleiche: Totalverlust ist leicht möglich. Denn wenn sich der Kurs nicht verändert oder sogar steigt, dann verlieren Sie Ihren Einsatz.

Natürlich müssen Sie das Ganze nicht abwarten, sondern können vor Ablauf der Option verkaufen. Aber auch hier werden Sie feststellen, daß Optionen sehr schnell 80 bis 90 % an Wert verlieren. Grundsätzlich gilt: Je länger die Option läuft, desto geringer das Risiko und desto niedriger die Gewinnchance.

Die Faustformel für Ihren Gewinn

Für welche Anlageform Sie sich entscheiden, hängt von der Bereitschaft ab, welches Risiko Sie eingehen wollen. Sie haben in den vorhergehenden Seiten gesehen, daß es weniger risikoreiche und hochriskante Anlageformen gibt, bei denen Sie tatsächlich schnell Ihr eingesetztes Geld verlieren können.

Um langfristig ein Vermögen aufzubauen, sollten Sie auf jeden Fall auf beides setzen: Aktien und festverzinsliche Wertpapiere. Die Aktie steht dabei für die riskantere Anlage, weil es durchaus Zeiten geben kann, in denen Ihre Papiere unter dem Einstandskurs notieren. Wie wir zuvor gesehen haben, erwirtschaftet die Aktie aber über einen längeren Zeitraum eine höhere Rendite. Die Anleihen stehen für sicheren Ertrag, auch wenn der etwas niedriger ausfällt.

In jungen Jahren sollten Sie einen höheren Anteil in Aktien anlegen. Sie haben Zeit, einen Verlust wieder auszugleichen, mehren aber schneller Ihr Geld. Wenn Sie kurz vor dem Rentenalter stehen, dann sollte der Anteil der festverzinslichen Wertpapiere deutlich höher sein. Denn nun brauchen Sie sichere Erträge, um auch im Alter Ihren Lebensstandard zu halten.

Es gibt eine einfache Faustformel für den Aktienanteil in Ihrem Depot:

100 – Lebensalter = Aktienanteil

Claudia beginnt bereits mit 22 Jahren mit der Vermögensbildung in Aktien. Sie kann nach der Formel bis zu 78 % ihres Geldes in Aktien anlegen. 22 % sollte Claudia in festverzinslichen Wertpapieren oder Immobilien investieren.

Eva ist 58 und will in den nächsten Jahren in Rente gehen. Seit Jahren spart sie kleinere Beträge in Anleihen. Erst seit kurzer Zeit hat sie sich an Aktien herangewagt. Inzwischen besitzt sie Aktien von Daimler-Chrysler und einigen anderen großen europäischen Konzernen. Dieser Anteil macht allerdings nicht mehr als 20 % ihres Vermögens aus. Nach unserer Formel könnte Eva bis zu 42 % ihres Geldes in Aktien investiert haben.

Fangen Sie gleich heute an – es lohnt sich!

Vielleicht glauben Sie, daß es für Sie keinen Sinn macht, in Aktien oder Fonds zu investieren, weil Sie zuwenig sparen können. Das ist ein Irrtum. Bereits mit 50 oder 100 DM im Monat können Sie beginnen, ein kleines Vermögen mit Aktien aufzubauen. Und dabei brauchen Sie die Märkte nicht einmal im Auge zu behalten. Ganz egal, ob es rauf oder runter geht, Ihr Geld wächst weiter.

Das Ganze funktioniert mit einem Sparplan. Viele Banken bieten bereits Standardprodukte an. Hier sind häufig die Gebühren reduziert, damit man auch mit kleinen Beträgen anfangen kann. Der Sparplan funktioniert ganz einfach. Sie zahlen monatlich oder halbjährlich einen bestimmten Betrag ein. Bei manchen Banken können Sie sogar zwischendurch flexibel die Einzahlungssumme verändern. Vielleicht wollen Sie ja von Ihrem Weihnachtsgeld ein paar DM mehr auf die hohe Kante legen. Mit Ihren Einzahlungen werden nun immer die gleichen Fondsanteile oder Aktien gekauft, die Sie zuvor bestimmt haben. Sie können also in einem europäischen Aktienfonds genauso ansparen wie in Daimler-Benz-Aktien. Ansparpläne mit internationalen oder europäischen Aktien- oder Rentenfonds machen aber m. E. mehr Sinn, da man hier das Risiko breiter streuen kann.

Der Trick des Ansparplans ist der sogenannte Cost-Average-Effect (Durchschnittskosten-Effekt). Was sich hochwissenschaftlich anhört, macht die Anlage zu einem sicheren Ruhekissen. Sie investieren nämlich regelmäßig den gleichen Betrag, ganz gleich ob die Börse steigt oder fällt. Auf diese Weise kaufen Sie in schwachen Börsenzeiten mehr, bei hohen Kursen aber weniger.

Das Ganze unterscheidet sich grundsätzlich von der Strategie, immer die gleiche Anzahl von Anteilen zu kaufen. Am vereinfachten Beispiel wird dies deutlich:

Sie investieren pro Monat 100 DM in Fondsanteile. Im ersten Monat kaufen Sie damit zwei Anteile à 50 DM. Nun fällt der Kurs des Fonds auf 33 DM. Im nächsten Monat bekommen Sie nun drei Anteile für Ihren Einsatz.

Steigen die Kurse, erleben Sie den umgekehrten Effekt. Angenommen, die Kurse steigen auf 66 DM pro Anteil. In dem Monat bekommen Sie für Ihre 100 DM nur 1,5 Anteile.

Rechnen Sie jetzt einmal alle Anteile zusammen:

1. Monat:	2 à 50 DM
2. Monat:	3 à 33 DM
3. Monat:	1,5 à 66 DM
	6,5 Anteile

Sie haben nun also 6,5 Anteile. Wenn Sie Ihre eingesetzten 300 DM durch 6,5 teilen, erhalten Sie Ihren durchschnittlichen Kaufpreis pro Anteil: 300 : 6,5 = 46,15 DM. Wenn Sie nun verkaufen würden, so würden Sie 429 DM erzielen (6,5 Anteile x 66,- = 429 DM). Durchschnittlich haben Sie für Ihre 6,5 Anteile nun also 46,15 DM bezahlt.

Wenn Sie im anderen Fall monatlich zwei Anteile gekauft hätten, dann sähe die Rechnung folgendermaßen aus: Im ersten Monat zahlen Sie 100 DM, im zweiten 66 DM und im dritten Monat 132 DM. Sie besitzen jetzt sechs Anteile und haben pro Anteil 49,66 DM gezahlt.

Bei der Auszahlung eines Sparplans haben Sie Wahlmöglichkeiten. Sie können den gesamten Betrag auf einmal auf Ihr Konto bekommen oder regelmäßige Auszahlungen vereinbaren. Dabei arbeitet ein großer Teil Ihres angesparten Vermögens weiter, Sie zehren Ihr Erspartes nicht mal auf, sondern leben von den Zinsen.

Professionelle Vermögensverwaltung

Wenn Sie sich mit dem Thema „Geldanlage“ beschäftigen, wird über kurz oder lang ein freundlicher Herr oder eine gutgekleidete Dame an Ihre Tür klopfen und Ihnen anbieten, alle Probleme auf einen Streich zu lösen. Sie brauchen sich nie wieder um Ihr Geld kümmern. Jemand anders tut das für Sie und läßt Ihr Vermögen wachsen. Dafür müssen Sie „nur eine kleine Summe“ bezahlen.

Vermögensverwaltung heißt das Zauberwort. Viele Anleger fühlen sich geradezu geehrt, wenn ihnen jemand diese Dienstleistung anbietet. „Vermögensverwaltung“: Das klingt doch so, als wäre man Rockefeller und hätte Angestellte, die täglich nichts anderes zu tun hätten, als die eigenen Geldberge zu zählen.

Vergessen Sie diese Träume: Vermögensverwalter haben inzwischen gemerkt, daß es neben den Rockefellers dieser Welt auch andere lukrative Kundengruppen gibt. Eben die, die nicht soviel Vermögen haben. Bereits mit 30.000 oder 50.000 DM können Sie in den Club aufgenommen werden.

Nun scheint es zunächst ein guter Deal für Sie zu sein: Sie haben keine Arbeit mehr, und Ihr Kapital wächst. Bei genauerer Betrachtung ist das Ganze aber ein teurer Spaß. Die Vermögensverwalter verdienen an Ihnen von allen Seiten. Und das volle Risiko liegt bei Ihnen.

Zunächst bezahlen Sie eine Gebühr für die Verwaltung Ihres Geldes. Dazu kommt noch eine Depotgebühr für die Wertpapiere in

Ihrem Bestand. Und obendrein kassieren die Verwalter noch einmal bei jedem Kauf oder Verkauf von Aktien oder Anleihen Provisionen. Alle diese Gebühren erhalten die Verwalter auf jeden Fall, also auch, wenn sie keinerlei Profite machen. Selbst dann, wenn sie Verluste machen.

Da Sie keinen Einfluß auf die Anzahl der Transaktionen in Ihrem Depot haben, können die Verwalter Ihr gesamtes Geld mehrfach pro Jahr „umdrehen", also kaufen, verkaufen und wieder von vorn. Denn mit jeder Transaktion verdient der Verwalter ja gutes Geld. Damit werden nicht Ihre, aber die Bilanzen der Vermögensverwalter aufpoliert.

Kümmern Sie sich lieber selbst um Ihr Geld. Sie können gemeinsam mit einem Bankberater oder Anlageberater Ihre Anlagestrategie durchsprechen, aber die letzte Entscheidung muß immer bei Ihnen liegen!

Sie sind Ihre beste Vermögensverwalterin! Wenn Sie einmal begonnen haben, sich mit dem Thema zu beschäftigen, werden Sie schnell merken, daß auch Sie alle Informationen bekommen können, mit denen die Profis Eindruck schinden. Auch diese holen sich ihre heißen News aus den Magazinen, Zeitungen, dem Fernsehen und ganz aktuell aus dem Internet!

Kapitel 11

Investieren leicht gemacht: Investmentclubs und Fonds

Glück ist der Zeitpunkt, an dem sich Vorbereitung und Gelegenheit treffen.

Roy D. Chapin Jr.

Die ersten Schritte sind immer die schwierigsten. Sie werden auch beim Thema „Geldanlage" das Gefühl haben, von der Masse der Informationen regelrecht erschlagen zu werden. In den Zeitungsläden häufen sich die Wirtschaftstitel. Fast jede Woche kommt ein neues Magazin oder ein neuer Börsenbrief dazu. Jetzt muß man auch noch viel Zeit am Computer verbringen, weil im Internet nun auch wieder viele interessante Tips für Ihr Geld angeboten werden. Wer soll das alles schaffen?

Keine Sorge, ich kann Ihnen versichern, daß niemand den ganzen Wust an Veröffentlichungen zum Thema Börse und Wirtschaft bewältigen kann. Auch in der Redaktion der Telebörse hat jeder Kollege seine Lieblingsmagazine und Zeitungen, die er liest. Einen Teil überläßt man dann den anderen und profitiert von dem Informationspool, den es in einer Redaktion gibt.

Ein ganz ähnliches Modell können Sie sich zum Vorbild nehmen, wenn Sie die ersten Schritte auf dem glatten Börsenparkett wagen.

Gemeinsam anlegen – die Idee des Frauen-Investmentclub

Die Zeiten, in denen bei sonntäglichen Kaffeekränzchen über Kinder und Kirche diskutiert wurde, sind passé. Heute geht es auch bei vielen Damen um Geld und Gewinn.

In Investmentclubs sammeln Frauen ihre ersten Erfahrungen mit Aktien, Optionsscheinen und Fonds – und dabei bleiben sie am liebsten unter sich.

Stefanie W. ist seit einem halben Jahr in einem Berliner Frauen-Investmentclub dabei. Sie beschreibt ihre ersten Schritte so:

„Mein Freund brachte mich auf die Idee. Er hatte von einem erfolgreichen Investmentclub in Süddeutschland gelesen. In dem investieren Männer und Frauen zusammen seit einigen Jahren und haben ein schönes Vermögen aufgebaut. Ich fand die Idee gut. Aber leider kannte ich mich mit den ganzen Fachbegriffen überhaupt nicht aus. Wenn man bei einem Investmentclub mitmacht, dann muß man doch genau wissen, was Puts und Calls und Optionsscheine sind – dachte ich!! Bis ich zum Frauen-Investmentclub in Berlin kam. Meine Bank hatte mich darauf aufmerksam gemacht, daß einige Damen einen neuen Club gründen wollten. Ich ging zum ersten Treffen und war gleich begeistert. Wir unterhielten uns über unseren Umgang mit Geld. Das war am Anfang gar nicht so einfach. Auch ich bin so aufgewachsen, daß man über Geld nicht spricht. Als ich aber merkte, daß es den anderen Frauen ähnlich ging wie mir, da wurde es einfach. Von den zehn Damen hatten nur zwei bereits Erfahrung mit Aktien. Alle anderen stellten gleich am ersten Abend all die Fragen, die ich auch hatte. Und das Schöne daran war, daß niemand von oben herab antwortete, so wie ich es schon das ein oder andere Mal bei meinem Bankberater erlebt hatte. Jede Frage war o.k. Seitdem habe ich eine Menge über Aktien gelernt. Einmal ist auch schon ein Vorschlag von mir in die Tat umgesetzt worden. Da haben wir gemeinsam eine Aktie gekauft, über die ich seit Wochen Informationen gesammelt hatte. Das war ein tolles Gefühl! Ich kann nur alle Frauen ermutigen, ihre ersten Schritte in einem Frauen-Investmentclub zu machen.“

Auch Sie können Ihre ersten Erfahrungen auf dem glatten Aktienparkett in einem Investmentclub machen. Es gibt inzwischen mehr als 6000 Clubs. Davon sind 60 bis 80 in Deutschland reine Frauen-Clubs. Die Damen haben zwar nichts gegen Männer, sie sehen aber genau wie Stafenie W. einen großen Vorteil darin, ohne männliche Beteiligung zu arbeiten. Wenn man „unter sich“ ist, fällt es als Einsteigerin eben leichter, auch mal eine vermeintlich dumme Frage zu stellen, ohne gleich von einem Mann belehrt zu werden.

Wenn Sie sich für einen Club entscheiden, werden Sie schon bald merken, wie Sie sich plötzlich viel mehr für den Wirtschaftsteil der Tageszeitung interessieren. Und mit der wachsenden Sicherheit in Geldsachen werden Sie selbstbewußter und selbstverständlicher mit Bankberatern und sogenannten Experten umgehen.

Zu Berühmtheit sind 16 Damen aus einem kleinen verschlafenen Ort in Amerika gekommen. Die „Beardstown Ladies" gründeten ihren Investmentclub bereits vor 16 Jahren und haben seitdem beachtliche Erfolge. Mehr als 20 % Rendite erwirtschafteten die Damen jährlich. Das ist mehr, als viele professionelle Fonds- oder Vermögensverwalter auf die Beine stellen. Dabei hatten die heute schon etwas betagten Damen zunächst keine Ahnung, wie Geldanlage genau funktioniert. Als die Idee des Clubs geboren wurde, wollte man einfach Spaß haben und nebenbei noch etwas verdienen. Genau das klappte über die Jahre hervorragend. Noch heute wird nach Auskunft der Damen auf den Treffen viel gelacht, und aus den Einzahlungen von 25 Dollar im Monat ist ein stattlicher Betrag von 37.000 Dollar geworden.

Das Erfolgsrezept der Beardstown Ladies klingt einfach. Man nehme Aktien von den Unternehmen, deren Produkte man kennt und gut findet. Jede Frau kann ihre Lieblingsaktie vorschlagen. Eine Dreierkommission überprüft dann, ob das Unternehmen aussichtsreich ist. Die Geschäftszahlen und der Kursverlauf dienen den Damen als Orientierungshilfe. Genauso kam zum Beispiel die Aktie eines Cola-Herstellers und einer Supermarktkette ins Depot.

Ein weiterer wichtiger Rat der amerikanischen Damen ist die Geduld. Ist eine Aktie auf Herz und Nieren geprüft worden und ins Depot aufgenommen, dann kann man sich getrost zurücklehnen.

Wie ein Investmentclub funktioniert

Ein Investmentclub funktioniert ganz einfach. Jede Teilnehmerin investiert zu Beginn einen bestimmten Betrag, danach wird dann jeden Monat oder halbjährlich in den gemeinsamen Topf eingezahlt. Jetzt treffen sich die Teilnehmerinnern regelmäßig und diskutieren über verschiedene Aktien oder andere Anlageformen. Entscheidungen werden gemeinsam getroffen.

Da nicht jeder alle Aktien kennen kann, sollte jede Dame einen bestimmten Markt beobachten und die anderen über die Entwicklungen auf dem laufenden halten. Machen Sie es wie die Beardstown-Ladies: Beginnen Sie mit einem Bereich, in dem Sie sich auskennen. Sind Sie Medizinerin, dann haben Sie sowieso schon einiges an Wissen über die Pharmabranche. Somit dürfte es Ihnen leichtfallen, in der täglichen Arbeit Informationen zu sammeln, die Ihnen allen im Investmentclub zugute kommen.

Sind Sie Hausfrau, dann haben Sie tagtäglich mit vielen Produkten zu tun, und Sie sind Expertin für Konsumaktien.

In einem Club werden Sie lernen, auch in schwierigen Börsenzeiten nicht den Kopf zu verlieren. Die Erfahrung zeigt, daß man mit Ausdauer auch an der Börse am besten ans Ziel kommt. Im Investmentclub können Sie von den Erlebnissen der anderen Frauen lernen. Daher sollte sich zumindest eine Dame bereits mit Wertpapieren auskennen. Sie kann dann im Lauf der Zeit ihr spezielles Wissen weitergeben und aus allen Teilnehmerinnen interessierte Anlegerinnen machen.

Ein Berliner Frauen-Investmentclub legte im Sommer 1998 los. Die Damen investierten zu Beginn etwas mehr, um erst einmal einen Grundstock zu bekommen. Kurz darauf brach die Börse ein.

Bianca L.: „Wir haben uns getroffen und darüber diskutiert, was wir machen sollten. Natürlich sahen wir, wie unsere Aktien immer weiter an Wert verloren. Aber gemeinsam standen wir diese Zeit durch. Das Schlimmste wäre ein Verkauf gewesen, dann hätten wir die Verluste nämlich tatsächlich gehabt. So waren sie nur auf dem Papier vorhanden. Sicherlich hat dabei der Zusammenhalt im Investmentclub geholfen. Allein hätte garantiert die ein oder andere Frau die Nerven verloren. Inzwischen liegen wir mit allen Aktien wieder im Plus.“

Die Erfahrung zeigt, daß es nicht einfach ist, in einen bestehenden Investmentclub einzutreten. Geldsachen haben auch etwas mit Vertrauen zu tun, und das baut sich erst über die Zeit auf. Aber es ist gar nicht so kompliziert, einen eigenen Investmentclub ins Leben zu rufen. Hilfestellung bietet hier zum Beispiel die Schutzvereinigung für Wertpapierbesitz in Düsseldorf, DSW, Humboldtstr. 9, 10237 Düsseldorf.

Hier kann man einen Leitfaden anfordern, der alles Wissenswerte sowie Musterverträge enthält.

Die goldenen Regeln für einen Frauen-Investmentclub

Regel 1: Tun Sie sich nur mit Damen zusammen, die ähnliche Interessen haben!

Vielleicht finden Sie in Ihrer Hausgemeinschaft oder bei der Arbeit ein paar Damen, die auch Lust auf Anlegen haben. Natürlich können Sie auch eine Anzeige in der Zeitung aufgeben. Vielleicht hilft Ihnen auch Ihre Bank oder Sparkasse weiter und hört sich bei ihren Kundinnen um, wer von ihnen Lust hat, bei einem Investmentclub mitzumachen.

Vera K.: „Ich hörte wie jeden Morgen Radio. Kurz nach den Nachrichten erzählte eine Frau aus Köln von den tollen Erfolgen, die sie in einem Club gemacht habe. Und sie sagte auch, wie einfach es sei, einen eigenen Investmentclub zu gründen. Der Radiosender rief dann alle Interessierten dazu auf, sich zu melden. Innerhalb kürzester Zeit gab es in Berlin aufgrund dieser Aktion gleich drei Frauen-Investmentclubs. Wir konkurrieren nicht miteinander. Aber wir sind schon stolz darauf, daß wir in den vergangenen sechs Monaten am besten abgeschnitten haben."

Denken Sie daran: Sie müssen im Club alle Entscheidungen gemeinsam treffen, und der Spaß sollte trotzdem nicht auf der Strecke bleiben. Aus dem Grund ist die Chemie der Teilnehmerinnen besonders wichtig, egal ob es Freundinnen oder Fremde sind. Sie kennen ja den Spruch: Bei Geld hört die Liebe auf.

Regel 2: Gründen Sie eine Gesellschaft!

Nun handelt es sich bei einem Investmentclub nicht einfach um eine gemeinsame Spardose. Es gibt mehrere Möglichkeiten, dem ganzen einen rechtlichen Rahmen zu verpassen. Die optimale Form ist eine „Gesellschaft bürgerlichen Rechts". Schrecken Sie nicht vor dieser Formalie zurück. Sie sichert allen Teilnehmerinnen die größtmögliche Sicherheit. Und die praktische Durchführung ist nicht besonders kompliziert.

Die Deutsche Schutzvereinigung für Wertpapierbesitz hält eine Broschüre für Sie bereit, in der alle Formalien auf dem Weg zum Club genau beschrieben sind.

Regel 3: Legen Sie eine Anlagestrategie fest!

Sie müssen sich einig sein, ob Sie mit großen, soliden Werten langsam ein Vermögen aufbauen wollen oder auch mal etwas riskantere Manöver fahren wollen.

Hierzu sollte man eine Anlagestrategie im Club festlegen. Die hängt ganz von der Mentalität und Risikobereitschaft der einzelnen Teilnehmerinnen ab. Es wird vielleicht für Sie nicht ganz leicht sein, alle Wünsche unter einen Hut zu bekommen.

Grundsätzlich kann man aber sagen, daß Sie zunächst mit einer eher konservativen Strategie in Ihrem Club starten sollten, auch wenn einige Damen vielleicht schon erste Erfahrungen mit Aktien haben und etwas riskofreudiger an die Sache herangehen wollen. Sie sollten sich alle mit den Entscheidungen wohl fühlen! Das können Sie nur, wenn Sie genau verstanden haben, wie eine Anlage funktioniert und wo die Unterschiede zwischen einem europäischen Blue-Chip und einem amerikanischen Internet-Wert liegen.

Beginnen Sie also zum Beispiel mit einem Portfolio, das sich aus großen europäischen oder amerikanischen Aktien zusammensetzt.

Wenn sich einzelne Damen im Lauf der Zeit mit den spekulativeren Werten beschäftigen, dann können sie ja ihre Informationen den anderen Teilnehmerinnen zur Verfügung stellen, so daß alle auf dem gleichen Level sind. Erst wenn das erreicht ist, sollten Sie sich mit einem Teil Ihres Clubvermögens an diese Aktien heranwagen.

Für den Club gelten die gleichen Anlage-Grundlagen wie für Sie als Privatinvestorin. Siehe Kapitel 10.

Regel 4: Was soll mit dem Gewinn geschehen?

Hätten Sie gerne am Ende des Jahres Ihre Gewinne ausgezahlt, um sich den einen oder anderen Wunsch zu erfüllen? Dann sollten Sie festlegen, daß es eine Gewinnausschüttung gibt.

Der zweite Fall ist die Wiederanlage. Wenn Sie zusehen wollen, wie Ihr Clubvermögen wächst, dann wählen Sie diese Variante. Der Zinseszinseffekt wirkt hierbei wie ein Turbo auf Ihre Beiträge.

Regel 5: Spekulieren Sie nicht auf Kredit!

Dieser Punkt sollte nicht nur für Investmentclubs gelten, hier ist er aber besonders wichtig.

Der Grund ist ganz einfach: Der Kurs der Aktien kann sinken, der Kreditbetrag bleibt aber trotzdem gleich hoch. Möglicherweise müssen dann weitere Wertpapiere als Sicherheit hinterlegt werden. Damit kann der Kredit dann nicht mehr über realisierte Kursgewinne getilgt werden.

Außerdem ist die steuerliche Seite auch hier zu beachten. Wenn der Club Wertpapiere auf Kredit kauft, dann wittert das Finanzamt sofort eine gewerbliche Tätigkeit. Denn dann nutzen Sie nicht mehr Ihr privates Vermögen, sondern die Kredite. Und schon müssen Sie damit rechnen, gewerbesteuerpflichtig zu werden.

Regel 6: Begrenzen Sie die Teilnehmerinnen-Anzahl!

Damit man den Überblick nicht verliert, sollten Sie maximal 30 Damen in den Investmentclub aufnehmen. Und diese Damen sollten dann auch mit etwas Ausdauer dabeiblieben. Das ist um so wichtiger, als auch hier wieder steuerliche Punkte zu beachten sind. Sind deutlich mehr im Club und wechseln die Mitglieder häufig, dann wird vermutet, daß hier eine gewerbliche Tätigkeit vorliegt. Und dann brauchen Sie eine Genehmigung des Bundesaufsichtsamtes für Kreditwesen.

Regel 7: Legen Sie die Beiträge fest!

Sie sollten Sich nun überlegen, wieviel Geld Sie im Monat anlegen wollen. Die einfachste Variante für den Einstieg ist, wenn jede Teilnehmerin den gleichen Betrag pro Monat einzahlt. Will dann eine Dame aus dem Club ausscheiden, so bekommt sie ihren Anteil am Gesamtvermögen des Fonds ausgezahlt. Im Gesellschaftervertrag kann man aber auch bestimmen, daß unterschiedliche Beträge einzahlt werden. Das macht die Gewinnermittlung etwas komplizierter.

In diesem Fall muß unbedingt Buch geführt werden über die Einzahlungen der Clubmitglieder.

Ein Investmentclub „zwingt“ auch zur Disziplin. Denn wenn Beiträge nicht gezahlt werden, kann er nicht funktionieren. Auch darf niemand „so zwischendurch mal eben was rausnehmen“. Vielen Menschen fällt diese Disziplin in einem Umfeld wie in einem Club leichter.

Sinnvoll ist es, wenn insgesamt pro Monat mindestens 500 bis 1000 DM zusammenkommen. Denn dann lohnt sich der Kauf von Wertpapieren eher.

Regel 8: Wer führt die Geschäfte?

Ihr Investmentclub hat natürlich auch eine Geschäftsführung. Die muß aber ehrenamtlich übernommen werden. An diesem Punkt können Sie übrigens bei schon bestehenden Investmentclubs leicht herausfinden, ob es sich um eine professionelle Veranstaltung handelt oder nicht. Viele Finanzdienstleister haben sich „Club“ auf die Fahnen geschrieben und kassieren für ihre Leistungen kräftig ab.

Die Entscheidungen darüber, welche Aktien gekauft oder verkauft werden, treffen alle Damen gemeinsam auf einer Mitgliederversammlung. Sie können aber auch festlegen, daß ein Anlageausschuß die Anlageentscheidungen trifft. Die Mitglieder der Geschäftsführung dürfen übrigens nicht in diesem Ausschuß sitzen. Außerdem wechseln die Mitglieder im Ausschuß regelmäßig. Damit soll sichergestellt werden, daß sich jede Dame mit Wertpapieren beschäftigen muß. Wenn Sie in einem Investmentclub mitmachen, dann sollten Sie ein gewisses Maß an Interesse mitbringen!

Regel 9: Wie kommen Sie aus dem Investmentclub wieder raus?

Natürlich ist es möglich, aus einem Investmentclub auch wieder auszutreten. Wenn Sie keine Lust mehr haben oder in eine andere Stadt ziehen, dann steht Ihnen Ihr Anteil am Clubvermögen zu. Bei immer gleichen Beiträgen ist Ihr Anteil inkl. Gewinn leicht zu errechnen. Im Gesellschaftsvertrag ist festgeschrieben, wann eine Kündigung möglich ist. Der einfachste Weg ist die Kündigung zum Jahresende.

Power-Tips

- Fragen Sie bei Ihrer Bank, ob in Ihrer Nähe ein Investmentclub für Frauen existiert oder ob einer in Planung ist.
- Suchen Sie Damen für Ihren Club, die die gleichen oder ähnliche Interessen haben.
- Stecken Sie den rechtlichen Rahmen für Ihren Club ab.
- Überlegen Sie gemeinsam Ihre Anlagestrategie. Starten Sie konservativ, steigern Sie sich erst, wenn alle etwas Erfahrung mit Aktien gesammelt haben.
- Spekulieren Sie niemals auf Kredit!
- Nehmen Sie nicht mehr als 30 Damen in Ihren Club auf.
- Sammeln Sie pro Monat für Ihre Clubinvestitionen mindestens 500 bis 1000 DM ein. Bei zehn Damen also 50 bis 100 DM pro Person; wenn es 30 Damen sind, können die Einzelbeiträge auch hoch darunterliegen. Selbstverständlich gibt es nach oben hin keine Grenzen.
- Legen Sie fest, wer die Geschäfte des Clubs führt.
- Regeln Sie, wie ein Mitglied aus dem Club wieder aussteigen kann.

Kaufen Sie einen bunten Strauß von Wertpapieren – die Fondsanlage

Wenn Sie sich nun so gar nicht für eine einzelne Aktie oder Anleihe entscheiden können oder nicht die fünf Qualitäten (Zeit, Wissen, Geld, Nerven und den Spaß daran) haben, die Sie für die Einzelanlage mitbringen sollten, dann gibt es eine Lösung: einen Fonds.

Da kaufen Sie nämlich nicht *ein* Papier, sondern 10 oder 20, manchmal sogar einige 100. Und dafür genügt der gleiche Anlagebetrag, den Sie vorher in eine Aktie investieren wollten.

Damit können Sie Ihr Risiko deutlich senken. Denn nun investieren Sie nicht mehr in eine einzelne Aktie, die über einen längeren Zeitraum enttäuschen könnte. Jetzt können Sie das müde Ergebnis eines Papiers mit dem Kursanstieg eines anderen ausgleichen. Ein Fonds ist wie ein Tausendfüßler; wenn ein Fuß (eine Aktie) krank ist, dann gibt es noch genug gesunde Füße, um vorwärts zu kommen. Und dabei müssen Sie sich um gar nichts mehr kümmern!

Wie das funktioniert? Ganz einfach. Gemeinsam mit vielen anderen Anlegern zahlen Sie Geld in einen Topf. Das kann ein Aktienfonds oder ein Rentenfonds, aber auch eine Mischung aus beidem sein (in diesem Kapitel beschäftigen wir uns mit Investmentfonds. Spezialitäten wie Immobilienfonds werden später vorgestellt.)

Stellen Sie sich einen Fonds wie einen Hefekuchen vor. Es werden verschiedene Zutaten zusammengeschüttet, und Sie bekommen einen Teil vom Teig.

Damit haben Sie einen Teil vom Mehl, einen Teil vom Wasser, einen Teil von der Hefe, von jedem Inhaltsstoff besitzen Sie einen Anteil.

So funktioniert es auch beim Fonds. Ein Manager ist der Bäckermeister, der die einzelnen Zutaten für den Hefekuchen zusammenrührt. Macht er gute Arbeit, dann geht Ihr Teig auf.

Genau das erhoffen Sie sich auch beim Kauf eines Fondsanteils. Denn zum einen profitieren Sie an der Kurssteigerung der einzelnen Werte im Fonds, zum anderen bekommen Sie einmal jährlich eine Ausschüttung, die sich aus den Dividenden oder Zinsen ergibt, die dem Fonds zugeflossen sind.

Allerdings gibt es auch Fonds, die diese Gewinne nicht ausschütten, sondern wieder anlegen. Diese Form nennt man thesaurierende Fonds.

Und das sind die Turbo-Lader zum Wohlstand.

Jede DM, die Sie nicht ausgeben, sondern gleich wieder reinvestieren, wächst für Sie zu einem Vermögen. Das gleiche gilt übrigens für jede Anlageform. Vom Zinseszinseffekt haben Sie schon gelesen. Auch hier bei der Fondsanlage können Sie sich diesen Trick zunutze machen.

Sie haben die Wahl

Die Zutaten für einen Fonds können vollkommen unterschiedlich sein. Bedenken Sie: Es gibt inzwischen über 20.000 Fonds. Jeder für einen anderen Geschmack.

Sie können Fonds von einer Branche kaufen, einem Land oder einer ganzen Region. Ihre Hausbank wird Ihnen sicherlich die eigenen Fonds empfehlen. Lassen Sie sich dadurch nicht irritieren. Wenn Sie den Fonds einer anderen Gesellschaft gut finden, dann können Sie auch den bei Ihrer Bank kaufen.

Sie haben aber auch die Wahl, direkt bei der Fondsgesellschaft ein Depot zu eröffnen. Häufig müssen Sie dann keine Depotgebühren bezahlen. Sie sollten sich aber überlegen, ob Sie nicht lieber Ihre ganzen Anlagen an einer Stelle haben.

Egal wo Sie Ihre Fondsanteile kaufen, umsonst ist es nicht. Viele Fondsgesellschaften verlangen für den Kauf eines Anteils einen sogenannten Ausgabeaufschlag. Dieser Betrag schwankt zwischen 0 und 6 % von der Anlagesumme. Die Spanne ist so breit, weil die Preise für Fondsanteile in den letzten Jahren ins Rutschen gekommen sind.

Fonds, die ohne Ausgabeaufschlag angeboten werden, nennt man „No-Load-Fonds". Lassen Sie sich nicht täuschen! Niemand schenkt Ihnen etwas. Meist ist bei diesen Fonds die jährliche Verwaltungsgebühr höher. Manchmal müssen Sie auch bei Verkauf eine Gebühr bezahlen. Achten Sie darum auf die Gebühren.

Denn das ist der zweite Kostenfaktor, den Sie bei der Fondsanlage beachten müssen.

Der Manager sucht tagein, tagaus die besten Aktien oder Anleihen für seinen Fonds. Dafür wird er von der Fondsgesellschaft bezahlt. Aber eigentlich wird er von Ihnen bezahlt. Und zwar mit der jährlichen Verwaltungsgebühr.

Im Fondsprospekt, den Sie für jeden Investmentfonds bekommen können, finden Sie Angaben, wie hoch die Gebühr ist. Sie liegt meist bei 1,5 % Ihrer Anlagesumme. Diese Gebühr ist allerdings schon verrechnet mit den Gewinnen, die in den Prospekten ausgewiesen sind. Die Ausgabenaufschläge aber nicht.

Damit ist aber auch schon alles bezahlt, und Sie haben keine Arbeit mehr.

Ich möchte Ihnen den Fondsprospekt noch aus anderen Gründen ans Herz legen. Fragen Sie bei Ihrer Hausbank, oder bestellen Sie den Prospekt direkt bei der Fondsgesellschaft. Denn darin sind Informationen, die für Sie bares Geld wert sein können.

Welche Aktien sind im Fonds enthalten?

Wenn Sie den Prospekt in den Händen halten, ist zwar schon einige Zeit vergangen, und Sie können nicht sicher sein, daß der Manager in der Zwischenzeit Änderungen vorgenommen hat. Aber Sie können erkennen, welche Vorliebe er hat. Vielleicht entdecken Sie auch, daß er es sich einfach macht und nur die Aktien aus dem DAX in seinem deutschen Aktienfonds hat. Das gleiche gilt für alle anderen Märkte. Vielleicht hat der Manager eines europäischen Aktienfonds auch nur die Werte des Euro-Stoxx 50 im Portfolio. Man spricht dann elegant davon, daß der Fonds den Index nachbildet. Das heißt im Klartext aber nichts anderes, als daß der Fondsmanager auf Nummer Sicher geht und sich keine eigenen Gedanken macht.

Von diesen Fonds rate ich Ihnen in ab. Denn dann können Sie sich die Kosten für das Management sparen und lieber ein Zertifikat kaufen (Einzelheiten über Indexzertifikate gibt es auf Seite 280)

Wie heißt der Fondsmanager, und wie lange führt er den Fonds ?

Es gibt richtige Berühmtheiten unter den Fondsmanagern. Peter Lynch ist beispielsweise so ein Guru. Er hat mit seinem Fonds für die Anleger über Jahre gute Erträge erwirtschaftet. Inzwischen schreibt er Bücher und hält Vorträge. Die PR-Arbeit eines Managers bringt Ihnen aber zunächst keine müde Mark.

Die meisten Manager sind sowieso eher unbekannt. Sie sollten auch gar nicht die Zeit haben, andauernd im Fernsehen zu sehen zu sein. Denn ihre Arbeit ist, für Sie die besten Aktien für Ihren Fonds herauszusuchen. Ganz sicher hat kein Fondsmanager dieser Welt den Stein der Weisen gefunden und weiß immer ganz genau, welche Aktie er kaufen muß. Aber er und seine Mitarbeiter wühlen sich täglich durch einen Berg von Analysen und Bilanzen. Sie haben Material, das Ihnen selbst erst mit zeitlicher Verzögerung zur Verfügung stehen würde, wenn Sie es überhaupt bekämen.

Es ist also nicht so wichtig, wie häufig Sie das Bild eines Fondsmanagers in der Zeitung sehen, und Sie müssen nicht alle Fondsmanager kennen. Bei über 20.000 Fonds dauerte das viel zu lange. Außerdem wechseln die Fondsmanager auch öfter den Arbeitgeber und den Fonds.

Und genau das ist der Punkt, auf den Sie achten sollten:

Schauen Sie sich an, welche Fonds in den letzten Jahren erfolgreich waren. Dann finden Sie den Namen des Fondsmanagers heraus. Der war nämlich mit seinen Entscheidungen für die gute Performance verantwortlich.

Natürlich ist es nicht sicher, daß er auch in den nächsten Jahren ein gutes Händchen haben wird. Aber die Wahrscheinlichkeit ist hoch.

Auf dem Weg zum Gewinn

Von nun an hoffen Sie, daß der Fondsmanager seine Arbeit gut macht. Sie können, wenn Sie wollen, die Entwicklung Ihres Fonds täglich verfolgen. Die Preise für Ankauf und Verkauf werden täglich ermittelt und sind im Wirtschaftsteil der Tageszeitungen nachzulesen. Der höhere Verkaufspreis kommt durch den Ausgabeaufschlag zustande.

Das Gute an einem Fonds ist aber die Tatsache, daß Sie ihn nicht jeden Tag verfolgen müssen. Viel besser ist es, wenn Sie nur unregelmäßig hinschauen und die Arbeit Ihrem Fondsmanager überlassen. Er achtet nämlich darauf, daß die Zutaten stimmen, und ist immer auf der Suche nach weiteren vielversprechenden Ingredienzen.

Er bleibt dabei aber den Anlagerichtlinien verpflichtet. Damit sind Sie vor Überraschungen gefeit. Wenn Sie einen deutschen Aktienfonds gekauft haben, dann wird der Manager nicht plötzlich amerikanische Aktien kaufen. Ein Rentenfondsmanager investiert nicht in Aktien aus der Chemie-Branche.

Lassen Sie sich Geld vom Staat schenken!

Als Arbeitnehmerin haben Sie die Möglichkeit, pro Jahr auf eine bestimmte Ansparsumme 20 % Prämie vom Staat zu bekommen. Für die neuen Bundesländer liegt die Arbeitnehmersparzulage sogar bei 25 %. Hierfür darf Ihr zu versteuerndes Jahreseinkommen nicht über 35.000 DM liegen. Bei Verheirateten sind es 70.000 DM. Ihr Bruttoeinkommen kann also deutlich über dieser Marke liegen. Wenn Sie nun jährlich 800 DM oder als Ehepaar 1600 DM in einem Fonds anlegen, dann bekommen Sie vom Staat 160 DM bzw. 320 DM geschenkt.

Fragen Sie bei Ihrem Arbeitgeber nach, ob er Ihren Sparwunsch mit vermögenswirksamen Leistungen unterstützt. Bis zu 78 DM spendieren viele Unternehmen ihren Angestellten monatlich. Die werden dann vom Arbeitgeber in den entsprechenden Fondssparplan eingezahlt.

Die vermögenswirksamen Leistungen können Sie aber auch in einen Bausparvertrag einzahlen lassen, denn hier gibt es noch weitere Prämien vom Staat!

Die Prämien vom Staat bekommen Sie aber auf jeden Fall, auch wenn Ihr Arbeitgeber keine vermögenswirkamen Leistungen zahlt. Wichtig hierfür sind die Einkommensgrenzen. Informieren Sie sich bei Ihrer Bank.

Der passende Fonds für jede Frau

Wenn Sie auf Nummer Sicher gehen wollen, bietet sich ein Rentenfonds an. Hier werden mit dem Geld der Anleger festverzinsliche Wertpapiere von verschiedenen Schuldnern mit unterschiedlichen Laufzeiten gekauft. Handelt es sich um europäische und amerikanische Anleihen, so ist das Risiko gering (Einzelheiten zu Anleihen lesen Sie im Kapitel 10) Aber auch Ihr Ertrag fällt meist etwas magerer aus.

Etwas mehr können Sie bei einem gemischten Fonds erwarten. Hier sind neben Anleihen auch Aktien im Fonds-Topf enthalten. Die Anleihen sorgen für die nötige Sicherheit, die Aktien können etwas mehr zum Ergebnis besteuern.

Die Masche mit dem AS

In einem gemischten Fonds können neben Aktien und Renten auch Immobilien enthalten sein. Seit einiger Zeit werden derartige Fonds unter dem Titel AS-Fonds angeboten. AS steht für Altersvorsorge-Sondervermögen. Eigentlich soll mit diesen Fonds die private Altersvorsorge angekurbelt werden.

Im Moment hat man den Fondsgesellschaften damit aber eher ein erfolgreiches Marketing-Instrument an die Hand gegeben. Denn hinter den AS-Fonds verbergen sich gemischte Fonds. Der Gesetzgeber hat Anlagerichtlinien festgelegt. Es steht also genau fest, zu welchem Teil Aktien, Renten und Immobilien im Fonds enthalten sein dürfen. Das ist aber in anderen Fonds auch geregelt.

Wo liegt also der Vorteil? Irgendwann gibt es vielleicht mal eine besondere steuerliche Bevorzugung dieser AS-Fonds. Momentan gibt es die aber nicht. Wenn Sie nun ein Steuergeschenk vom Staat einsacken wollen, dann können Sie das mit den 20 % Sparprämie tun. Da haben Sie aber die freie Wahl, welchen Fonds Sie dazu auswählen wollen.

Solange für den Anleger noch keine steuerlichen Vorteile für AS-Fonds festgelegt sind, kann man genausogut einen Fonds ohne den Aufkleber AS kaufen.

Welches Risiko für welchen Typ?

Der reine Aktienfonds kann in verschiedene Risikoklassen aufgeteilt werden. Es gibt Fonds, die nur Aktien großer internationaler Unternehmen kaufen und durchaus als riskoärmer eingestuft werden können. Andere Fondsmanager bevorzugen kleine Werte aus Fernost oder Osteuropa. Diese Fonds sind nur geeignet für Anlegerinnen, die mit schwankenden Kursen umgehen können.

Meist erkennt man bereits am Namen eines Fonds, wo der Anlageschwerpunkt liegt.

Bei Länderfonds ist die Sache einfach. Der Fonds beschränkt sich auf die Aktien eines bestimmten Landes, zum Beispiel Deutschland oder Frankreich. Hier muß man fragen, ob der Fondsmanager die großen Unternehmen bevorzugt oder auf Nebenwerte setzt.

Branchenfonds bieten Ihnen die Möglichkeit, speziell an der Entwicklung – z.B. in der Pharma- oder der Autoindustrie – zu profitieren. Denn hier bekommen Sie einen Korb voller Aktien aus einem ganz bestimmten Industriezweig.

Wenn Sie sich für einen derartigen Fonds entscheiden, sollten Sie etwas Erfahrung mitbringen. Vielleicht arbeiten Sie selbst in einer bestimmten Branche und können die Zukunftsentwicklung einschätzen. Dann können Sie mit diesen Fonds ganz speziell investieren, ohne das Risiko einzugehen, auf einen einzigen Wert zu setzen.

Relativ neu sind sogenannte Themenfonds. Hierbei wählt der Fondsmanager beispielsweise nur Aktien aus, die einen Jugendbezug haben. Aktien wie Coca-Cola oder McDonald's finden sich in einem derartigen Fonds.

Suchen Sie nach einem passenden Geschenk zur Taufe oder Konfirmation? Schenken Sie einen Anteil an einem Jugendfonds! In einigen Jahren wächst damit ein schönes Startkapital fürs Leben.

Egal für welchen Fonds Sie sich entscheiden, von nun an hoffen Sie genau wie die anderen Anteilseigener darauf, daß der Fondsmanager mit seinen Entscheidungen schöne Gewinne einfährt.

Nur wenigen Fondsmanagern gelingt es, besser abzuschneiden als der Gesamtmarkt. D.h. im Klartext: Ein Fonds, der in großen europäischen Aktien investiert, läuft nur selten besser als der europäische Aktienindex. Aber es gibt solche Fonds. Gerne übersenden wir Ihnen dazu kostenlos unsere Musterportfolios – eine Auflistung der von uns aktuell empfohlenen Fonds. Unsere Postanschrift finden Sie hinten im Buch. Fast alle empfohlenen Fonds schlagen ihren Index!

Wenn Sie nicht in Einzelwerten, sondern innerhalb eines Indexes investiert sein wollen, dann könnte sich ein sogenanntes Indexzertifikat anbieten. Bei einem DAX-Indexzertifikat, das von einer Bank aufgelegt wird, kaufen Sie den Punktestand des DAX und profitieren vom Anstieg des Index. Allerdings gibt es hier kein Netz. Wenn der Index fällt, fällt auch der Wert Ihres Zertifikats.

Hier können Sie einparken – Geldmarktfonds

Geldmarktfonds eignen sich besonders gut als Parkplatz für Ihr Geld. Häufig bekommen Sie etwas mehr Zinsen als beim Girokonto. Die meisten Banken bieten hauseigene Produkte an.

In diesen Fonds sind Festgelder von Banken und Anleihen mit kurzen Laufzeiten von ein bis zwei Jahren. Da diese Anlageformen keine starken Kursschwankungen haben, kann man sie gut für kurzfristige Anlagen nutzen. Wie alle Fondsanteile können Sie auch den Geldmarktfonds täglich verkaufen.

Achten Sie darauf, daß Ihre Bank keinen Ausgabeaufschlag berechnet. Sonst müssen Sie bei einem Verkauf erst noch die Kosten reinholen.

Bevor Sie sich für den Geldmarktfonds entscheiden, sollten Sie aber zunächst noch fragen, wieviel Guthabenzinsen Sie auf Ihrem Girokonto bekommen. Die ein oder andere Bank zahlt fast genauso viel, wie bei den Geldmarktfonds rauskommt. Dann können Sie ganz getrost Ihr Girokonto weiter nutzen und haben das Geld immer „flüssig".

Power-Tips

- Mit Fonds minimieren Sie Ihr Risiko – Sie kaufen nicht einen Wert, sondern einen ganzen Korb.
- Sie sparen Zeit, weil der Fondsmanager Ihr Geld für Sie anlegt und verwaltet.
- Kaufen Sie Fonds, die die Gewinne wieder anlegen – dann wächst Ihr Geld schneller zu einem Vermögen (Zinseszinseffekt!).
- Suchen Sie sich einen Fonds nach Ihrem Geschmack aus – Ihre Hausbank verkauft Ihnen nicht nur die hauseigenen Fonds – aber am liebsten!
- Vergleichen Sie Verwaltungsgebühr und Ausgabeaufschlag – fragen Sie nach Rabatten, wenn Sie auf einen Berater verzichten wollen, oder nach Fonds ohne Ausgabeaufschlag. Sollten Sie einen Fonds mit hohem Ausgabeaufschlag kaufen, so sollten Sie Ihr Geld auch einige Jahre dort belassen.
- Bestellen Sie einen Fondsprospekt bei Ihrer Bank oder der Fondsgesellschaft.
- Schauen Sie sich das Management an.
- Verfolgen Sie die Kursentwicklung des Fonds nicht täglich – einmal im Monat reicht meist aus.
- Prüfen Sie, ob Sie sich 20 % (25 %) vom Staat schenken lassen können.
- Kaufen Sie ein Indexzertifikat, wenn Sie auf die Entwicklung des Gesamtmarktes setzen wollen.
- Parken Sie Ihr Geld in Geldmarktfonds.

Kapitel 12

Finger weg!

Unsere Vorstellung ermöglicht uns, die Realität wahrzunehmen, wenn sie sich noch nicht vollkommen materialisiert hat.

Mary Caroline Richards

Haben Sie sich schon einmal die Finger verbrannt? Haben Sie schon einmal eine Anlage getätigt, und anschließend haben Sie viel oder gar alles verloren? Oder haben Sie Angst, daß Ihnen so etwas passiert? Vielleicht legen Sie gar Ihr Geld auf das Sparbuch, um einen Verlust auszuschließen. Oder neigen Sie zu dem anderen Extrem: Verlust durch Leichtsinn?

Viele glauben, daß ihnen so etwas nicht passieren kann. Geld komme zu Geld, meinen sie. Dieser Leitsatz gilt aber leider nicht immer. Mit Leichtgläubigkeit und Unwissen haben schon viele ihr Vermögen in den Sand gesetzt. Nach Schätzungen versickern pro Jahr etwa 60 Mrd. DM in den dunklen Kanälen der Anlagebetrüger. Ich bekomme immer wieder Faxe und Briefe, in denen mir Zuschauer ihr Leid klagen. Leider sind sie meist selbst schuld an ihrem Unglück, denn der boshafte Spruch „Gier frißt Hirn“ trifft in diesen Fällen häufig zu.

Bisher sind es zwar verhältnismäßig wenig Frauen, die auf Anlagebetrüger reinfallen. Das liegt aber sicherlich auch daran, daß Frauen bisher weniger mit Geldanlage zu tun hatten. In dem Moment, in dem sich das ändert, steigt auch die Gefahr, auf den Falschen hereinzufallen.

Neuerdings mehren sich die Meldungen, daß Anlagebetrüger sich insbesondere Frauen als Opfer ausgesucht haben. Anscheinend haben auch die Schurken erkannt, daß die Frau sich stärker für Geld interessiert.

Damit Ihnen einerseits kein Anlageunfall passiert und Sie andererseits aus Furcht und Unkenntnis nicht auf seriöse Geldanlagen verzichten müssen, gebe ich Ihnen Tips, wie Sie die Spreu vom Weizen trennen können und unseriöse Finanzangebote von vornherein in den Papierkorb werfen.

Wenn Sie dieses Kapitel gelesen haben, dann können Anlagebetrüger sich an Ihrer Türe die Finger wundklopfen. Sie werden vorbereitet sein.

Vielleicht glauben Sie, nicht gefährdet zu sein. Oder Sie wollen sich nicht so sehr mit negativen Dingen beschäftigen. In diesem Fall lesen bitte auf jeden Fall trotzdem die Achtung-Tips in den blauen Kästchen.

Zunächst eine allgemeine Vorbemerkung, die Sie nachdenklich machen sollte: Sie sollten sich von fabelhaften Renditen nicht blenden lassen. Wenn jemand den Schlüssel zu mehreren 100 % Vermögenszuwachs gefunden hätte, warum sollte er Sie davon profitieren lassen? Warum arbeitet dieser Mensch überhaupt noch für andere und mehrt nicht sein eigenes Geld?

Darum möchte ich Ihnen eine grundsätzliche Regel an die Hand geben – so banal sie auch klingen mag: Wenn ein Angebot „zu gut, um wahr zu sein“ scheint, dann ist es das wahrscheinlich auch. Eben nicht wahr.

Die Lockmittel der Betrüger – So einfach wird man arm

Der Trick mit dem Telefon

Anlagebetrüger arbeiten häufig nach Schema F.[1] Eine beliebte Methode ist, von bereits eingefangenen Kunden Empfehlungen zu bekommen.

Stellen Sie sich vor, es ruft ein Unbekannter an, der Ihnen sagt, er hätte Ihre Nummer von Ihrer besten Freundin. Sie würden ja nicht denken, daß Ihnen die Freundin etwas Böses will. Also sind Sie eher bereit, sich auf ein Gespräch mit dem Fremden einzulassen. Insbesondere wenn der Fremde Ihnen mitteilt, daß Ihre Freundin schon ganz gespannt ist, wie Sie auf dieses unglaubliche Angebot reagieren.

Mein Tip: Lassen Sie sich auf kein Gespräch ein. Legen Sie so schnell wie möglich auf. Denn erstens ist diese Art der Kontaktaufnahme gesetzlich verboten. Und zweitens sind diese „Experten“ so sehr darin geschult, Sie in ein Gespräch zu verwickeln, daß ihre

Chance, Ihnen etwas zu verkaufen, mit jeder Sekunde wächst, die Sie mit ihnen reden.

Der Hintergrund: Diese „Experten“ erhalten eine gründliche Schulung. Zwar leider nicht über den Finanzmarkt und die Produkte (maximal 20 % der Schulung), als vielmehr zu 80 %, *wie man verkauft*. Anstatt Fachwissen zu erhalten, lernen die zukünftigen „Experten“ hauptsächlich Psychotricks.

Für eine andere Art der Kontaktaufnahme genügt ein Blick ins Telefonbuch. Die Abzocker rufen blindlings an und versuchen, Sie in ein Gespräch zu verwickeln.

In der Abzockersprache heißt diese Methode Cold Call. Der Begriff ist vollkommen richtig gewählt. Sie werden nämlich mit dem Anruf einfach eiskalt erwischt. Diese Art der Kontaktaufnahme verstößt zwar gegen das Wettbewerbsrecht, in der Praxis kümmern sich die Betrüger aber ganz und gar nicht darum.

Ohne Frage kann man sagen, daß diese sogenannten Anlageberater eines ganz sicher können: mit Worten manipulieren. Denn auch für ihre Ausbildung gilt das oben Gesagte: Es wird nicht besonders viel Wert auf fachliches Wissen gelegt. Vielmehr wird trainiert, wie man sein Gegenüber im Gespräch am besten manipuliert. Glauben Sie nicht, Sie seien davor gefeit! Am Telefon haben schon viele Menschen ihr Hab und Gut verzockt, ohne dem „Experten“ jemals persönlich kennengelernt zu haben.

Auch hier gilt: Wenn Ihnen jemand am Telefon ein „interessantes“ Anlageangebot macht, dann legen Sie sofort auf. Oder bitten Sie um die Telefonnummer, damit Ihr Anwalt, „der alles für Sie prüft“, zurückrufen kann. Sie können sich gar nicht vorstellen, wie schnell der „Experte“ auflegen wird.

ACHTUNG:

Kaufen Sie nie, nie, niemals irgendeine Geldanlage am Telefon! Vereinbaren Sie auch keinen Termin mit einem Berater, der Sie einfach „cold“ anruft.

Denn sonst beginnt der Kreislauf der Geldvernichtung. Zunächst wird Ihnen der „Berater“ anbieten, einen kleinen Teil zu investieren, um die Möglichkeiten der Anlage zu testen. Und da werden Sie die versprochenen Gewinne auch bekommen.

Weil es so einfach zu sein scheint, sein Geld zu vermehren, wollen Sie weitermachen, und Sie sind selbst bereit, weiter zu investieren. Eine Weile kann das gutgehen, doch dann ist meist das ganze Geld futsch. Und schlimmer noch: Häufig verlangen die Betrüger von Ihnen einen Nachschuß.

Nur wenn Sie jetzt alles auf eine Karte setzen, können Sie überhaupt noch etwas retten, so der Appell der Betrüger. Auch dieses Geld geht natürlich auf direktem Weg in die Tasche des Anrufers.

Sie verlieren also möglicherweise mehr Geld, als Sie eingesetzt haben und jemals einsetzen wollten.

Am Telefon wird Ihnen so ziemlich alles angeboten, was Sie sich vorstellen können. Von Kaffeebohnen aus Südamerika bis zur Eigentumswohnung in Dresden oder Wuppertal. Aber auch in der Zeitung und in Magazinen finden Sie immer wieder Lockangebote.

Der schöne Schein trügt

Nehmen wir zum Beispiel die Anlage in Diamanten. In Hochglanzanzeigen will man Ihnen weismachen, daß eines dieser faszinierenden Glitzersteinchen eine Anlage mit exorbitanter Wertsteigerung ist. Leider ist das nicht so.

Wenn Sie gern einen Diamanten Ihr Eigen nennen möchten, dann kaufen Sie sich einen schönen Ring oder hängen Sie ihn an eine Kette. Erfreuen Sie sich an einem Diamanten als Schmuckstück, glauben Sie aber nicht, daß Sie ihn irgendwann mit 50 % Gewinn verkaufen könnten.

Bei den Betrügern läuft der Diamanten-Trick immer nach dem gleichen Schema ab. Man verspricht Ihnen einen lupenreinen Diamanten mit Echtheitszertifikat. Sie bekommen dann einen Stein, der in ein Plastiktütchen eingeschweißt ist. Das Zertifikat liegt wie versprochen bei.

Lassen Sie es mich ganz deutlich sagen: Auch wenn das böse sein sollte, die Zertifikate kann man fälschen. Und sie werden gefälscht. Wahrscheinlich haben Sie auch unterschwellig Angst davor. Also lassen Sie die Echtheit doch lieber von einem unabhängigen Experten überprüfen. Sie nehmen den Stein aus der Verpackung und geben ihn zum Juwelier, der Ihnen umgehend bestätigen wird, daß es sich bei dem Stein um eine andere Qualität als die zugesicherte handelt oder daß Sie einen zu hohen Preis gezahlt haben. Häufig genug haben Sie aber auch nur einen schönen Bergkristall für den Preis eines Einkaräters erstanden.

Aber auch wenn der Stein echt sein sollte, haben Sie ein Problem. Wenn Sie nämlich nun versuchen, Ihren Diamanten zurückzugeben, dann wird man Ihnen mitteilen, daß man nur original eingeschweißte Steine zurücknimmt. Wenn Sie Ihr Geld wiederhaben wollen, erfahren Sie, daß der Rückkaufwert unter dem von Ihnen gezahlten Preis liegt.

Rechtlich ist die Sache übrigens klar. Wenn Ihnen jemand einen Diamanten verkauft und behauptet, damit hätten Sie eine krisensichere Anlage mit hohen Gewinnchancen, obwohl der Wiederverkaufswert unter dem von Ihnen gezahlten Preis liegt, der haftet. Der Verkäufer hätte Sie nämlich über die Risiken aufklären müssen. Allerdings stellt sich die Frage, ob bei den vielen dubiosen Diamantenverkäufern überhaupt etwas zu holen ist. Auf jeden Fall haben Sie viel unnötigen Ärger und gegebenenfalls einen langen Prozeß vor sich, an dessen Ende Sie zwar Recht erhalten, aber der „Dealer" nicht mehr auffindbar ist. Der ist nämlich jetzt in einer anderen Stadt oder in einem anderen Land und verkauft unter anderem Namen gerade Gold. (Siehe die nächste Warnung.) Vielleicht an Ihre Freundin.

Wie Sie es auch drehen und wenden, lassen Sie die Finger von Diamant-Angeboten. Geld verdienen können Sie damit nicht.

Wenn Sie der Verlockung eines Diamanten nicht widerstehen können, dann sollten Sie die wichtigsten Kriterein für den Edelsteinkauf kennen. Im Exkurs finden Sie die vier Cs der Diamantenkunde. Aber dann gilt:

ACHTUNG:

Kaufen Sie Diamanten nur in einem renommierten Haus, also vor Ort. Und nehmen Sie nach Möglichkeit jemanden mit, der vom Fach ist.

Es ist nicht alles Gold, was glänzt

Achtung: Gold ist als Anlage nicht geeignet. Es sollte eher als Schmuckstück denn als Geldanlage gesehen werden. Hier gibt es neben dem Schmuck nur eine weitere Ausnahme: Legen Sie sich einige Goldbarren in Ihren Safe als letzte Sicherheit. (Wenn nichts mehr geht, Gold geht immer.) Aber das hat nichts mit Investition zu tun.

Fans des Edelmetalls weisen immer wieder darauf hin, daß Gold den besten Inflationsschutz bietet. Im Falle ernster Krisen hat man damit Sicherheit. Richtig ist, daß im Falle einer Geldentwertung das Gold seinen Wert behält, nur sieht das Umfeld momentan eher negativ aus für eine Anlage in Gold. Denn auch in einer Zeit, in der wir rund um uns herum nichts als Krisen sehen, steigt der Goldpreis nicht an. In den Krisenregionen herrscht der Dollar. Hätten Sie Ihr Kapital nur in Gold angelegt, so hätten Sie zum einen keine Zinsen bekommen, aber zum anderen langsam, aber sicher immer mehr von Ihrem Kapital verloren, weil der Goldpreis in den letzten Jahren immer weiter gesunken ist.

ACHTUNG:

Auch für die Anlage in Gold gilt: Lieber ein schönes goldenes Schmuckstück oder einen Goldbarren für „Zeiten der Not". Als Anlage ist Gold eher nicht geeignet.

Der Trick mit dem Namen „Fiskus"

Ein weiteres Lockmittel der Graumarkt-Akteure ist die Steuer. Jeder von uns muß Steuern zahlen, doch wenn man hört, daß einige „Großverdiener" ihre Steuerlast mit einfachen Mitteln drücken, dann will man diese Tricks natürlich auch wissen. Jemand sagte einmal spöttisch, daß der Trieb der Deutschen Steuern, zu sparen, stärker ist als ihr Sexualtrieb. Also Vorsicht. Triebhaftigkeit ist als Entscheidungsgrund für eine Geldanlage sicherlich nicht der beste Grund. Nur allzu häufig erweisen sich die Steuersparmodelle nämlich als fauler Zauber.

Richtig Sinn machen sie zunächst nur, wenn Sie sehr viel verdienen. Die Verkäufer von Abschreibungsmodellen rechnen die Steuerersparnis nämlich immer auf einen Spitzensteuersatz von mehr als 50 %. Den haben Sie aber erst ab einem Einkommen von 120.000 DM. Vorher zahlen Sie in unserem Steuersystem auf jede DM weniger als 50 %.

Durch die neue Gesetzgebung machen viele Anlageformen aber auch dann keinen Sinn mehr, wenn Sie viel Geld verdienen. Bisher konnten Sie Gewinne und Verluste aus verschiedenen Einkunftsarten gegeneinander verrechnen. Das hieß in der Praxis, daß Sie beispielsweise Verluste aus einer Immobilie gegen Ihre Arbeitseinkünfte rechnen konnten. Somit wurde die Steuerlast reduziert. Hier will die Regierung einen Riegel vorschieben. Verluste und Einkünfte aus verschiedenen Einkommensarten können dann über einen bestimmten Freibetrag hinaus nicht mehr miteinander verrechnet werden.

Vermieten Sie eine Eigentumswohnung, dann können Sie die Mieteinnahmen mit den Ausgaben für die Wohnungsfinanzierung verrechnen. Verluste aus Vermietung und Verpachtung, beispielsweise Ihre Kreditzinsen, können Sie nicht mehr in voller Höhe mit Ihrem Einkommen verrechnen.

Die Freigrenzen liegen allerdings immer noch relativ hoch. Für Sie als Steuerzahlerin gilt: 100.000 DM sowie die Hälfte des Jahreseinkommens können weiterhin gegengerechnet werden.

ACHTUNG:

Achten Sie bei jeder Anlageform unbedingt darauf, daß sie sich auch ohne Steuerersparnis rechnet.

Der Trick mit dem Zeitdruck

Bauerfänger drängen oft auch darauf, daß Sie sich schnell für eine Anlage entscheiden – mit dem Argument, daß die eine oder andere Chance nur noch wenige Tage existiert. Damit will man Sie zum unüberlegten Handeln bringen. Mit dem Zeitdruck soll natürlich nur vermieden werden, daß Sie sich vor dem Abschluß anderweitig informieren können.

Lassen Sie sich nicht unter Druck setzen! Besser eine vertane Chance, als hinterher auf wertlosen Geldanlagen zu sitzen.

ACHTUNG:

Lassen Sie sich immer ein schriftliches Angebot machen, egal um welche Anlage es sich handelt. Sprechen Sie dann mit mindestens einem anderen Experten Ihres Vertrauens.

Information ist die Grundlage für Ihren Erfolg. Sie müssen jede Anlage verstanden haben, bevor Sie auch nur eine DM investieren. Scheuen Sie sich nicht, zwei- oder dreimal nachzufragen. Ein seriöser Berater wird sich die Zeit nehmen, Sie über Risiken und Chancen einer Anlage aufzuklären. Tut er es nicht, dann können Sie das Gespräch gleich abbrechen. Kaufen Sie nichts, was Sie nicht von A bis Z verstanden haben!

Der Trick mit der Angst und der Bequemlichkeit

Ein guter Verbündeter aller Anlagebetrüger ist immer wieder die Angst. Viele Themen kommen hierfür in Frage. Lange Zeit war es die Angst vor dem Euro, die die Anleger in die Arme von Betrügern trieb. Aber auch Sorge vor dem Alter, fehlendes Vertrauen in die Rentenversorgung.

ACHTUNG:
Angst ist kein guter Berater bei der Geldanlage. Emotionale Gründe sollten Sie niemals bei Ihrer Entscheidung beeinflussen.

Wenn Sie langsam mit Ihrer eigenen Vermögensbildung beginnen, dann müssen Sie keine Angst vor der Zukunft haben. Kümmern Sie sich selbst um ihre Vorsorge. Beginnen Sie gleich jetzt. Informieren Sie sich regelmäßig über Anlageformen, aber auch über den grauen Kapitalmarkt, damit Sie die Methoden der Abzocker früh genug erkennen.

Vorsichtig sollten Sie auch dann sein, wenn Ihnen jemand eine Rundumversorgung aus einer Hand anbieten will. Die Verkaufsargumente sind bekannt. Sie müssen sich von nun an um nichts mehr kümmern – will man Ihnen weismachen.

Die Wirklichkeit sieht anders aus. Die sogenannten Allfinanz-Anbieter sind reine Verkaufsorganisationen. Sie bieten alles an, von der Versicherung bis zum Sparplan. Dem Berater geht es aber selten um Ihre persönlichen Bedürfnisse. Er verkauft Ihnen das Produkt, bei dem er die höchste Provision kassiert. Aber das sagt er Ihnen natürlich nicht. Er stellt das vielmehr so dar, als hätte er unter Hunderten von Angeboten das für Sie beste herausgesucht. Natürlich „individuell auf Sie zugeschnitten“. Und unsere Bequemlichkeit läßt uns nur zu gerne solch ein Märchen glauben. Sollte Ihnen ein Allfinanz-Angebot ins Haus flattern, so vergleichen Sie die angebotenen Produkte mit einzelnen Angeboten.

ACHTUNG:

Keine Firma – und das gilt natürlich auch für Finanzprodukte – hat in jedem Bereich das für Sie beste und gleichzeitig günstigste Angebot. Picken Sie sich von jeder Firma die Rosinen heraus. So werden Sie viel Geld sparen.

Die Lizenz zum Gelddrucken

Vorsichtig sollten Sie auch dann werden, wenn nicht ganz klar ist, wie der Gewinn eigentlich erwirtschaftet werden soll. Fragen Sie sich immer, ob hinter der Ihnen vorgerechneten hohen Rendite nicht ein Pyramidesystem oder Schneeballsystem steckt.

Bei den sogenannten Schneeballsystemen bezahlen die Letzten nämlich die Gewinne der Ersten. Das System hört sich zunächst ganz einfach an. Sie zahlen einen Betrag x in einen Topf und suchen weitere Mitspieler, die dies ebenfalls tun. Und so weiter. Von den Einzahlungen der Angeworbenen erhalten Sie einen Betrag y zurück. Die Neulinge werben nun ihrerseits weiter, und auch von den Nachrückenden bekommen Sie einen Teil des Einsatzes.

Theoretisch hätten Sie Ihr eingesetztes Geld relativ schnell wieder heraus und könnten auch Gewinne verbuchen. Einigen wenigen, die ziemlich am Anfang einsteigen, mag das auch gelingen. Aber es geht immer auf Kosten der späteren Mitspieler. An auf solche Weise verdientem Geld wird man keine rechte Freude haben. Meist verdienen an solchen Spielen nur die Initiatoren. Sobald die Staatsanwaltschaft davon Wind bekommt, hebt sie die Räuberhöhle aus. Die Initiatoren verschwinden und beginnen an einem anderen Ort unter neuem Namen. Und Sie müssen Ihren Freunden und Bekannten erklären, warum Sie diese als Mitspieler geworben haben.

ACHTUNG:

Nehmen Sie an keinem Geldspiel teil. Entgegen allen Beteuerungen sind diese Konstruktionen kriminell und unmoralisch. Übrigens werden Ihnen oft irgendwelche dubiosen Gerichtsurteile und Gutachten präsentiert, die Ihnen beweisen sollen, daß bei diesem Spiel alles anders sei. Mal im Ernst: Sollte es Sie nicht skeptisch stimmen, wenn solche Schriftstücke verteilt werden? Abgesehen davon, daß es sich oft um Fälschungen handelt.

Auch rein mathematisch ist ein solches System immer zum Scheitern verurteilt, weil irgendwann unendlich viele neue Mitspieler aufgenommen werde müßten.

Eine letzte Warnung: Auch die „Schlepper“ dieser Geldspiele sind hervorragend ausgebildet und haben starke Argumente. Die Veranstaltungen, zu denen Sie eingeladen werden, sind wahre Meisterstücke der Manipulation und der Psychobeeinflussung. Gehen Sie nicht hin, und hören Sie nicht zu!

Bitte lesen Sie das Kleingedruckte!

Wenn das Geld erst mal weg ist, dann sagt man sich häufig, daß man alles schon viel eher hätte ahnen müssen.

Doppelt ärgerlich wird es dann, wenn man alles schon hätte vorher *lesen* können. Einige Anlagebetrüger schreiben nämlich sogar in die Hochglanzprosekte ihrer Anlagen hinein, wie sie Ihr Geld vernichten wollen. Leider lesen das nur wenige. Es sind hier zumeist enorme Gebühren und sonstige Kosten, die eventuelle Gewinne wie Butter in der Sonne dahinschmelzen lassen.

Der Trick der Betrüger: Sie haben die Geschäftsbedingungen zuvor unterschrieben und damit anerkannt. Es ist Ihre eigene Schuld, wenn Sie sich zunächst nicht um die hohen Gebühren gekümmert haben.

ACHTUNG:

Auch wenn es mühsam ist, lesen Sie das Kleingedruckte: Es geht um Ihr Geld.

Augen auf bei Interessengruppen

Wenn Sie einmal Geld verloren haben, dann kommt es häufig noch dicker. Unter Anlagebetrügern kursiert der Spruch: Das einzige Lebewesen, dem man das Fell mehrfach über die Ohren ziehen kann, ist der betrogene Anleger.

Denn nicht selten gründen untergetauchte Geldschneider einfach eine neue Firma – mit dem erklärten Ziel, dem geprellten Anleger ihr Geld zurückzuholen. Gegen Bezahlung versteht sich. Und da wird dann der Bock zum Gärtner gemacht und dem schlechten Geld auch noch gutes hinterhergeworfen.

Wenn Sie auf einen Betrüger hereingefallen sind, dann macht es durchaus Sinn, sich mit ebenfalls Geschädigten zusammenzutun. Sie sollten aber genau darauf achten, wer diese Interessengruppe leitet. Es gibt einige etablierte Anwaltskanzleien, die sich auf Anlagebetrug spezialisiert haben.

ACHTUNG:
Wenn Sie auf einen Anlagebetrüger hereingefallen sind, wenden Sie sich an einen Anwalt, der sich darauf spezialisiert hat. Versuchen Sie aber abzuwägen, ob Sie eine Chance haben, jemals Ihr Geld wiederzusehen. Meist ist der Betrüger nämlich mit Ihrem Geld längst verschwunden. Und dann nützt es Ihnen gar nichts, wenn Sie einen Prozeß gewinnen – und letztlich auch noch auf den Prozeßkosten und Anwaltsgebühren sitzenbleiben.

Der Trick mit den neuen Aktien

Seitdem der Aktienmarkt immer mehr Anhänger findet, tummeln sich hier natürlich auch schwarze Schafe. Insbesondere der Neue Markt begeistert die Privatanleger mit enormen Kurssteigerungen. Besonders reich beschenkt werden diejenigen, die ihre Aktien schon vor dem Börsengang besessen haben oder direkt von der Bank kaufen konnten.

Die meisten Anleger haben weder auf die eine noch auf die andere Art eine Chance. Wer von ihnen kennt schon Unternehmer, die mit ihrer Firma an die Börse wollen. Und wer glaubt daran, bei der Zeichnungslotterie wirklich einmal Glück zu haben und einige wenige Aktien der neuen Unternehmen zu ergattern?!

Da wollen Ihnen findige Geschäftemacher aushelfen und bieten Ihnen Aktien aus einer sogenannten „Privatplazierung" an. Das ist zunächst an sich nicht unseriös. Denn viele Aktiengesellschaften führen derartige Maßnahmen durch, um ihr Unternehmen fit zu machen für den Börsengang. Bedenklich wird es erst dann, wenn Sie keine weiteren Informationen über das Unternehmen bekommen.

Damit sind nicht die Hochglanzbroschüren gemeint, die Ihnen der Verkäufer bereitwillig zuschickt. Die sind relativ wenig aussagekräftig. Vielmehr meine ich die wesentlichen Informationen über das Unternehmen, die überall zugänglich sein sollten.

Hier einige Daten, auf die Sie unbedingt achten sollten: Ist das Unternehmen beispielsweise im Handelsregister eingetragen? Oder ist der Firmensitz im Ausland angesiedelt? Nicht selten ist es vorgekommen, daß Unternehmen kurzerhand wieder aufgelöst worden sind. Wenn Sie Ihr Geld wiedersehen wollen, existiert das ganze Unternehmen nicht mehr.

ACHTUNG:

Lassen Sie sich nicht von der Begeisterung für die neuen Aktien blenden. Bevor Sie Ihr Geld investieren, müssen Sie einige Erkundigungen einziehen.

Der Trick mit der Trauminsel

Ein Indiz für Anlagebetrug sind immer wieder auch Geschäftsadressen im Ausland. Je exotischer der Name, desto besser. Ohne Zögern werden von naiven Anlegern größere Beträge an Firmen auf den Cayman-Inseln oder den Bahamas transferiert. Wenn man aber schon bei inländischen Anlagebetrügern Probleme hat, an sein Geld heranzukommen, wieviel schwieriger ist es dann, eine Firma auf den Bahamas für Verluste haftbar zu machen?! Bei Ihnen sollten die Alarmglocken klingeln, wenn Sie Ihr Geld an eine exotische Adresse überweisen sollen.

Auch die angebliche Steuerbefreiung kann hier kein Argument sein. Denn schließlich sind Sie gesetzlich dazu verpflichtet, Ihre im Ausland erzielten Gewinne in Ihrem Land zu versteuern. Und wehe Ihnen, wenn Sie dunkles Geld irgendwo angelegt haben und Sie es dann verlieren. Dann können Sie noch nicht einmal rechtliche Schritte einleiten. Und irgendein Anlagebetrüger lacht sich ins Fäustchen.

ACHTUNG:

Vorsicht vor exotischen Anlageorten. Sollten Sie Schwierigkeiten bekommen, ist es fast unmöglich, Ihr Recht einzufordern.

Fazit: Sie haben es gar nicht nötig, sich auf Anlagen einzulassen, die Sie nicht kennen und die unseriös sein könnten. Wie Sie erkennen werden, können Sie üppige Gewinne machen, ohne ein unverhältnismäßiges Risiko eingehen zu müssen.

Power-Tips

- Lassen Sie sich nicht von unglaublichen Gewinnversprechen verlocken. Mißtrauen ist an dieser Stelle die richtige Reaktion.
- Lassen Sie sich nichts am Telefon aufschwatzen. Geben Sie niemandem Ihr Geld, nur weil seine Stimme so seriös klingt.
- Kaufen Sie keine Diamanten als Geldanlage. Freuen Sie sich über einen Diamant-Ring als Ihr eigenes Geschenk an sich selbst!
- Verzichten Sie weitgehend auf Gold als Kapitalanlage. Sie bekommen keine Zinsen, und als Inflationsschutz hat Gold ausgedient.
- Lassen Sie sich nicht von Steuerersparnissen blenden. Eine Anlage muß sich ohne dieses Lockmittel rechnen.
- Lassen Sie sich nicht unter Zeitdruck setzen. Ein gutes Angebot gibt es nicht nur für einen Tag. Sie müssen eine Anlage verstehen, bevor Sie Ihr Geld investieren.
- Lassen Sie sich nicht von Ihrer Angst leiten. Kümmern Sie sich ab heute selbst um Ihre finanziellen Angelegenheiten. Dann haben Sie alles im Griff und brauchen sich um Ihre Zukunft nicht zu sorgen.
- Vergleichen Sie mehrere Angebote. Allfinanz-Berater haben nicht den Stein der Weisen gefunden. „Um die Ecke" gibt es vielleicht das ein oder andere Produkt, das besser zu Ihnen paßt.
- Vergessen Sie Schneeballsysteme. Sie sind immer zum Scheitern verurteilt.
- Lesen Sie in allen Angeboten das Kleingedruckte, bevor Sie unterschreiben! Anlagebetrüger schreiben ihre schlechten Absichten häufig in den Prospekt, weil sie wissen, daß es niemand liest oder versteht.
- Vorsicht bei Interessengruppen! Prüfen Sie, wer dahinter steckt. Die Betrüger zocken mit der Hoffnungsmasche doppelt ab.
- Kaufen Sie keine Aktien, über die Sie keine Informationen bekommen. Nicht überall, wo AG draufsteht, ist auch eine drin.
- Werden Sie hellhörig, wenn das Unternehmen an einem exotischen Platz residiert. Es ist schwierig zu prüfen, ob das Firmengebäude nur ein Briefkasten ist.

Exkurs: Machen Sie sich ein Geschenk!

Ich will Ihnen in diesem Buch zwar sagen, wie Sie zu Geld kommen und wie Sie sich vor Geldverlust schützen, aber auch die Seite des Geldausgebens soll nicht zu kurz kommen. Denn mit dem Geld muß man sich auch verwöhnen können.

Wenn Sie sich also für einen Diamanten als Schmuckstück entscheiden, dann sollten Sie vorab die wichtigsten Kriterien bei der Auswahl kennen.

Sie können heute fast in jedem Kaufhaus Diamantschmuck kaufen. Die Steinchen in den Ringen und Colliers glitzern zwar auch ganz verführerisch, aber häufig sind sie von minderer Qualität.

Unser Tip für den Kauf von Diamanten: Bevorzugen Sie Qualität. Auch wenn Sie im Traum nicht daran denken, das gute Stück wieder zu veräußern. Wertbeständig sollte es schon sein. Und da haben Sie mit hochwertigen Diamanten die beste Garantie. Sie dürfen eben nur keine exorbitanten Wertsteigerungen erwarten. Wertbeständigkeit ist etwas anderes. Sie kennen den Werbeslogan: Ein Diamant ist für die Ewigkeit. Und so, wie Sie sich noch in Jahren über ein schönes Schmuckstück freuen können, so sollten Sie auch sicher sein, daß sein materieller Wert erhalten bleibt.

Bei der Auswahl von Diamanten stoßen Sie auf eine Art Geheimcode. Mit diversen Buchstaben wird – für den Experten leicht erkennbar – die Qualität eines Steins angegeben. Es gibt grundsätzlich vier Kriterien, im englischen sind es die berühmten vier Cs. Die machen dann auch den Preis eines Diamanten aus.

Colour

Zunächst wird die Farbe festgestellt. Denn nicht alle Diamanten sind farblos. Die Farben variieren von farblos über helles Gelb bis hin zu weißen Steinen. Grundsätzlich kann man sagen: Je weißer ein Diamant, desto besser seine Qualität. Die Übersetzung der Geheimsprache ist einfach.

D-E	hochfeines Weiß	I-J	leicht getöntes Weiß
F-G	feines Weiß	K-L	getöntes Weiß
H	Weiß	M-Z	von Hellgelb bis Gelb

Clarity

Das nächste Kriterium ist die Reinheit eines Diamanten. Es bezeichnet die kleinen Einschlüsse, die sich bei der Entstehung eines Diamanten im Stein bilden können. Die besten Steine haben keine Einschlüsse.

Wenn Sie Diamanten verschiedener Qualität gegeneinanderhalten, können Sie die Unterschiede mit bloßem Auge erkennen. Ein Stein ohne Einschluß strahlt heller.

IF	ohne Einschlüsse, lupenrein
VVS1 und 2	winzige Einschlüsse
VS1 und 2	sehr kleine Einschlüsse
SI1 und 2	kleine Einschlüsse
Pique I, II & III	Einschlüsse mit bloßem Auge erkennbar

Cut

Der Schliff ist aus verschiedenen Gründen von Bedeutung. Er beeinflußt die Lichtbrechung im Stein und ist damit ganz wichtig für das Glitzern und Funkeln. Der wohl bekannteste Schliff ist der Brillantschliff. 56 Facetten lassen den Diamanten in seiner schönsten Form erstrahlen. Außerdem ist der Brillant keinen Moden unterworfen, Einige andere Schliffe sind oftmals nach wenigen Jahren out. Und ändern kann man den Stein dann nicht mehr.

Zu den beliebtesten Schliffen gehören neben dem Brillant der Ovalschliff, der Prinzeßschliff oder der Tropfenschliff.

Carat

Wenn man über Diamanten spricht, dann fällt Ihnen wahrscheinlich das letzte Kriterium zuerst ein: und zwar Karat. Damit bezeichnet man das Gewicht eines Steins. Diese Maßeinheit geht auf die Samen des Johannisbrotbaumes zurück. Mit diesen Samen wurden Diamanten früher aufgewogen. Heute entspricht ein Karat 0,2 Gramm.

Es gibt Diamanten in allen Größen. Der größte jemals geschliffene Stein hat mehr als 530 Karat und einen eigenen Namen. Er heißt Stern von Afrika. Stolze Besitzerin ist die Königin von England.

Sie müssen zwar nicht gleich mit der Queen konkurrieren, aber wertbeständige Steine sollten mindestens ein Karat haben. Das hört sich im Moment zwar etwas teuer an, aber ein Diamant soll ja auch etwas Besonderes sein, und da lohnt es sich, ein Weilchen zu sparen.

KAPITEL 13

MIT NETZ UND DOPPELTEM BODEN – VERSICHERN, ABER RICHTIG!

Alles kommt weniger schlimm – wenn man mit allem rechnet.

Seneca

Niemand denkt gern über Unfall, Alter, Krankheit oder Tod nach. In jungen Jahren lebt man sorglos in den Tag hinein. Als ob es eine höhere Macht gäbe, die uns vor jeder Notsituation schützen würde.

Leider geschehen trotzdem immer wieder Dinge, die uns vor ernste Probleme stellen. Dinge, die unser gesamtes Leben aus den Angeln heben. Nichts ist dann mehr, wie es war. Und wenn dann zu allen Überfluß auch die Finanzen ein (zusätzliches) unüberwindbares Problem darstellen, dann übersteigt es unter Umständen unsere Kräfte. Darum ist es so wichtig, sich Gedanken über alle Eventualitäten des Lebens zu machen.

Frauen fällt das offenbar besonders schwer. Sie wollen sich mit diesem Thema nicht auseinandersetzen und sind dankbar für jeden, der ihnen diese Aufgabe abnimmt.

Darum sind sie eine leichte Beute für alle Arten von Versicherungsvermittlern. Die tun dann nämlich oft so, als wären sie der rettende Engel, der gesandt wurde, um alles Leid von uns fernzuhalten.

In Wirklichkeit schauen sich aber die meisten nicht mal die genauen Lebensumstände der Kundinnen an. Dafür verkaufen sie von allem, was ihnen gerade die höchsten Provisionen verspricht.

Viele Frauen sind aus diesem Grund überversichert. Frei nach dem Motto „Viel schützt viel" kommen da gleich mehrere Lebensversicherungen, Berufsunfähigkeitsversicherungen usw. zusammen. Das kostet viel, ist aber vom eigentlichen Bedarf der Frauen meilenweit entfernt.

Von der Wiege bis zur Bahre – man kann heute alles versichern. Aber ganz ehrlich: Wissen Sie, welche Versicherung Sie wirklich brauchen?

Wir wollen in diesem Buch insbesondere auf die Versicherung eingehen, die immer wieder auch zur Altersvorsorge angeboten wird: die Kapital-Lebensversicherung. Denn neben der Krankenversicherung gibt es keine Versicherung, die uns so viel unnützes Geld kostet.

Es ist doch ein schöner Traum: mit dem Schutz für den Todesfall gleichzeitig für das Alter sparen und von nun an sorglos leben! Schön wär's. Ob das alles so hinhaut, wie uns die Versicherungswirtschaft glauben machen will, soll hier überprüft werden.

Und wir sagen Ihnen, welche Möglichkeiten Sie haben, Ihren Versicherungsschutz zu optimieren.

Wenn Sie noch keine Versicherungen abgeschlossen haben, um so besser, dann fangen Sie gleich mit den richtigen Schritten an. Für alle anderen gilt: Sie sollten überprüfen,

- ob Ihre Versicherungen die richtigen sind,
- ob der aktuelle Schutz noch Ihrem heutigen Leben entspricht,
- ob vereinbarte Zahlungen im Notfall eigentlich noch ausreichen,
- ob Sie eine Versicherung, die überflüssig ist, nicht besser kündigen und durch eine effektive Absicherung ersetzen.

Mit dem Leben sparen – Kapitallebensversicherung

Die wohl bekannteste und verbreitetste Form ist die Kapitallebensversicherung (KLV). Fast jeder Deutsche hat mindestens eine davon. Für rund 60 % ist sie die einzige Form, fürs Alter vorzusorgen. Dabei werden hier Dinge miteinander vermischt, die eigentlich nichts miteinander zu tun haben, nämlich der Schutz der Familie, wenn einem Ernährer etwas zustößt, und das Sparen für einen sorgenfreien Lebensabend.[1]

Die Lebensversicherungen erklären den Verkaufserfolg ihrer Verträge mit dem großen Vertrauen der Bevölkerung. In Wirklichkeit ist es aber ein anderer Grund: Die Versicherungsvertreter bekommen für den Abschluß einer Police einen Jahresbeitrag Provision und mehr – und das sofort!

Stellen Sie sich das vor: Sie zahlen 100 DM pro Monat in eine Lebensversicherung, und 1200 DM (oder mehr) steckt sich erst mal der Vertreter in die Tasche! Was glauben Sie, wer das wohl bezahlt? „Natürlich" *Sie*.

Kein Wunder, daß er Ihnen diese Anlageform wärmstens ans Herz legen wird. Mit allen nur erdenklichen Verkaufsmethoden rührt die Branche die Werbetrommel für dieses einträgliche Geschäft. Man macht Ihnen Angst vor Unfall und Tod. Oder man appelliert an Ihr Verantwortungsbewußtsein für Ihre Kinder. Auch die Aussicht auf ein Appartment am Meer, das Sie sich im Alter leisten können – alles gute Argumente, nur nicht unbedingt für eine Kapitallebensversicherung.

Wie funktioniert das Ganze?

Viele Käufer einer KLV denken, sie bekämen den Versicherungsschutz quasi umsonst. Denn sie bekommen ja am Ende die Beträge, die sie eingezahlt haben, plus Verzinsung wieder ausbezahlt.

Das ist so nicht der Fall! Hinter einer Kapitallebensversicherung verbirgt sich ein Ansparplan, verbunden mit einer garantierten Auszahlung im Todesfall. Wenn Sie ein bestimmtes Alter erreicht haben, bekommen Sie ebenfalls eine Auszahlung. Die kann Ihnen allerdings niemand so genau garantieren. Wer es doch tut, ist nicht seriös! Allenfalls kann eine Mindestsumme garantiert werden. Der Rest soll über die Jahre aus Zinsen und Dividenden dazukommen, die die Versicherungsgesellschaft hoffentlich für Sie erwirtschaftet.

So weit, so gut, Sie müssen sich natürlich

1. Gedanken über die Absicherung Ihrer Familie machen und
2. für Ihr eigenes Leben vorsorgen.

Stellt sich nur die Frage, ob dafür die KLV wirklich das richtige Instrument ist.

Viele Versicherungsexperten halten sie nämlich nicht für die am meisten ungeeignete, sondern sogar regelrecht für eine schlechte Vermögensanlage.

Ihr Leben ließe sich mit geringeren Beiträgen mit einer Risikolebensversicherung absichern (Einzelheiten siehe unter Riskolebensversicherung), für Ihr Alter können Sie mit anderen Sparformen (z.B. Fonds) eine erheblich bessere Rendite erzielen.

Denn Ihre monatlichen Beiträge wachsen bei der Kapitallebensversicherung nur langsam zu einem ansehnlichen Vermögen.

Die Lebensversicherer sparen nicht Ihren gesamten Beitrag an. Etwa bis zu einem Viertel fließt in die Versicherung Ihres Lebens.[2] Im Todesfall muß ja die gesamte Versicherungssumme ausgezahlt werden – selbst wenn Sie nur einen Tag eingezahlt haben. Aus diesem Topf kommt das Geld.

Ein zweiter Teil geht für die sogenannten Verwaltungskosten drauf. Hierin sind die Prämien der Versicherungsvermittler, die Kosten für Abwicklung und Unterhaltung der ganzen Maschinerie des Versicherungskonzerns enthalten. Diese Verwaltungskosten können Sie noch einmal mit 20 % und mehr ansetzen.

Der dritte Teil – also das, was noch übrig ist (ca. 60 %) – wird nun tatsächlich für Sie angespart. Versicherungen investieren ebenso in Aktien und Festverzinslichen, allerdings in einem gesetzlich festgesetzten Rahmen. Die Überschüsse, die hier in Form von Zinsen und Dividenden erwirtschaftet werden, müssen zu 90 % an die Versicherten ausgeschüttet werden.

Da der Gesetzgeber eine eher risikoarme Anlage vorsieht, haben die Versicherungen eine gute Entschuldigung für den mageren Ertrag.

Etwa 6 % Rendite bringt Ihnen eine durchschnittliche KLV pro Jahr ein. Aber nicht auf Ihr eingezahltes Geld, sondern nur auf den Sparanteil. Wenn wir noch einmal auf unser Beispiel mit den 100 DM monatlich zurückkommen: Ziehen Sie die Risiko- und Verwaltungskosten ab, so bleiben nur ca. 60 DM Sparanteil übrig. Und nur darauf erhalten Sie die 6 %. Das sind ca. 4 % effektiv auf die gesamten 100 DM gesehen.

Das sagen Ihnen die Versicherungsgesellschaften nicht. Die erwecken m. E. tatsächlich den Eindruck, als würden sich die 6 % auf die ganzen 100 DM beziehen.

Die Auszahlung einer Lebensversicherung war bisher nach zwölf Jahren steuerfrei. Von den Zinsen und Dividenden, die Ihr Kapital über die Jahre wachsen ließen, mußte also nichts an den Fiskus abgeführt werden. Das war eines der Lockmittel, mit denen Ihnen die Kapitallebensversicherung schmackhaft gemacht werden sollte. Diese Bevorzugung der Kapitallebensversicherung als Altersvorsorge ist aber gerade wieder auf dem Prüfstand. Allerdings vorraussichtlich für Policen, die ab 2000 abgeschlossen werden. Auch hier will der Staat die eine oder andere DM einsammeln. Um so wichtiger ist es für Sie, nachzurechnen, was aus einer KLV für Sie am Ende übrigbleibt.

Weitere Nachteile der KLV

Eine KLV ist nicht etwas, das man *kauft*, sondern das einem *verkauft* wird. Die Ausbildung der Versicherungsagenten besteht oft zu 80 % aus „Wie verkaufe ich mehr“ und nur zu 20 % aus fachlichen Schulungen. Vergessen Sie nicht: Fast nirgendwo kann ein Vertreter soviel verdienen wie mit KLV. Und Sie bezahlen ihn! Sie bezahlen die Provisionen von Ihrem Geld. Geld, mit dem Sie Vermögen aufbauen wollten.

Noch eines: Angenommen, Ihr Bäcker würde Ihnen die Brötchen nur verkaufen, wenn Sie sich verpflichten würden, jeden Tag bei ihm zu kaufen – für die nächsten 25 Jahre. Würden Sie sich darauf einlassen? Natürlich nicht. Warum wollen Sie sich dann von einer KLV so lange binden lassen?

Wie soll ich da nur wieder herauskommen?

Wenn Sie dieses Kapitel gelesen haben, dann wollen Sie sich vielleicht von Ihrer Kapitellebensversicherung trennen, um sofort mit einer effektiveren Absicherung und einem konsequenten Vermögensaufbau zu beginnen.

Vorsicht! Das sehen die Versicherungsgesellschaften natürlich nicht gern. Und darum haben sie einige Fangstricke eingebaut für abtrünnige Kunden.

Sie haben natürlich die Möglichkeit, die Police vor Ende der Vertragslaufzeit zu kündigen. Die Versicherungsgesellschaft rechnet Ihnen für den Fall den sogenannten Rückkaufswert aus.

Um zu überprüfen, welche Variante für Sie die beste ist, sollten Sie bei Ihrer Versicherung auf jeden Fall anfragen!

Aber Sie werden sich wundern, wie niedrig dieser Wert ausfällt. Sie bekommen in den ersten Jahren nicht einmal die eingezahlten Beiträge raus, geschweige denn eine Verzinsung Ihres Geldes. Bei der

Versicherung wird man Ihnen sagen, was Sie nun schon wissen: Die Nebenkosten seien so hoch, daß Ihre Police nicht mehr wert sei. Erinnern Sie sich an die Provisionen, an die Bürokosten usw.

Wenn Sie das Geld nicht unbedingt brauchen, dann sollten Sie überprüfen, ob Sie die Versicherung nicht bis zum Laufzeitende beitragsfrei stellen. Dann bekommen Sie in einigen Jahren Ihre bisher eingezahlten Beiträge abzüglich der Kosten und der Risikobeiträge zuzüglich einiger Gewinne überwiesen.

Auch hier gilt: Einen pauschalierten Rat kann Ihnen niemand geben. Sie müssen sich auch hier die konkreten Zahlen von der Versicherungsgesellschaft geben lassen und dann vergleichen, mit welcher Möglichkeit Sie am besten fahren.

Für einen bestimmten Zeitraum können Sie Ihre Lebensversicherung auch ruhen lassen. Das ist im Einzelfall mit der Versicherung abzustimmen. Auch eine Verlängerung der Laufzeit mit geringeren monatlichen Beiträge könnte eine Lösung sein. Bevor Sie sich für diese Möglichkeit entscheiden, sollten Sie Ihren Steuerberater hinzuziehen. Denn die längere Laufzeit könnte sich auf die Steuerfreiheit auswirken.

Der Bund der Versicherten hat ein Musterschreiben entworfen, mit dem Sie bei Ihrer Versicherung anfragen können, wie es um Ihre Lebensversicherung steht.

„Betr.: Lebensversicherung Nr. ....

Für eine evtl. Neuordnung meines Vertrages bitte ich um die Beantwortung folgender Fragen:

- *Wie hoch ist die voraussichtliche Ablaufleistung zum Vertragsablauf?*
- *Wie hoch wäre die voraussichtliche Ablaufleistung bei Beitragsfreistellung zum jetzigen Zeitpunkt?*
- *Wie hoch ist der momentane Rückkaufswert (einschließlich Überschußbeteiligung) bei einer Kündigung?*

Bitte machen Sie mir ein Angebot auf Verkürzung der Laufzeit zum nächstmöglichen Termin unter Beachtung der steuerlichen Mindestlaufzeit von Zwölf Jahren ab Vertragsbeginn und bei Beibehaltung des aktuellen Beitrages.

- *Wie hoch wäre nach der Laufzeitverkürzung die voraussichtliche Ablaufleistung*

- *bei Weiterzahlung der Beiträge?*
- *ohne Weiterzahlung der Beiträge?*

Die Entscheidung über den Ausstieg aus der Kapitallebensversicherung müssen Sie selbst treffen. Sie müssen die genannten Möglichkeiten für sich vergleichen:

1. Sie können es weiterlaufen lassen wie bisher.
2. Sie können kündigen und den Rückkaufswert irgendwo anlegen, wo Sie mehr Profit machen, den monatlichen Beitrag künftig beispielsweise in einem Fonds anlegen. Bei einer Kündigung sollten Sie zweierlei bedenken:
   - Gegen Ende der Laufzeit lohnt sich eine Kündigung meist nicht, weil Sie die Schlußgewinne verlieren würden.
   - Wenn Sie innerhalb der ersten Zwölf Jahren kündigen, müssen Sie m. U. mit Steuerzahlungen rechnen. Angenommen, Sie haben innerhalb von zehn Jahren 20.000 DM in die Versicherung eingezahlt. Dann beträgt der Rückkaufswert eventuell 17.000 DM. Das heißt, Sie haben 3.000 DM verloren und außerdem keinerlei Gewinne erzielt. Zu allem Überfluß aber müssen Sie jetzt außerdem noch die Gewinne versteuern, die in den zehn Jahren angelaufen sind, sagen wir 3.000 DM. In unserem Beispiel würden von Ihren 20.000 DM nur 14.000 DM übriggeblieben sein. In einem Fonds hätten Sie nach 10 Jahren ca. 38.000 DM bei 12 %, und Sie können tagtäglich kündigen, ohne 1 DM zu verlieren.
3. Sie können beitragsfrei stellen. Auch in diesem Fall würden Sie die monatlichen Raten in eine andere Anlage einlegen. Die Versicherung läuft gewissermaßen weiter – aber nur mit dem Geld, das bereits eingelegt worden ist.

Wichtige Adressen, die Ihnen Hilfestellung dabei geben können, finden Sie im Internet.

Direktversicherung

Wenn Sie als Angestellte arbeiten, dann hilft Ihnen vielleicht auch Ihr Arbeitgeber, etwas für Ihre Vorsorge zu tun. Er kann Ihnen anbieten, in eine Direktversicherung zu investieren.

Auch hierbei handelt es sich um eine KLV. Die Beiträge werden direkt von Ihrem Bruttogehalt abgebucht und werden mit nur 20 % zuzüglich Solidaritätszuschlag und Kirchensteuer besteuert. Das rechnet sich dann, wenn Sie normalerweise einen höheren Steuersatz haben.

Sie sehen schon, daß sich die Direktversicherung hauptsächlich für Frauen mit einem höheren Einkommen lohnt. Dann können Sie aber jährlich maximal 3.408 DM Ihres Gehaltes direkt umwandeln lassen und in die Versicherung einzahlen.

Die Direktversicherung können Sie mitnehmen, wenn Sie den Arbeitsplatz wechseln. Allerdings müssen Sie dann wieder im Angestelltenverhältnis arbeiten, und der neue Arbeitgeber muß sich einverstanden erklären, die Versicherung fortzuführen. Trifft einer der Punkte nicht zu, so müssen Sie von nun an die Beiträge aus Ihrem voll versteuerten Geld bezahlen. Können Sie das nicht und wenn Sie kündigen, dann müssen Sie die Steuervorteile alle zurückzahlen. Der Tip vom Bund der Versicherten: auch die Direktversicherung kann beitragsfrei gestellt werden!

Auch wenn die Direktversicherung über den Arbeitgeber abgeschlossen werden muß, der Beitragszahler sind letztlich Sie!

Darum können Sie auch bestimmen, bei welcher Gesellschaft Sie die Versicherung abschließen wollen. Nicht nur die monatlichen Beiträge sollten bei Ihrer Entscheidung ausschlaggebend sein. Gerade bei einer Direktversicherung sollten Sie fragen, wie hoch die beitragsfreie Versicherungssumme ausfällt. Das ist immer dann wichtig, wenn Sie nach einigen Jahren, zum Beispiel nach der Kündigung Ihres Arbeitsvertragss, nicht mehr in die Direktversicherung einzahlen wollen. Dann läuft der Vertrag bis zum 60. Lebensjahr beitragsfrei weiter.

Die große Frage ist nur: Was bekommen Sie am Ende raus? Hier unterscheiden sich die Angebote der Versicherungsgesellschaften deutlich. Wenn Sie aber daran denken, in den nächsten Jahren Ihren Job an den Nagel zu hängen, vielleicht um sich verstärkt um Ihre Kinder zu kümmern oder sich selbständig zu machen, dann erkundigen Sie sich unbedingt nach der beitragsfreien Versicherungssumme.

Nur das Wichtigste – die Risikolebensversicherung

Die bessere Alternative zur KLV bietet die Risikolebensversicherung (RLV). Auch hier wird im Todesfall ein bestimmter Betrag an die Hinterbliebenen ausgezahlt.

Aber anders als bei der KLV bekommen Sie am Ende der Vertragslaufzeit kein Geld ausgezahlt. Das mag im ersten Moment wie ein Nachteil klingen, aber für eine RLV müssen Sie nur einen viel geringeren Beitrag zahlen. Bei den günstigsten Anbietern ist es nur ein Zwanzigstel von dem, was Sie für eine KLV hätten zahlen müssen!

An folgendem Beispiel wird das deutlich:

Bei einer KLV zahlen Sie z.B. 200 DM für einen Versicherungsschutz von 80.000 DM. Sie können nach 30 Jahren mit einer Auszahlung von ca. 200.000 DM rechnen.

Bei einer Risiko-LV zahlen Sie für einen Versicherungsschutz von 80.000 DM nur ca. 13 bis 15 DM. Sie könnten also 185 DM monatlich in einen Fonds sparen. Dann hätten Sie ca. 540.000 (bei 12 %) und bei 10 % immer noch 368.000 DM. 10 bis 12 % sind bei einem großen internationalen Aktienfonds über 30 Jahre durchaus niedrig gerechnet, wenn man die Zahlen der Vergangenheit zugrunde legt. Außerdem sind Sie hier viel flexibler. Denn Sie können das Geld, das Sie in einen Fonds eingelegt haben, jederzeit ohne Verluste entnehmen.

Viele verbraucherorientierten Versicherungsexperten raten zu dieser günstigen Variante. Mit dem Differenzbetrag können Sie – wie in unserem Beispiel gezeigt – einen Ansparplan finanzieren und deutlich bessere Ergebnisse erzielen. Außerdem weiß man immer ganz genau, welcher Betrag für die Versicherung und welcher für das spätere Vermögen investiert wird.

Vor dem Abschluß einer Risikolebensversicherung steht zunächst wieder die Frage ganz oben, ob Sie sie überhaupt brauchen:

Wenn Sie ohne Kind und Kegel gerade mitten in der Ausbildung stecken, dann sollten Sie sich nur um Ihre eigene Absicherung Gedanken machen und beginnen, für Ihr Alter zu sparen. Eine Lebensversicherung kann auch später noch abgeschlossen werden.

Wenn Sie aber Kinder haben oder planen, bald Kinder in die Welt zu setzen, dann brauchen Sie eine Absicherung, falls einem Elternteil etwas passiert. Reicht es aus, daß nur der Ernährer einer Familie sein Leben versichert ?

Auf keinen Fall! Wenn beispielsweise die Ehefrau stirbt, die als Hausfrau die Kindererziehung übernommen hat, so stellt sich die Frage, wie der Ehemann die Betreuung der Kinder organisieren und auch finanzieren soll. Durch fehlende Absicherung des einen Ehepartners werden in solchen Fällen nicht selten Familien auseinandergerissen. Die Kinder landen im Heim oder bei Pflegeeltern.

RLV gibt es in vielen Ausgestaltungen. Sie können jeweils eine eigene auf Ihren Namen abschließen. Ehepaare können aber auch eine Versicherung auf zwei Leben abschließen. Hier wird die Versicherungssumme gezahlt, wenn einer der beiden stirbt. Diese Form kann günstiger sein als der Abschluß von zwei Versicherungen.

Die Angebote der einzelnen Versicherungsgesellschaften variieren jedoch stark. Als Faustregel können Sie annehmen: 500.000 DM Versicherungsschutz einer 45jährigen für 15 Jahre sollte ca. 80 DM kosten.

Wie hoch sollte die Versicherungssumme sein?

Um diese Frage zu beantworten, müssen Sie sich Ihre finanzielle Situation genau anschauen. Zunächst müssen Sie die Summe ermitteln, die Sie voraussichtlich in den nächsten Jahren benötigen:

- Wieviel Geld brauchen Sie mit Ihrer Familie pro Monat für Ihr Leben, wieviel ist es pro Jahr?
- Wie alt sind Ihre Kinder, wie lange werden sie noch bei Ihnen wohnen, wie sollen sie ausgebildet werden?

Dann berechnen Sie die Summe, die Ihnen aus anderen Quellen zur Verfügung steht:

- Bestehen Anwartschaften auf Renten bei Ihnen/Ihrem Partner?
- Wie hoch ist das Vermögen (Immobilien, Ersparnisse. usw.)?

Wenn Sie beides gegenüberstellen, dann wissen Sie ungefähr, was Ihnen fehlt. Der Bund der Versicherten hat eine Faustformel aufgestellt, nach der Sie über Ihr Einkommen einfach die Versicherungssumme berechnen können. (Diese Regel ist dann geeignet, wenn Sie über kein größeres Vermögen verfügen):

	Faktor für das Brutto-Jahreseinkommen
Familien mit kleinen Kindern	das 6fache
Familien mit älteren Kindern	das 5fache
Bei kinderlosen Ehepaaren	das 4fache

Nie mehr arbeiten können – die Berufsunfähigkeitsversicherung

Angenommen, im Laufe der Jahre haben Sie sich bei Ihrer Arbeit ein derartig starkes Rückenleiden zugezogen, daß Sie nicht mehr arbeiten können.

Sie wären kein Einzelfall. Jede vierte Arbeiterin oder Angestellte in Deutschland wird irgendwann in ihrem Berufsleben berufsunfähig. Herz-, Gefäß- und Rheumaerkrankungen sind die häufigsten Gründe, warum Arbeitnehmer nicht bis zum Erreichen des Rentenalters arbeiten können. Unfälle spielen hier zwar auch eine Rolle. Aber nur etwa jede zehnte Berufsunfähigkeit ist auf einen Unfall zurückzuführen.

Wenn Sie Ihren Beruf nicht mehr ausüben können, haben Sie Anspruch auf staatliche Unterstützung. Das gilt allerdings nicht für Selbständige und Hausfrauen! Die Staatliche Berufsunfähigkeitsrente wird aber in keinem Fall ausreichen, Ihren bisherigen Lebensstandard aufrechtzuerhalten.

Und die laufenden Kosten sind nur ein Faktor. Was ist mit den unerwarteten Aufwendungen, die erst durch Ihren gesundheitlichen Zustand notwendig werden? Wer bezahlt einen Umbau in Ihrer Wohnung, wenn Sie auf einen Rollstuhl angewiesen sind? Wer bezahlt die Haushaltshilfe, wenn Sie nicht mehr allein für sich sorgen können?

Aus diesem Grund sollten Sie sich Gedanken machen, wie Sie dann Ihren Lebensunterhalt bestreiten können. Eine private Berufsunfähigkeitsversicherung kann die Differenz ausgleichen, die zwischen Ihrem Einkommen und Ihren Ansprüchen an den Staat entstehen.

Es genügt aber nicht, einfach eine Versicherung abzuschließen, Sie müssen sich die Konditionen der verschiedenen Anbieter genauer ansehen.

Denn es gibt Fallstricke bei der Berufsunfähigkeitsversicherung. Der Versicherer hat nämlich unter Umständen das Recht, von Ihnen zu verlangen, daß Sie etwas anderes machen, das Ihren Fähigkeiten und Ihrer Ausbildung entspricht. Das nennt sich dann Verweisung und führt immer wieder zu Schwierigkeiten mit den Versicherern.

Sie sollten sich also überlegen, ob es in Ihrem ganz speziellen Fall ohne große Probleme möglich wäre, einen anderen Job zu finden.

Bei hochqualifizierten Berufen dürfte das eher schwierig sein. Wenn Sie sich noch in der Ausbildung befinden, können Sie im Hinblick auf Ihre spätere Tätigkeit eine Berufsunfähigkeitsversicherung abschließen. Sie sollten sich aber überlegen, ob eine Unfallversicherung (siehe Seite 315) nicht eher Ihr Risiko abdeckt.

Unser Tip: Achten Sie unbedingt auf das Kleingedruckte. Möglicherweise werden Sie sonst verpflichtet sein, sich von dem Arzt, den die Versicherung bestimmt, und durch Behandlungsmethoden, die die Versicherung festlegt, behandeln zu lassen. Tun Sie das nicht, so wird Ihnen der gesamte Versicherungsschutz gestrichen. Manche Versicherungen wollen Sie auch zu einem Umbau Ihres Arbeitsplatzes zwingen.

Wie auch immer: Bei der BU-Versicherung liegt der Teufel im Detail. Hier reicht es auf keinen Fall, die Beiträge zu vergleichen. Sie müssen das Kleingedruckte vergleichen. Leider.

Probleme kann es bei einigen Versicherern auch geben, wenn Sie eine Krankheit verschweigen, die vielleicht nichts mit Ihrer Berufsunfähigkeit zu tun hat und schon viele Jahr zurückliegt. Fragen Sie besser vorher, wie weit Sie in Ihrer Vergangenheit zurückschauen sollen. Einige Versicherungen fragen nur nach Krankheiten der letzten fünf Jahre.

An diesem einen Punkt sehen Sie schon, daß bei der Wahl der geeigneten BUV nicht nur der Beitrag ausschlaggebend ist. Vergleichen lohnt sich.

Einige Versicherungen schließen die Verweisung für bestimmte Berufe oder ab einem bestimmten Lebensalter ganz aus dem Vertrag aus.

Die angesprochenen Probleme bei der Auswahl einer Berufsunfähigkeitsversicherung sind nur beispielhaft. Es ist wirklich sinnvoll, mit einem Berater seine ganz persönliche Situation zu analysieren. An einigen allgemeinen Punkten können Sie aber schon sehen, ob sich die BUV für Sie eignet.

Sonderfall Hausfrau

Auch als Hausfrau haben Sie bei einigen Versicherungsgesellschaften die Möglichkeit, eine BUV abzuschließen. Die Rentenzahlungen erfolgen dann aber erst, wenn Sie erwerbsunfähig sind. Das heißt, erst wenn Sie lebenslänglich keine Erwerbstätigkeit mehr ausüben können, zahlt die Versicherung die Rente.

Einige Versicherungen erkennen „Hausfrauen“ aber inzwischen als das an, was es ist, nämlich als Beruf und zahlen dementsprechend nicht erst bei Erwerbsunfähigkeit. Fragen Sie hier bei der Versicherung nach, bevor Sie unterschreiben!

Der Unterschied: Wenn Sie berufsunfähig sind, sind Sie außerstande, einen bestimmten Beruf auszuüben. Andere Berufe jedoch können völlig unproblematisch sein.

Bei einer Erwerbsunfähigkeit können Sie keinen Beruf und keine noch so einfache Tätigkeit ausüben.

Wenn Sie im Moment noch arbeiten, in der Zukunft aber vorhaben, Ihre Berufstätigkeit aufzugeben, um sich ganz Ihrer Familie zu widmen, dann besteht der zuvor vereinbarte Versicherungsschutz fort.[3]

Im Doppel günstiger

Berufsunfähigkeitsversicherungen werden häufig in Verbindung mit Risikolebensversicherungen angeboten. Diese Kombination kann Sinn machen. Aber auch hier lohnt sich der Vergleich. Fragen Sie insbesondere nach, zu welchem Zeitpunkt, in welcher Höhe und unter welchen Voraussetzungen die Rente gezahlt wird. Bei diesen Kriterien kann es deutliche Unterschiede geben.

Unfallversicherung

Eine Unfallversicherung ist günstig und kann auch neben einer BUV abgeschlossen werden. Wie der Name schon sagt, zahlt sie, wenn Sie durch einen Unfall Invalide werden. Also anders als bei der BUV sind hier keine „Verschleißerscheinungen“ wie Bandscheibenschäden usw. versichert. Dafür muß der Unfall aber auch nicht mit Ihrer Arbeit im Zusammenhang stehen.

Wenn Ihnen etwas zustößt, zahlt die Versicherung den vereinbarten Betrag je nach Invaliditätsgrad auf einmal aus.

Es spielt auch keine Rolle, ob Sie einen ähnlichen Job ausüben könnten. Das Stichwort Verweisung gibt es bei der Unfallversicherung ebenfalls nicht.

Dieser Schutz eignet sich besonders für junge Frauen, die sich in der Ausbildung befinden. Oder für Frauen, die bei ihrer Arbeit oder in der Freizeit einem erhöhten Verletzungsrisko ausgesetzt sind.

Achtung: Wenige Versicherungsarten liegen im Preis von den verschiedenen Anbietern so unterschiedlich wie die Unfallversicherung. Vergleiche lohnen sich. Aber auch hier gilt das zu der BU-Versicherung gesagte: Der Teufel steckt im Detail. Am besten wenden Sie sich an einen unabhängigen Berater.

Private Rentenversicherung

Wenn Sie einmal ausgerechnet haben, welcher Anspruch Ihnen aus der gesetzlichen Rentenversicherung zusteht, dann ahnen Sie, daß Sie damit im Alter Ihren heutigen Lebensstandard niemals werden halten können. Das Loch, das zwischen Ihrem heutigen Einkommen und Ihrer staatlich zugesicherten Rentenleistung klafft, heißt elegant ausgedrückt Versorgungslücke. Sie kann 30 bis 60 % ausmachen.

Im Klartext: Wenn Sie so weiterleben wollen wie heute, dann müssen Sie im Alter wahrscheinlich mehr als die Hälfte Ihres heutigen Einkommens aus anderen Quellen speisen als aus der Rente!

Mit dieser Horrorvision vor Augen ist es kein Wunder, daß sich mehr und mehr Menschen nach Alternativen für die Altersvorsorge umschauen.

Die Versicherungsgesellschaften haben schnell auf den Wunsch der Kundschaft reagiert und bieten seit einigen Jahren mit großem Erfolg private Rentenversicherungen an.

Aber nur weil Ihr Nachbar und Ihre Arbeitskollegin und noch so viele Bekannte eine private Rentenversicherung haben, sollten Sie sich nicht blenden lassen! Der Erfolg dieser Versicherungsform kommt nicht daher, daß sie so besonders gut ist, sondern daher, daß sie so massiv beworben wird.

Wie funktioniert die private Rentenversicherung?

Sie sparen monatlich eine bestimmte Summe an. Im Gegensatz zur KLV haben Sie keinen Todesfallschutz.

Am Vertragsende bekommen Sie dann nicht einen Betrag ausgezahlt, sondern von nun an eine monatlich festgesetzte Rente. Obendrauf gibt es dann noch eine – natürlich nicht garantierte – Gewinn-Rente aus der Überschußbeteiligung. Der Vorteil ist nun, daß die garantierte Rente auch dann weitergezahlt wird, wenn die Einzahlungssumme und Ihre Überschußbeteiligung bereits aufgebraucht sind.

Für Sie persönlich kann das durchaus von Vorteil sein, immerhin steigt die Lebenserwartung weiter an, und Frauen leben statistisch gesehen sieben Jahre länger als Männer.

Allerdings birgt genau dieser Umstand auch das Risiko der privaten Rentenversicherung.

Die Versicherer werben damit, daß sie bessere Renditen erwirtschaften als mit einer KLV, da das Todesfallrisiko ja nicht mitversichert werden muß.

Die Versicherer kalkulieren aber die längere Lebenserwartungen nicht immer ein. Sie können sich vorstellen, daß die ganze Rechnung über den Haufen geworfen wird, wenn für immer mehr Versicherte immer länger Rente gezahlt werden muß. (Auch der Staat steht mit seiner gesetzlichen Rentenzusage vor dem gleichen Problem.)

Daher kann es passieren, daß Ihre heute versprochene Zusatzrente mit der schönen Überschußbeteiligung am Ende deutlich magerer ausfällt, als versprochen.

Ihre Erben werden übrigens von der privaten Rentenversicherung wenig begeistert sein, denn sie haben nichts davon. Wenn Sie nicht mehr leben, zahlt die Rentenversicherung normalerweise nicht mehr, egal ob Ihre Ansparsumme aufgebraucht ist oder nicht. Sie können aber von vornherein eine Regelung treffen, daß die Rente bei einem frühen Tod noch einige Jahre an Ihre Erben ausgezahlt wird.

Damit die Versicherer auch wirklich niemanden durch ein Loch im Netz entkommen lassen, haben sie sich Gedanken über diejenigen gemacht, die kurz vor der Rente stehen.

Vielleicht haben Sie bereits einen Betrag aus einer Lebensversicherung ausgezahlt bekommen oder haben etwas gespart. Dann können Sie diesen Betrag gleich abheben und eine private Rentenversicherung auch noch im höheren Alter abschließen. Von nun an bekommen Sie eine monatliche Rente. Diese wird ebenfalls lebenslang ausgezahlt, auch wenn Ihr eingesetztes Kapital aufgebraucht ist.

Egal für welche Variante der privaten Rentenversicherung Sie sich interessieren: In keinem Fall haben Sie den genauen Durchblick, was mit Ihrem Kapital geschieht. Darum raten Versicherungsexperten auch von dieser Form der Altersvorsorge ab. Selbst ist die Frau und sollte es auch in diesem Fall sein.

Private Krankenversicherung

Eines vorweg: Sollten Sie privat versichert sein: Hier können Sie richtig Geld sparen.

Wer sich heute privat krankenversichert und sich auf ein Leistungsprofil festgelegt hat, sollte folgende Überlegung anstellen: Soll der Versicherer von der ersten DM an zahlen – oder soll eine Eigenbeteiligung (Selbstbehalt) vorgesehen sein?

Dabei ist die Selbstbehaltvariante immer preiswerter als die Vollversicherung, genauer: Die Summe der jährlichen Prämien plus die maximale Selbstbeteiligung liegt immer niedriger als die Summe der jährlichen Prämien für die Vollversicherung.

Das kann auch gar nicht anders sein. Denn die Vollversicherung ist für den Versicherer sehr kostenintensiv, vor allem wegen des hohen Verwaltungsaufwands. Auch diesen bezahlen Sie mit einem Teil Ihrer Prämie. Doch diesen Teil können Sie sich sparen:

Tarif/Alter	*Selbstbehalt*	**30 Jahre**	**40 Jahre**	**50 Jahre**
Central	ohne	440,00	610,00	868,35
	mit 2.000,– p.a.	219,00	331,25	499,70
	Ersparnis p.m.	221,00	278,75	368,65
	Ersparnis p.a.	2.652,00	3.345,00	4.423,80
	Netto-Ersparnis	652,00	1.345,00	2.423,80
Colonia	ohne	555,40	712,90	910,30
	mit 5.000,00 p.a.	112,80	155,30	197,30
	Ersparnis p.m.	442,60	577,60	713,00
	Ersparnis p.a.	5.311,20	6.691,20	8.556,00
	Netto-Ersparnis	311,20	1.691,20	3.556,00
Iduna	Ohne	537,58	708,67	960,91
	mit 5.000,00 p.a.	117,51	175,08	270,10
	Ersparnis p.m.	420,07	533,59	690,81
	Ersparnis p.a.	5.040,84	6.403,08	8.289,72
	Netto-Ersparnis	40,84	1.403,08	3.289,72
Gesetzliche Krankenversicherung	AOK 13,0 % aus 6.375,00			828,75
	BKK 11,8 % aus 6.375,00			752,25
	Ersparnis p.m.			76,50
	Ersparnis p.a.			918,00

Parallel zu Ihrer Krankenversicherung sollten die eingesparten Prämien in einer alternativen Anlageform angelegt werden, um Rücklagen für die Selbstbehalte zu haben.

Weiterhin haben sich im Laufe der Versicherungsjahre in der privaten Krankenversicherung durch Beitragsrückstellungen sogenannte Rücklagen gebildet. Je höher der Beitrag in der Vergangenheit war, desto höher die Rücklagen. Diese werden auf den günstigeren Tarif innerhalb der gleichen Gesellschaft angerechnet und mindern die Beiträge zusätzlich gegenüber einer Neuversicherung. Durch Optimierungen dieser Art sind Beitragseinsparungen bis 60 % möglich.

Wer in einer gesetzlichen Krankenversicherung versichert ist, kann ebenfalls Beiträge durch die Wahl einer günstigeren gesetzlichen Krankenversicherung einsparen, ohne Leistungseinbußen hinnehmen zu müssen. Die Leistungen sind zu 98 % im 6. Sozialgesetzbuch festgeschrieben, die Unterschiede fallen nicht ins Gewicht. Die Beitragssätze (siehe Beispiel oben) unterscheiden sich je nach Kasse jedoch erheblich.

Überprüfen Sie Ihren persönlichen Schutz mit einem unabhängigen Berater.

Teil V

Schluss und Beginn

Ein Mensch ohne Vorstellungskraft hat keine Flügel.

Muhammed Ali

Kapitel 14

Es ist kein Märchen

Wenn Ihr wollt, ist es kein Märchen.

Theodor Herzl

Wir sind nun einen langen Weg zusammen gegangen. Wir haben uns die beiden entscheidenden Komponenten für Ihre finanzielle Unabhängigkeit angeschaut. Unsere Einstellung und die praktische Umsetzung. Mit der Einstellung alleine würden wir nie lernen, wie wir wirklich mit Geld umgehen, mehr verdienen, welche Geldanlage für uns die beste ist und wo die Gefahren liegen, wo und wie wir Geld sparen können, wieviel Taschengeld wir unseren Kindern geben sollen und wie wir mit Schulden umgehen können.

Ebenso hätten die Techniken alleine uns nie die Gesetze des Geldes vermittelt. Mit einer negativen Einstellung würden wir nie Geld magisch anziehen. Wir wären nie reich und glücklich. Unsere Einstellung, unsere Gefühle und Gedanken, unsere Werte, Worte, Taten und unsere Ziele, Visionen und die tagtäglich angewandten Techniken und Gewohnheiten müssen wie in einem Konzert übereinstimmen. Sie alle zusammen tragen zu unserem Glück bei.

Ihre Zeit ist gekommen

Kennen Sie den Satz: „Nichts kann eine Idee aufhalten, deren Zeit gekommen ist.“? Ich glaube zum einen fest daran, daß es nun – zumindest schon einmal für die Frauen in den Industrienationen – an der Zeit ist zu erkennen: Wahrer Wohlstand ist unser Geburtsrecht. Es ist Zeit, dieses Geburtsrecht in Anspruch zu nehmen. Was meine ich mit Geburtsrecht? Ich bin davon überzeugt, daß es unser natürlicher Zustand und unsere Bestimmung ist, in Würde und finanzieller Unabhängigkeit zu leben. Dazu müssen wir nur einige Weichen anders stellen und unseren privaten Finanzen nur etwas mehr Aufmerksamkeit schenken.

Zum anderen bezieht sich dieser Satz aber auch ganz individuell auf Ihr Leben. Ich glaube, daß jetzt für Sie die Zeit gekommen ist, finanzielle Unabhängigkeit zu erreichen. Es muß einen Grund geben, warum Sie dieses Buch gerade jetzt lesen. Und ich glaube, daß Sie nichts aufhalten kann, wenn Sie es nicht zulassen. Warum? Weil Ihre Zeit gekommen ist. *Jetzt.*

Halten Sie es für unmöglich? Nun, so ist es mit den großen Träumen fast immer. Zuerst halten wir es für absolut unmöglich. Während die Zeit vergeht, erkennen wir, daß es nicht unmöglich ist, aber halten es für sehr unwahrscheinlich. Unsere Situation, in der wir uns gerade befinden, die Umstände, unsere Erfahrung – so viel scheint dagegenzusprechen. Und am Ende erkennen wir, daß es eigentlich unvermeidlich war – die ganze Zeit über.

Was auf Sie zukommen wird

Ich behaupte nicht, daß es immer leicht werden wird. Sie werden wahrscheinlich nicht auf einer gerade aufsteigenden Linie schnurstracks Ihre finanzielle Unabhängigkeit erreichen. Sie werden vielmehr auf dem Weg Frustrationen, Zweifel und Rückschläge erleben. Und einige dieser schwierigen Momente werden sich zu den unpassendsten Zeiten ereignen. Manches wird aus einer Richtung kommen, aus der Sie niemals Schwierigkeiten erwartet hätten. Aber gerade deshalb sind es ja Schwierigkeiten: weil sie unpassend kommen und weil sie Sie an einer Stelle treffen, wo es richtig weh tut. Das ist normal. Das ist menschlich. Das gehört auf eine geheimnisvolle Weise dazu.

Interpretieren Sie Rückschläge darum nicht als einen wiederkehrenden Fluch, der durch Ihr ganzes Leben zieht. Solche Rückschläge erlebt jeder. Immer wieder. Aber einige gehen damit anders um als die meisten. Sie interpretieren sie auch anders. Sie sehen Rückschläge wie Fenster und Türen, die im Lebensgebäude fest eingebaut sind. Und diese haben die Fähigkeit, uns näher zu unseren Zielen und zu unserer finanziellen Unabhängigkeit zu bringen. Katastrophen sehen sie nicht als Ende von etwas, sondern als Chance zu einem Neubeginn. Hinter jedem Schmerz suchen sie eine Goldgrube.

Ohne daß ich es genau erklären könnte, weiß ich, daß der Weg zu dem Leben, das wir uns wünschen, nur über diese Rückschläge führt. Wir brauchen die Geschenke, die diese „schweren Momente" für uns bereithalten.

Es wird auch Zeiten geben, in denen Sie meinen stillzustehen. Sie kommen nicht voran. Ihr Vermögen vermehrt sich nicht, und die Zeit scheint Ihnen davonzulaufen. Lassen Sie sich nicht, täuschen: Auch solche Zeiten sind jeder erfolgreichen Frau immer wieder begegnet. Auch solche Zeiten sind wichtig. Wie auf einer Treppe erreichen wir von Zeit zu Zeit ein Plateau. Und auch wenn ein meßbarer äußerer Erfolg sich nicht einzustellen scheint, so wachsen wir doch innerlich. Wir reifen und bereiten uns auf diese Weise auf die nächste Herausforderung vor. In Wahrheit sind diese Zeiten der Ruhe und des inneren Wachstums für uns sehr wichtig. Frau Vera F. Birkenbihl sagt dazu: „Wir müssen lernen, das Plateau zu lieben."

Die älteste Geschichte der Welt

Kennen Sie die älteste Geschichte der Welt? Sie wird immer wieder in vielen Variationen und Facetten erzählt. Es ist sogar die Geschichte, die überall auf der Welt am häufigsten erzählt wird. Es ist die Geschichte von einem Helden, der gar nicht weiß, daß er ein Held ist. Aber er zieht los, um irgend etwas zu erreichen – einen Schatz zu finden, eine Prinzessin zu befreien, ein Land zu retten ... Auf dem Weg muß er viele Herausforderungen meistern. Die Probleme und Gefahren werden immer größer Dann kommt schließlich die „letzte", die ganz große Herausforderung. Der „Held" sieht keine Chance mehr. Er will aufgeben und umkehren. Niemand würde es ihm übelnehmen. Jeder würde es verstehen.

Aber aus irgendeinem Grund geht er weiter. Und dann kommen ihm Umstände zu Hilfe, mit denen er gar nicht gerechnet hat. Und er schafft es. Die anderen erklären ihn zum Helden. Zu Recht, meine ich. Denn Mut bedeutet nicht, keine Angst zu haben. Mutig ist, wer trotz Angst voranschreitet.

Es handelt sich um Ihre Geschichte

Was diese Geschichte so anziehend macht, ist, daß wir sie auf verschiedenen Ebenen erleben können. Als reine Abenteuergeschichte und auch als Beschreibung unseres Weges zu finanzieller Unabhängigkeit oder einer spirituellen Wanderung. Mit anderen Worten, es handelt sich um die Geschichte unseres Lebens. Ich glaube, deswegen wird diese Geschichte auch so gerne immer wieder erzählt. Wir finden uns darin wieder. Sie und ich, also ganz normale Menschen, machen sich auf, um irgend etwas zu erreichen. Um Wohlstand aufzubauen, um irgendeine Aufgabe zu erfüllen.

Und in dieser ganz normalen Geschichte tut ein ganz normaler Mensch außergewöhnliche Dinge und wird zu einem Helden. Zu einer Jungfrau von Orleans, einem Lanzelot, einer Ella Williams, einem Albert Schweitzer – oder auch zu einem Menschen, dessen Name der Masse vielleicht nicht bekannt ist, der aber diese Welt ein bißchen besser gemacht hat. Der einigen Menschen das Leben verschönert hat. Ein Held eben. Wie kann es dazu kommen? Weil wir mit Menschen und Wahrheiten in Berührung kommen, die uns weit voraus sind und die uns inspirieren. Informationen und Helden, auf deren Schultern wir stehen können. Und plötzlich haben wir eine ganz andere Sicht. Viel mehr Weitsicht und Verständnis. Andere Visionen und Ziele. Neue Ambitionen und Motivation. Neue Träume und Aufgaben. Neuen Spaß und neue Lebensfreude.

Vergessen wir nicht: Helden werden nicht als solche geboren. Helden machen sich als ganz normale Menschen auf den Weg. Oftmals wollten sie nur ihr Leben in den Griff bekommen und etwas mehr Glück oder Wohlstand. Vielleicht hatten sie auch den Wunsch, andere an ihrem Glück teilhaben zu lassen. Ja, solche Träume hatten wir irgendwann alle. Die Frage ist nur: Was ist mit diesen Träumen geschehen? Was machen wir aus unseren Träumen?

Die meisten haben mit ihrer Kindheit auch ihre Träume begraben. Sie sind dann „realistisch“ geworden: „Das sind ja nur Phantasien. Geschichten. Ich weiß das. Denn ich habe es versucht. Es hat nicht funktioniert.“

Haben Sie sich auch schon dabei ertappt, zu denken oder zu sagen: „Ich habe alles versucht. Und es hat nicht geklappt.“? Denken Sie daran: Die Geschichte jedes Menschen, ob Frau oder Mann, führt durch solche Momente.

Den Drachen besiegen

Wenn Sie eine alte Seekarte anschauen, dann finden Sie an verschiedenen Stellen einen Drachen eingezeichnet. So haben die Seefahrer die Stellen markiert, die sie nicht kannten und die sie fürchteten. Das waren auch die Stellen, die sie konsequent gemieden haben. Damit wollte man sich nicht beschäftigen.

Wir alle haben auf unserem Lebensweg solche Stellen markiert. Wir haben Drachen eingezeichnet. Orte und Gebiete, die wir meiden. Und sehr oft sind es genau die Wege, die wir einschlagen müßten, um zu dem von uns gewünschten Erfolg zu kommen. Genau dort, wo wir Drachen eingezeichnet haben, liegen meist unsere größten Chancen. Hier gibt es Neuland zu entdecken. Hier finden wir die Dinge, die unser Leben wahrhaft bereichern würden. Hier liegt oftmals unsere Bestimmung, der Weg zu unserem Lebensglück.

Bitte fragen Sie sich: Wo sind Ihre Drachen? Viele Menschen haben über dem Thema „Geld und private Finanzen“ einen riesigen Drachen gemalt. Allzu viele machen sich immer wieder auf, sind ständig unterwegs, gehen weite Wege, um an ihr Ziel zu gelangen. Aber sie meiden die Drachen. Die Helden in der oben erwähnten Geschichte suchen dagegen den Drachen auf. Denn hier ist die Chance zum Wachstum. Hier ist der Schlüssel zu finanziellem Erfolg und zum Lebenserfolg.

Ende und Anfang

Damit sind wir zwar am Ende dieses Buches angelangt, aber auch am Anfang Ihrer Zukunft. Jetzt geht es erst richtig los. Wenn Sie das Buch aufmerksam gelesen haben, so werden Sie etwas Merkwürdiges feststellen: Sie haben jetzt mehr Fragen in bezug auf Geld und Ihre privaten Finanzen als vor der Lektüre. Auf dieses Phänomen werden Sie immer wieder stoßen. Nach einem guten Vortrag, einem hervorragenden Buch, einem tiefsinnigen Film oder einem gewinnbringenden Gespräch: Sie haben hinterher mehr Fragen als vorher. So etwas Verrücktes. Sie suchen Anworten und haben auch viele gefunden. Trotzdem haben Sie jetzt mehr Fragen als vorher. Das Entscheidende: Die Fragen sind auf einem höheren Niveau.

Ich weiß nicht, ob „Geld tut Frauen richtig gut“ für Sie ein gutes Buch war und ist. Aristophanes sagte einmal: „Menschen zu bilden bedeutet nicht, ein Gefäß zu füllen, sondern ein Feuer zu entfachen.“ Wenn es uns gelungen ist, Sie für Ihre finanzielle Unabhängigkeit zu begeistern, so ist unser Anspruch erfüllt. Aber wie gesagt, stehen Sie damit am Anfang.

Es ist Ihnen aber nicht gleichgültig. Sie sind jetzt motiviert, die Antworten zu suchen und zu handeln. Bitte bedenken Sie aber, daß diese Motivation vergehen wird. Sie haben 72 Stunden Zeit, um die ersten Schritte zu tun.

Es gibt einen großen Unterschied im Leben zwischen „zu wissen, was zu tun ist“ und „zu tun, was wir wissen“. Natürlich können Sie auch nichts tun. Sie können einfach abwarten. Aber worauf wollen Sie warten? Eine kindlich verharrende, abwartende Haltung hilft uns nicht. Ein solches Verhalten erinnert uns an die reizende Naivität eines Dreijährigen, der sich die Augen zuhält und meint, er sei nun nicht mehr zu sehen. So wie die Unsichtbarkeit eine Illusion ist, so ist die Flucht in die Passivität eine Kapitulation.

Seneca sagte einmal: „Nicht weil es schwer ist, fangen wir es nicht an, sondern weil wir es nicht anfangen, ist es so schwer.“

Beginnen Sie einfach. Sie sind noch nicht perfekt mit Finanzen – aber Sie werden es auch nie sein. Niemand ist das. Beginnen Sie also sofort. Erinnern Sie sich: Besser fehlerhaft begonnen als perfekt gezögert.

Schlagen Sie jetzt am besten Ihr Aktionsblatt vorne am Anfang des Buches auf. Legen Sie jetzt die Handlungen fest, die Sie als erstes vornehmen wollen. Selbstverständlich innerhalb von 72 Stunden. Sollten Sie in dieses Aktionsblatt nichts notiert haben, so möchte ich Ihnen folgenden Vorschlag machen: Blättern Sie jetzt noch einmal durch das ganze Buch. Aber tun Sie es nur unter dem Gesichtspunkt: Was kann ich jetzt tun? Und notieren Sie nun alles, was Ihnen einfällt. Das können Dinge sein, die gar nichts mit dem Buch zu tun haben. Vielleicht sind da einige Dinge, die Sie schon lange vor sich herschieben. Notieren Sie alles. Anschließend legen Sie fest, womit Sie beginnen wollen.

Ihre wichtigste Hilfe

Was können Sie tun, um motiviert zu bleiben? Wie können Sie erreichen, daß Sie Ihre guten Vorsätze auch wirklich in die Tat umsetzen? Woher wollen Sie die Kraft nehmen?

Die Antwort ist verblüffend einfach: Sie brauchen eine Art Zaubertrank.

Es ist wie bei Asterix und Obelix. Wo liegt das Geheimnis ihrer Stärke? Sie sind so stark, weil sie einen Zaubertrank haben. Dieser Zaubertrank ist unser Umfeld. Das Umfeld entscheidet darüber, ob wir stark sind oder aufgeben. Obelix hatte Glück. Er ist bereits als Kind in den Kessel mit Zaubertrank gefallen. Er ist schon als Kind so geprägt worden. Asterix hatte dieses Glück nicht. Er muß vor jeder Keilerei erneut den Zaubertrank zu sich nehmen.

Ob Asterix oder Obelix – das Ergebnis ist das gleiche. Es ist nie zu spät, sich seinen Zaubertrank zu brauen. Sie können jederzeit damit beginnen, Einfluß auf Ihr Umfeld zu nehmen, so daß Ihr Umfeld auf Sie den Einfluß (zurück-)ausübt, der Ihnen hilft.

Sie können sich selbst nicht besser helfen, als anderen zu helfen. Sie können auf keine bessere Art sicherstellen, daß Sie finanzielle Unabhängigkeit erreichen, als den Menschen in Ihrem Umfeld dazu zu verhelfen. Wenn es in Ihrer Umgebung „normal" ist, daß Frau und Mann Geld anlegen und Wohlstand aufbauen, dann wird Sie das nachhaltiger prägen und motivieren als alles andere. Jemand muß den Anfang machen. Seien Sie diese „jemand". Übernehmen Sie die Verantwortung, daß Geld zu einer unterstützenden Kraft im Leben vieler Menschen um Sie herum wird. Sie tun das auch für sich selbst.

Sprechen Sie darum mit Ihren Freunden über Wohlstand, Anlagen und Finanzen. Erzählen Sie Ihnen von der Botschaft in diesem Buch: daß wahrer Wohlstand ihr Geburtsrecht ist. Daß Geld Frauen richtig gut tut. Machen Sie Ihre Freunde auf Vorträge und Seminare, auf besondere Artikel und Fachaufsätze aufmerksam. Verschenken Sie Tonbänder, Kassetten und Bücher zu diesem Thema. Haken Sie aber unbedingt nach. Kündigen Sie an, daß Sie über den Inhalt sprechen wollen. Daß darin Ideen seien, die Sie gemeinsam mit Ihrer Bekannten oder Ihrem Partner umsetzen wollen.

Nicht nur Frauen – auch Männer. Beginnen Sie unbedingt mit Ihren besten Freundinnen und Ihrem Partner. Sorgen Sie dafür, daß

Ihr Wunsch nach eigener finanzieller Unabhängigkeit als etwas völlig Normales akzeptiert wird. Daß man Sie daran erinnert, Sie darin unterstützt, ja, daß man es von Ihnen erwartet. Auf diese Weise nehmen Sie ständig einen „Schluck Zaubertrank“.

Eine letzte persönliche Botschaft

Bitte nehmen Sie das Thema „Geld“ nicht zu leicht. Wer dem Geld den Rücken zudreht, dreht der Person den Rücken zu, die er sein könnte. Wenn Sie verleugnen, daß Sie mehr haben könnten, machen Sie sich zu einem Opfer des Heute – und der Preis wird Ihre Zukunft sein.

Es erfordert Mut, nach den Dingen zu fragen, die wir haben wollen. Aber Geld ist heute für jeden möglich geworden. Jede Frau kann heute vermögend werden. Doch so viele begraben ihre Lebensvision, weil sie „noch nicht einmal“ das Thema „Geld“ gemeistert haben. Sie fühlen sich dann nicht qualifiziert, wirklich Großes zu tun.

Das Leben ist eine Reise. Und wenn Sie sich für seine Möglichkeiten öffnen, kann es Sie in Richtungen führen, die Sie sich niemals vorgestellt haben. Und bei all dem ist Geld vor allem zweierlei: eine unterstützende Kraft und eine Meßlatte Ihres Erfolgs.

Stellen Sie sich einmal vor, in Ihrem Haus findet ein Ausverkauf statt. Zur Vorbereitung wollen Sie an alle Gegenstände ein Preisschild hängen. Was ist die Küche noch wert – Ihre Wohnzimmergarnitur – Ihr Bett, Ihre Vorhänge, die antike Kommode, der Spiegel, das Besteck und die Bilder ... Wieviel würden diese Dinge heute wohl noch bringen? Und: Wie wichtig sind Ihnen diese Gegenstände?

Und dann denken Sie an die Dinge, deren Wert sich nicht so sehr in Geld festmachen läßt. Denken Sie an das Service, das schon Ihrer Urgroßmutter gehörte und von dem nur noch ein paar Teile vorhanden sind, einige Fotografien, Ihr Tagebuch, ein Liebesbrief, ein Buch, ein Gedicht, ein Briefbeschwerer, ein altes Schmuckstück, ein Kinderschuh, das selbstgemalte Bild Ihres Kindes, eine Reiseerinnerung, ein Kleidungsstück ... Welchen Wert geben Sie all diesen Dingen? All das sagt sehr viel über Sie aus, es sind die Werte, die Ihr Leben gewissermaßen einrahmen.

Was ich Sie aber wirklich fragen will, ist: Welches Preisschild würden Sie an Ihr Leben hängen? Jetzt, in diesem Moment? Und welches Preisschild soll in Zukunft daran hängen? Und wer soll den Preis bestimmen? Wer soll die Macht über Ihr Leben und über Ihr Geld haben?

Geld alleine kann Sie nicht finanziell unabhängig und frei machen. Aber Sie können es. Sie können so viel erreichen – und noch so viel mehr. Sie haben die Kraft.

Ich wünsche Ihnen, daß Geld auf Ihrer Lebensreise den Stellenwert bekommt, den es verdient. Damit Ihr Leben den Wert hat, den es haben kann und haben sollte. Denken Sie daran: Geld – richtig angewandt – tut Ihnen richtig gut.

Ich wünsche Ihnen, daß Sie aus Ihrem Leben ein Meisterwerk machen. Für sich und für andere.

Ich wünsche Ihnen, daß Sie durch Ihr Vorbild und Ihre Taten zu einem „Zaubertrank" für andere werden.

Ich wünsche Ihnen, daß Sie die Beste werden, die Sie sein können.

Ich wünsche Ihnen, daß Sie Ihre Träume leben. Und mehr noch:

Ich wünsche Ihnen, daß Sie Entdeckungen machen, die über Ihre Träume hinausgehen.

Ich wünsche Ihnen von ganzem Herzen, daß Sie Reichtum finden: für Ihre Geldbörse, für Ihren Geist und Ihre Seele.

Wenn Sie es wollen, ist es kein Märchen.

ANMERKUNGEN

Anmerkungen zu Kapitel 1

[1] „Die Gesetze der Gewinner" von Bodo Schäfer. Nur im Eigenverlag erschienen. Kontaktadresse: Schäfer Finanz Coaching, Gierather Straße 247, 51469 Köln.

[2] Focus vom 2.9.96: „Männer, Frauen & Geld". Hier die genaue Statistik der Ehe-Einkommen: 2 %: Nur die Frau hat ein Einkommen. 3,3 %: Die Frau bezieht das Haupteinkommen, der Mann hat einen kleinen Nebenverdienst. 4 %: Die Frau hat das etwas höhere Einkommen. 17,5 %: gleiches oder fast gleiches Einkommen. 27,3 %: Der Mann hat das geringfügig höhere Einkommen. 19,2 %: Der Mann bezieht das Haupteinkommen, die Frau hat einen kleinen Nebenverdienst. 26,7 %: Nur der Mann hat ein Einkommen.

[3] Frankfurter Rundschau vom 06.10.97: „Frauen holen nur schwer auf".

[4] FAZ vom 26.03.97: „Frauen verdienen weniger als Männer". Ergebnisse, die das Wirtschafts- und Sozialwissenschaftliche Institut (WSI) der Hans-Böckler-Stiftung in Düsseldorf veröffentlicht hat.

[5] Psychologie heute: „Frauen und Geld: Tiefsitzende Berührungsangst". 1.11.1995. Bei dem geschilderten Projekt handelte es sich um ein soziales Projekt, die Benefizveranstaltung für ein Waisenhaus in Afrika. Die weibliche Selbstlosigkeit, das Betreben, etwas für andere zu tun, ließ die Frauen sich selbst vergessen.

Anmerkungen zu Kapitel 2

[1] Bodo Schäfer: „Der Weg zur finanziellen Freiheit", Campus.

[2] Focus, 2.9.96, „Männer: Frauen & Geld". Focusumfrage zum Finanzplatz Ehe.

[3] Amica, 1.9.96: „Mein Traum von der Rente".

Anmerkungen zu Kapitel 3

[1] Siehe insbesondere dazu die Bücher von William Stanley Jevons („The New Palgrave"), der das Ende für 1900 voraussah. Sehr negativ vor allem: Paul Ehrlich („The Population Bomb" und „The End of Affluence"), die Studie des Club of Rome („The Limits to Growth"). Kritisch sollte man auch John Maynard Keynes lesen („The General Theory of Employment, Interest and Money").

Sie werden beim Lesen sehr bald feststellen, daß es sich um ein äußerst negatives Weltbild handelt. Hier ist kein Raum für Hoffnung und Chance. Hier wird die eigene Unzufriedenheit des Schreibers auf die Weltwirtschaft projiziert.

Bei vielen regt sich bei genauer Betrachtung auch der Verdacht, daß die Autoren – wohl wissend, daß sich negative Schlagzeilen besser verkaufen als gute – Schreckensszenarien entworfen haben, um Aufmerksamkeit zu erregen und im Rampenlicht zu stehen. Leider ist es vielen von ihnen nur allzusehr gelungen.

[2] Hier ist vor allem Paul Pilzer sehr lesenswert. Sollten Sie sich näher mit dem Thema „Chancendenken oder Mangeldenken" auseinandersetzen wollen, so empfehle ich die Bücher „God wants you to be rich" und „Unlimited wealth". Pilzer polarisiert nicht, er „philosophiert" auch nicht, sondern er entkräftet mit Fakten die Behauptungen unter anderem von Keynes und Ehrlich.

Spannend auch das Fazit von Julian Simon in „The Ultimate Resource": „The ultimate resource is skilled, spirited and hopeful people."

[3] Im Buch „Der Weg zur finanziellen Freiheit" habe ich ausführlich auf die Bedeutung dieses Erfolgsjournals hingewiesen. Und ich tue das im Kapitel über Einkommen auch in diesem Buch. Aber das reicht zum völligen Verständnis nicht aus. Darum habe ich ein Buch geschrieben – für alle, die mehr verdienen wollen (denn wenn Sie Ihr Selbstbewußtsein steigern, dann steigern Sie auch Ihr Einkommen). Aber nicht nur das. Denn Selbstvertrauen ist die Grundlage für Erfolg in jedem Bereich des Lebens.

Das ist nicht immer leicht einsichtig. Darum ist dieses Buch eine Mischung aus erklärendem Text, praktischen Übungen und Raum für Ihre Eintragungen. Und diese Erklärung ist notwendig. Denn ich wußte zwar, wie wichtig Selbstbewußtsein ist, aber wie *wichtig es wirklich ist, ist mir in letzter Konsequenz erst beim Schreiben dieses Buches aufgegangen.*

Selbstvertrauen kann man sich aber nicht anlesen, sondern muß es sich erarbeiten. Darum gibt es einige Übungen, mit dehnen Sie recht schnell Selbstbewußtsein durch Aufarbeiten Ihrer Vergangenheit aufbauen. Der dritte Teil ist dann Ihr tägliches Journal. Hier notieren Sie täglich fünf Dinge, die Ihnen gut gelungen sind.

Das Buch heißt „Erfolgs-Journal" und ist nicht im Buchhandel, sondern nur bei Schäfer-Finanz Coaching erhältlich.

Anmerkungen zu Kapitel 5

[1] Mehr zu der Untersuchung des Augsburger Psychoanalytikers und Dozenten für Wirtschafts- und Sozialwissenschaft, Dr. Rolf Haubl, in Süddeutsche Zeitung Magazin vom 20.09.96 „Glückskäufe".

[2] Sehr lesenswert dazu: „The Millionaire next door" von Thomas Stanley und William Danco.

[3] „Knausern Sie sich reich" von Hauseke von Veen und Rob von Eeden, mvg Verlag, sowie „Geld sparen auf Teufel komm raus" von Frank Little, Falken Verlag.

[4] Susanne Westphal „Das ultimative Schnäppchenbuch", Campus.

Anmerkungen zu Kapitel 6

[1] Viele der Gedanken dieser und der beiden vorhergehenden Seiten hat Frau Professor Höhler in ihrem Buch „Spielregeln für Sieger" (Econ), in schöner Sprache und vor allem meiner Meinung nach sehr treffend angeschnitten. Einige Ausdrücke und Formulierungen sind dermaßen in meinem Kopf hängengeblieben – und sind vor allem so gut gewählt –, daß ich nicht versuchen wollte, sie durch Umformulierungen abzuschwächen.

Anmerkungen zu Kapitel 7

[1] Viele Erkenntnisse basieren auf den Forschungen von Dr. Arnold Gelsell, Dr. Frances L. Ilg und Dr. Louise Bates Ames. Sie finden wesentliche Ergebnisse zusammengefaßt in dem Buch von Patricia Estess und Irving Barocas „Weil Geld nicht auf Bäumen wächst", Campus.

[2] „Ein Hund namens Money", Bodo Schäfer. Kira, ein 10jähriges Mädchen, lernt von seinem sprechenden Hund den Umgang mit Geld: Wie und warum es sparen sollte, wie es mehr verdient, sein Selbstbewußtsein aufbaut, investiert, Ziele setzt und erreicht. Die wichtigen Grundregeln für Geld sind in eine spannende Geschichte verpackt. Eltern, die das Buch ebenfalls gelesen haben, lernen, den Umgang mit Geld ihren Kindern viel verständlicher und einleuchtender zu erklären.

[3] Christiane Collange, „Mein Geld, dein Geld, unser Geld", Econ.

[4] Thomas J. Stanley und William D. Danko, „The Millionaire next door. The surprising secrets of americas wealthy". Longstreet Press.

Anmerkungen zu Kapitel 8

[1] Vgl.Beate Schwenk, Birgit Andries, „Ehevertrag, Finanzen und Alterssicherung", S.73ff., Campus Concret 1998.

[2] Vgl. Beate Schwenk, Birgit Dries, „Ehevertrag, Finanzen und Alterssicherung", 11ff.,Campus Concret, 1998.

Anmerkungen zu Kapitel 9

[1] Mechthild Upgang: „Finanzberater für Frauen", S. 155ff., Fischer Verlag.

[2] Vgl. Dirk Thümmel: „Ratgeber Erben und Vererben", Schäfer Poeschel 1999.

[3] Nikolaus Piper: „Keine Frage des Verdienstes", Süddeutsche Zeitung Nr. 135, 16.6.98.

Anmerkung zu Kapitel 12

[1] Vgl. „Grauer Kapitalmarkt und unseriöse Geschäftspraktiken", Hrsg. Finanzplatz e.V., Feb.1999.

Anmerkungen zu Kapitel 13

[1] Vgl. Hans Dieter Meyer, „Ratgeber Versicherung", S.221ff., Heyne Verlag.

[4] vgl. Eva Dörpinghaus, „Was Frauen über Geld wissen sollten", S. 100ff., Goldmann Verlag 1996.

[3] vgl. Hans Dieter Meyer, S.287ff., „Ratgeber Versicherung", Heyne Verlag.

Stichwortregister

H

I

J

K

U

V

W

Z

LITERATURVERZEICHNIS

A

Ahrens, Holger: 100 Wege zu mehr Geld. C. H. Beck 1997

Albom, Mitch: Tues days with Money. Doubleday

Altmann, Hans Christian: Kunden kaufen nur von Siegern. verlag moderne industrie 1998

Altmann, Hans Christian: Sternstunden der Führung. verlag moderne industrie 1993

Autry, James A. & Mitchell, Stephen: Real Power. Riverhead Books

B

Bamhart, Tod: Die fünf Schritte zum Reichtum. Econ 1996

Beardstown Ladies: Common-Sense investment Guide. Hyperion

Beardstown Ladies: Little Book of investment wisdom. Hyperion

Beike, Rolf/Schlütz, Johannes: Finanznachrichten lesen – verstehen – nutzen. Schäfer/Poeschel, 2. Auflage 1999

Bemstein, Daryl: Kids can succeed. Bob Adams Inc.

Berg, Adriane G./Berg Bochner, Arthur: The totally awesome business book for kids. Newsmarker Press

Bogle, John C.: Bogle on mutal funds. DTP

Böhmer, Christian: Grete Schickedanz. Ullstein

Brandes, Dieter: Konsequent einfach. Campus 1998

Branson, Richard: Business ist wie Rock'n Roll. Campus 1999

Bruns, Christoph/Meyer-Bullerdiek, Frieder: Professionelles Portfolio-Management. Schäfer/Poeschel 1999

Bruns, Christoph/Steiner, Manfred: Wertpapier-Management. Schäfer/Poeschel 1998

Buffett, Mary & Clark, David: Buffettology. Fireside. Deutsche Ausgabe: Buffettology. Ueberreuter 1998

Busch, Freidhelm: Greife nie in ein fallendes Messer. Campus 1999

Büschgen, Hans E.: Das kleine Börsenlexikon. Verlag Wirtschaft und Finanzen, 21. Auflage

C

Canfield Jack/Hansen Marc Victor: Chicken soup for the soul. HCI
Canfield, Jack/Hansen, Mark Victor/Read Hawthome, Jennifer/Shimoff, Marci: Chicken soup for the woman's soul. HCI
Canfield, Jack/Hansen, Mark Victor/Read Hawthome, Jennifer/Shimoff, Marci: Chicken soup for the mother's soul. HCI
Caples, John: How to make your advertising make money. Prentice Hall
Caples, John: Tested advertising methods. Reward Books
Carlson, Richard: Don't sweat the small stuff.... and it's all small... Hyperion
Carlson, Richard: Don't sweat the small stuff with your families. Hyperion
Carlson, Richard: Don't worry, make money. Hyperion
Castellani, Lidia/Snyder, Florian: Eros Ramazzotti. Ullstein 1998
Chilton, David: The Wealthy Barber. Prima
Chopra, Deepak: The seven spiritual laws of success. New world library
Clason, George S.: The richest man in Babylon. Signet
Clements, Jonathan: 25 Myths you've got to avoid. Simon & Schuster
Conen, William A.: Die Kunst zu führen. verlag moderne industrie
Coyle, Joseph S.: How to retire young and rich. Warner Books
Crainer, Stuart: Das Tom Peters Phänomen. Campus 1998
Crainer, Stuart: Die ultimative Managementbibliothek. Campus 1997
Creutz, Helmut: Das Geld-Syndrom. Ullstein 1994
Csikszentmihalyi, Minaly: Dem Sinn des Lebens eine Zukunft geben. Klett-Cotta 1995
Cusumano, Michael A./Selby, Richard W.: Die Microsoft Methode. Heyne Business 1997
Cutler, Peter: How to increase your personal wealth. Thorsons

D

Davidson, Jeff: IDIOT's managing your time. alpha books
Dembowski, Anke: Schnellkurs Investmentfonds. Praktischer Leitfaden für Privatanleger. Walhalla, 2. Aufl. 1999
Deml, Max; Jutta Gelbdirch; Kirsten Prinz; Jörg Weber: Rendite ohne Reue. Eichborn 1996
DePree, Max: Leadership is an Art Walk. BVG
Dirie, Warris: Wüstenblume. Schneekluth 1998
Dominguez, Joe/Robin, Vicky: Your money or your life. Penguin Books
Downer, Lesley: Die Geschichte der reichsten Familie Japans. Heyne Business 1999
Deml, Max/Baumgarten, Jörg: Grünes Geld. Waldthansen Verlag 1998

E

Edelman, Ric: The truth about money. Georgetown
Edelmann, Ric: The new rules of money. Harper Collins
Eisenreich, Wilhelm/Handel, Alfred/Zimmer, Ute E.: Tier- und Pflanzenführer. BLV
Erlenbach, Erich & Gotta, Frank: So funktioniert die Börse. Societäts Verlag, 1997
Esser, Werner: Investmentfonds für Einsteiger. Campus 1998

F

Fehrenbach, Peter: An Investmentfonds verdienen. Chancen, Risiken, Anlagestrategien. Knaur 1996
Fisher Mark: Das innere Geheimnis des Reichtums. Edition Tramontane 1998
Flick, Hans/Kappe, Klaus: Erbfolge und Familie. Deutsche Bank AG
Flick, Hans/Kappe, Klaus: Familienunternehmen und Zukunftssicherung. Deutsche Bank AG

Friedrich, Kerstin/Seiwert, Lothar J.: Das 1x1 der Erfolgsstrategie. mvg-verlag, 2. Auflage 1998

G

Galda, Silvia: Geld ohne Zinsen und Inflation. Ullstein
Gallegos, Eligio Stephen: Little Ed. Ryvellus
Gamer, Robert J./Coplan, Robert B./Raasch, Barbara J./Ratner, Charles L.: Total financial planner. Wiley & Sons Inc.
Gardner, David & Tom: The Motley fool investment guide. Fireside
Gardner, Howard: Kreative Intelligenz. Campus 1999
Gerke, Wolfgang & Kölbl, Kathrin: Alles über Bankgeschäfte. dtv, 1995
Girens, Charles J.: Financial self-defense. Pocket Books
Girens, Charles J.: Wealth without risk for canadians. Stoddart
Gloger, Axel: Millionäre. Ueberreuter 1997
Goeudevert, Daniel: Wie ein Vogel im Aquarium. Rowohlt 1996
Gottlieb, Sigmund & Kenntemich, Wolfgang: Euro ARD Thema. Haufe 1997
Götzenberger, Anton-Rudolf: Diskrete Geldanlagen. Ueberreuter 1999
Gourgé, Klaus/Grosjean, René/Scheithauer, Ronald: Ratgeber Geld. ADAC
Gourgé, Klaus: Alles, was Sie schon immer über Geld wissen wollten. Gabler Public
Grässlin, Jürgen: Jürgen E. Schrempp. Droemer 1998
Greising, David: Die Welt soll Coca-Cola trinken. verlag moderne industrie 1999
Gross, Daniel: Forbes – Die größten Erfolgsstories aller Zeiten. verlag moderne industrie 1997

H

Hagstrom, Robert G. Jr.: Warren Buffett. Börsenverlag 1996
Hanau, Peter/Lauren, Christoph: Abmachungen und Kündigung. Suhrkamp

Handy, Charles: The Age of unreason. HBS Press
Härtel-Hermann, Heide/Svea Kuschel: Finanzberatung für Frauen. Econ
Harvey, Eric/Lucia, Alexander: Walk the Talk. Performance Publishing
Hayes, Christopher L. & Kelly, Kate: Money Makeovers. Doubleday
Heady, Christy: IDIOT's Wall Street. alpha books
Herrling, Erich: Der Wertpapier- und Anlage-Ratgeber. So wird mehr aus Ihrem Geld. dtv, 4. Auflage 1996
Hill, Napoleon: Denke nach und werde reich. Ariston 1998
Hirsch, E. D.: The schools we need. Doubleday
Höhler, Gertrud: Spielregeln für Sieger. Econ 1996
Hurtak: J. J.: The book of knowledge: the keys of enoch. The Academy for future science

I

Iacocca, Lee: Eine amerikanische Karriere. Ullstein 1995
Ichbiah, Daniel: Die Microsoft Story. Heyne Business 1993

J

Jenner, Bruce/Seal, Mark: Finding the Champion within. Simon & Schuster
Jennewein/Dinger: Erfolgsgeschichten selber schreiben. Hanser Wiss.
Jeschke, Jürgen/Barbier, Hans D.: So nutzt man den Wirtschaftsteil einer Tageszeitung. Societätsverlag

K

Katz, Nina/Müller, Jörg: Schwarzgeld – Die Tricks der Steuerschummler. Heyne 1999
Kawasaki, Guy: Selling the dream. mvg-verlag 1999

Keeffe, Carol: Spar Dich reich. Knaur 1997
Kelder, Peter: Fountain of youth. Doubleday
Kiehling, Hartmut: Kursstürze am Aktienmarkt. dtv 1992
Klaus, Ema: Was ist bloß mit mir los? RRV
Klöckner, Bernd W./Uppena, Joachim: So sichern Sie Ihre Zukunft. Metropolitan
Klöckner, Bernd W./Uppena, Joachim: Vorsicht Versicherungen. mvg-verlag 1995
Knapp, Reinhart: Profi-Handbuch Aktienanalyse. Walhalla 1998
Kobliner, Beth: Get a financial life. Fireside
Kolbert/Schulte: Finanzmathematik. NWB
Körner, Heinz: Ein Märchen. Lucy Körner
Kostolany, André: Geld und Börse. Econ
Kostolany, André: Kostalnys beste Geldgeschichten. Econ
Kostolany, André: Kostalnys beste Tips für Geldanleger. Econ
Kostolany, André: Kostalnys Bibliothek. Die Verwirrung der Verwirrungen. Econ
Kostolany, André: Kostalnys Bilanz der Zukunft. Econ
Kostolany, André: Weisheiten eines Spekulanten. Econ
Koteen, Judi P. (Hrsg.): Ramtha – Finanzielle Freiheit. Die Wahl. In der Tat, 2. Auflage 1993
Kotter, John P.: Matsushita. Ueberreuter 1997
Kröger, Detlef/Göers, Jutta/Hanken, Claas: Internet zu Bank & Börse. Luchterhand 1997
Kroschke, Christoph: Stiften mit Gewinn. verlag moderne industrie 1998
Kubr, Thomas/Ilas, Daniel/Marchesi, Heinz: Planen, gründen, wachsen. Ueberreuter 1999
Kuschel, Svea: Frauen leben länger – aber wovon? Econ 1996
Kuschel, Svea: Vorsorgen statt draufzahlen. Econ 1996

L

Lang, Uwe: Aktien ohne Stress. Mit MSM in nur einer Stunde im Monat zum Börsenerfolg. Campus, 1998
Lang, Uwe: Der Aktien-Berater. Kritische Einführung für den Anfänger und ein Rezeptbuch für den Erfahrenen. Campus, 11. Auflage 1999

Lange, Peter: Arbeitslosigkeit: Ratgeber Recht. Suhrkamp taschenbuch nomos 1995
Lange, Peter: Rente: Ratgeber Recht. Suhrkamp taschenbuch nomos 1995
Lassen, Arthur: Geld ist eine Vision. LET Verlag & Seminare
Lattmann, Jürg M./Trachsler, Jacques: Ihre 1. Million – kein Wunschtraum. Fortuna Finanzverlag
Laura, Ellen: The one minute healing experience. Blue Dolphin
Leemann, Eduard: Dynamik des Geldes. Orell Füssli 1998
Lejeune Erich J.: Lebe ehrlich – werde reich. mvg-verlag 1997
Leonard, Frances: Time is Money. Addison Wesley
Leske, Jürgen: Finanz-Check für Freiberufler. Ueberreuter 1998
Levison, Jay Conrad: Guerilla Marketing. Campus 1992
Liberman, Gail & Lavine, Alan: Idiot's Mutal Funds. Alpha Books
Littek, Frank: Geld sparen auf Teufel komm raus. Falken, 2. Auflage 1998
Lohse, Jens-Marlen: Die große Blockade. Campus 1997
Love, John F.: Die McDonalds Story. Heyne
Lowe, Peter: Success: 1998 Yearbook. Peter Lowe International The Success Authority
Lübeck, Walter: Das Tao des Geldes. Windpferd 1994
Lynch, Peter & Rothchild, John: Beating the Streets. Fireside
Lynch, Peter & Rothchild, John: Learn to earn. Fireside
Lynch, Peter & Rothchild, John: One up on Wall Street. Penguin Books
Lynch, Peter: Aktien für alle. Börsenbuch Verlag 1993
Lynch, Peter: Der Weg zum Börsenerfolg. Börsenbuch Verlag 1996

M

Machtig, Brett/Behrends, Ryan D.: Wealth in a Decade. Irwin
Mahler, Gerhard: Im Netz der Geldfänger. mvg-verlag 1996
Marburger, Horst: Werdende Mütter brauchen Geld. Walhalla 1998
Marcinko, Richard: Leadership secrets of the Rogue Warriors. Pocket Books
Martin, Paul C.: Aufwärts ohne Ende. Langen Müller 1988

McCann, Dick/Stewart, Jan: Aesops Management-Fabeln. Signum 1997
McCormack, Mark H.: Die Schule des Managements. Campus 1998
McWilliams, John-Roger und Peter: Geld alleine macht nicht glücklich. Ullstein
Meissner, Gerd: SAP – die heimliche Software-Macht. Heyne Business 1999
Merkl, Joachim: Kapitalanlage: Falsch beraten – Geld zurück. Schäfer/Poeschel
Merten, Hans-Lothar: 44 Schritte in die Selbständigkeit. DVA
Merten, Hans-Lothar: Finanzberater im Visier. Ullstein 1997
Mol, Hans Gerd: Investment-Fonds-ABC. dtv, 2. Auflage 1997
Montasser, Thomas: Geldgenies. Eichborn 1996
Montesson, Maria: Education and Peace. Kalaksherra Press
Müller, Michael/Leven, Franz-Josef (Hg.): Shareholder Value Reporter. Ueberreuter

N

N.N. Börsenerfolge. Börse online
N.N.: Arbeitsheft. BMWi
N.N.: Day Trading. Börse online
N.N.: Steuerflucht ins Ausland. Handbuch 1995/96.
N.N.: The Insider's guide to mutal funds. McGraw-Hill
Nicholas, Ted: Form your own „S" Corporation. Upstart
Nickel, Hans/Steck, Petra: Euro. Wie bereiten Sie Ihr Unternehmen richtig vor? Haufe, 2. Auflage 1998
Niquet, Bernd: Die Generation X am Neuen Markt. Börsenbuch
N.N.: Online Weapons. Houghton Mifflin

O

O'Boyle, Thomas: Jack Welch: Im Hauptquartier des Shareholder Value. DVA 1999
Orman, Suze: The 9 steps to financial freedom. Crown

P

Packard, David: Die Hewlett Packard Story. Heyne Business 1998
Partnov, Frank: F.I.A.S.C.O. Ueberreuter 1998
Pendergrast, Mark: Für Gott, Vaterland und Coca-Cola. Heyne Business 1995
Phillips, Michael: The seven laws of money. Shambhala
Pohl, Detlef: Borgen ohne Sorgen. Walhalla 1996
Pohl, Detlef: Geldanlage ohne Risiko. Walhalla 1997
Pohl, Detlef: Meine Rechte als Verbraucher. Augustus 1998
Pollan, Stephen M./Levine, Mark: Foolproor guide to buying a home. Fireside
Praagh, James van: Talking to heaven. Dutton
Ramser, Dave: Financial Peace. Viking Books
Ramser, Dave: The financial Peace Planner. Penguin Books
Rapf, Franz: Alles über Aktien. Ullstein
Richter, Ute G.: Finanzanlagen und Einkommensteuer in Europa. Gabler
Ries, Al & Trout, Jack: Bottom-Up Marketing. Plume/Penguin book
Roberts, Andrew: Churchill und seine Zeit. dtv 1998
Rothchild, John: Ein Narr und sein Geld. Börsenbuch Verlag 1997
Rothermund, Dietmar: Mahatma Ghandi: Eine politische Biographie. Beck 1997
Rückle, Horst: Körpersprache für Manager. verlag moderne industrie 1998

S

Sadat, Jehan: Ich bin eine Frau aus Ägypten. Scherz 1991
Schaeffer, Bernie: Millionen mit Optionen. FinanzBuch 1999

Scheibe, Marina/Enslin, Ellen: Euro-Ratgeber für Klein- und Mittelbetriebe. So stellen Sie Ihr Unternehmen auf den Euro um – Das 7-Schritte-Programm. mvg-verlag 1998

Schmidt, Lothar: Zeit und Management. Königsteiner Wirtschaftsverlag 1995

Schneider, Ernst: Erfolgreich sich selbständig machen. BVB 1998

Schneider, Jerome: The complete guide to offshore money havens. Prima

Schramm, Petra: Geldgeschäfte und Kapitalanlagen in alter Zeit. Edition Rarissima

Schunk, Peter: Charles de Gaulle – Ein Leben für Frankreichs Größe. Propyläen 1998

Schwanfelder, Werner: Aktien für Einsteiger. Campus 1999

Schwarzkopf, H. Noman: Man muß kein Held sein. Goldmann 1994

Schweitzer, Antje/Simons, Heinz-Josef: Aktien-Boom. Metropolitan

Schwertfeger, Bärbel: Der Griff nach der Psyche. Campus 1998

Shenson, Howard/Nicholas, Ted: Consulting Success. Enterprise Dearborn

Sick, Helma: Frau & Geld. Serie Piper 1997

Siepe, Werner: Geld verdienen auf Kredit. Econ, aktualis. Neuaufl. 1997

Slater, Robert: Die 24 Geheimnisse des George Soros. Ueberreuter, 1998

Slaton, Bill: The America's finest companies investment plan. Hyperion

Soros, George: Soros on Soros. Wiley

Stanley, Thomas J./Danko, William D.: The Millionaire next door. Longstreet Press

Staute, Jörg: Börsenfieber. Was Anleger im Aktienrausch wissen sollten. Campus, 1998

Steltzner, Holger; Weimer, Wolfgang: Was kommt, wenn die D-Mark geht? Blickbuch 1998

T

Tallal, Joseph: Financial Success – A guidebook to your financial future.

Tracy, Brian: Das Gewinner Prinzip. Gabler 1998
Trump/Leerhsen: Donald Trump: Überleben ganz oben. Heyne
Tyson, Eric: Investing for dummies. IDG
Tyson, Eric: Personal finance for dummies. IDG Books

Uhle, Margret: Die Lego Story. Ueberreuter 1998
Updegrave, Walter: The right way to invest in mutal funds. Warner Books

V

Veen, Hanneke van/Eeden, Rob van: Knausern Sie sich reich! Geizhälse haben mehr vom Leben. mvg-verlag, 3. Auflage 1998

W

Wagner, Ami: Money, Money. Humboldt
Waschka, Larry: IDIOT's getting rich. alpha books
Weil, Andrew: 8 weeks to optimum health. Knopf
Weixner, Bärbel/Wimmer, Michael: Stichwort: Euro. Heyne
Weyand, Raimund: Anlagebetrug – Was tun? WRS-Ratgeber
Wilde, Stuart: The trick to money is having some. Hay House Inc.
Williamson, Gordon K.: The 100 best mutal funds 1998. Adams Media Corporation
Winkler, Matthew: Bloomberg über Bloomberg.
Winteler/Seidl: Steueroasen. Gabler 1995
Wlodarek, Eva: Mich übersieht keiner mehr. Krüger 1997

Y

Yogananda, Paramahansa: Autobiograhie eines Yogie. Otto Wilhem Barth Verlag 1995

Z

Zane Pilzer, Paul: God wants you to be rich. Fireside

Zane Pilzer, Paul: Unlimited Wealth. Crown

Zeitler, Bernd: Versicherungen und Finanzdienstleistungen erfolgreich verkaufen. Metropolitan 1998

Zimmermann, Hans-Peter: Geld ist schön. Apm 1996

Zimmermann, Hans-Peter: Groß-Erfolg im Kleinbetrieb. mvg-verlag 1997

Zittelmann, Rainer: Hitler. Selbstverständnis eines Revolutionärs. F. A. Herbig 1998

: täglicher Begleiter für mehr Erfolg im Leben

nzigartige 31-Tage-Programm:So verankern Sie die Grundprinzipien des Erfolges sicher in Ihrem Leben
eue Kassettenkurs von Bodo Schäfer zeigt Ihnen den sicheren Weg zu Erfolg und Unabhängigkeit

neue Kassetten-Seminar ist wie bkürzung zu persönlichem Erfolg eichtum:
ert Ihnen die 31 erprobten Gesetze winner – kompakt, leicht verständ- nd unterhaltsam. Sie entdecken die eidenden Strategien, mit denen Sie en Lebenslagen ehrgeizige Ziele en – sicher und in kurzer Zeit:

S.S.W.I.M.-Regel, mit der Sie rozentige Kontrolle über Ihre it und überfüllte Termin-Pläne nnen.
Sie Erfolgs-Gewohnheiten ent- eln, durch die Sie zwangsläufig reich en.
6-Schritte-Methode, mit der Sie r jedes Problem lösen
Sie sich selbst, Ihre Ideen und Ihre ukte besser verkaufen.
10-Punkte-Plan, mit denen Sie sich unnötigen Ängsten befreien

- 24 goldene Regeln, mit denen Sie einflußreiche Freunde gewinnen.
- Warum Sie Ihren Lebenserfolg aufs Spiel setzen, wenn Sie zu bescheidene Ziele setzen.
- Warum Sie sich freuen sollten, wenn Sie unzufrieden sind: drei Tips, mit denen Sie Unzufriedenheit in positive Erfolgs-Energie umwandeln.
- Wie Sie mit dem SINALOA-Konzept Ihre Erfolgs-Chancen steigern beruflich und privat.
- Wie Sie Ängste und Unsicherheiten in den Griff bekommen: 10-Punkte-Checkliste für den richtigen Umgang mit Angst – einsetzbar in allen kritischen Situationen.

Bodo Schäfer
Die Gesetze für Gewinner
tenkurs, 31-Tage-Erfolgsprogramm auf etten, ca. 340 Min. Laufzeit, inkl. Booklet en Übungen
Titel-Nr. 991713
DM 179,– / € 91,52

NEU: NUR 15 MINUTEN PRO TAG SIND NÖTIG

Was diesen Kurs so wertvoll macht:
- Der Kurs besteht aus insgesamt 31 leichtverständlichen und unterhaltsamen Einheiten von jeweils 12 Minuten Länge
- Am Ende jeder Einheit finden Sie einen Praxisteil mit Übungen, die Sie sofort an diesem Tag umsetzen. Am besten hören Sie eine Einheit pro Tag.
- Mit Freude stellen Sie fest, wie sich so Ihr Leben, Ihre Sicht auf die Welt, Ihr ganzes Verhalten ändert – innerhalb von nur 31 Tagen!

Ihr sicherer Weg zu Erfolg und Reichtum

Dieses Buch ist wie eine Abkürzung zu persönlichem Erfolg und Reichtum: Es liefert Ihnen die 30 erprobten Gesetze der Gewinner – kompakt, leicht verständlich und unterhaltsam geschrieben. Sie lernen die entscheidenden Strategien, mit denen Sie in allen Lebensbereichen ehrgeizige Ziele erreichen – sicher und in erstaunlich kurzer Zeit.

- Die S.S.W.I.M.-Regel, mit der Sie 100prozentige Kontrolle über Ihre Arbeit und überfüllte Termin-Pläne gewinnen.
- Wie Sie Erfolgs-Gewohnheiten entwickeln, durch die Sie zwangsläufig reich werden.
- Die 6-Schritte-Methode, mit der Sie sicher jedes Problem lösen.
- Wie Sie sich selbst, Ihre Ideen und Ihre Produkte besser verkaufen
- Der 10-Punkte Plan, mit denen Sie sich von unnötigen Ängsten befreien.
- 24 goldene Regeln, mit denen Sie einflußreiche Freunde gewinnen.
- Warum Sie Ihren Lebenserfolg aufs Spiel setzen, wenn Sie zu bescheidene Ziele setzen.

Was dieses Buch so wertvoll für Sie macht:

Zu jedem Gesetz liefert Ihnen Bodo Schäfer praktische Übungen. Dadurch können Sie sofort – **heute!** – damit beginnen, Ihrem Leben eine ganz neue Richtung zu geben.

chäfer
setze der Gewinner
Seiten, Hardcover
. 991717
39,95 / € 20,43

Finanz-Coaching , Postf. 85 04 51, D-51029 Köln, Info-Tel. +49(0)2202-123-7, Fax +49(0)2202-123-888 · www.b-schaefer.de

Sie suchen Informationen zu einem bestimmten Finanz-Thema

Der aktuelle Medien-Katalog informiert Sie umfassend über aktuelle Neuerscheinungen und wichtige Standard-Werke.

Fordern Sie ih
heute noch an: Telefax 0 22 02/123-88

Schäfer Finanz-Coaching, Postf. 85 04 51, D-51029 Köln, Info-Tel. +49(0)2202-123-7, Fax +49(0)2202-123-888 · www.b-schaefe